ALLEGRO BARBARO

BÉLA BARTÓK
ET LA MODERNITÉ HONGROISE,
1905-1920

HAZAN

Cette exposition est placée
sous le haut patronage de

Monsieur François Hollande
Président de la République

Monsieur János Áder
Président de la République de Hongrie

Ce catalogue a été édité à l'occasion de l'exposition « Allegro Barbaro. Béla Bartók et la modernité hongroise 1905-1920 »
Paris, musée d'Orsay,
14 octobre 2013 – 5 janvier 2014

Elle est organisée avec la participation exceptionnelle du Szépművészeti Múzeum de Budapest.

ORGANISATION DE L'EXPOSITION

— Guy Cogeval
Président des musées d'Orsay et de l'Orangerie

— Alain Lombard
Administrateur général des musées d'Orsay et de l'Orangerie

— Anne Mény-Horn
Administrateur général adjoint des musées d'Orsay et de l'Orangerie

— Olivier Simmat
Chef du service mécénat

— Hélène Flon
Chef du service des expositions

— Stéphanie de Brabander
Responsable d'expositions

COMMISSARIAT

— Claire Bernardi
Conservateur au musée d'Orsay assistée d'Annabelle Mathias, documentaliste au musée d'Orsay

— Gergely Barki
Historien de l'art à l'institut d'histoire de l'art, Centre de recherche en sciences humaines de l'académie des sciences de Hongrie

— Zoltán Rockenbauer
Historien de l'art indépendant

SCÉNOGRAPHIE

— Virginia Fienga
Architecte, chef du département de la muséographie et des travaux au musée d'Orsay assistée d'Agathe Boucleinville, architecte au musée d'Orsay

ÉCLAIRAGE

— Philippe Collet,
Abraxas Concepts

GRAPHISME

— Cyrille Lebrun
Graphiste au musée d'Orsay

62, rue de Lille 75007 Paris
www.musee-orsay.fr
ISBN 978-2-35433-132-0

ISBN 9782754107129

Dépôt légal : septembre 2013
Achevé d'imprimer
en septembre 2013 sur les presses
Castelli Bolis, Cenate Sotto, Italie

PRÊTEURS

Que les collectionneurs qui ont eu à cœur de participer à cette exposition par leurs généreux prêts trouvent ici l'expression de notre profonde gratitude, ainsi que celles et ceux qui ont préféré garder l'anonymat. Nous exprimons de même nos vifs remerciements aux responsables des collections suivantes.

ALLEMAGNE

Berlin
— Ministère des affaires étrangères de Hongrie représenté par l'Ambassade de Hongrie à Berlin

Wolfratshausen
— Collection L. Czell

AUTRICHE

Vienne
— Albertina Museum
— Dr Barbara Czapolai-König

ÉTATS-UNIS

New York
— Collection Drs Thomas and Shelly Sos

Palm Beach
— Collection de Madame l'Ambassadeur Nancy G. Brinker

FRANCE

Échirolles
— Musée Géo-Charles

Paris
— Bibliothèque centrale des musées nationaux
— Centre Pompidou – Musée national d'art moderne / Centre de création industrielle
— Musée d'art moderne de la ville de Paris

HONGRIE

Budapest
— Archives Bartók, Institut de musicologie, Centre de recherche en sciences humaines de l'Académie des sciences de Hongrie
— Bibliothèque du Centre de recherche en sciences humaines de l'Académie des sciences de Hongrie
— Collection Ferenc Kiss
— Collection Gyula Kemény
— Collection Júlia Kohonóczki
— Collection Tamás Kieselbach
— Collection Zoltán Földvári
— Ernst Galéria
— Fondation Milán Füst pour les traducteurs de l'académie des sciences de Hongrie
— Galerie Kieselbach
— Kassák Múzeum
— Országos Széchényi Kőnyvtár
— Petőfi Irodalmi Múzeum
— Saranszki Art Solutions
— Szépművészeti Múzeum – Galerie nationale hongroise

Kaposvár
— Musée Rippl-Rónai

Pécs
— Musée Janus Pannonius

Salgótarján
— Dornyay Béla Múzeum

Sümeg
— Municipalité de la ville de Sümeg

Tata
— Kuny Domokos Múzeum

MONACO

— Collection particulière Hajni & László Iván

REMERCIEMENTS

Les commissaires remercient en tout premier lieu Guy Cogeval pour son soutien constant et en particulier ses précieux conseils dans les choix musicaux. Cette exposition est le fruit d'un travail d'équipe. Elle n'aurait pu se faire sans la précieuse collaboration des équipes du musée d'Orsay, qu'elles en soient remerciées. Enfin, les équipes du musée des Beaux-Arts de Budapest et de la Galerie nationale hongroise ont permis la réalisation de cette exposition, par leur enthousiasme et leurs prêts généreux. Ils trouveront ici l'expression de notre reconnaissance.
Les commissaires tiennent également à exprimer leur gratitude envers toutes les personnes qui, à Budapest comme à Paris, Pécs, Chicago ou Munich, nous ont fait bénéficier de leurs conseils généreux et de leur aide bienveillante.

Notre sincère reconnaissance s'adresse aux personnes suivantes :
Balázs Ablonczy, Mathias Auclair, Judit Baranyai, Peter Bartók, Stéphane Bayard, Véronique Beauregard, Boglárka Bencze, Anne-Marie et Bruno Bernardi, Laure Bernardi, Peter Bodó, Sophie Boegly, Judit Boros, Philippe Casset, Evelyne Chatelus, Michaël Caucat, Michaël Chkroun, Pauline Coudert, Lorenz Czell, Coralie David, Milan Dargent, Marie Dussaussoy, Pál Fodor, Eszter Földi, Françoise Fur, Isabelle Gaëtan, Guillaume Gallais, Thomas Garcenot, Marie-Pierre Gaüzes, Mariann Gergely, Fiona Gomez, Bernard Guiot, Marie-Laure Gutton, Amélie Hardivillier, Catherine Haviland, Antonine Heck, Oualid Hedhibi, Michèle Hornn, Gyula Kemény, Véronique Kientzy, Anita Kieselbach, Erzsébet Király, Marjorie Klein, Eleni Korani, Geoffroy Lechevalier, Mathilde Leïchlé, Nadia Leriche, Lisa Quaglia, Valérie Malecki, Guillaume Maréchal, Caroline Mathieu, Nathalie Mengelle, Magdaléna Miklós, Jean Naudin, Réka Pálinkás, Helena Patsiamanis, Márta Pongrácz, Scarlett Reliquet, József Sárkány, Péter Schadl, Patrice Schmidt, Dorothée Sellam, Zsófia Sepsey, Peter Szendy, Vera Szolnoki, Olivier Simmat, Laurent Stanich, Élodie Tamburrini, Marion Thiem, Károly Tóth, György Várkonyi, Gábor Vásárhelyi, Anne Véron, Judit Virág, András Zwickl.

Nous souhaitons remercier Monsieur László Vikárius, directeur des Archives Bartók à Budapest, pour son soutien précieux dans la préparation de cette exposition. Enfin, nous tenons à remercier particulièrement Réka Krasznai pour son aide précieuse et sa bonne humeur constante lors de la préparation de ce projet.

Gergely BARKI est historien de l'art à l'Institut d'histoire de l'art, centre de recherche en sciences humaines de l'Académie des sciences de Hongrie. Spécialiste du groupe d'artistes les Huit et du fauvisme hongrois, son principal champ de recherche est l'histoire du modernisme hongrois dans la première partie du XXe siècle. Il travaille actuellement sur la monographie de Róbert Berény.
Il a été l'un des commissaires des expositions « Magyar Vadak », « Hungarian fauves » (Budapest, 2006) et « Fauves hongrois » (Céret, Le Cateau-Cambrésis, Dijon, 2008-2009), « Dialogue de Fauves » (Bruxelles, 2010-2011), ainsi que des expositions traitant de l'activité du groupe des Huit (Pécs, 2010, Budapest, 2011 et Vienne, 2012).

Claire BERNARDI est conservateur peinture au musée d'Orsay.
Elle a récemment écrit dans les catalogues *Chaïm Soutine. L'ordre et le chaos* (2012) et *Une passion française : la collection Marlene et Spencer Hays* (2013).

Jean-François BOUKOBZA enseigne l'analyse au sein du Conservatoire national supérieur de Musique et de Danse de Paris au Pôle supérieur de Musique de Seine Saint-Denis et au Conservatoire à rayonnement régional d'Aubervilliers-La Courneuve.
Ancien producteur à Radio Classique, il collabore à la revue *Avant-Scène Opéra* pour laquelle il a rédigé de nombreuses études portant sur des ouvrages des XIXe et XXe siècles.
Il est l'auteur de livres sur Haydn et sur Bartók et a participé à de nombreux ouvrages collectifs, dont *Les Opéras de Peter Eötvös*.

Jack FLAM est président de la Dedalus Foundation et professeur émérite d'art et d'histoire de l'art au Brooklyn College et au Graduate Center of the City University de New York.
Il est l'auteur de nombreux ouvrages, catalogues et articles consacrés au XXe siècle.

Krisztina PASSUTH est spécialiste de l'avant-garde de l'Europe centrale et a publié notamment *Moholy-Nagy* (1982), *Les Avant-gardes de l'Europe centrale* (1988).
Elle a été commissaire scientifique de l'exposition « František Kupka » (Paris, 1990).

Zoltán ROCKENBAUER, spécialiste du modernisme et plus particulièrement du fauvisme, est historien de l'art au Műcsarnok / Kunsthalle de Budapest.
Il a été, de 2000 à 2002, ministre de la Culture de la Hongrie.
Il a été commissaire de nombreuses expositions, notamment « Die Acht. A Nyolcak. Ungarns Highway in die Moderne » (Vienne, 2012).

György SZÜCS, historien de l'art, muséologue, il est actuellement directeur général adjoint à la recherche scientifique de la Galerie nationale hongroise.
Spécialiste de la peinture du XXe siècle, il s'intéresse tout particulièrement à la colonie d'artistes de Nagybánya, à l'art totalitaire et au réalisme social, et a participé notamment à l'ouvrage *The History of Hungarian Art in the Twentieth Century* (1999).
Il a été co-commissaire de l'exposition « Lumières magyares » (Paris, 2000) et de l'exposition itinérante « Fauves hongrois » en Hongrie (2006) et en France (2008).

Alors que s'ouvre au musée d'Orsay une exposition consacrée à Béla Bartók et à l'art hongrois du début du xxe siècle, il est essentiel de rappeler que les œuvres exposées ont été réalisées par des artistes venus à Paris pour y développer leur talent, et qu'ils furent profondément marqués par l'esprit de la capitale.

Il est facile de tomber sous le charme de Paris. Ce ne sont cependant pas les lumières, les ruelles et le riche passé artistique de la ville qui séduisirent ces artistes venus de Hongrie, mais son milieu artistique ouvert, fécond, riche d'inspiration. À Paris, toutes les écoles pouvaient se faire une place ou tout au moins trouver refuge au sein d'une communauté de bohème. Paris, où les « Refusés » avaient la possibilité de trouver leur public, où chaque exposition était un événement, où convergèrent et se développèrent, dans un échange quotidien, les différents mouvements intellectuels et artistiques de la nouvelle Europe. Cet environnement en perpétuel mouvement, toujours à la recherche de nouveauté, apporta à ces Hongrois le vertige du progrès, le frisson de la liberté.

Ces artistes rentrés dans leur patrie, emportèrent avec eux l'air vibrant et la liberté d'esprit du Paris de l'époque, bouleversant la vie artistique hongroise des deux premières décennies du xxe siècle. Ces années furent parmi les plus marquantes, les plus exaltantes de l'histoire culturelle du pays. Peu d'époques virent l'avènement de tels génies : Béla Bartók et ses compagnons laissèrent leur empreinte dans le domaine de la musique, Endre Ady et la revue *Nyugat* dans celui de la littérature, tandis que les arts plastiques furent bouleversés par les Huit. Comme souvent, ces révolutionnaires durent faire face à l'incompréhension. Tout comme Bartók, qui ne fut pas épargné par la critique, les Huit, comme les impressionnistes avant eux, connurent leur lot de moqueries. Ils accomplirent cependant leur mission : cette période pionnière fut d'une richesse immense, impérissable.

Le peintre Róbert Berény, membre du groupe des Huit, écrivait au sujet de Béla Bartók qu'« un homme de talent ne doit rien vouloir d'autre que de faire du nouveau. S'il y parvient, le résultat sera *eo ipso* superbe ». Berény souhaitait répondre de manière éclatante à tous ceux qui traitaient Bartók de fou pour ses œuvres innovantes, aux sonorités étranges. Bartók entretenait des rapports amicaux avec les artistes les plus novateurs. Il est du reste à noter qu'il fit connaissance, vécut et étudia avec la plupart d'entre eux à Paris, et non en Hongrie. Ainsi, c'est tout naturellement qu'il prit place au milieu des peintures jugées subversives présentées lors de l'exposition des Huit en 1911 à Budapest pour donner un concert de ses propres œuvres, non moins porteuses de scandale. Ces artistes manifestaient une profonde compréhension mutuelle, faisant de la musique et de la peinture deux modes d'expression mis en accord, au diapason l'un de l'autre.

L'*Allegro barbaro*, auquel fait écho la présente exposition, fut composé par Bartók comme une confession. Son titre évoque la libération d'une force primitive, d'une sauvagerie qui n'est pas sans rappeler celle des Fauves de l'époque, véritables modèles des Huit. Les artistes hongrois exprimèrent cependant dans leur révolte un tempérament particulier. Les meilleurs d'entre eux surent trouver dans cette rébellion une voie à la fois personnelle, originale, et typiquement hongroise. Ils furent fauves, mais restèrent fidèles à eux-mêmes. Bien qu'ils finirent par quitter Paris – physiquement et spirituellement –, ils y acquirent, loin de se contenter de suivre le courant, une ouverture d'esprit, une place de choix au sein des mouvements modernistes. Ils emportèrent avec eux une fraîcheur dénuée de toute imitation servile qui nourrit durablement leur art.

Grâce à cette collaboration exceptionnelle du musée d'Orsay et du Szépművészeti Múzeum de Budapest, nous sommes en mesure de montrer la vision, la compréhension qu'avaient ces grands artistes de l'Europe, et en premier lieu de Paris. Et aussi d'explorer la dimension profondément européenne de cette « barbarie » aux accents magyars, que la musique unique, révolutionnaire de Bartók fit connaître au monde entier.

J'espère sincèrement que, « de retour à Paris », ces œuvres seront aussi bien reçues aujourd'hui sur les rives de la Seine que leurs auteurs qui, jadis, y avaient trouvé refuge. Leur réflexion, qui a trouvé son accomplissement en France, est enfin de retour sur la terre où elle est venue puiser sa force.

Ces précurseurs firent preuve d'un courage exceptionnel. Depuis longtemps déjà, la musique de Béla Bartók, d'une portée universelle, ne connaît pas de frontière. Au travers de ses compositions, et par le biais du langage de la musique, nous pouvons nous adresser aux publics de tous les pays. J'ai bon espoir que cette exposition et les événements organisés à cette occasion permettront de démontrer que les artistes hongrois furent aussi novateurs que Bartók dans son domaine, et qu'ils méritent le même l'intérêt. Ils sont importants à nos yeux, car ils ont forgé, avec leur talent magyar, un héritage international. Le public français retrouvera certainement avec plaisir dans leurs œuvres certains aspects familiers. J'espère que cette confluence des inspirations confirmera que nous tous, Français et Hongrois, avons une riche histoire commune, et que nous avons énormément de choses à nous dire et à partager.

Monsieur János Áder
Président de la République de Hongrie

Les liens culturels entre la France et la Hongrie, malgré le rideau de fer qui s'est abattu sur l'Europe, n'ont jamais été interrompus. Nos deux peuples, nos deux nations n'ont cessé de les renforcer et de les approfondir. Et quelle plus belle démonstration que cette exposition organisée aujourd'hui par le musée d'Orsay ?

Intitulée « Allegro barbaro » en hommage à la pièce composée par Béla Bartók en 1911 – symbole de la liberté acquise par une nouvelle génération d'artistes – elle fait revivre, cent ans plus tard, la richesse du dialogue entre les arts qu'a connue la Hongrie du début du siècle. Cette richesse, les musiciens, les poètes et les peintres hongrois de l'époque l'ont conquise par l'échange : échanges entre amis, entre compatriotes, mais aussi entre pays ; et la France – plus particulièrement Paris et son déjà mythique Montparnasse – a joué un rôle majeur dans l'histoire de cette modernité hongroise.

Au tournant du siècle, nombreux sont les artistes hongrois en quête de modernité qui se tournent vers la capitale française. Béla Bartók fait un premier séjour à Paris en 1905, à l'occasion du concours Rubinstein, alors que de jeunes peintres hongrois viennent y étudier dans les académies « libres », comme les académies Julian et Colarossi, ou l'école ouverte par Matisse en 1908. Certains y exposent pour la première fois, au Salon d'Automne ou au Salon des Indépendants. Le jeune Béla Bartók, à la fois en tant qu'interprète et compositeur, se confronte à la tradition française (Rameau, Couperin) et regarde vers les créations de Debussy ; Cézanne, Gauguin et Matisse sont des modèles pour les jeunes peintres alors encore dans leur période d'apprentissage.

Les artistes hongrois ne perdent pas pour autant le lien avec leur pays d'origine. La plupart d'entre eux, revenant régulièrement à Budapest ou dans les colonies d'artistes qui se créent chaque été, retourneront dans leur patrie après leurs années de formation : c'est avant tout en Hongrie qu'ils souhaitent se faire connaître, et c'est de la Hongrie qu'ils entendent renouveler les traditions. Quelques-uns de ces peintres cependant s'installeront durablement en France, pour y construire leur carrière.

L'exposition présentée à Paris illustre la vitalité culturelle de l'Europe à l'aube du XXe siècle, et le regard porté aujourd'hui sur ce moment si particulier est empreint de la conviction que l'histoire se construit, loin de toute nostalgie, dans le dialogue et l'enrichissement mutuel des arts et des peuples.

Cet événement est le fruit de nombreux échanges entre institutions françaises et hongroises, et il a pu voir le jour grâce l'étroite collaboration entre le Szépművészeti Múzeum de Budapest et le musée d'Orsay. Que tous les acteurs de cette aventure en soient remerciés. Je souhaite que le public puisse mesurer ainsi la richesse des liens entre nos deux pays.

François Hollande
Président de la République française

Après les expositions « Mahler », au musée d'Orsay, et « Debussy et les arts », au musée de l'Orangerie, il me tenait à cœur de continuer à explorer la connexion entre la musique et les arts qui est une clé majeure de compréhension du « grand XIXe siècle », de ce XIXe siècle étendu aux premières années du XXe, qu'embrassent les collections du musée d'Orsay.

Mon vieil ami László Baán vint à point l'an dernier me proposer cette exposition « Allegro barbaro » centrée sur l'œuvre universelle de Bartók et sa résonance dans les mouvements artistiques hongrois contemporains. Entre musique et peinture, ce n'est pas une relation d'influence qu'il faut artificiellement chercher mais plutôt de consonance. Leur lien est celui d'un moment artistique qui est aussi un moment de l'histoire du pays.

Le titre de cette exposition s'est, pour ainsi dire, imposé de lui-même. L'*Allegro barbaro* pour piano, composé par Béla Bartók en 1911, est l'une des œuvres emblématiques de son corpus musical. En écrivant cette œuvre radicale, sans véritable mélodie, aux accords dissonants et au rythme heurté, Bartók s'inscrit ouvertement dans le renouvellement des langages musicaux qui caractérise la modernité. Par son chromatisme, par l'utilisation d'éléments folkloriques, il lui donne une coloration particulière, un enracinement assumé. Par là, peut-on dire, *Allegro barbaro* est une des premières œuvres proprement « bartokiennes ». Son titre même a été conçu par Bartók comme un manifeste. Il l'aurait choisi, selon son ami Kodály, pour répondre à la critique française qui avait fraîchement reçu ses compositions et celles de ses compatriotes, présentées lors du Festival musical hongrois de 1910 à Paris : on avait dit que leurs œuvres étaient celles de « sauvages » à la « barbarie subtile ». Se revendiquer barbare avec allégresse, c'était pour Bartók une façon remarquable de faire valoir à la fois sa modernité et sa singularité nationale : la même qualification de « barbare » ou de « sauvage » ne servait-elle pas alors à stigmatiser ceux qui remettaient en cause les codes artistiques établis aussi bien que ces peuples des confins de l'Europe que de vieux clichés associaient à l'image des « hordes de Huns venus de l'Asie » ?

Il est significatif que des termes singulièrement proches aient été employés par le critique d'art Louis Vauxcelles pour définir la peinture radicalement nouvelle des jeunes peintres français qu'il avait qualifiés de « fauves ». Des peintres précisément dont une génération d'artistes hongrois reprendront bientôt la cause. Leur peinture consonera avec la musique de Bartók, véhémente, percussive. « Allègrement barbares », ces peintres acquis un temps au fauvisme (Béla Czóbel, Géza Bornemisza, Sándor Ziffer...) le seront autant que leur compatriote musicien ; un qualificatif que n'auraient pas récusé non plus d'autres peintres hongrois qui formeront le groupe des Huit (Ödön Márffy, Róbert Berény, Károly Kernstok notamment), puis celui des activistes conduit par Lajos Kassák (Sándor Bortnyik, Béla Uitz ou László Moholy-Nagy), mais aussi les musiciens, poètes, critiques qui forment l'avant-garde hongroise de l'époque, des années 1905-1906 jusqu'aux lendemains de la Première Guerre mondiale.

Cette exposition, et le catalogue qui l'accompagne, ont ainsi pour ambition de proposer au public une double découverte. D'abord celle de la peinture hongroise des premières années du XXe siècle, présentée à Paris pour la première fois dans toute sa diversité. Elle prolonge les initiatives du musée des beaux-arts de Dijon, qui avait consacré à plusieurs reprises des expositions riches et documentées à la scène artistique hongroise, notamment l'exposition « Budapest, 1869-1914 » en 1995. Elle bénéficie également de la mise en lumière des « Fauves hongrois » entreprise par les musées de Céret, du Cateau-Cambresis et de Dijon en 2008.

Ce sera, en France, la première exposition d'ampleur consacrée à Bartók et sa musique. Ce « barbare » de la musique a longtemps été mis à l'écart des grands courants de la musique moderne par les musiciens comme par la critique qui lui reprochaient souvent ce qui est peut-être son plus grand mérite : avoir su faire le pont, plutôt que la rupture, entre la musique la plus moderne et la plus exigeante représentée alors par les tendances atonales de l'école viennoise et l'héritage de la musique du XIXe siècle. Il y est parvenu notamment grâce à la découverte du folklore, dont il a vu les possibilités de régénérescence de l'art musical savant, l'étudiant et l'intégrant dans ses propres compositions dès 1905. Le grand chef d'orchestre et compositeur Pierre Boulez, dans l'entretien qu'il m'a accordé à l'occasion de cette exposition, place ainsi aujourd'hui Béla Bartók « au premier rang » des grands réformateurs de la musique au XXe siècle.

L'exposition « Allegro barbaro » pourrait ainsi trouver son motif dans cette formule d'Ödön Márffy évoquant, bien des années plus tard, cet « âge d'or » de la modernité hongroise : « C'était l'âge des révolutionnaires de l'art hongrois – Ady pour la poésie, Bartók pour la musique et nous, les Huit, pour la peinture. »

Afin de donner à voir et à entendre ce dialogue entre peinture et musique, j'ai souhaité que cette dernière soit omniprésente dans l'espace même de l'exposition, sans pour autant entrer en confrontation ou faire interférence avec les œuvres picturales. Le parcours proposé au visiteur sera jalonné d'espaces dédiés à l'écoute de créations majeures du jeune Bartók comme des sources dans lesquelles il a puisé. Ces « cocons » imaginés par la scénographie inventive de Virginia Fienga inviteront le visiteur à se faire aussi auditeur.

Je tiens à remercier le Szépművészeti Múzeum de Budapest et son directeur, le docteur László Baán, ainsi que les commissaires d'exposition, Claire Bernardi, Gergely Barki et Zoltán Rockenbauer, qui ont « mis en musique » ce projet auquel je suis tout particulièrement attaché.

Guy Cogeval
Président des musées d'Orsay
et de l'Orangerie

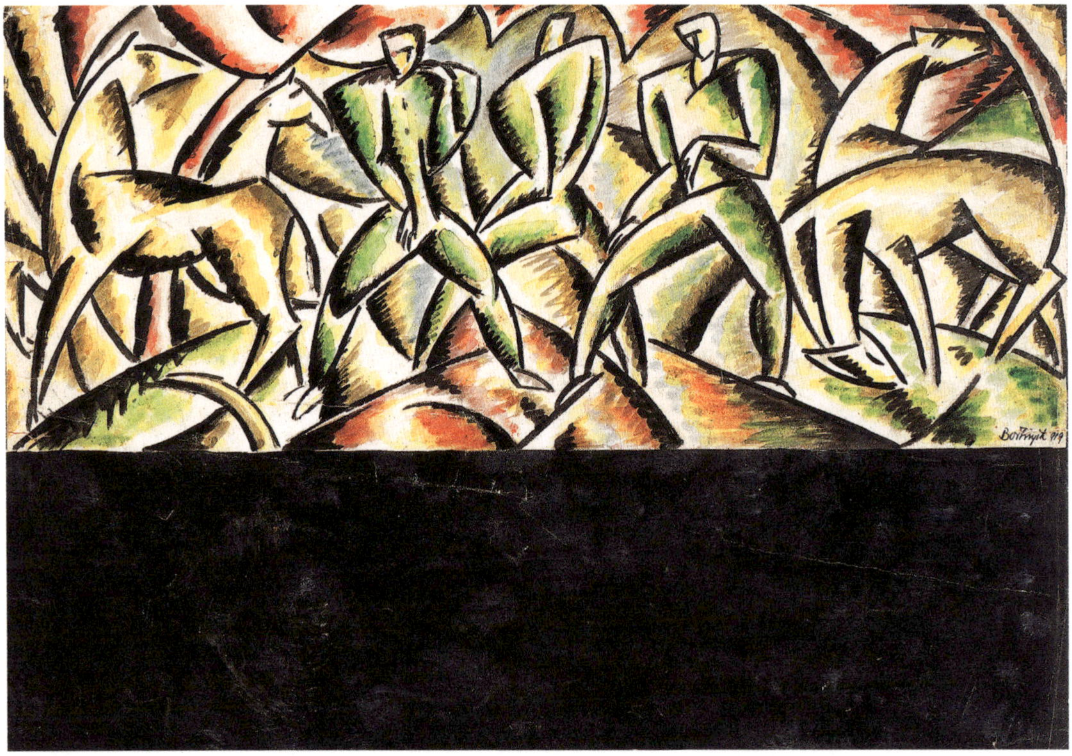

— Cat. 1
Sándor Bortnyik
Le Prince de bois, 1919
Techniques mixtes sur papier,
27 × 38,5 cm
Collection particulière

« IL GIOCO DELLE COPPIE[1] »

ENTRETIEN AVEC PIERRE BOULEZ À PROPOS DE BÉLA BARTÓK PAR GUY COGEVAL ET CLAIRE BERNARDI

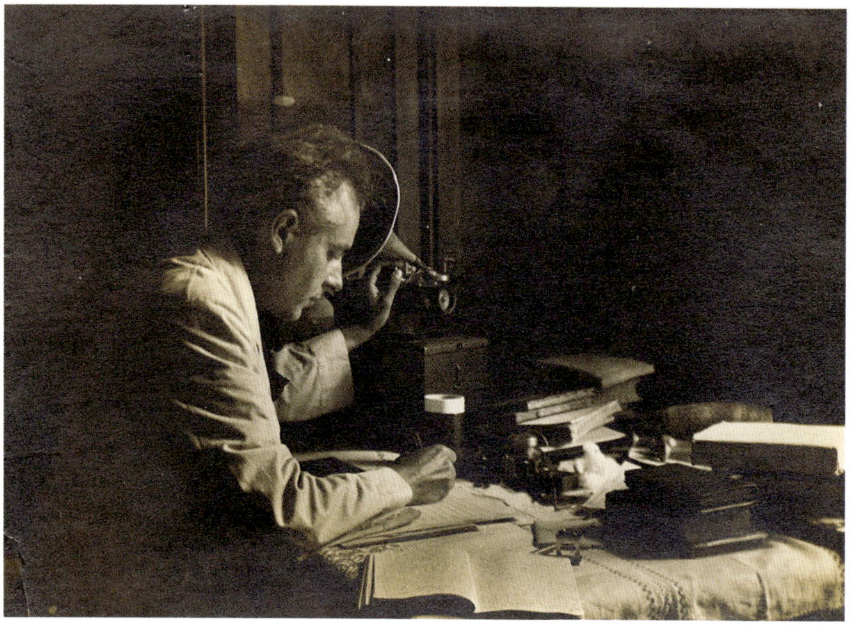

Guy Cogeval Comme vous le savez, j'ai un goût très prononcé pour la musique. J'ai réalisé avec Pierre Korzilius une exposition sur Mahler, et vous m'avez fait l'honneur de visiter en ma compagnie l'exposition sur Debussy que nous avions montée au musée de l'Orangerie. J'organise avec Claire Bernardi, cette année, une exposition sur « Béla Bartók et la modernité hongroise ». J'aurais souhaité discuter avec vous plus particulièrement de la partie consacrée à Béla Bartók. Vous avez dirigé plusieurs fois *Le Château de Barbe-Bleue*, et vous vous êtes aussi intéressé à la première partie de l'œuvre de Béla Bartók, soit avant 1914-1918.

Pierre Boulez Effectivement. Essentiellement les œuvres scéniques.

G.C. Vous avez enregistré une magnifique interprétation, à Chicago en 1992, du *Prince de bois*. Sublime. Et puis vous avez aussi plusieurs fois interprété – je ne sais pas si vous l'avez enregistré récemment – *Le Mandarin merveilleux* ?

P. B. *Le Mandarin merveilleux*, je l'ai joué, mais il y a longtemps.

G.C. Je souhaitais donc vous interroger plus particulièrement sur cette première partie de l'œuvre de Bartók.

P. B. Nous avons réalisé – excusez-moi de vous interrompre –, à Chicago, un film qui précédait l'exécution de cette œuvre. Nous avons produit ce qu'on appelle une « série » qui s'appelait *Behind the Scene*, consacrée à certains compositeurs : il y a eu dix épisodes dans l'année, et la série s'est poursuivie quelque temps. L'un de ces épisodes était consacré au *Prince de bois*. Il met en perspective l'histoire de Bartók, de sa vie, l'histoire du ballet et, en même temps, la relation entre les deux, dans le contexte politique de l'époque où il a composé ses œuvres.

G.C. Absolument. Bien que seul *Le Mandarin merveilleux* se situe après 1918, donc après la révolution de Béla Kun [mars-août 1919] dans laquelle Bartók a été quelque peu impliqué : il a joué un rôle officiel dans cette éphémère république des Soviets.

P. B. Une sorte de ministre de la Culture…

G.C. Ce qui est une reconnaissance assez précoce.

P. B. Absolument.

G.C. Reconnaissance qui lui a coûté cher puisque le dictateur, – le régent Horthy, – qui a ensuite régné sur la Hongrie pendant vingt ans, ne le portait pas dans son cœur. Pendant de nombreuses années, on ne lui a pas pardonné, mais enfin, il a pu continuer à composer. Il a même été considéré, dans les années 1930, comme le plus grand musicien hongrois vivant, avec Kodály.

P. B. Mais savez-vous quel est l'homme politique qui a interdit la représentation du *Mandarin merveilleux* ?

— Cat. 2
Anonyme
Béla Bartók transcrivant des chansons folkloriques, 1910-1920
Photographie, 7,8 × 10,6 cm
Budapest, Archives Bartók, Institut de musicologie, Centre de recherche en sciences humaines de l'Académie des sciences de Hongrie

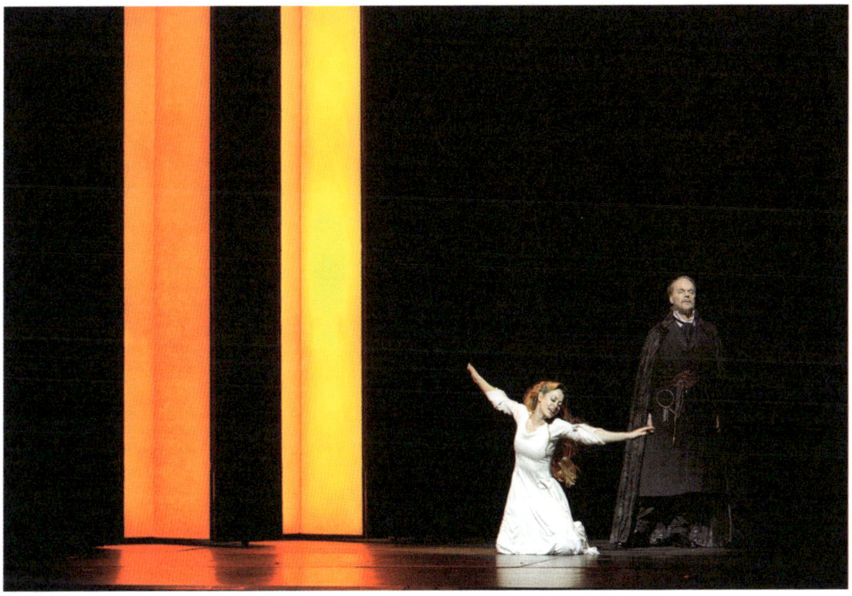

G.C. Non.

P.B. Adenauer !

G.C. Effectivement, je l'ai lu, lorsqu'il fut donné à Cologne en 1926. L'histoire paraissait tellement scandaleuse ! En effet, outre le mandarin, il y a une prostituée dans l'action. Konrad Adenauer en avait interdit la représentation à Cologne.
Je voulais vous poser cette première question : pourquoi vous êtes-vous tant attaché au *Château de Barbe-Bleue*, l'une des œuvres les plus romantiques de Bartók ?

P.B. Parce que c'est beaucoup plus complexe qu'on ne le croit au départ. Complexe et très difficile à mettre en scène car vous n'avez aucune progression dramatique. J'ai vu des représentations de *Barbe-Bleue* terrifiantes : on sait par avance qu'après la première porte, il y a la deuxième, puis la troisième… Si vous avez un décor construit comme une suite, vous vous dites : « Très bien, on part de là, on arrivera dans je ne sais combien de temps ; mais on y arrivera. » C'est là la simplification extrême, redoutable et qu'il faut justement éviter. À voir le travail de fond de Bartók par rapport au texte, on comprend qu'il ne se réduit pas à une succession de portes ; c'est pourquoi c'est intéressant. C'est une œuvre qui révèle ses secrets quand on la connaît bien.

G.C. Oui, en particulier la construction en arche à laquelle Bartók était très attaché, présente dans une grande partie de son œuvre.

P.B. Toujours. Même plus tard. On retrouve ces constructions en arche même dans les derniers quatuors.

G.C. Pourtant vous n'en disiez pas tant de bien, en 1946 ou en 1949. Pour vous, la musique des six quatuors était « très pauvre ».

P.B. C'était un jour où j'avais la tête vide. *(Rires.)*

G.C. Pour revenir à *Barbe-Bleue*, on a vu quand même des mises en scène assez convaincantes, notamment une que j'ai vue à Amsterdam, de Willy Decker, vers 1995. Elle était intéressante parce que *Barbe-Bleue* était joué deux fois pendant la soirée ; or la seconde fois, la mise en scène était reprise à l'envers : les personnages recommençaient là où avait fini la première partie. Je dois dire que c'était une mise en scène assez déroutante, l'impression en était très neuve.

P.B. J'ai donné une version avec Pina Bausch.

G.C. Ce devait être magnifique.

P.B. Il aurait fallu qu'elle la retravaille, il y avait trop de bruits produits par les danseurs, qui se mêlaient aux voix des chanteurs. L'intention était donc bonne mais pas complètement aboutie. Cela aurait valu la peine de retravailler l'ensemble, ce qu'elle n'a jamais voulu. Je l'ai implorée : « Écoutez, ce n'est pas tout à fait réussi, mais il y a quelque chose

— Ill. 1
Béla Bartók
Le Château de Barbe-Bleue,
dirigé par Adam Fischer,
2010
Amsterdam, De Nederlandse Opera

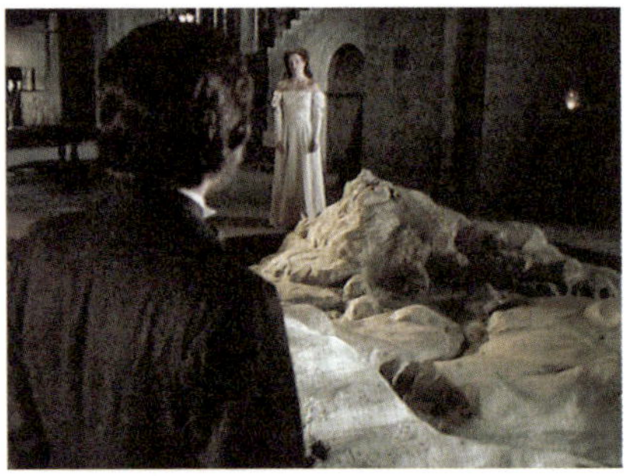

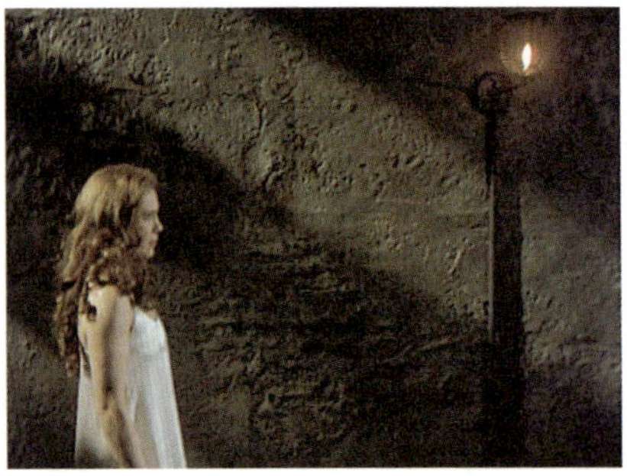

à retravailler, et vous aimez travailler, donc…» Non!

G.C. Vous voulez dire qu'il y avait du bruit, alors que c'est l'opéra minimal, avec seulement deux personnages: Judith et Barbe-Bleue?

P.B. Oui, le minimum de personnages. Certaines figures étaient assez agitées, et les danseurs assez lourds. Ce qui, sur le plancher de la scène, était par moments gênant. Surtout dans les passages pesants, les passages intenses.

G.C. Vous avez enregistré une version avec Tatiana Troyanos, une autre avec Jessye Norman?

P.B. J'ai enregistré la seconde version avec Jessye Norman, oui. Avec l'orchestre de Chicago. La première était pour CBS, avec celui de la BBC.

G.C. C'est ainsi que j'ai connu *Le Château de Barbe-Bleue*, grâce à votre enregistrement. C'était il y a bien longtemps… Dans les années quatre-vingt?

P.B. Il y a trente ans, à peu près. Je l'ai fait dans mes années BBC, donc c'était dans les années 70.

G.C. C'était un enregistrement merveilleux, très dramatique.

P.B. Il y avait beaucoup de pression, parce que Troyanos est très nerveuse. Au contraire, le garçon qui chantait, Siegmund Nimsgern, était parfaitement calme. Le contraste déjà présent dans le texte était, de ce point de vue-là, accentué par l'interprétation. Dans le second enregistrement, ça n'est pas aussi clair.

G.C. C'est vrai que Jessye devient hystérique à mesure que l'action progresse. Beaucoup d'amis hongrois, qui sont aussi des mélomanes, m'ont d'ailleurs dit que le plus bel enregistrement était le premier.

P.B. Je le pense aussi.

G.C. Est-ce que vous avez été touché par cette première musique de Béla Bartók, par le fait que, dans ses œuvres dramatiques, comme dans ses œuvres pour la scène, il revient toujours au thème essentiel du rapport impossible entre l'homme et la femme?

P.B. Oui, c'est vrai, c'est un thème fondamental chez lui.

G.C. De même dans *Le Prince de bois*, puis dans *Le Mandarin merveilleux*…

P.B. Comme on le dit toujours, c'est à cause de ses échecs dans l'opéra et le ballet qu'il n'a pas composé davantage pour la scène. Il en avait l'intention, mais il n'était pas sûr d'être joué. Comme on lui était hostile, beaucoup plus hostile encore lors de ses représentations que lors de ses concerts, il a renoncé au théâtre. C'est dommage.

G.C. D'une manière plus générale, au regard de l'ensemble de son œuvre, comment situez-vous Bartók parmi les grands réformateurs de la musique au xxe siècle?

P.B. Je le situe au premier rang. Vraiment au premier rang. D'abord – même s'il a prétendu le contraire –, il était pétri de tradition viennoise. À la différence de Stravinsky, par exemple, qui avait d'autres qualités, mais à qui la tradition viennoise échappait complètement.

G.C. Stravinsky était plus debussyste par ses goûts.

P.B. Oui, proche de Debussy à sa façon de regarder le folklore, mais d'une manière différente. Bartók lui aussi s'est intéressé au folklore. Il l'a considéré plus sérieusement que Stravinsky. J'ai un recueil

— Ill. 2, Ill. 3
Béla Bartók
Le Château de Barbe-Bleue,
dirigé par Adam Fisher, 1992
Production BBC TV

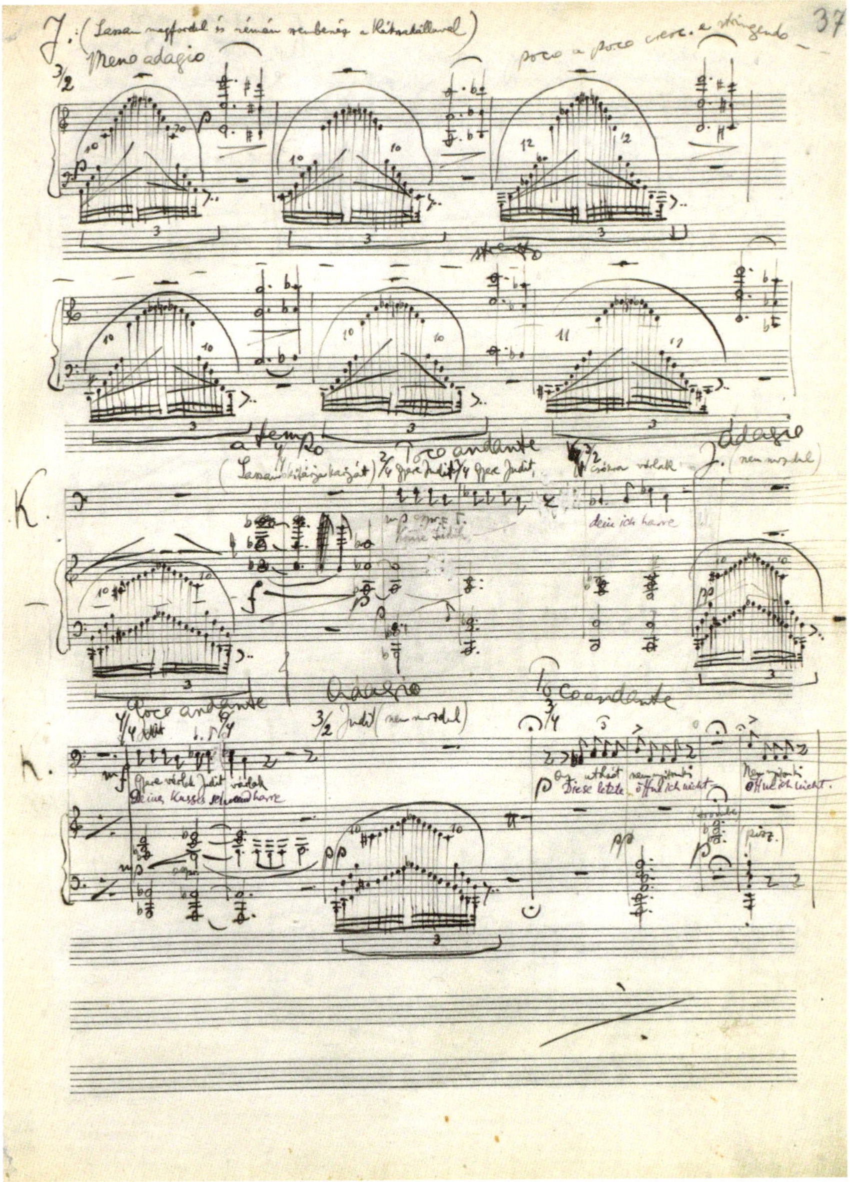

— Ill. 4
Béla Bartók
Partition du Château de Barbe-Bleue, 1911
Édition fac-similée

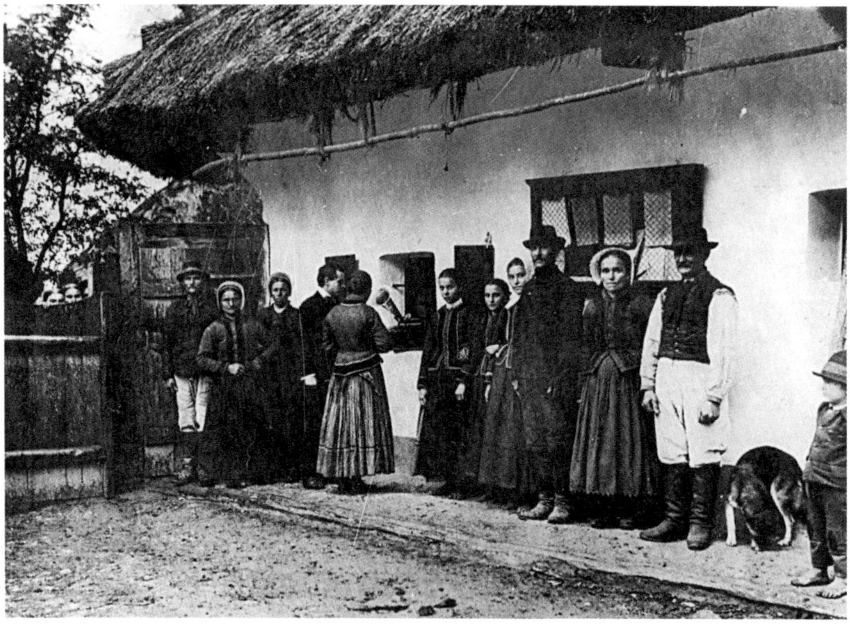

d'enregistrements de chants paysans qu'il a réalisés, très intéressant à écouter. Si vous examinez les notations qu'il a faites de ces chants populaires, c'est plus raffiné que tous les paysans ensemble. Il écoutait vraiment, il se concentrait sur le phénomène sonore, ce qui lui permettait de transcender l'aspect folklorique.

G.C. Ce qui est extraordinaire, c'est qu'il est un des rares musiciens à avoir affirmé l'universalité de son art tout en utilisant le folklorisme du lieu où il était né.

P.B. Mais scientifiquement. Il a vraiment organisé des campagnes de collecte de folklores. Il est allé dans plusieurs pays, en Turquie, en Roumanie, en Hongrie bien sûr (la grande Hongrie d'avant 1918), mais il a aussi étudié le folklore tunisien. Il partait avec son harnachement… Il y a du reste des photos de lui avec un âne et son phonographe.

G.C. Comment situeriez-vous la place des quatuors dans son œuvre ?

P.B. Les quatuors font partie de la tradition viennoise. La tradition viennoise composée avec un matériau différent. Un matériau typiquement bartokien, typiquement hongrois, avec tout ce dont on vient de parler à l'instant. Mais dans la forme, la manière dont Bartók trouve les motifs et les dispose, ça, c'est typiquement viennois.

G.C. Y a-t-il une parenté entre les derniers quatuors de Beethoven et les derniers quatuors de Bartók ?

P.B. Absolument. On sent qu'il s'en inspirait. Il ne jouait pourtant pas d'instrument à cordes, il était pianiste. Mais c'est un homme qui écrit remarquablement pour les cordes. On dirait qu'il a joué du violon toute sa vie.

G.C. Qu'est-ce qui fait que la *Musique pour cordes, percussion, et célesta* (1936), une commande de Paul Sacher pour un ensemble à Bâle, est devenue la musique emblématique du xxe siècle ? Est-elle à mettre sur le même plan que *Le Sacre du printemps* (1913) ?

P.B. Oui, je les mets sur le même plan, exactement. Mais les quatuors à cordes sont en général des œuvres plus tardives. Même dans l'œuvre de Bartók, bien qu'il commence pendant la guerre de 14.

G.C. Avec un quatuor plus proche du premier concerto pour violon, très viennois, justement…

P.B. Mais la grande moisson des quatuors, c'est 1936, 1937, 1938, etc., jusqu'en 1940. Tandis que le Stravinsky du *Sacre*, c'est le Stravinsky de vingt-neuf ans !

G.C. Oui, c'est incroyable, inexplicable.

P.B. Du reste, ça ne s'est pas renouvelé. Il y a encore une œuvre qui est intéressante, parce que le folklore y inspire directement Stravinsky, ce sont *Les Noces* (1923). C'est une masse,

— Cat. 3
Gyula Kósa, *Béla Bartók avec des paysans à Zobordarázs* [*actuelle Dražovce, Slovaquie*] *pendant un enregistrement avec son phonographe*, 1907
Tirage moderne, 19,4 × 29,3 cm
Budapest, Archives Bartók, Institut de musicologie, Centre de recherche en sciences humaines de l'Académie des sciences de Hongrie

dont le tempo ne varie pratiquement pas pendant trois quarts d'heure, puis une demi-heure, puis vingt-cinq minutes.

G.C. Vous en avez fait une très belle interprétation avec, je crois, l'Ensemble intercontemporain, avec la traduction française de Ramuz, et qui était très claire, très compréhensible pour nous Français, contrairement à la version russe qui est habituellement donnée. Vous aviez réalisé un très bel enregistrement dans les années 1960.

P.B. Je pense en effet que la version française est intéressante, parce que Stravinsky lui-même la supervisait. Ramuz n'a pas travaillé seul, mais en phase avec Stravinsky. Comme pour toutes les romances, les *Lieder* de cette période.

G.C. Oui, et je pense que votre version de *Renard* (1922) est la plus belle de toutes, et elle est à mourir de rire...

P.B. Eh bien, elle a été vraiment un problème !

G.C. Comment cela ?

P.B. Je vous raconte ça rapidement. On enregistrait le samedi matin, et il y avait un ténor qui devait partir tôt, parce qu'il avait une représentation le soir à Barcelone, je crois. On était donc pressé par le temps. J'entre dans le studio, et qu'est-ce que je vois ? Pas de joueur de cymbalum, un instrument qu'on ne peut pas remplacer comme ça. Je me dis : « Qu'est-ce que c'est que ça ? » Je fais téléphoner à son hôtel immédiatement ; on me répond : « Il y a au moins trois quarts d'heure qu'il est parti. » On ne savait pas où le pêcher. Il est arrivé avec une heure de retard : il avait confondu l'adresse du studio avec celle de la maison de disque. Alors, on a été obligé de faire tout le reste à une vitesse folle, et une excitation folle aussi . C'est un de mes souvenirs les plus drôles : le joueur de cymbalum, le pauvre, était tétanisé, absolument ! *(Rires.)*

G.C. Je m'en souviens, j'avais le disque, un *Long-Playing* assez long. Je voulais vous demander aussi : vous avez dirigé d'une manière absolument bouleversante le *Divertimento* pour cordes (1939), qui est tout sauf un *divertimento*, un divertissement. C'est une de ses œuvres les plus tragiques !

P.B. Le premier mouvement est encore optimiste.

G.C. et le dernier – le troisième !

P.B. Le troisième, oui. Mais le deuxième est le plus remarquable.

G.C. C'est évidemment un mouvement lent.

P.B. Il faut que ce soit implacable, absolument.

G.C. C'est inexorable. Votre enregistrement, lui, l'est.

P.B. Je dois dire que j'ai beaucoup aimé réaliser les enregistrements de Bartók. Et il y en a un que je n'ai fait qu'une seule fois, c'est la *Cantata profana*.

G.C. C'est très rare.

P.B. Et ce n'est jamais joué. Je le joue cet été, justement, à Lucerne, dans notre académie.

G.C. L'œuvre date de 1930 ?

P.B. Oui, de 1930. Elle est très politique.

G.C. À travers la question des cerfs.

P.B. L'intention était politique, il voulait en fait dénoncer le danger fasciste.

G.C. Les jeunes gens qui se transforment en cerfs, et que leurs chasseurs de pères ne reconnaissent pas.

P.B. C'est ça.

G.C. Vous avez remarquablement bien dirigé une œuvre qui ne devait pas vous plaire, *a priori*, le *Concerto pour orchestre* (1943).

P.B. Oh oui !

G.C. Vous le faites avec un grand humour.

P.B. Ce n'est pas le Bartók, en effet, que j'apprécie le plus. Je le dirais de cette façon-là. Mais je trouve que c'est une œuvre très riche. Là aussi, je suis revenu sur mes erreurs de jeunesse. J'ai beaucoup aimé diriger cette œuvre. Et quand on a un orchestre aussi talentueux que celui de Chicago, c'est fascinant de voir tout le fourbi que cela représente, si je peux m'exprimer ainsi.

G.C. C'est un orchestre qui a été formé par Fritz Reiner, l'un des plus grands chefs de Bartók.

P. B. Ils ont une tradition bartokienne.

G.C. Je voulais enfin revenir sur *Le Château de Barbe-Bleue*. Pensez-vous que l'enregistrement sous la seule forme de concert soit le plus satisfaisant pour comprendre ce drame ? Comme si on devait fermer les yeux pour le voir.

P. B. Je crois que vu la rareté des mises en scène encore convaincantes, mieux vaut simplement l'entendre.

G.C. En fermant les yeux.

P. B. En effet. Il y a deux œuvres dans la littérature contemporaine impossibles à représenter : *Erwartung* de Schœnberg et *Barbe-Bleue*. *Erwartung*, qu'est-ce que vous voulez faire ? Le ciel circule dans cette forêt, comme ça, on peut la cacher derrière un arbre pendant vingt ans. Et le cadavre, il faut bien qu'il soit quelque part ?

G.C. Il est déjà sur la scène.

P. B. Oui, il est déjà sur la scène. Donc, c'est mieux d'imaginer ce qu'on aurait pu faire.

G.C. C'est ce que les expressionnistes allemands appelaient *l'Ich-Dramatik* : toute la scène est le reflet de la conscience, la conscience en agonie d'un des personnages.

P. B. Oui. Mais vous savez, il y a une réplique de Wagner, peu connue, que rapportent les journaux de Cosima, que j'ai eu le temps de lire dans les années où j'étais à Bayreuth. Elle écrit : « Richard est de très mauvaise humeur aujourd'hui. » C'est tout de suite après les premières représentations de 1876. Lui qui avait inventé l'orchestre invisible, il semble qu'il aurait voulu inventer le « théâtre invisible ». *(Rires.)* Il y a des fois où, pour Bartók, c'est presque la même chose.

G.C. Presque la même chose ? Vous croyez, qu'en fait, l'inspiration wagnérienne a duré très longtemps chez Bartók ?

P. B. Certainement ! Vous savez, partout où il y a un duo, on pense au deuxième acte de *Tristan*. Et moi, ce qui me frappe, c'est que par exemple le deuxième acte du *Partage de midi* de Claudel, c'est aussi *Tristan*.

Claire Bernardi Vous souhaitiez avoir un aperçu de notre projet. On pourra y voir les œuvres des peintres hongrois du début du xxe siècle. Elles seront confrontées à des documents sur Bartók et à sa musique…

P. B. Je dois avouer que je ne connais pas beaucoup la peinture hongroise. Je suis allé à la Galerie nationale hongroise, à Budapest, une seule fois. On ne sait pas où aller, pratiquement.

C. B. Oui, il y a beaucoup à y découvrir. Ce sont des œuvres qui n'ont pas été souvent montrées et qui sont aujourd'hui peu à peu redécouvertes. Certains peintres hongrois du début du siècle notamment sont allés étudier à Paris et ont été proches des Fauves français. Ils sont revenus en Hongrie avec un style particulier, typiquement hongrois. Bartók a eu des liens avec la plupart de ces peintres. Il est venu jouer des concerts pour leurs vernissages dans les lieux mêmes d'exposition. Je pense que ce sera une découverte pour le public français, notamment ces autoportraits et ces portraits très forts, qui sont des manifestes d'une modernité qu'on redécouvre en Hongrie et qui a été peu montrée jusqu'ici.

P. B. Oui, pendant les trente ans de domination russe…

C. B. Les œuvres que l'on va exposer vont bien au-delà des années fauves. Leur seront confrontés de nombreux documents autour de Bartók. Il y aura des photos prises lors de ses collectes : Bartók au milieu des paysans (cat. 3), en Transylvanie avec son chapeau, en pèlerin (cat. 36, p. 105) mais aussi dans son appartement avec les meubles de Transylvanie qu'il collectait (cat. 33, p. 103). Et lui-même a fait des photos des paysans, lors de ses collectes, pendant les enregistrements. Nous montrerons également des peintures de la fin de la période, qui sont peut-être plus proches de ce qu'il a fait autour du *Prince de bois*. Certaines de ces œuvres ont été faites en lien avec *Le Prince de bois* que les artistes venaient d'entendre, tel Bortnyik, un peintre activiste proche de la revue *MA*, une revue révolutionnaire de l'époque. Cette œuvre notamment

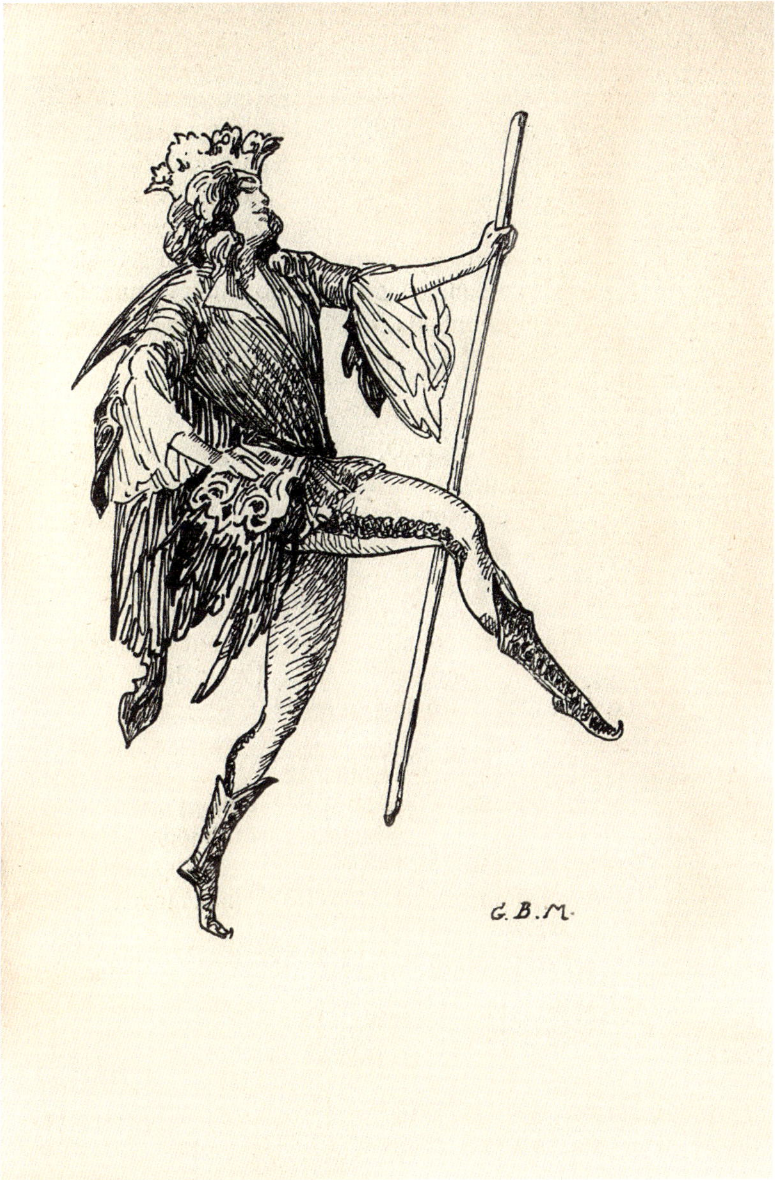

— Cat. 4
Béla Balázs
Livret du Prince de bois,
illustré par Miklós Bánffy, 1917
Ouvrage imprimé, 17 × 12,3 cm
Budapest, collection
Ferenc Kiss

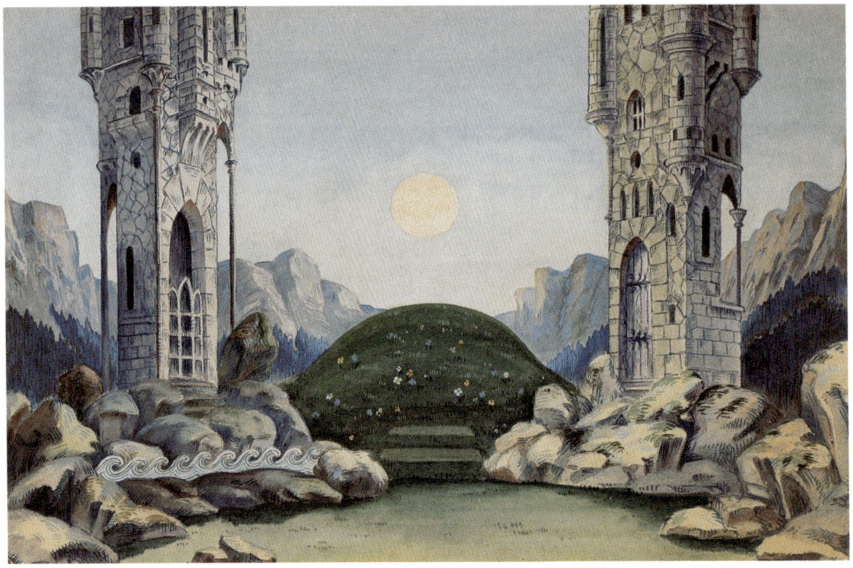

(cat. 1) a été réalisée après la première représentation du ballet à Budapest.

P. B. Je ne savais pas qu'il était aussi proche des peintres.

C. B. C'est ce que nous allons tenter de souligner. Il était toujours en lien avec eux, sans faire partie néanmoins de leur groupe.

P. B. Il était très individualiste.

C. B. Oui, en effet. Et, il faut l'avouer, il n'était pas un fin connaisseur de peinture. C'était plutôt un cercle intellectuel, un cercle d'idées, de connaissances, entre les peintres, les musiciens et des psychanalystes. Il y a eu un groupe de gens qui se sont réunis, et qui ont été réunis aussi, au moment de la Commune, par Béla Kun.

G.C. Nous projeterons un film de l'*Allegro barbaro*, avec un enregistrement sonore d'origine distincte, dont le tempo coïncide à peu près mais on y voit Bartók jouer l'*Allegro barbaro*.

P. B. C'est incroyable ! Ce seront des documents qu'on n'aura jamais vus à Paris.

C. B. Ils sont pour la plupart conservés en Hongrie, aux Archives Bartók.

P. B. Quand j'ai visité ce musée, dont certaines salles sont réservées à la peinture hongroise, je ne connaissais vraiment rien.

C. B. On a retrouvé aussi des publicités pour un magasin de musique, « Wagner », à Budapest. On a un exemplaire d'une affiche révolutionnaire de l'époque avec ce personnage qui figure dans l'affiche musicale (ill. 26, p. 235). On sait que ces peintres étaient, pour certains, des musiciens confirmés, qui ont joué ou connu Bartók par ce biais. Il y a donc des connexions assez amusantes entre musique et peinture. Imprévues.

G.C. Ce qui est intéressant, c'est que vous parlez beaucoup de l'héritage viennois de Bartók. De fait c'est à peu près le seul artiste qui s'en réclame alors que tous les peintres hongrois que vous voyez ici paraissent avoir coupé les ponts avec l'Autriche. L'Autriche-Hongrie entre donc en guerre en 1914 avec une culture hongroise qui tourne le dos presque complètement à Vienne et regarde plutôt du côté de Paris. C'est cela qui paraît très étrange.

P. B. Ce qui me frappe, c'est l'attitude de Bartók par rapport aux musiciens, disons étrangers. Un Stravinsky, au contraire, met la panique dans la maison ! Il refuse quelque tradition que ce soit, sauf la sienne. Dvořák, même chose. Regardez Leoš Janáček, c'est vraiment l'anti-hongrois par excellence. Les musiciens les plus remarquables des pays voisins ont été rejetés probablement parce qu'ils avaient une tradition beaucoup plus forte. Tout simplement. Vous savez, pour lutter contre Haydn ou Mozart, Beethoven et Schubert, c'est difficile quand même. Donc, si on ne refuse pas, on se laisse écraser.

G.C. Oui, et le contrepoids de Debussy et de la musique française n'est pas assez fort.

— Cat. 5
Miklós Bánffy, *Décor pour la première présentation du* Prince de bois, 1917
Pastel sur papier, 38 × 56 cm
Budapest, Archives Bartók, Institut de musicologie, Centre de recherche en sciences humaines de l'Académie des sciences de Hongrie

P.B. Il n'y a pas de tradition française dans la musique. Vous avez des cas isolés, plus ou moins intéressants. Regardez Berlioz, on se demande ce qu'il fait dans ce siècle. Il y a vraiment une sorte de non-tradition française. Vous ne pouvez pas dire non plus que Bizet inaugure ou s'insère dans une tradition.

G.C. Saint-Saëns encore moins.

P.B. Du côté de Fauré peut-être : il s'insère plus ou moins dans une tradition salonnarde, mais c'est du solide !

G.C. Il y a Maurice Ravel. Vous l'aimez beaucoup maintenant.

P.B. Ravel, j'ai toujours aimé ! À cause de sa virtuosité. J'aime beaucoup toute la période d'avant-guerre. J'aime moins la période où, disons, il a voulu suivre la mode ; il n'a pas voulu devenir vieux. Il y a quelque chose de très gênant à un moment donné, comme une femme trop maquillée.

G.C. Oui, c'est cela ! *(Il rit.)* Et d'ailleurs, votre interprétation de *La Valse* avec le Berliner est extraordinaire. Bien que ce soit juste la fin de la guerre (1920), c'est une musique d'avant-guerre malgré tout.

P.B. Mais, si l'on compare les valses de Richard Strauss et Ravel, ce dernier fait figure de petit garçon. Si le premier est au summum de son épanouissement et de sa tradition, l'autre est malgré tout gêné aux entournures. Il imite.

G.C. Je crois qu'une œuvre qui a beaucoup influencé la jeunesse de Bartók, c'est *Ainsi parlait Zarathoustra* de Richard Strauss, qu'il avait entendue, il me semble, à Vienne ou Dresde.

P.B. Les premières œuvres d'orchestre de Bartók, que moi-même je ne joue plus, sont très influencées par Strauss, en effet. Comme celles de tous les jeunes musiciens de l'époque.

G.C. D'ailleurs, ce sera la prochaine exposition musicale que je monterai à Orsay.

P.B. Strauss ?

G.C. Dans deux ou trois ans, je vous l'annonce ! Il n'y a jamais eu d'exposition à Paris sur Richard Strauss.

P.B. On a toujours snobé la musique allemande.

G.C. On aime un très grand musicien lorsqu'il est maudit. On n'a donc pas toujours aimé Strauss, surtout en France.

P.B. Mahler, c'est la même chose, et ce jusqu'à très récemment.

G.C. Il était beaucoup mieux accepté, depuis les années 1960. Depuis le *Mahler Renaissance*.

P.B. Ah oui, ça a changé ! Mais ça a changé grâce aux Américains.

G.C. Des Américains ?

P.B. C'est Bernstein qui a fait sa popularité. Même en Angleterre, il n'était pas souvent joué non plus. On trouvait que c'était de la « musique d'exécutant ».

G.C. Ça paraît incroyable.

P.B. On disait : « C'est la musique qu'un exécutant fait quand il n'a plus rien à diriger. » Eh oui ! Les commentaires étaient très négatifs. Quand on les lit maintenant, c'est curieux.

G.C. Je me souviens qu'il y a trente ans, on disait que l'œuvre de Leoš Janáček était construite sur un tissu de lieux communs. C'était le discours habituel.

P.B. Je regrette, j'ai réalisé un enregistrement de la *Messe* de Leoš Janáček.

G.C. Vous avez enregistré la *Messe glagolitique* ?

P.B. Je l'avais enregistrée, mais la soprano qu'on m'avait donnée était si mauvaise qu'on a été obligé de la passer au panier.

G.C. C'est une œuvre merveilleuse pourtant !

P.B. C'est une œuvre extraordinaire ! Et je l'avais choisie, une fois, justement, pour un programme – ce qui m'intéresse, ce sont les programmes –, j'avais pris la *Symphonie de psaumes* de Stravinsky (1930), et en seconde partie, Leoš Janáček.

G.C. Magnifique !

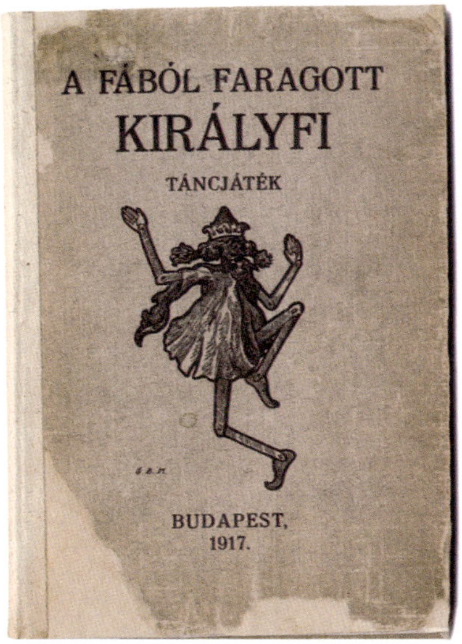

— Cat. 6
Béla Balázs
Livret du Prince de bois,
illustré par Miklós Bánffy, 1917
Ouvrage imprimé, 17 × 12,3 cm
Budapest, Bibliothèque
du Centre de recherche en
sciences humaines de
l'Académie des sciences
de Hongrie

P.B. Oui. Les deux œuvres se correspondaient. Disons, l'intellectuel qui fait du religieux, et l'autre, le populaire, qui fait du religieux.

G.C. Ah oui, le morceau qui s'appelle *Veruju (Credo)* de *La Messe* ?

P.B. Tout le mysticisme de Leoš Janáček est là.

G.C. Et pourtant, il n'était pas du tout mystique.

P.B. Au contraire !

G.C. Janáček affirmait que lui qui ne croyait pas en Dieu allait montrer aux Tchèques comment on priait Dieu en faisant *La Messe* ?

P.B. C'était un laïc farouche. Et oui, ça arrive !

G.C. C'est vrai ! Je vous remercie beaucoup, on ne veut pas vous déranger plus longtemps. On vous a déjà trop retenu.

P.B. Non, mais cela m'a fait plaisir de bavarder.

G.C. C'était passionnant. Merci encore.

P.B. Je vous en prie.

Paris,
4 avril 2013

1 — Il gioco delle coppie [Jeu de couples] est le surnom du deuxième mouvement du *Concerto pour orchestre* de 1943, *Allegretto scherzando*, de Béla Bartók.

GYÖRGY SZÜCS

« LE BALLON CAPTIF » LA VIE CULTURELLE HONGROISE DANS LES PREMIÈRES DÉCENNIES DU XXE SIÈCLE

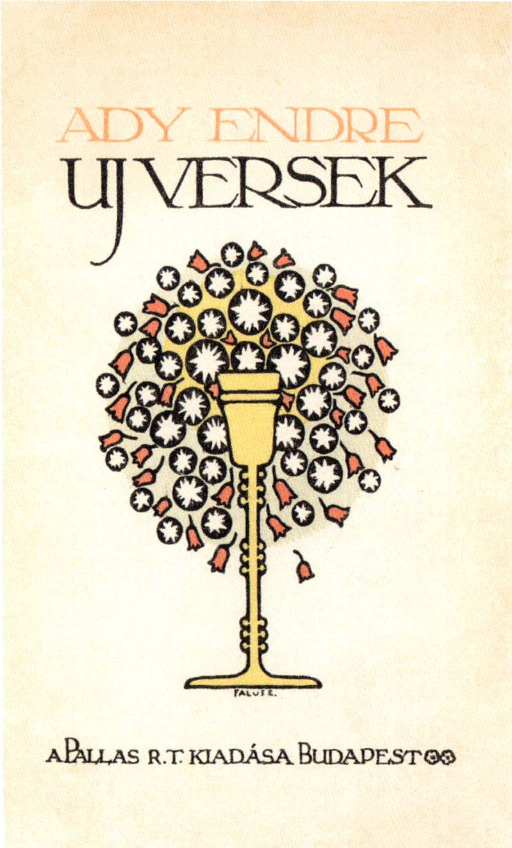

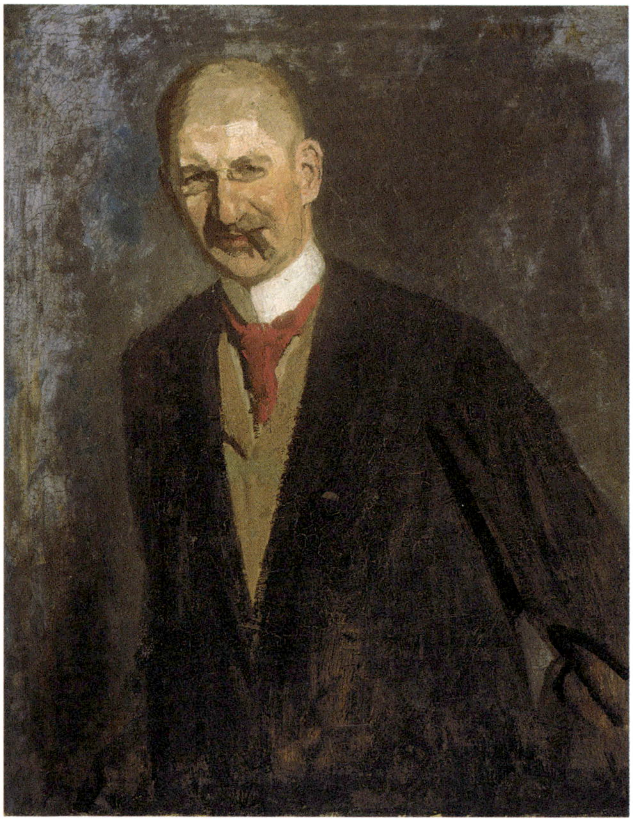

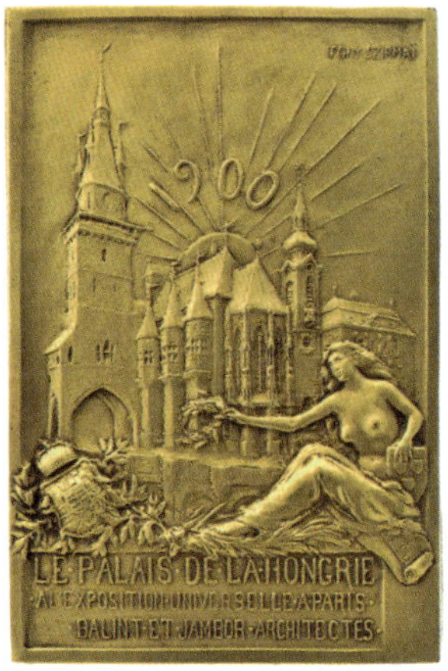

— Ill. 5
Endre Ady
Poèmes nouveaux, couverture illustrée par Elek Falus, 1906
Collection particulière

— Ill. 6
Antal Szirmay
Le Palais de la Hongrie à l'Exposition universelle à Paris, 1900
Plaquette, 10,3 × 7,8 cm
Budapest, Szépművészeti Múzeum – Galerie nationale hongroise

— Ill. 7
Adolf Fényes
Portrait du collectionneur Adolf Kohner, 1900
Huile sur toile, 90 × 70 cm
Budapest, Szépművészeti Múzeum – Galerie nationale hongroise

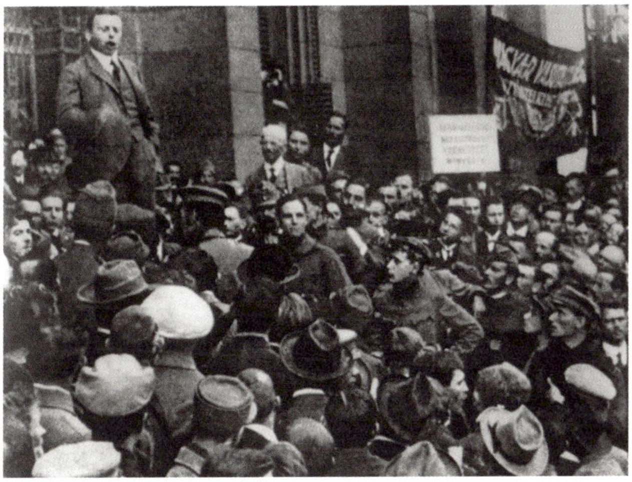

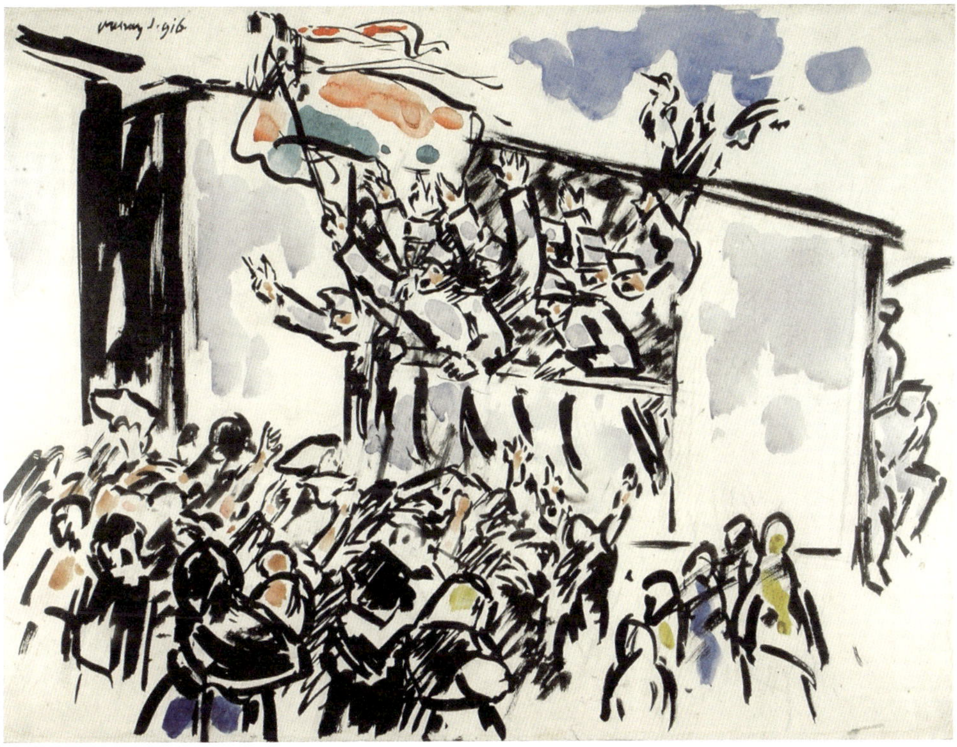

— Ill. 8
Béla Kun à l'extérieur du parlement à Budapest, 21 mars 1919

— Ill. 9
János Vaszary
Soldats allant au front, 1916
Aquarelle, encre de Chine sur papier, 43,5 × 59,5 cm
Budapest, Szépművészeti Múzeum – Galerie nationale hongroise

En 1896, la Hongrie célébra en grande pompe le millénaire de la conquête du pays par les tribus magyares. La majeure partie des centaines de pavillons que comptait l'exposition du Millénaire était bâtie, au Bois de ville, dans un style éclectique, mais les prouesses de l'architecture métallique symbolisant l'époque moderne ne manquaient pas. À deux pas, le musée des Beaux-Arts, « image en miroir » de la façade antiquisante du Műcsarnok [Palais des expositions] qui lui fait face, n'ouvrit ses portes qu'en 1906 ; mais dans les autres quartiers de la capitale, les nouveaux styles avaient déjà fait leur apparition : à la gare de l'Ouest, construite par la société Eiffel en 1877, s'étaient joints le pont François-Joseph en treillis et les halles centrales qui, avec le bâtiment de style Art Nouveau du musée des Arts décoratifs, allaient devenir des éléments déterminants du paysage urbain jusqu'à nos jours. L'image d'ensemble devait célébrer « la grandeur et la gloire » de la Hongrie de la monarchie austro-hongroise. Le « festival » du Millénaire, un résumé de son histoire, montra une image fidèle de l'évolution du pays, en offrant le catalogue complet de sa production industrielle, agricole, culturelle et institutionnelle, tout en dissimulant sous un décor spectaculaire les tensions internes de la monarchie bicéphale, notamment décelables dans la rivalité entre Vienne et Budapest[1] et les mouvements sociaux qui laissaient voir les fissures grandissantes de l'empire. L'un des programmes favoris du grand public fut le ballon captif du capitaine Godard, qui permettait d'avoir une vue dominante sur toute la capitale. « Nous ne pouvons pas nous lasser de ce spectacle enchanteur et nous prenons de la hauteur sans cesse. Budapest ressemble à une magnifique aquarelle à présent[2] », s'enthousiasma un journaliste qui avait essayé l'inhabituel engin. Mais lorsqu'un tourbillon malmena le ballon au point de le rendre inutilisable et détruisit le tableau grandeur nature de François-Joseph Ier d'Autriche présenté dans le pavillon de la presse, les contemporains eurent l'occasion de réfléchir sur l'essence des symboles et de méditer sur la légende d'Icare.

Les mille cinq cents œuvres de l'exposition organisée au Műcsarnok tentaient de donner une image complète de la production artistique de la fin du siècle, mais les nombreux tableaux d'histoire, de conception académique, qui, après la révolution et la guerre d'indépendance manquées de 1848-1849, avaient été les moyens du maintien en éveil de la conscience nationale, étaient alors vides de sens et ne représentaient plus qu'une sorte de « récitation de la leçon historique », un « album d'images » monumental[3].

Tandis que des foules énormes affluaient vers la capitale pour visiter les attractions, un petit groupe prit la direction inverse. L'école libre de Munich dirigée par Simon Hollósy, et les amis artistes qui l'avaient rejointe se rendirent dans une petite ville minière lointaine, à Nagybánya (l'actuelle Baia Mare, en Roumanie) pour un séjour estival. Ils ignoraient encore (peut-être l'espéraient-ils) que la colonie d'artistes naissante établie au-delà des confins nord de la Transylvanie, le « Barbizon hongrois », allait devenir au cours des années suivantes la scène du renouveau de la peinture hongroise. Les fondateurs de la colonie, Károly Ferenczy, István Réti et János Thorma, devaient se contenter pour l'instant que leurs toiles peintes dans un esprit naturaliste soient sélectionnées pour l'exposition du Millénaire.

Après cette « répétition générale » que fut le festival du Millénaire[4], c'est avec la même confiance que le pays entra sur la scène internationale à l'occasion de l'Exposition universelle de Paris en 1900[5] (ill. 6). Selon le scénario habituel, la présentation hongroise montra d'un côté le niveau européen de son industrie, de son agriculture, de son commerce, de ses transports, etc. et, de l'autre, à travers les illustrations d'événements soigneusement sélectionnés d'un passé historique douloureux, elle suggéra que l'aboutissement de l'histoire aurait lieu dans un présent non moins glorieux. Ce n'était pas un hasard si l'un des sites les plus ostentatoires du pavillon hongrois était la « salle Huszár »[6] qui témoignait de l'héroïsme des soldats hongrois à travers des tableaux représentant des batailles mouvementées. L'élection de Károly Ferenczy et d'István Csók comme membres du jury artistique, qui devait choisir les artistes représentant la Hongrie à Paris, fut moins spectaculaire, mais compta comme un fait d'armes important aux yeux des artistes de Nagybánya ; par conséquent, l'exposition présenta une image d'ensemble plus nuancée, mettant davantage en valeur les tendances modernes. Même si ce fut de manière très mesurée, quelques représentants des classes populaires ou des êtres mis au ban de la société firent leur apparition dans les tableaux, comme les ouvriers de *Socialistes* de Károly Bachmann et de l'*Agitateur dans la cantine de l'usine* de Károly Kernstok ou les paysans pauvres de la toile intitulée *Panem !* d'Imre Révész[7]. István Réti envoya à l'exposition son *Noël de bohèmes à l'étranger* (1893) qui devint l'un des symboles déterminants de sa génération : cette toile immortalisait un moment douloureux de la vie misérable des artistes installés à Paris, qui rêvaient d'un foyer chaleureux mais désiraient plus que tout le succès. Par contrainte, mais aussi comme un geste consciemment choisi pour s'exclure de la société, la bohème devint également un mode de vie en Hongrie. *La Bohème* de Giacomo Puccini ne fut présentée à Budapest qu'en 1905, mais les *Scènes de la vie de bohème* d'Henry Murger et la pièce dramatique qui en fut tirée furent très populaires parmi les Hongrois de Paris et de Munich[8].

Les artistes n'étaient pas seuls à avoir la conscience de leur mission puisqu'un front d'union, pour lâche qu'il fût, était sur le point de se constituer, dont les membres allaient s'associer dans la décennie suivante pour la création d'une Hongrie moderne. Une partie des poètes, des écrivains et des philosophes s'étaient détournés du passé et regardaient vers l'avenir. La province ne voulait pas être en reste ; les événements les plus importants – comme la création des colonies de peintres de Nagybánya, de Szolnok et de Gödöllő – eurent d'ailleurs lieu loin de la capitale. À partir de 1903, le journal littéraire *Jövendő* [*Avenir*] parut pendant quelques années, et en 1910 une revue homonyme fut lancée à Hódmezővásárhely par le peintre János Tornyai. En 1908 et en 1909, deux numéros de la revue littéraire *Holnap antológia* [*Anthologie de demain*] furent publiés à Nagyvárad (l'actuelle Oradea, en Roumanie) contenant notamment des poésies d'Endre Ady, de Mihály Babits et de Béla Balázs. Le camp de ceux qui avaient rompu avec les traditions conservatrices finit par se réunir autour de la revue *Nyugat* [*Occident*] qui débuta en 1908. Les slogans les plus souvent employés furent incontestablement « nouveau » et « moderne ». Les tendances qui se relayaient ou se dépassaient utilisèrent le plus souvent ces qualificatifs pour souligner leur spécificité par rapport à l'ancien, à l'obsolète, tandis que les représentants de l'ancienne mode observaient, surpris, « l'irrespect » de leurs fidèles disciples de naguère. À la frontière des arts plastiques et de la littérature, par exemple, le théoricien d'art Béla Lázár, l'un des premiers propagateurs de l'art de Gauguin en Hongrie[9], édita en 1905-1906 quelques numéros du *Modern Művészet* [*Art moderne*] puis, en 1909, publia sous le titre de *Új csapáson* [*Sur de nouvelles voies*] un roman à clé relatant l'histoire de l'évolution réelle et fictive de la peinture moderne. Caractéristique de cette surabondance de tendances, dès 1906, Lajos Fülep, un des historiens d'art les plus importants des décennies futures, redoutait que les disciples de « l'impressionnisme et du pleinairisme à la mode » de même que les successeurs de Van Gogh et de Gauguin ne forment une académie moderne[10].

L'influence majeure fut cependant exercée par le recueil d'Endre Ady *Poèmes nouveaux* en 1906 (ill. 5), qui souleva l'indignation non seulement à cause de son nouvel idéal de l'amour, mais aussi

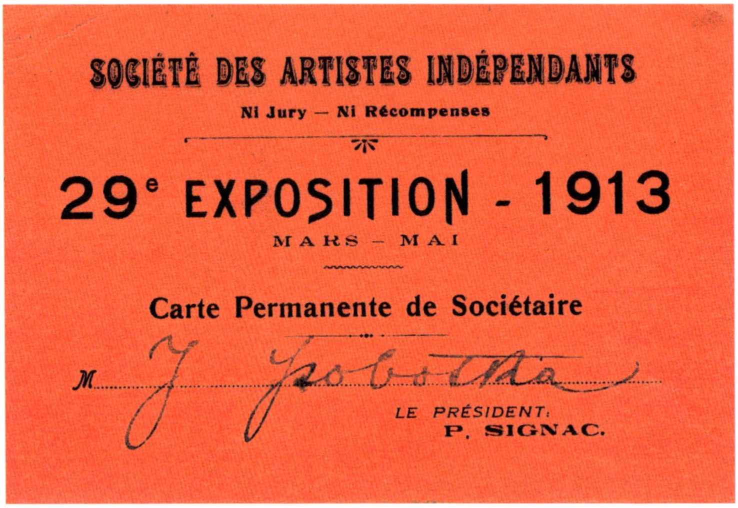

— Ill. 10
Carton d'entrée d'Imre Szobotka à l'exposition du Salon des Indépendants, 1913
Collection particulière

par son refus d'une conscience nationale s'exprimant dans de verbeuses phrases pathétiques et par l'affirmation d'un patriotisme critique. La confrontation de l'Est et de l'Ouest, de l'image symbolique de la « friche hongroise » et du « Paris chantant » tant désiré, forme le cadre où se déroule la vie réelle et spirituelle du poète et de ses amis. À cette époque, le groupe d'artistes qui s'était formé autour de Károly Kernstok, les membres des futurs Huit, accepta le qualificatif tantôt infamant tantôt élogieux d'« adystes picturaux » ou de « lendemainistes de la peinture » (référence à *l'Anthologie de demain*) et ce n'est pas un hasard s'ils organisèrent leur première exposition sous le titre d'« Œuvres nouvelles » au Salon Könyves Kálmán à la fin de l'année 1909. Le philosophe György Lukács, dans une page tardive de ses mémoires, évoqua également « l'expérience bouleversante de l'œuvre d'Ady [11] ».

Plusieurs tentatives eurent lieu pour fédérer le large champ de l'art hongrois progressiste. Le Magyar Impresszionisták és Naturalisták Köre [Cercle des impressionnistes et naturalistes hongrois] (MIÉNK) fut fondé en 1907 afin de rassembler l'avant-garde de la peinture moderne s'opposant à l'académisme et à l'Országos Magyar Képzőművészeti Társulat [Société nationale hongroise de Beaux-Arts], qui réunissait les forces conservatrices. Parmi les personnages influents du MIÉNK, Pál Szinyei Merse était recteur de l'École supérieure des beaux-arts, et Károly Ferenczy avait été son professeur ; face à eux József Rippl-Rónai était le représentant d'une conception de l'art beaucoup plus neuve et soutenait pleinement les aspirations des plus jeunes. Il devint rapidement clair que cette organisation n'était pas en mesure de réconcilier les générations et de rallier les tendances hétérogènes, aussi la rupture fut-elle inévitable : les jeunes la quittèrent et fondèrent le groupe d'artistes appelé par la presse « les chercheurs » qui s'illustra plus tard sous le nom des Huit. Parallèlement, le Művészház [Maison des artistes] ouvrit ses portes fin 1909. Son fondateur, Miklós Rózsa réussit à jeter les fondements d'une institution diversifiée grâce à l'organisation alternée d'expositions conservatrices, qui rapportaient des bénéfices, et d'expositions d'art contemporain, ainsi que grâce aux ventes aux enchères, à une foire permanente, aux Salons de province, aux lancements de revues d'art et à la mise en place d'une école libre [12]. Rózsa fit paraître en 1914 un livre intitulé *A magyar impresszionista festészet* [*La Peinture impressionniste hongroise*], compilation de ses écrits antérieurs, qui traitait les courants modernistes de l'avant-guerre dans une perspective internationale. L'auteur tentait d'y reconstruire, par une argumentation fort subjective, les processus de l'évolution très agitée de l'art hongrois à partir du précurseur Pál Szinyei Merse, en passant par le naturalisme de plein air de la colonie de peintres de Nagybánya jusqu'au postimpressionnisme qui avait déjà droit de cité.

La conscience d'une mission, le reniement des idéaux anciens, l'attachement commun au goût européen moderne commandaient la vie culturelle hongroise et rendaient perméables les limites par ailleurs virtuelles entre les différents genres tout comme entre les groupements littéraires, musicaux et artistiques[13]. Les lectures, les conférences artistiques et les matinées destinées à attirer le public constituaient des événements immanquablement liés aux expositions modernes. En 1913, c'est au Fővárosi Orfeum [Music-Hall de la capitale] que les premières du *Château de Barbe-Bleue* et du mystère intitulé *Le Sang de la Sainte Vierge* de Béla Balázs eurent lieu dans le cadre d'une matinée de la revue *Nyugat*. Les décors furent peints par Lajos Gulácsy, la mise en scène signée par Artúr Bárdos, l'ancien assistant de Max Reinhardt, le rôle de Judith fut joué par l'épouse de l'écrivain Dezső Kosztolányi, Ilona Harmos, et Béla Bartók prêta son concours au piano. Ce spectacle, présenté une seule fois, ne remporta pas un franc succès, mais cette curieuse « performance » pluridisciplinaire, créée pour ainsi dire à partir de rien, témoigna de la coopération entre les représentants des aspirations les plus modernes[14]. Le sentiment d'appartenance fut intensifié par le fait que l'opposition catégorique des hommes politiques marquants de l'époque fut éventée dans les journaux ; le comte Albert Apponyi, ministre des Cultes et de l'Instruction publique, par exemple, mit en garde les artistes contre l'imitation des modèles occidentaux, avertissement auquel Ady ne tarda pas à donner une réponse sarcastique dans le *Budapesti Napló*[15] [*Journal de Budapest*]. Le comte István Tisza – qui fut Premier ministre de 1903 à 1905, puis de 1913 à 1917 – fréquenta assidûment les expositions et jugea que, grâce aux articles qu'il publiait dans le *Magyar Figyelő* [*L'Observateur hongrois*], journal fondé par ses soins, il devait lui aussi descendre dans l'arène pour défendre les valeurs anciennes qui avaient fait leurs preuves. Nous serions cependant injustes de projeter mécaniquement les notions de conservatisme et de progrès sur la vie culturelle de la période précédant la Première Guerre mondiale, car le tableau d'ensemble était de toute évidence beaucoup plus nuancé. Bien que les membres conservateurs de la présidence du Nemzeti Szalon [Salon national] protestèrent contre la troisième exposition des Huit organisée fin 1912, elle fut pourtant inaugurée par le secrétaire d'État du ministre de la Culture, le comte János Zichy, en présence du maire de Budapest, István Bárczy, ainsi que du directeur du musée des Beaux-Arts, Gábor Térey. C'est à ce Salon que Bertalan Pór exposa son projet monumental destiné au Népopera [Opéra populaire] qui fut entre-temps réalisé. C'est également là qu'Endre Ady fit la connaissance de Béla Bartók, tandis que, fin novembre, à la soirée de lecture des poèmes de Sándor Petőfi et d'Ady, György Bölöni et Oszkár Jászi tinrent des conférences sur leur art.

Un nouveau milieu de collectionneurs d'art se développa ; issus pour la plupart de la bourgeoisie et de la haute bourgeoisie d'origine juive, ces amateurs constituèrent des collections qui pouvaient rivaliser avec celles des aristocrates. L'acquisition de ces œuvres fut pour eux l'une des formes de l'affirmation d'une identité culturelle et de leur assimilation sociale. Les œuvres présentées à l'exposition impressionniste internationale du Művészház au printemps 1910 venaient exclusivement de collections hongroises : dans la section des « néo-impressionnistes – synthétiques – aspirations décoratives » par exemple, le public eut l'occasion de voir des Cézanne, Gauguin, Van Gogh, Matisse, Picasso et Rouault d'une éminente qualité. Le baron Adolf Kohner (ill.7), qui possédait aussi des fonds d'arts décoratifs et asiatiques, collectionna en premier lieu des tableaux anciens, mais les Hongrois n'y manquaient pas, de Pál Szinyei Merse à Simon Hollósy, Károly Ferenczy, József Rippl-Rónai, en passant par Mihály Munkácsy. Marcell Nemes acquit avec un œil très sûr et au bon moment des Greco et des Goya, et, au faîte de sa réussite, il pouvait se vanter de posséder onze Courbet, six Renoir, six Cézanne, quatre Manet et trois Degas. József Rippl-Rónai, qui peignit son portrait en 1912, était le peintre hongrois que le collectionneur préférait. À plusieurs reprises, il fit des dons au musée des Beaux-Arts ; en 1911, avec une sélection de maîtres modernes hongrois, il jeta les bases de la pinacothèque de Kecskemét, avec des œuvres des Huit (Dezső Czigány, Béla Czóbel, Ödön Márffy, Károly Kernstok, Bertalan Pór) ou les créations de Béla Iványi Grünwald et de Vilmos Perlrott-Csaba qui travaillaient dans la colonie d'artistes de la ville. Le baron Ferenc Hatvany, frère de l'écrivain et rédacteur Lajos Hatvany, qui soutenait Ady, fut un mécène important ; amoureux des maîtres français du XIXe siècle, il était lui-même peintre et exposa plusieurs fois au Salon d'Automne à Paris. Le classicisme, le romantisme et l'impressionnisme français influencèrent son art. Sa collection contenait des tableaux d'Ingres et de Delacroix, de même que des œuvres de Corot (*Marietta rêveuse*), de Courbet (*La Femme nue couchée*) ou de Manet (*Bar aux Folies-Bergère*)[16]. Lajos Ernst peut être considéré comme une personnalité exceptionnelle : secrétaire du Nemzeti Szalon, il organisa une série d'expositions sous le titre « Artistes hongrois modernes » (Károly Ferenczy, Pál Szinyei Merse, Béla Iványi Grünwald, János Vaszary, etc.), puis fonda en 1912 le musée qui porte son nom. Les expositions organisées par Béla Lázár dans cette institution active pendant un quart de siècle présentaient avant tout des artistes dans la mouvance impressionniste, définis par le critique d'art comme un « colorisme hongrois ». Le domaine favori d'Ernst fut cependant la peinture d'histoire ; il collectionna tout particulièrement les esquisses des grandes œuvres, et possédait en outre une vaste collection d'autoportraits dans laquelle trouvaient également place aux côtés d'œuvres plus petites, d'art graphique pour la plupart, de jeunes talents allant au-delà de son goût personnel, comme Dezső Czigány, Lajos Gulácsy, Géza Bornemisza, Vilmos Perlrott-Csaba, Bertalan Pór, Lajos Tihanyi, János Kmetty, József Rippl-Rónai, Vilmos Aba-Novák et István Szőnyi[17].

Le 28 juin 1914, l'attentat perpétré contre François-Ferdinand et son épouse à Sarajevo choqua l'opinion publique, mais ne surprit qu'en apparence les hommes politiques. Le Premier ministre István Tisza prit position contre la guerre ; en réalité il ne jugeait pas encore le pays suffisamment préparé militairement pour entrer en campagne.

Les signes avant-coureurs remontent à la période dite des « heureux temps de paix » qui fut ressentie de la sorte après coup, lorsque la situation de politique intérieure se caractérisa par une longue crise parlementaire, des mouvements agricoles et ouvriers s'intensifiant, des manifestations toujours plus nombreuses, une armée commune (avec l'Autriche) intouchable et l'absence de solution pour la question des minorités. Les guerres balkaniques de 1912-1913 ne touchèrent pas le pays directement, mais firent éprouver l'instabilité de l'empire et du *statu quo* régional. Au début de la Première Guerre mondiale, l'opinion publique restait très attachée aux règles du jeu datant du temps de paix qui semblaient alors immuables, et avait du mal à renoncer à ses illusions. Dans les journaux, elle voulait lire la gloire de la nation, au pire qu'on lui parle de la « mort splendide ». Le spectacle des dolmans à tresses, des sabres cliquetants, des chevaux luxueusement harnachés évoquant la peinture d'histoire, renforça pour lors la fierté patriotique. Avec les années cependant, les difficultés croissantes de ravitaillement, les interminables colonnes grises, les prisonniers de guerre au regard vide, les cadavres abandonnés le long des routes devinrent réalité.

Les artistes travaillant en France furent le plus gravement touchés par le déclenchement de la Guerre mondiale. Imre Szobotka et Alfréd Réth furent internés comme citoyens d'un pays ennemi, József Csáky préféra s'engager dans l'armée française pour éviter d'être assigné à résidence, tandis que Béla Czóbel se réfugia aux Pays-Bas. Leo Belmonte, qui vivait dans la colonie d'artistes de Gödöllő avec sa famille, fut contraint de rentrer en France à la nouvelle de la mobilisation. La mort dans l'âme, les artistes et les philosophes prirent acte de ce que leur attachement à la culture française avait peu de poids face aux événements. Lajos Kassák, qui avait lancé la revue activiste *A Tett* [*Action*], puis, après son interdiction, la revue *MA* [*Aujourd'hui*], en parla dans un poème après avoir vécu le recul de la foi en la force de l'art : « des mortiers sauvages, rauques à force d'avoir hurlé, bafouent notre chant vibrant » (*Épopée sous le masque de Wagner*, 1915). On trouve néanmoins des exemples positifs des deux côtés. Grâce à l'intervention de ses amis, Maurice Denis et Aristide Maillol notamment, Rippl-Rónai fut autorisé à rentrer en Hongrie au bout de six mois. Malgré les critiques violentes[18], l'Italien Egisto Tango put demeurer chef d'orchestre de l'Opéra de Budapest et, lors du rétablissement des relations culturelles entre les deux pays, l'on évoquait souvent la « captivité » du neveu de Pietro Mascagni, qui fut extrêmement douce[19].

En Hongrie, une grande partie des artistes travailla en tant que correspondants et dessinateurs de guerre, comme l'architecte Géza Maróti ou les dramaturges Ferenc Molnár et Lajos Biró. Dans certains cas, les amis de longue date furent affectés au même endroit ; c'est ainsi qu'Ödön Márffy devint l'officier instructeur de Bertalan Pór et de Róbert Berény, anciens membres des Huit. Comme peintre de guerre, Rippl-Rónai rencontra Oskar Kokoschka sur le front italien[20]. L'exposition présentant les tableaux de guerre de l'artiste au musée Ernst en septembre 1915 fut un événement marquant de la vie culturelle de la capitale. En 1916 et en 1917, c'est au Nemzeti Szalon et en 1918 au Műcsarnok que furent organisées les expositions du Quartier général de la presse impériale et royale où, à côté des dessinateurs exécutant pour la plupart des illustrations de journaux, les œuvres saisissant l'essence de la guerre, et marquées d'un caractère dramatique véritable, de János Vaszary (ill. 9), László Mednyánszky ou d'István Farkas furent également exposées. Les douzaines de cartes postales singulières de László Moholy-Nagy peuvent être considérées comme des chroniques dessinées et peintes : l'artiste y esquisse les figures, les scènes de guerre, les situations de vie qu'il a observées, avec peu de moyens mais une grande force expressive[21]. Aladár Körösfői-Kriesch fut envoyé dans les environs de l'Isonzo au printemps 1918. En voyant la destruction dans les villages et les villes, « la comédie grandiose de la folie des hommes », la vision du monde idéaliste de la colonie d'artistes de Gödöllő, qu'il avait fondée et qui avait proclamé l'unité de la vie et de l'art s'effondra[22].

Le 16 juin 1916, les participants aux funérailles du général en chef de la guerre d'indépendance de 1849, Artúr Görgey, qui avait vécu jusqu'à un âge avancé, pouvaient croire encore, à la vue des soldats qui montaient la garde autour du catafalque dressé au Nemzeti Múzeum [Musée national] à la gloire nationale ; mais, en réalité, la mort de François-Joseph, survenue à peine six mois plus tard, signa définitivement la fin d'une époque. Les artistes sollicités à l'occasion du couronnement du prince héritier Charles IV, comme roi de Hongrie, réalisèrent les décors d'une cérémonie hors d'âge, historicisante, de la monarchie. Les sites sélectionnés du château de Buda furent adaptés à la liturgie rigide du couronnement par un groupe d'architectes dirigé par le comte Miklós Bánffy : de l'église Mátyás jusqu'à la place Szent György, ils prirent pour décors les quartiers les plus typiques. Il n'y avait presque plus personne pour se souvenir du couronnement de François-Joseph, un demi-siècle plus tôt, et, à côté des photographes, de nombreux artistes peintres tentèrent d'immortaliser les scènes à grand spectacle, la colline du couronnement, le brandissement de l'épée, la procession équestre, les bannières... On peut imaginer József Rippl-Rónai, Károly Kernstok, Béla Iványi Grünwald et tant d'autres en train de dessiner au milieu de la foule...

La guerre qui se prolongeait et l'intensification des tensions sociales unirent les différents groupes des progressistes hongrois ; le pacifisme, l'exigence de transformations sociales et artistiques, la foi en la possibilité de construire un monde nouveau plus juste sur les ruines de la guerre constituèrent leur terrain d'entente. Cette vision pleine d'optimisme cependant ne put se réaliser : la révolution bourgeoise démocratique d'octobre 1918, conduite par le comte Mihály Károlyi, s'avéra insuffisante pour apporter des réponses aux problèmes qui s'étaient accumulés ; l'espoir en les forces social-démocrates et communistes grandit, et beaucoup finirent par voir dans la gauche radicale arrivée au pouvoir en mars 1919 la solution.

Lajos Kassák, qui avait proclamé la priorité de l'autonomie artistique, entra rapidement en conflit avec le commissaire du peuple Béla Kun (ill. 8), le dirigeant omnipotent de la dictature du prolétariat, ce qui conduisit presque aussitôt à l'interdiction de sa revue, *MA* [23]. D'autres voulaient continuer à croire en la possible réalisation de l'utopie, et, pour cette raison, plusieurs membres de l'élite intellectuelle indépendante, qui s'était formée pendant la guerre au cercle Vasárnapi Kör [24] [Le Cercle du dimanche], acceptèrent de jouer un rôle dans les différentes institutions et forums culturels de la République des Conseils : György Lukács fut promu commissaire du peuple adjoint à l'Instruction publique, Béla Balázs entra au Directoire des écrivains et Lajos Fülep fut nommé à la chaire d'italien de l'université. Bartók et Kodály collaborèrent au Directoire de la musique et, avec l'aide du Directoire de l'art et des musées (on comptait parmi ses membres l'historien d'art Frigyes Antal et le peintre Róbert Berény), Károly Kernstok put fonder une école libre à Nyergesújfalu. L'atelier-école des prolétaires était dirigé par Béla Uitz ; le peintre József Nemes Lampérth et le sculpteur Ferenc Medgyessy y travaillaient comme professeurs. La période révolutionnaire, d'une durée de quelques mois, ne réussit pas à produire des résultats réels, mais, à côté des participants actifs, les artistes qui s'étaient tenus à l'écart des actions militaires et politiques durent s'exiler ou furent condamnés à la stigmatisation de longues années durant.

Exsangue à l'issue de la guerre et des révolutions perdues, la Hongrie s'enfonça dans une léthargie générale. Suite au traité de paix signé le 4 juin 1920 à Versailles au Grand Trianon – le chef de la délégation hongroise était le comte Albert Apponyi –, la Hongrie perdit plus de la moitié de sa population et les deux tiers de son territoire. Des villes au passé prestigieux, comme Nagyvárad (Oradea), Kolozsvár (Cluj), Nagybánya (Baia Mare), Kassa (Košice), Pozsony (Bratislava) ou Szabadka (Subotica), se retrouvèrent au-delà des nouvelles frontières. Le maréchal Foch exprima la situation avec une amère pertinence : « Ce n'est pas une paix, c'est un armistice de 20 ans. » Peu se consolèrent à l'idée qu'au bout de tant de siècles, la Hongrie devenait enfin un État indépendant et souverain. La présence de la Mission des Forces de l'Entente contrôlant le transfert des territoires et l'exécution du traité de paix, puis, à partir de 1922, celle des commissaires de la Société des Nations supervisant la vie économique, rendit la

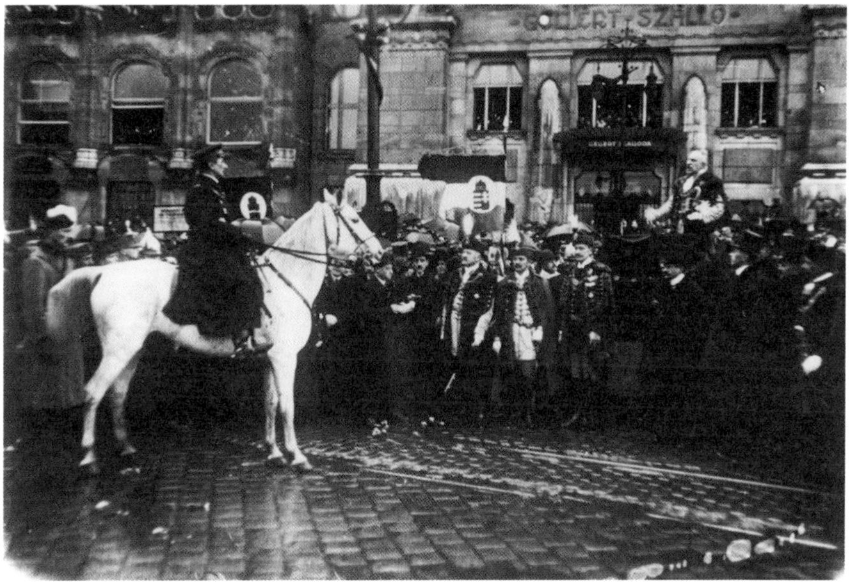

— Ill. 11
Miklós Horthy à Budapest,
16 novembre 1919

consolidation plutôt difficile, mais elle la favorisa aussi grâce aux entremises internationales. Il était évident que la « Petite Entente », l'alliance de la Tchécoslovaquie, du Royaume des Serbes, Croates et Slovènes et de la Roumanie, qui surveillait avec des yeux d'Argus toute tentative éventuelle de restauration des Habsbourg, allait empêcher une quelconque accession au trône qui aurait été considérée comme une cause de guerre immédiate. Au printemps 1920, l'Assemblée nationale hongroise ajourna *sine die* la question du roi tout en maintenant la royauté comme forme de l'État ; elle élut comme régent Miklós Horthy, le chef des forces armées nationales entrées dans Budapest (ill. 11). Avant 1914, Horthy avait été aide de camp de François-Joseph, et, dans les derniers jours de la Guerre mondiale, avec le rang de vice-amiral, il s'était fait une réputation – douteuse selon certaines sources – de commandant en chef sans état d'âme de la flotte austro-hongroise.

Dans le livre intitulé *Három nemzedék* [*Trois générations*], paru pour la première fois en 1920, l'historien Gyula Szekfű tenta d'expliquer du point de vue conservateur les causes internes de la catastrophe historique que la Hongrie venait de subir. Prenant les idées du comte István Széchenyi, grand réformateur du XIXe siècle, comme des références intemporelles, il examinait le rôle des générations successives de libéraux et expliquait l'état actuel du pays par une influence étrangère altérant l'évolution nationale hongroise. Dans le dernier chapitre, intitulé « Deux destins hongrois à l'époque du déclin », il évoquait de façon assez incongrue les figures d'István Tisza assassiné dans le tumulte de la Révolution des Chrysanthèmes en octobre 1918 et d'Endre Ady qui lui survécut trois mois à peine ; malgré sa sympathie évidente pour Tisza, il brossait leurs vies et leurs activités en maintenant un savant équilibre entre la critique et la compréhension. « Ce sont deux vies entre lesquelles il y a tout un monde de valeurs morales, mais toutes deux sont des vies *hongroises*, des destins hongrois stériles dans un monde à la dérive [25]. »

Le comte Kunó Klebelsberg, qui, dans le gouvernement du comte István Bethlen (1922-1931), était chargé du redressement de la vie culturelle, fort délabrée, avait été en tant que secrétaire d'État un collaborateur direct de Tisza. Conservateur, Klebelsberg s'attela au travail avec beaucoup d'allant ; dès son discours d'in-

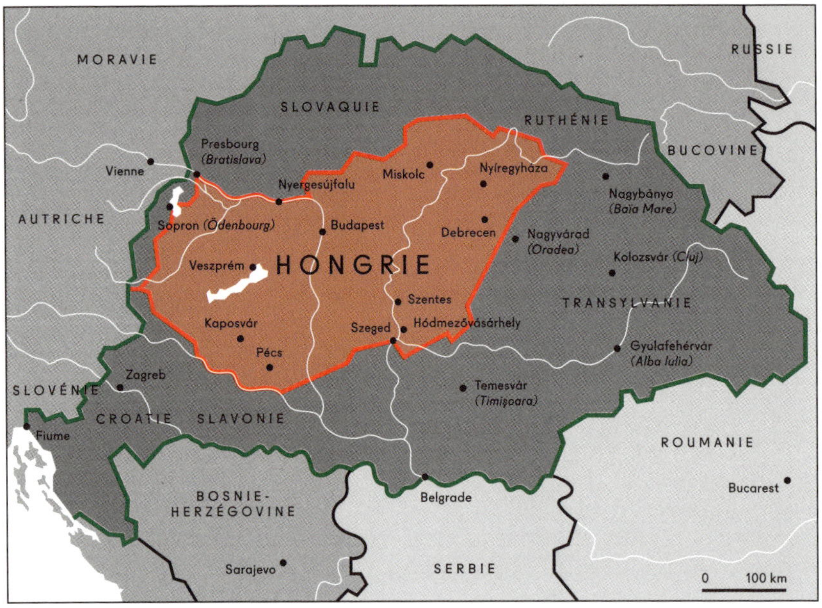

La Hongrie en 1920
au traité de Trianon

La Hongrie en 1914

vestiture, il énuméra les tâches les plus importantes, les questions de l'éducation scolaire, de la formation médicale, de la politique religieuse et scientifique. Indéniablement, c'est l'œuvre de philosophie culturelle d'Oswald Spengler, *Le Déclin de l'Occident* [*Der Untergang des Abendlandes*] (1918-1922), qui exerça la plus grande influence sur la vie intellectuelle dans les années de l'après-guerre. Spengler y décrivait les grandes cultures de l'histoire universelle, naissance, épanouissement et déclin. Il avait élaboré les bases de sa théorie des années plus tôt, mais, avec la Première Guerre mondiale, il crut découvrir de nouvelles preuves du déclin inéluctable de la culture européenne. Klebelsberg, quant à lui, face au sentiment général de résignation, de fatalisme, d'auto-apitoiement, proposait comme alternative au pessimisme culturel de Spengler, une image dynamique de la nation hongroise, et son modèle devint selon la formule de Széchenyi « le Hongrois productif ». Parallèlement à ses activités de réorganisation englobant tous les domaines, Klebelsberg, par ses travaux de construction de grande envergure, comme l'Institut de recherches biologiques à Tihany (1926-1927) ou par l'achèvement des travaux des immeubles de l'université de Debrecen commencés avant-guerre (1923-1930), offrit la possibilité aux artistes – en réalité comme au sens figuré – de participer à la naissance des palais de la culture [26].

On ne peut pas faire abstraction du fait que, parmi les figures d'importance de l'histoire de l'art de la période précédente, le précurseur hongrois de l'impressionnisme, Pál Szinyei Merse, les « nagybányiens » Simon Hollósy et Károly Ferenczy, le peintre historique académique Gyula Benczúr, le fondateur de la colonie d'artistes d'Art Nouveau à Gödöllő, Aladár Körösfői-Kriesch, et le symboliste-mystique au chemin très personnel László Mednyánszky n'ont pas connu le changement de pouvoir. Par ailleurs, une partie importante de l'intelligentsia progressiste engagée à gauche, par peur des représailles, avait choisi l'exil, comme, parmi les membres du Cercle du dimanche, György Lukács, Frigyes Antal, Károly Mannheim, Arnold Hauser, Béla Balázs, le jeune Károly Tolnay ou, parmi les artistes, l'épouse d'Oszkár Jászi, Anna Lesznai,

Béla Uitz, Lajos Kassák, László Moholy-Nagy et beaucoup d'autres. Ce fut une grande perte pour la culture hongroise, car, par la suite, leurs œuvres prirent souvent de l'ampleur à l'étranger. Les artistes restés en Hongrie tentèrent de trouver des alliés dans des ateliers, des cafés et des salles d'exposition plus petites. C'est en 1924 que fut créé le Képzőművészek Új Társasága (KÚT) [Nouvelle Société des Artistes], chargé de réunir les tendances progressistes, de ramener les forces dispersées sur un terrain commun, de réhabiliter ce qu'ils considéraient être l'honneur du travail artistique de qualité. Les mots à la fois confiants et lucides que János Vaszary redigea pour le catalogue de l'exposition du KÚT organisée au Nemzeti Szalon en 1925 valaient pour la vie culturelle tout entière : « Nous reprenons le fil là où il s'est rompu. Des peintres, des sculpteurs travaillent avec foi et confiance, et présentent leurs œuvres comme autrefois. Pour accomplir cette tâche, cependant, nous avons besoin non seulement de ceux qui pratiquent l'art progressiste, mais de tous ceux qui nous sont proches et nous comprennent. Notre vœu, notre foi et nos intentions n'ont pas changé ; seulement les milieux qui s'intéressent à la culture artistique et à toutes les autres cultures sont plus atones, leur pouls bat plus lentement. Nous souhaitons réveiller l'intérêt pour l'art en ouvrant notre deuxième exposition. La tradition a tout notre respect – mais c'est dans l'avenir que nous plaçons toute notre espérance[27]. »

1 — Voir Péter Hanák, *The Garden and the Workshop. Essays on the Cultural History of Vienna and Budapest*, Princeton, Princeton University Press, 1998.
2 — Gyula Szúdy, « Godard kapitány léggömbje » [« Le ballon du capitaine Godard »], *Vasárnapi Újság* [*Le Journal du dimanche*], 19 juillet 1896, p. 481.
3 — Mária Bernáth, « Stílustendenciák a Millenáris kiállítás festészeti anyagában » [« Tendances stylistiques dans la collection de peintures de l'exposition du Millénaire »], in *A historizmus művészete Magyarországon* [*L'Art de l'historicisme en Hongrie*], sous la direction de Anna Zádor, Budapest, Institut de recherches de l'histoire de l'art de l'Académie hongroise des sciences, 1993, p. 151.
4 — « Deux expositions 1896-1900 » du *Gaulois du dimanche* fut repris par le *Vasárnapi Újság* le 17 juin 1900, p. 1-2.
5 — Miklós Székely, « Rebuilding History. The Political Meaning of the Hungarian Historical Pavilion at the 1900 Paris Universal Exhibition », in *Cultural Diplomacy and Cultural Imperialism*, sous la direction de Martina Topic et Sinisa Rodin, Francfort-sur-le-Main, Peter Lang, 2012, p. 51-66.
6 — János Szendrei, « A Huszár-terem » [« La salle Huszár »], *Vasárnapi Újság*, 25 février 1900, p. 1.
7 — Catalogue illustré. Exposition des beaux-arts à l'Exposition universelle de 1900 à Paris – Hongrie.
8 — Voir György Szücs, « Bohemians in Hungary, Hungarians », in *Bohemia*, Bratislava, Ars, 2002, n° 2, p. 170-182.
9 — Conférence de Béla Lázár à l'Académie de Musique le 14 mai 1907, « Gauguin művészete és annak tanulságai » [« L'art de Gauguin et ses enseignements »], parue sous le titre de « Gauguin », *Művészet* [*L'Art*], 1908, vol. 7, n° 1, p. 35-43 (en français : *Gauguin*, Paris, Office centrale de librairie, 1908).
10 — Fra Filippo [Lajos Fülep], « Modern akadémia » [« Académie moderne »], *Magyar Szemle*, n° 4, 1906, p. 50-51.
11 — Cité par Kristóf Nyíri, « A magyar századelő ideológiatörténetéhez. Ady és Lukács » [« À propos de l'histoire de l'idéologie du début du siècle hongrois. Ady et Lukács »], in *A Monarchia szellemi életéről. Filozófiatörténeti tanulmányok* [*De la vie spirituelle de la monarchie. Études d'histoire de la philosophie*], Budapest, Gondolat, 1980, p. 149-150.
12 — András Zwickl, « Commercial Activities and Cultural Mission – The Budapest «Művészház» (Artists' House) 1909-1914 », in *Artwork Throught the Market. The Past and the Present*, sous la direction de Ján Bakoš, Bratislava, Nadácia – Centrum súsašného unenia a Ústav dejín umenia SAV, 2004, p. 191-206.
13 — Lóránt Bencze, « A magyar irodalmi, képzőművészeti és zenei stílusirányzatok és kapcsolataik a századelőn a Nyugat tükrében (1908-1910) » [« Les tendances de style littéraire, pictural et musical et leurs rapports au début du siècle dans le miroir du *Nyugat* (1908-1910) »], in *Tanulmányok a századforduló stílustörekvéseiről* [*Études sur les mouvements stylistiques du tournant du siècle*], sous la direction de Pál Fábián et István Szathmáry, Budapest, Tankönyvkiadó, 1989, p. 49-55.
14 — Béla Balázs, *Napló 1903-1914* [*Journal 1903-1914*], vol. I, choix et éd. Anna Fábri, Budapest, Magvető, 1982, p. 603-605.
15 — Endre Ady, « Költők » [« Poètes »], *Budapesti Napló* [*Journal de Budapest*], 18 décembre 1906, p. 2-3, in *Ady Endre összes művei. Újságcikkek, tanulmányok VIII* [*Endre Ady : œuvres complètes. Articles de journaux, études VIII*], sous la direction de Erzsébet Vezér, Budapest, Akadémiai Kiadó, 1968, p. 131-133.
16 — László Mravik, « Princes, Counts, Idlers and Bourgeois. A Hundred Years of Hungarian Collecting », in *Modern Hungarian Painting 1892-1919*, sous la direction de Tamás Kieselbach, Budapest, Galerie Kieselbach, 2003, p. 16-20.
17 — Enikő Róka, « Lajos Ernst and the Ernst Museum », in *The Ernst Museum*, sous la direction de Ildikó Sághy, Budapest, musée Ernst, 2002, p. 11-30.
18 — Ferenc Herczeg, « Egisto Tango (Budapesti lével) » [« Egisto Tango (Lettre de Budapest) »], *Magyar Figyelő* [*L'Observateur hongrois*], 1915, vol. II, p. 456-459.
19 — Ignác Balla, « Éjszakai beszélgetés a *Parasztbecsület* világhírű szerzőjével » [« Conversation nocturne avec l'illustre compositeur de la *Cavalleria Rusticana* »], *Pesti Napló*, 13 juillet 1924, p. 4.
20 — Ferenc Gáspár, « Együtt a fronton. Rippl-Rónai és Oskar Kokoschka kapcsolata » [« Ensemble sur le front. La relation de Rippl-Rónai et d'Oskar Kokoschka »], in *Somogyi Múzeumok Közleményei XIV* [*Publications des Musées de Somogy XIV*], Kaposvár, 2000, p. 465-472 ; du même auteur, « Oskar Kokoschka az olasz fronton – 1916. Újabb adalékok Rippl-Rónai és Kokoschka kapcsolatáról » [« Oskar Kokoschka sur le front italien – 1916. Nouvelles données sur la relation entre Rippl-Rónai et Kokoschka »], *Ars Hungarica*, n° 2, 1999, p. 431-436.
21 — Oliver A. I. Botar, *Technical Detours. The Early Moholy-Nagy Reconsidered*, catalogue de l'Art Gallery of the Graduate Center, New York, The City University of New York – The Salgo Trust for Education, 2006, p. 21-23.
22 — Aladár Körösfői-Kriesch, *Naplók* [*Journaux*], sous la direction de Sándor Csokonai-Illés, Éditions Argumentum – Bibliothèque nationale Széchényi, 2005, p. 74.
23 — Lajos Kassák, « Levél Kun Bélához a művészet nevében » [« Lettre à Béla Kun au nom de l'art »], *MA*, 1919.
24 — Voir Mary Gluck, *Georg Lukacs and his Generation 1900-1918*, Cambridge, Harvard University Press, 1991 ; *Georg Lukács, Karl Mannheim und der Sonntagkreis* [*György Lukács, Karl Mannheim et le Cercle du dimanche*], sous la direction de Éva Karádi et Erzsébet Vezér, Francfort-sur-le-Main, Sendler, 1980.
25 — Gyula Szekf, *Három nemzedék és ami utána következik* [*Trois générations et ce qui s'ensuit*], Királyi Magyar Egyetemi nyomda [Imprimerie nationale hongroise royale], Budapest, 1935, p. 367. Voir aussi : Oscar Jaszi, *The Dissolution of the Habsburg Monarchy*, University of Chicago Press, 1929.
26 — Voir György Szücs, « Among the Décor of History – Pessimism and Quests for Intellectual Paths in the 1920's », in *Árkádia tájain. Szőnyi István és köre 1918-1928* [*Dans le pays de l'Arcadie. István Szőnyi et son cercle 1918-1928*], sous la direction de András Zwickl, Budapest, Magyar Nemzeti Galéria, [Galerie nationale hongroise], 2001, p. 49-54.
27 — Catalogue de la seconde exposition du Képzőművészek Új Társasága, « K.U.T. » [Nouvelle Société des Artistes], Nemzeti Szalon, [Salon national], mars 1925, p. 6.

JACK FLAM

LA NAISSANCE DU MODERNISME HONGROIS

Les artistes modernistes hongrois ont entretenu des liens étroits avec d'autres mouvements individualistes plus ou moins proches de l'abstraction ayant fait leur apparition en Europe au début du XXe siècle. Comme ces groupes artistiques – les Fauves en France, les expressionnistes en Allemagne –, ils mobilisent dans leur démarche une part de création et une part de destruction. Le fil conducteur de leur programme est l'instauration d'une nouvelle pratique artistique dans laquelle les peintres utiliseraient des moyens formels nouveaux pour exprimer ce que György Lukács a nommé la « nature essentielle des choses[1] ». Cet idéal, ils le partagent avec nombre d'autres artistes européens d'avant-garde, comme ils partagent dans leur art le même rejet de valeurs associées à la grande tradition de la peinture Renaissance européenne : la vraisemblance, les sujets littéraires et la narration.

En Hongrie comme ailleurs, l'émergence d'un nouvel art suppose donc que l'on se débarrasse des vestiges du passé, et le passé, en l'occurrence, ce sont aussi les diverses formes qu'a prises le modernisme à la fin du XIXe siècle. Les peintres associés au groupe des Huit, par exemple, nés pour la plupart dans les années 1880, forgent leur style en réaction contre la génération précédente de « modernes » hongrois, nés dans les années 1860. Ainsi les jeunes artistes estiment-ils que les couleurs douces et le lyrisme délicat de József Rippl-Rónai, Károly Ferenczy et János Vaszary ont besoin, malgré leur modernité, qu'on leur administre une bonne dose d'énergie nouvelle. En ce sens, leur position n'est pas sans rappeler la manière dont les Fauves français ont rejeté l'art de Pierre Puvis de Chavannes ou d'Albert Besnard, dont les formes douces et idéalisées, du fait de leurs évocations lyriques, versent parfois dans un certain sentimentalisme.

Pour les peintres hongrois comme pour leurs homologues français et allemands, la recherche de « la nature essentielle des choses » impliquait une certaine dose de violence : dans les couleurs, dans le dessin, dans le maniement de la peinture. Par leur rudesse et leur absence de « bonnes manières » artistiques, ils s'éloignent de leurs aînés et s'en distinguent, tandis qu'ils se rapprochent dans le même temps de l'art du passé auquel ils vouent une véritable admiration : les œuvres archaïques de l'Antiquité, l'art médiéval européen ou les arts extra-européens, dans lesquels la spiritualité prime sur la description matérielle et la nécessité intérieure sur une prétendue objectivité.

Néanmoins, un tel comportement renferme un paradoxe : les artistes modernistes sont persuadés que la meilleure façon d'exprimer l'essence des choses est de donner forme à une vision du monde profondément personnelle, souvent même idiosyncrasique. Cette approche subjective de la peinture est, bien entendu, très proche de la position défendue par Matisse dans son influent essai de 1908, « Notes d'un peintre », où il affirme : « Je ne puis pas distinguer entre le sentiment que j'ai de la vie et la façon dont je le traduis[2]. » Pour lui, toutefois, ce but transcende la temporalité associée à la perception individuelle : « Sous cette succession de moments qui compose l'existence superficielle des êtres et des choses, et qui les revêt d'apparences changeantes, tôt disparues, on peut rechercher un caractère plus vrai, plus essentiel, auquel l'artiste s'attachera pour donner de la réalité une interprétation plus durable[3]. » Cette importance accordée au lien entre l'œuvre d'art et l'intériorité de l'artiste, à la vision unique d'un individu unique, peut être rattachée, en Hongrie comme ailleurs, à l'influence libératrice de Friedrich Nietzsche. Pour Nietzsche, il n'existe pas de valeurs absolues, seules des valeurs conditionnelles ou héritées. Elles sont parfois érigées en valeurs absolues, il faut donc régulièrement les subsumer en créant de nouvelles valeurs créatrices, afin que les êtres humains puissent, individuellement, réaliser pleinement leur poten-

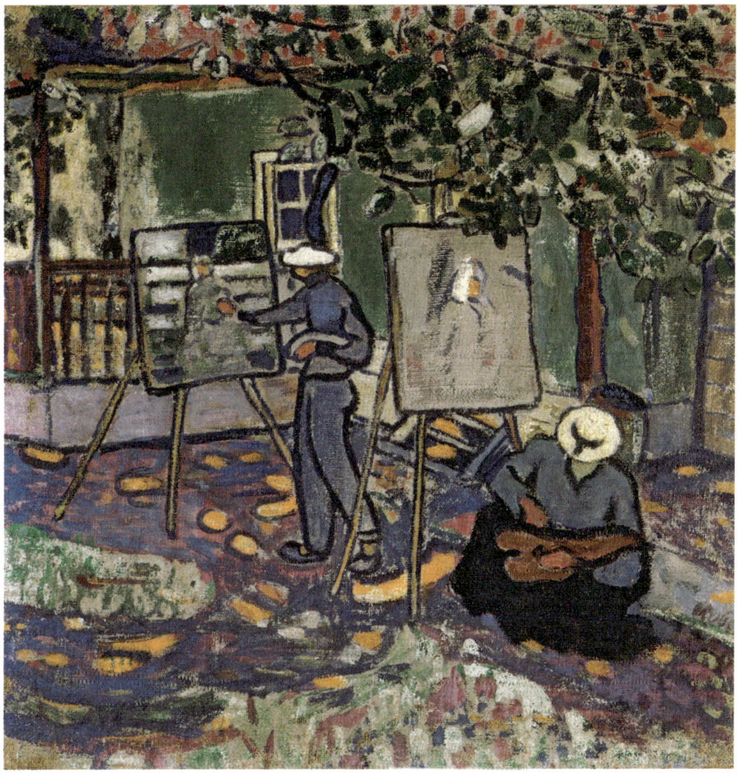

— Cat. 102
Béla Czóbel
Peintres à la campagne,
dit aussi *Deux peintres*, 1906
Huile sur toile, 79 × 79 cm
Paris, Centre Pompidou,
Musée national d'art moderne /
Centre de création industrielle

tiel. La philosophie nietzschéenne a conduit des artistes individualistes à insister sur la nécessité pour chacun de fixer ses propres règles, conformément à la manière dont l'homme nietzschéen libéré rejette les normes de la société et crée un système de valeurs propre où l'important est de « devenir celui que l'on est [4] ». L'artiste d'avant-garde tente donc avant tout, à sa façon, de parvenir à l'authenticité artistique en devenant sa propre loi. Une telle attitude conduit inexorablement à des expressions particulièrement idiosyncrasiques de l'originalité. Le paradoxe inhérent à une telle approche, où la singularité est au fondement de la revendication de détenir la vérité, exaspère tout particulièrement la critique réactionnaire, en Hongrie comme en France. Seuls quelques auteurs éclairés sont prêts à franchir le pas, comme Roger-Marx quand il défend l'étrangeté des tableaux d'André Derain et de Béla Czóbel en citant l'observation d'Ernest Renan selon laquelle « l'esprit de l'homme n'est jamais absurde à plaisir, et chaque fois que ces productions de la conscience apparaissent dépourvues de raison, c'est qu'on n'a pas su les comprendre [5] ».

Pour les modernistes et leurs adeptes, la relation directe entre la forme de l'œuvre d'art et la vision du monde de l'artiste apparaît comme une évidence. Dès lors, on ne jugera plus de la réussite d'une œuvre sur la base de critères « objectifs », mais selon la force avec laquelle elle manifeste l'originalité d'un esprit libre. L'œuvre étant considérée comme l'émanation de l'intériorité de l'artiste, il se crée entre esthétique et éthique un lien d'un nouveau genre, qui fait désormais partie intégrante du processus de création. Les deux termes de cette relation deviennent aussi inséparables – et d'une aussi grande ubiquité – que l'avaient été la forme et le sujet.

Sur le plan stylistique, les artistes hongrois d'avant-garde ont, comme les expressionnistes de tous les pays, une dette envers les Fauves français : mais comme cette exposition le souligne, ils vont élaborer des modes d'expression qui leur sont propres et qui s'en distinguent, en fin de compte, réellement. Dans l'ensemble, leurs harmonies chromatiques sont plus tranchées, leur dessin et leurs constructions spatiales sont peut-être plus littéralement descriptifs. La démarcation entre figure et fond est généralement plus claire que chez Matisse ou Derain, et leurs formes moins dynamiques. On observe cette tendance dans la représentation de la figure humaine, dont la charge émotionnelle est plus grande, particulièrement chez Róbert Berény.

De fait, les artistes hongrois se distinguent en règle générale de leurs confrères français par l'importance accordée à l'émotion. Certes, tous les artistes modernes ont cherché l'expression de la subjectivité, mais il reste cependant possible d'établir un distinguo entre les peintres qui privilégient l'émotion et ceux qui cherchent à exprimer des sensations. Par émotion, j'entends l'expression (souvent angoissée) des passions humaines, qui semblent refléter les émotions de l'artiste lui-même. Par sensation, j'entends l'expression d'une réaction plus globale à l'harmonie du monde, par laquelle l'artiste semble réagir à un état existentiel qui lui est extérieur. Entre ces deux pôles, je placerais clairement les modernistes hongrois du côté de l'émotion et les Fauves français du côté des sensations. Il est clair qu'une certaine façon de ressentir les émotions, et souvent même l'angoisse, donne aux tableaux hongrois une force expressive particulière.

Cette façon plutôt désinhibée d'exprimer leurs émotions explique en partie la relative condescendance dont font preuve les critiques français quand les artistes hongrois exposent à Paris. Certains vont jusqu'à considérer leur art comme étrange. Dans son article sur le Salon des Indépendants de 1907, Louis Vauxcelles, celui qui lancera l'expression « Fauve », qualifie Czóbel de « Fauve inculte, hongrois ou polonais » et classe Berény dans la catégorie des « apprentis Fauves [6] ». Ces appréciations sont peut-être une forme de réaction à la technique brute et à la forte charge émotionnelle des œuvres hongroises, et au fait qu'elles se réfèrent manifestement plus encore à des sources postimpressionnistes, particulièrement Van Gogh et Gauguin. Des tableaux comme *Deux peintres* (cat. 102) ou *Scène dans un parc* (cat. 66, p. 147) de Czóbel, par exemple, ont une dette plus directe envers Van Gogh et Gauguin qu'envers les œuvres contemporaines de Matisse ou Derain (qui, de leur côté, en 1906 et en 1907, regardent surtout du côté de Cézanne). Mais, on ne peut exclure une part de xénophobie dans ces jugements. Ainsi, dès l'automne 1907, Michel Puy accorde une place de choix à Matisse et à Derain, mais il est beaucoup moins convaincu par les autres artistes liés au fauvisme. Il relève chez ces derniers ce qu'il estime être des défauts, et rejette plus ou moins Czóbel – le seul étranger mentionné dans la description qu'il donne des débuts du mouvement – en déclarant que, s'il a montré un moment « quelques qualités », il est déjà « en plein effondrement [7] ».

Si dans leurs tableaux, les modernistes hongrois se confrontent à la question de l'angoisse personnelle avec une franchise tout à fait étrangère à la peinture fauve à proprement parler, ils l'exprimeront chacun différemment. L'éventail de leurs modes d'expression va de la sensualité inquiète, souvent évidente chez Berény et József Nemes Lampérth, jusqu'aux paysages dissonants qu'on observe chez Géza Bornemisza, Lajos Tihanyi ou Ödön Márffy. Ce caractère inquiet et cette volonté de sonder le monde visible à la recherche d'une signification plus profonde se retrouvent encore, mais selon des modalités picturales assez différentes, chez d'autres membres du groupe des Huit, comme Czóbel, Dezső Czigány, Károly Kernstok, Dezső Orbán et Bertalan Pór, comme chez leurs contemporains, Sándor Galimberti, Vilmos Perlrott-Csaba et János Mattis Teutsch. Néanmoins, bien que liées par un certain nombre de traits communs, les œuvres de chacun de ces artistes se distinguent constamment par leur individualité.

À travers les œuvres présentées, cette exposition met en évidence l'inventivité picturale des artistes qui ont donné naissance à la première manifestation de l'avant-garde hongroise, et, en même temps, leur profond engagement intellectuel et affectif dans cette nouvelle esthétique. Elle nous rappelle en outre que ces artistes sont restés en contact non seulement avec « la nature essentielle des choses » mais aussi avec leur propre humanité dans ce qu'elle a d'essentiel.

Ce désir d'insister sur l'humanité pourrait expliquer un aspect singulier du modernisme hongrois. En effet, bien que ses représentants – notamment Czóbel, Berény, Kernstok, Márffy et Nemes Lampérth – adoptent une manière de peindre très proche de la peinture fauve entre 1905 et 1910, ils s'engageront, par la suite, de façon beaucoup moins affirmée dans le cubisme, l'autre grande invention de la première décennie du xxe siècle. Si l'influence cubiste est évidente dans les œuvres d'avant-guerre d'Alfréd Réth et Imre Szobotka, les modernistes hongrois, et en particulier ceux qui sont associés au groupe des Huit, accordent trop d'importance à l'expression de l'émotion humaine pour souscrire à la pureté et à l'absolutisme que l'on associe au cubisme. Même une œuvre comme *Femme assise dans un fauteuil* (cat. 130, p. 227) de Berény ne présente guère que des inflexions cubistes ; elle n'a rien qui se rapproche de l'idée surhumaine d'une vérité qui transcende la nature. Apollinaire, dans *Les Peintres cubistes*, décrit ainsi : « Avant tout, les artistes sont des hommes qui veulent devenir inhumains. Ils cherchent péniblement les traces de l'inhumanité, traces que l'on ne rencontre nulle part dans la nature[8]. »

Cet idéal rencontre peu d'échos dans la Hongrie d'avant-guerre, où l'on préfère les réactions émotionnelles et spontanées à la nature, et où l'idée d'humanité l'emporte sur la notion de surhomme. Des valeurs que l'on retrouve dans la musique d'un compositeur comme Béla Bartók, enracinée dans la culture populaire et imprégnée, elle aussi, d'une humanité angoissée.

1 — György Lukács, *The Theory of the Novel: A Historico-philosophical Essay on the Forms of Great Epic Literature* [1914], trad. Anna Bostock, Londres, Merlin Press, 1988, t. I, vol. 1, p. 29-30.
2 — Henri Matisse, « Notes d'un peintre », *La Grande Revue*, t. II, 24, 25 décembre 1908, p. 733.
3 — *Ibid.*, p. 736.
4 — Friedrich Nietzsche, *Le Gai Savoir*, Paris, Mercure de France, 1901, vol. 1, p. 228, aphorisme n° 270.
5 — Roger Marx, « Le vernissage du Salon des Artistes indépendants », *La Chronique des arts et de la curiosité*, Paris, 23 mars 1907, p. 96.
6 — Louis Vauxcelles, « Le Salon des Indépendants », *Gil Blas*, 20 mars 1907.
7 — Michel Puy, « Les Fauves », *La Phalange*, 15 novembre 1907, repris dans *L'Effort des peintres modernes*, Paris, Albert Messein, 1933, p. 77.
8 — Guillaume Apollinaire, *Les Peintres cubistes : méditations esthétiques* [1913], édité par L. C. Breunig et J.-Cl. Chevalier, Paris, Hermann, 1980, p. 57.

ZOLTÁN ROCKENBAUER

BÉLA BARTÓK ET LE MODERNISME HONGROIS (1905—1920)

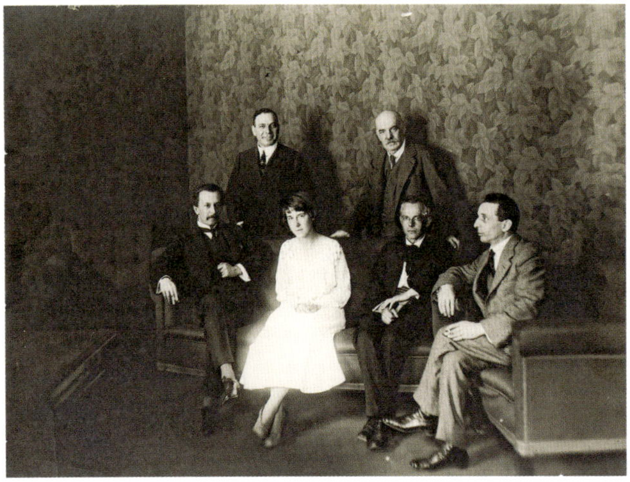

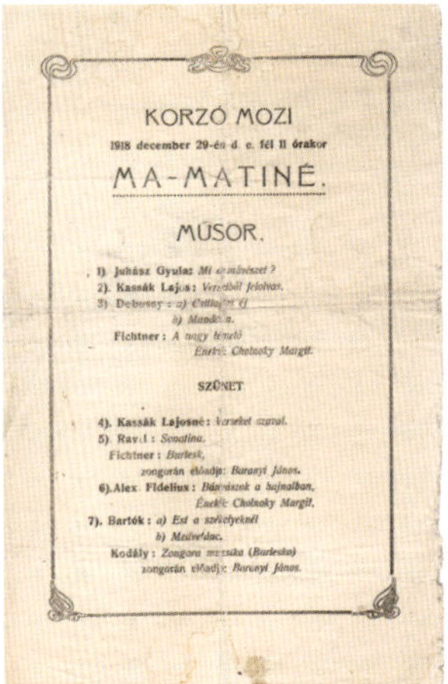

KORZÓ MOZI

1918 december 29-én d. e. fél 11 órakor

MA-MATINÉ.

MŰSOR.

1) Juhász Gyula: *Mi a művészet?*
2). Kassák Lajos: *Verseiből felolvas.*
3) Debussy: *a)* [illegible]
b) [illegible]
Fichtner: *A nagy* [illegible]
Énekli: Cholnoky Margit.

SZÜNET

4). Kassák Lajosné: *Verseket szaval.*
5). Ravel: *Sonatina.*
Fichtner: *Burlesk,*
zongorán előadja: Baranyi János.
6).Alex Fidelius: *Bányászok a hajnalban,*
Énekli: Cholnoky Margit.
7). Bartók: *a) Est a székelyeknél*
b) Medvetánc.
Kodály: *Zongora muzsika (Burleszk)*
zongorán előadja: Baranyi János.

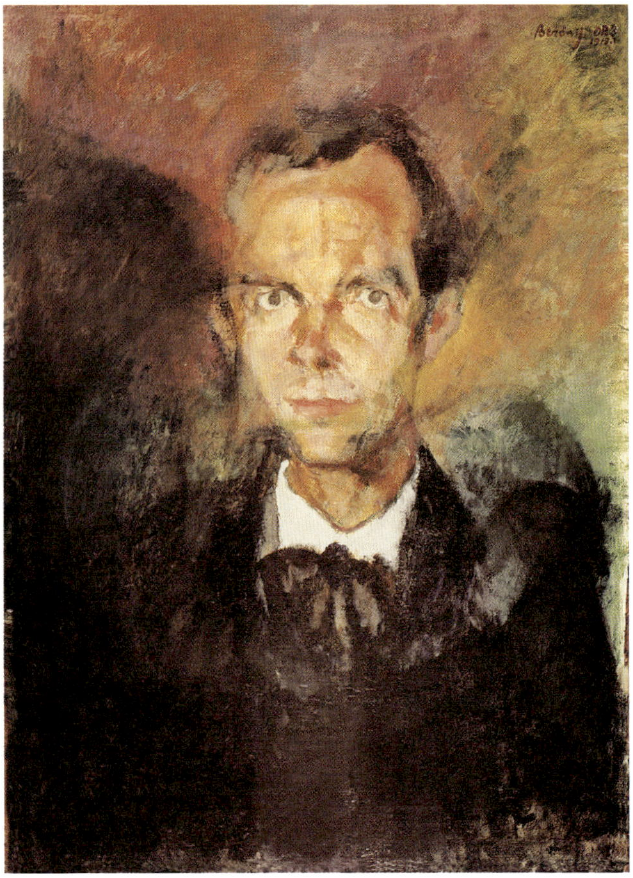

— Cat. 7
Anonyme
Miklós Bánffy, Dezső Zádor, Márta Ziegler, Jenő Kéméndy, Béla Bartók, Egisto Tango à la première du Château de Barbe-Bleue *à l'opéra de Budapest*, 1918
Photographie, 13 × 18 cm
Budapest, Országos Széchényi Könyvtár

— Cat. 8
Programme de la matinée MA *de Szeged, 29 décembre 1918 (interprétation de pièces musicales de Ravel, Debussy, Bartók)*, 1918
Impression, encre sur papier, 22,5 × 15 cm
Budapest, Kassák Múzeum

— Ill. 12
Róbert Berény
Portrait de Bela Bartók, 1913
Huile sur toile, 67,5 × 46 cm
Bâle, Sacher Stiftung Peter Bartók

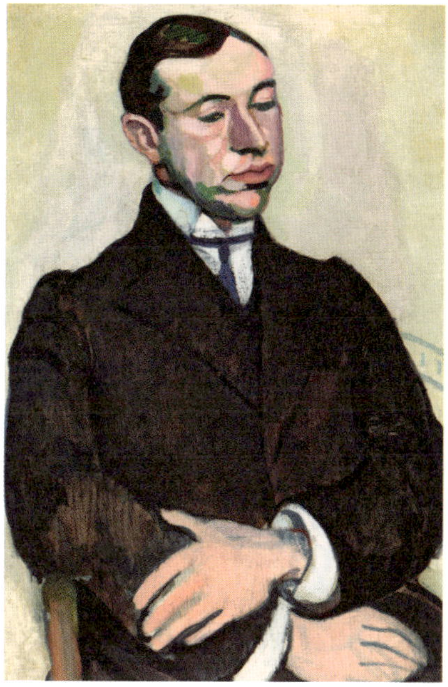

— Ill. 13
Róbert Berény
Portrait de György Bölöni
[*Bölöni György portréja*], 1906
Huile sur toile, 70 × 48 cm
Collection particulière

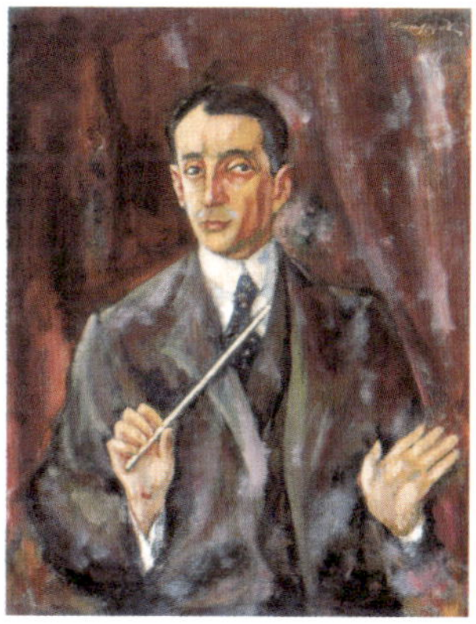

— Ill. 14
Ödön Márffy
Egisto Tango, 1918
Huile sur toile, 95 × 75 cm
Collection particulière

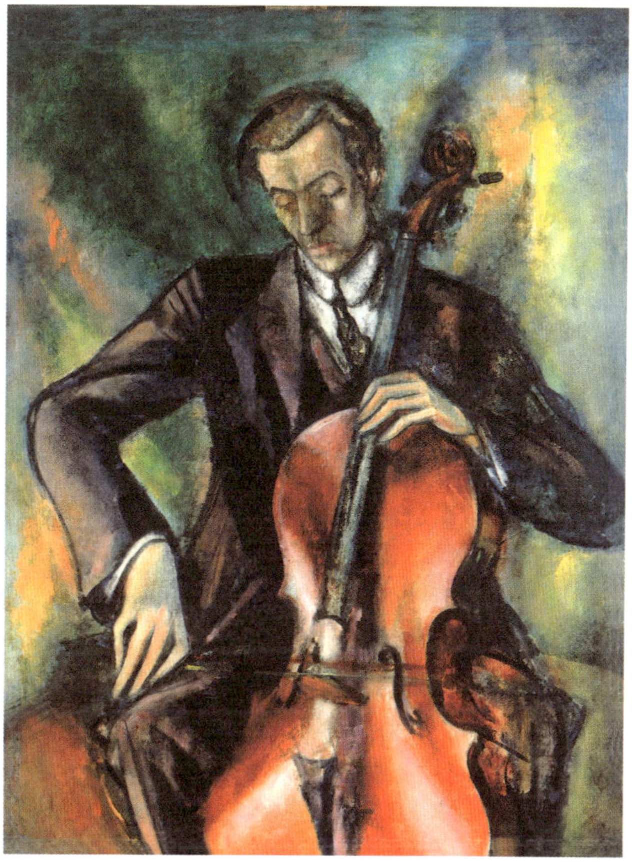

— Cat. 9
Ödön Márffy
Portrait de Jenő Kerpely, 1913
Huile sur toile, 127 × 97,5 cm
Budapest, Sáránszki
Art Solutions, collection
particulière

L'aventure parisienne de la première décennie du xxe siècle a été déterminante dans l'évolution de la vie artistique hongroise. « Je m'arrête, haletant : ô Paris, Paris / Broussailles humaines, fourré géant » : c'est ainsi qu'Endre Ady commence son poème intitulé *Paris mon maquis* en 1906[1]. « Il est impossible de décrire la joie que cela me procure d'être là », s'est enthousiasmé Ödön Márffy, l'étudiant en art, lorsqu'il a aperçu la ville pour la première fois. « J'ai décidé de vivre de pain sec pendant des années plutôt que de partir d'ici. Tout ce que j'avais en vain cherché à Munich, je l'ai trouvé à Paris. Des initiatives courageuses, libres et fraîches, l'attrait envoûtant de l'ambiance spirituelle, la joie indicible de la vie[2]. »

Rien d'étonnant si le compositeur Béla Bartók a aussi écrit à sa famille en s'extasiant sur son premier voyage à Paris : « Je suis arrivé à Paris, cette ville divine sans dieux. Impossible de la décrire, il faut voir combien de choses, et quelle beauté, se trouvent ici, au centre du monde. Avec quel art Paris a été construite ! Que sont Vienne, Berlin en comparaison de cette ville[3] ? »

Il peut sembler singulier que le pétillant monde des arts viennois du début du siècle ait si peu influencé le principal courant du modernisme hongrois. Comme plus d'un siècle auparavant, à l'époque des Lumières, les artistes hongrois « ont jeté leurs regards attentifs sur Paris[4] » et ont à peine remarqué les valeurs d'avant-garde qui se développaient chez leurs voisins. Gustav Klimt, Egon Schiele, Koloman Moser ou bien le jeune Oskar Kokoschka étaient presque inconnus en Hongrie, contrairement aux impressionnistes ou à Cézanne ; Robert Musil ou Hugo von Hofmannsthal, non plus, n'ont guère influencé la littérature hongroise, tandis que les écrivains se passionnaient pour les symbolistes français. « De nos jours, il est très rare qu'un artiste hongrois aille étudier à Vienne. C'était très bien ainsi et ça l'est toujours aujourd'hui. Car tout le progrès, toute la profondeur et toutes les réalisations que nous pouvons produire dans le domaine des beaux-arts, nous les devons à Paris et à l'Italie. L'art de Vienne ne se prête toujours pas à nous instruire, mais la culture viennoise, la ville, ses musées et ses créations méritent d'être connus et appréciés. Nous pouvons envier l'ancienneté et l'homogénéité de la vie artistique de Vienne, et, réciproquement, Vienne peut convoiter à son tour la liberté, toute l'indépendance de notre vie culturelle. » Telle était l'analyse, rédigée en 1914, la dernière année de paix de l'empire, par le critique György Bölöni[5] (ill. 13), l'ami d'Ady et des peintres modernes, dont il était aussi le principal orchestrateur des campagnes de presse. On pourrait considérer, à la lumière de la richesse fascinante de l'art autrichien du début du siècle, cette déclaration quelque peu étroite si nous ne tenions pas compte de la fierté hongroise que nourrissaient les luttes culturelles et politiques anti-Habsbourg du siècle précédent.

SOUS LE CHARME DE PARIS (1905—1910)

Lorsque Bartók arriva à Paris le 1er août 1905, il n'était plus un débutant, mais il était encore loin du compositeur majeur qu'il allait devenir quelques années plus tard. La première de son poème symphonique *Kossuth* avait obtenu un grand succès un an plus tôt, avant d'être donnée à Manchester sous la direction de Hans Richter, le chef d'orchestre wagnérien mondialement connu[6]. Durant ces années-là, Bartók aspirait également à une carrière de pianiste. S'il a fait le voyage jusqu'à Paris, c'est pour participer au concours de composition et de piano Rubinstein, qui se solda finalement par un échec. Malgré tout, il est demeuré jusqu'au début du mois d'octobre dans la capitale française. Il a quitté la ville deux semaines à peine avant l'inauguration du Salon d'Automne, où les tableaux des Fauves, exposés dans la salle n° VII, allaient déclencher une vraie tempête. Mais il n'est pas sûr que, même s'il était resté, il aurait apprécié cette peinture de décomposition des formes : son goût était alors plus traditionnel. C'est ce qu'on peut du moins conclure du compte rendu de ses visites dédiées aux beaux-arts : « Quelle joie de découvrir dans les musées, l'un après l'autre, les chefs-d'œuvre que les reproductions nous ont rendu familiers, la Mona Lisa, les Madones de Raphaël, les portraits réputés de Madame Vigée-Lebrun, le *Jeune Mendiant* de Murillo, etc. Je peux dire qu'il n'y a pas de peinture qui ait exercé une plus forte impression sur moi que les grandes compositions de Murillo au Louvre […] ». Il a néanmoins ajouté ceci : « J'ai vu un grand nombre de tableaux impressionnistes aujourd'hui au musée du Luxembourg [7]. »

C'est pendant son séjour à Paris qu'il fit la connaissance d'Ödön Márffy [8], jeune peintre qui y poursuivait ses études. Mais nous ignorons si ce dernier le guida à travers les collections d'art moderne et s'il l'emmena avec lui chez Ambroise Vollard – comme il l'avait fait un peu plus tôt pour son ami peintre István Csók [9] – dans le but de lui faire connaître les tendances les plus récentes. Nous manquons également d'indications précises pour savoir si c'est à cette époque que Bartók rencontra Róbert Berény, qui se trouvait alors lui aussi à Paris, ainsi que d'autres membres de la jeune génération de peintres hongrois.

Pourtant, au début du siècle, les jeunes artistes d'Europe centrale et orientale qui tentaient de voler de leurs propres ailes se pressaient en nombre pour voir la Ville lumière, capitale de l'art et des mœurs libérées. Les Hongrois avaient jusqu'alors étudié – en dehors des écoles de leur pays – à l'académie de Munich, mais la peinture d'atelier historique qui y était enseignée leur semblait de plus en plus archaïque. La métropole française en revanche leur offrait la double opportunité de suivre un enseignement institutionnel classique et de découvrir ses alternatives modernes. Comme l'accès aux cours privés ne faisait l'objet d'aucun concours d'entrée, ils les fréquentaient selon leurs intérêts et leurs possibilités financières, pendant des périodes plus ou moins brèves. Leur lieu d'étude favori était l'académie Julian : de 1901 à 1907, elle eut comme élèves Bertalan Pór, Ödön Márffy, Géza Bornemisza, Béla Czóbel, Dezső Czigány, Róbert Berény, Sándor Galimberti, Vilmos Perlrott-Csaba et Dezső Orbán – la plupart en tant qu'élèves de Jean-Paul Laurens. Ödön Márffy s'inscrivit également à l'École des beaux-arts. C'est là qu'il fit la connaissance d'Henri Matisse, qui n'avait pas été reçu au concours d'entrée mais qui, néanmoins, y revenait régulièrement voir ses amis [10].

Les Hongrois ne s'en tenaient pas nécessairement à un seul établissement d'étude. Le soir, ils allaient s'exercer aux cours de dessin de Colarossi, de la Grande-Chaumière ou de l'académie Humbert, croisant Matisse, Derain et Marquet, à savoir les peintres les plus remarquables du fauvisme. C'est en dehors des cours qu'ils s'imprégnaient de modernité : dans les cafés fréquentés par les artistes, aux expositions des Salons libres, à la galerie du marchand d'art Ambroise Vollard ou bien aux soirées de la famille Stein, mécènes américains chez qui ils avaient l'occasion de croiser les peintres novateurs de l'époque. Ils participaient eux-mêmes de plus en plus souvent au Salon d'Automne et au Salon des Indépendants : à partir de 1906, Béla Czóbel et Róbert Berény y exposèrent leurs tableaux avec les Fauves [11].

Le temps passé dans les cafés fit partie intégrante de leur apprentissage, non seulement parce qu'ils pouvaient y rencontrer les peintres français et étrangers, mais aussi certains novateurs de la vie intellectuelle hongroise, Endre Ady, notamment, dont le recueil intitulé *Új versek* [*Poèmes nouveaux*], paru en 1906, fut une révélation. Les Hongrois menaient une double existence : ils rentraient souvent à Budapest, où, durant l'été, ils fréquentaient la colonie de peintres de Nagybánya et partageaient entre eux leurs expériences. C'est ainsi que, curieusement, parmi les œuvres empreintes d'un style moderne à la française, beaucoup furent peintes non pas à Paris, mais à Nagybánya, à Nyergesújfalu ou à Kaposvár[12].

Bartók n'a jamais effectué de longs séjours à Paris, mais s'y est rendu à plusieurs reprises, tout particulièrement à partir du moment où, sous l'influence de son ami Zoltán Kodály, son attention s'est de plus en plus tournée vers la musique française, en premier lieu Debussy. Au printemps 1907, Kodály lui-même passa environ trois mois dans la capitale afin d'y étudier la culture différant tant de l'esprit allemand : Debussy, les poètes symbolistes, la peinture impressionniste[13]. Béla Bartók nota dans son autobiographie : « Lorsque, la même année [en 1907], à l'instigation de Kodály, je pris connaissance des œuvres de Debussy et me mis à les étudier, je constatai à mon grand étonnement que, dans ses mélodies, certaines tournures pentatoniques, similaires à notre musique traditionnelle, jouent également un grand rôle[14]. » C'est à cette époque que Bartók commença à collecter systématiquement, avec Kodály, la musique traditionnelle.

Lorsque Bartók épousa Márta Ziegler, c'est à Paris qu'eut lieu leur voyage de noces, en partie pour lui permettre de trouver des mécènes français. Il entretenait alors des relations d'amitié avec Róbert Berény, avec qui il passa le réveillon de Noël à la Famille Pension, l'hôtel où logeaient les Bartók[15]. Mais du seul point de vue des prises de contact, le séjour parisien de Bartók s'avéra infructueux. Recommandé par Ferruccio Busoni, il fut reçu par Vincent d'Indy, mais la rencontre le déçut. « D'Indy a totalement repoussé mon travail : *"Il faut choisir les thèmes"*[16]. Son avis était exagéré. Par exemple, il n'a trouvé ni tonalité ni forme dans le troisième mouvement de la *Deuxième Suite* ! [...] Les autres, comme Risler, m'ont promis avec tiédeur toutes sortes de choses – en un mot, rien. Ma rencontre avec d'Indy évoque fortement un professeur renommé accueillant charitablement un élève débutant et lui indiquant la voie à suivre. *Enfin*[17] ! J'en ai assez de ce genre de choses, je ne supporte plus cela[18]. »

Bartók ignorait vraisemblablement que le jour où il alla voir d'Indy, la première exposition, intitulée « Œuvres nouvelles », du groupe de peintres devenu célèbre par la suite sous le nom de groupe des Huit, avait ouvert ses portes à Budapest et bouleversé de fond en comble la vie artistique hongroise. En Hongrie, à cette époque, même la peinture impressionniste de plein air paraissait inhabituelle : les tonalités éloignées du coloris naturel, inspirées par Paris et le fauvisme, la représentation du corps humain nu sans idéalisation, voire distordu, provoquèrent l'indignation du grand public et de la presse conservatrice. Membre du groupe qui s'était constitué quelques semaines plus tôt, Berény aurait dû se trouver alors en Hongrie à cette date. Mais étant resté à Paris, il ne participa à l'exposition qu'avec un tableau de petit format représentant un paysage. Par ailleurs, Berény, qui était également un musicien actif, avait sans doute proposé à Bartók de poursuivre des démarches en sa faveur auprès des musiciens français. Il échoua cependant à son tour : « Cher Monsieur, écrivit-il à Bartók, alors à Budapest, en février 1910 probablement, étant donné que [Auguste] Delacroix a laissé sans réponse mon nouveau courrier, je lui ai quand même fait porter les partitions aujourd'hui. Le triste résultat est un fiasco total. Elles ne lui plaisent absolument pas. Il a dit des choses comme : "Ou il nous joue un tour, ou c'est le travail d'un enfant, ou celui d'un fou." Je l'ai rassuré avec tristesse en lui disant que ce n'était nullement le cas. Je ne perds pas courage dans la poursuite de votre cause, je pars dans une autre direction dans l'espoir de rencontrer plus de succès. Si, d'un jour à l'autre, je n'obtiens pas de résultats, cela ne doit pas vous rendre impatient. Même si ce résultat négatif a mis du temps à vous parvenir, la cause en est uniquement que je n'ai pu agir autrement. Vous me feriez très plaisir si

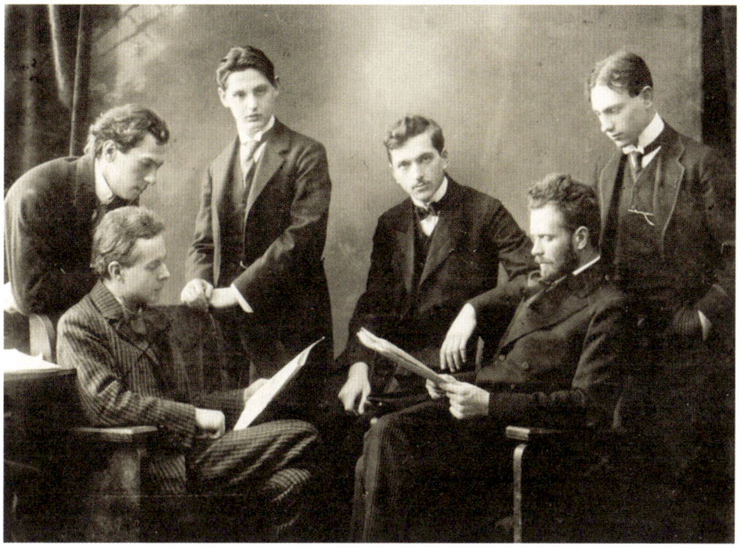

— Cat. 10
Aladár Székely
Béla Bartók et Zoltán Kodály avec le Quatuor Waldbauer-Kerpely, 1910
Photographie, 15,2 × 20,2 cm
Budapest, Archives Bartók, Institut de musicologie, Centre de recherche en sciences humaines de l'Académie des sciences de Hongrie

vous m'écriviez à votre sujet, au sujet de vos travaux – au sujet des nouveautés. À la fin du mois prochain, je vais sans doute rentrer en Hongrie. En attendant, je vous envoie mes sincères salutations. Votre fidèle Berény [19]. »

Bartók partit au printemps de la même année pour Paris, où il se produisit le 12 mars 1910 au Festival hongrois. Immédiatement après son retour, eut lieu dans la salle de l'Hôtel royal le double concert de Kodály et Bartók, qui donnèrent chacun leur premier récital de compositeur – à deux jours d'intervalle. « C'est à partir de là que nous datons en réalité l'apparition de la nouvelle musique hongroise dans les salles de concert [20] », nota le musicologue András Wilheim. Ce concert double marquait en même temps les débuts du quatuor Waldbauer-Kerpely (cat. 10), qui joua un rôle durable dans la diffusion de la musique contemporaine.

Peu après, Bartók apporta un soutien actif aux beaux-arts modernes. Cinq soirées culturelles accompagnèrent l'Exposition impressionniste internationale du Művészház [Maison des artistes] – qui présentait, outre les impressionnistes, des œuvres de Cézanne, de Van Gogh et de Matisse. L'une de ces manifestations fut consacrée à la musique moderne [21]. Le 3 juin, Imre Balabán, élève de Bartók, interpréta des œuvres de Debussy au piano, tandis que Bartók joua ses propres œuvres et celles de Kodály à l'issue de la conférence sur l'esthétique musicale du poète Béla Balázs [22]. Appartenant au cercle de György Lukács, Balázs entretenait depuis longtemps d'excellentes relations avec Kodály et Bartók, et c'est Balázs qui écrira plus tard pour le compositeur les livrets du *Château de Barbe-Bleue* et du *Prince de bois*.

BARTÓK ET LES HUIT (1911—1913)

L'exposition des Huit en 1911 devint le véritable symbole de la solidarité entre les créateurs modernes. En tout et pour tout, le groupe n'organisa que trois expositions, dont l'incidence fut néanmoins déterminante sur la culture hongroise tout entière. Des personnalités de premier rang de la vie intellectuelle hongroise, en premier lieu les auteurs de *Nyugat* [*Occident*], la revue légendaire fondée en 1908, participèrent activement aux événements organisés en marge de l'exposition ; des débats sur l'esthétique furent organisés par les radicaux du Cercle Galilei, et

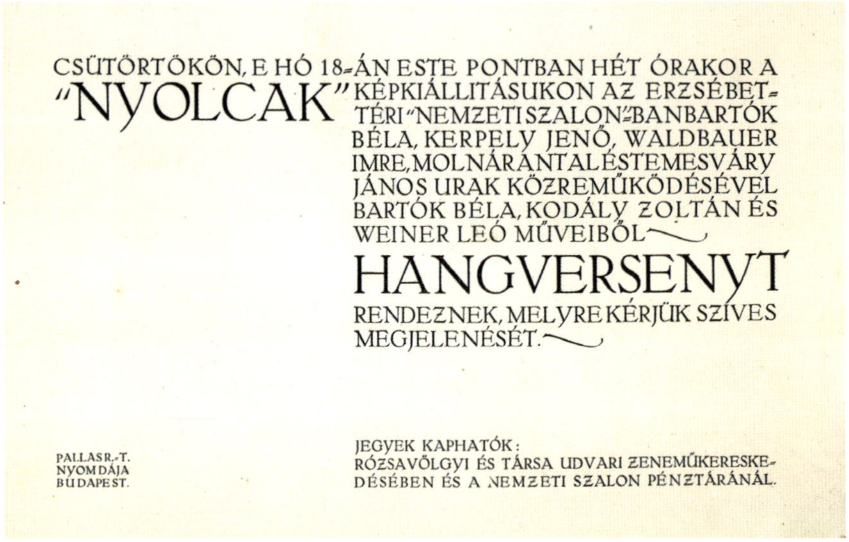

CSÜTÖRTÖKÖN, E HÓ 18-ÁN ESTE PONTBAN HÉT ÓRAKOR A
"NYOLCAK" KÉPKIÁLLITÁSUKON AZ ERZSÉBET-
TÉRI "NEMZETI SZALON"-BAN BARTÓK
BÉLA, KERPELY JENŐ, WALDBAUER
IMRE, MOLNÁR ANTAL ÉS TEMESVÁRY
JÁNOS URAK KÖZREMŰKÖDÉSÉVEL
BARTÓK BÉLA, KODÁLY ZOLTÁN ÉS
WEINER LEÓ MŰVEIBŐL
HANGVERSENYT
RENDEZNEK, MELYRE KÉRJÜK SZÍVES
MEGJELENÉSÉT.

PALLAS R.-T.
NYOMDÁJA
BUDAPEST.

JEGYEK KAPHATÓK:
RÓZSAVÖLGYI ÉS TÁRSA UDVARI ZENEMŰKERESKE-
DÉSÉBEN ÉS A NEMZETI SZALON PÉNZTÁRÁNÁL.

— Cat. 11
Invitation au concert donné pendant l'exposition des Huit du 18 mai 1911
Impression, encre sur carton, 12 × 18 cm
Budapest, Petőfi Irodalmi Múzeum

le jeune Lukács y donna notamment une conférence. Au Salon national, devant les tableaux des Huit, le quatuor Waldbauer-Kerpely joua les quatuors à cordes de Bartók et de Leó Weiner, tandis que Bartók lui-même présentait ses nouvelles pièces pour piano : les *Quatre Nénies* et les *Trois Burlesques* ; avec Jenő Kerpely, il exécuta aussi la *Sonate pour violoncelle et piano* de Kodály (cat. 11). L'altiste du quatuor, Antal Molnár, qui finit par abandonner la carrière de musicien pour celle de musicologue, se souvient de cette journée : « Place Erzsébet. Salon national. Face à l'entrée, l'œuvre gigantesque de Róbert Berény : deux hommes, une femme. Le sourd-muet Lajos Tihanyi, tel un cicérone, conduit les visiteuses à travers l'exposition. Elles ne comprennent pas ce qu'il marmonne, ni lui, ce qu'elles lui demandent. La silhouette imposante et le visage souriant de paysan slovaque de Márffy apparaissent au milieu de la foule. Certains pressentent le renouvellement révolutionnaire de notre peinture, mais la plupart ne sont qu'à l'affût de sensations, ricanent sans gêne ou gloussent tout bas. L'ignorance fait des ravages. [...] Les Huit ont insisté sur leur parenté avec les innovations de Bartók et de Kodály. Leur situation sociale est quasi identique : ils sont arrivés inopinément et n'avaient pas de parti pris. Ils ont espéré voir conforter leurs aspirations grâce à la participation de musiciens, qui se battaient comme eux. Nous, c'est-à-dire le quatuor Waldbauer, avons interprété de la musique hongroise nouvelle au milieu des tableaux ; Bartók a joué ses propres compositions [...]. Les membres du quatuor ont reçu des dessins à la plume en guise de cachets – Temesváry et moi-même avons eu de la camelote. Je garde jusqu'à aujourd'hui un Márffy anémique et un Orbán peu réussi. Mais, depuis ce temps-là, Kernstok me saluait de la terrasse d'un café comme cela est dû à un compagnon de lutte ayant prêté serment[23]. » Il est à noter que la couverture de la partition des *Quatre Nénies* fut conçue par Anna Lesznai, une amie proche des Huit, qui exposait avec eux en tant qu'artiste invitée.

Ce concert, cependant, est aussi resté dans les mémoires en raison d'un événement tragique. Après la soirée, la peintre Irma Seidler se jeta dans le Danube. La jeune femme était amoureuse de longue date de György Lukács, qui, en 1910, lui avait dédié son œuvre principale d'alors, *L'Âme et les Formes*. Ne pouvant épouser Lukács, elle s'était résignée à un mariage avec le peintre Károly Réthy, puis eut une aventure décevante avec Béla Balázs, l'ami du philosophe. De toute évidence, le suicide fut la conséquence d'une vie privée orageuse ; mais c'est l'influence destructrice de l'art moderne que les journaux de l'époque tinrent pour responsable de la tragédie : « Quelques cyclones, des démences extraordinaires, des maladies infectieuses se déchaînent à Budapest dans certains milieux », relatait un quotidien au sujet de cette affaire. « L'épouse de l'un de nos excellents peintres, la dame suicidaire de la rue Szondy, trois jeunes étudiantes en médecine et la malheureuse Irma [Seidler, épouse] Réthy sont les victimes épuisées de cette danse de Saint-Guy, qu'elles exécutent sous l'enseigne de la littérature moderne dans les salons de riches parvenus du quartier Lipót. Tout ce beau monde est plus dangereux que ne le fut jadis la grande épidémie de choléra [...]. Il suffit d'assister en souffrant à une seule lecture et de voir le public féminin se pâmer d'admiration et regarder leur fantastique danse de derviches autour des premiers danseurs de la littérature, et nous ne nous étonnerons plus alors si le râle et le cri de détresse des femmes et des jeunes filles résonnent sans arrêt à l'oreille du public [24]. »

Cet article, comme d'autres du même genre, montre la passion d'une guerre culturelle qui, sous le couvert des nouvelles tendances artistiques, ravageait la vie publique hongroise de l'époque. Le comte István Tisza, ancien Premier ministre (fonction qu'il exercera à nouveau à partir de 1913), se mêla activement aux débats. Dans *Magyar Figyelő* [*L'Observateur hongrois*], sa revue, fondée pour contrebalancer le *Nyugat*, il se battait non seulement contre Endre Ady et ses amis écrivains, mais s'en prenait aussi violemment aux tendances picturales contemporaines. Ses déclarations au sujet de József Rippl-Rónai, de Bertalan Pór et des expositions des Huit suscitaient régulièrement de vives discussions dans une presse encline au scandale. En tant qu'homme politique, il perçut clairement que ces expositions allaient au-delà des limites des beaux-arts : « Nous sommes réellement au seuil d'une ère nouvelle, écrivit-il. L'exposition des "Huit" fait époque. Non pas parce qu'elle couronne toutes les horreurs tragicomiques qui, sous l'enseigne de l'art, accablent le pauvre homme cultivé de notre capitale, mais plutôt parce que les peintres ne sont plus les seuls à tendre leurs bras avec convoitise vers le public débonnaire ; ils cherchent et trouvent des alliés dans la poésie et dans la musique. Ce n'est pas un phénomène tout à fait nouveau. Il est déjà arrivé que nos jeunes géants mobilisent tous les moyens de la réclame en leur faveur, mais jamais l'opération *Bauernfängerei* [25] ne s'est déroulée de manière aussi joyeuse, aux sons de la flûte et du tambour. Des concerts, des lectures, des conférences-débats se succèdent à l'intérieur de la baraque de foire de la place Erzsébet, tandis que le catalogue de l'exposition laisse entrevoir, dans une introduction au puissant souffle poétique, les délices mystérieuses de l'art des "Huit" au spectateur bon enfant [26]. »

Au fond, pour ces artistes, qu'ils soient peintres, musiciens, écrivains, il ne s'agissait pas de définir leurs aspirations sur la base de principes identiques, comme un style de l'époque en quelque sorte. Ady était avant tout symboliste, tandis que les Huit s'intéressaient plutôt à des questions formelles ; Bartók, quant à lui, cherchait les racines de sa musique dans le folklore. Leur point commun résidait le plus souvent dans la rudesse et dans la « modernité » de l'expression, accentuée par le choix emblématique du nom du groupe. Au tournant de la décennie, les Huit, avant qu'ils ne se dénomment ainsi en 1911, avaient exposé sous la dénomination d'« Œuvres nouvelles », allusion évidente au titre du recueil d'Endre Ady, *Poèmes nouveaux*, paru trois ans plus tôt. De la même manière que le volume d'Ady fut un événement sans précédent dans la littérature hongroise, les peintres voulurent faire date avec « Œuvres nouvelles » dans l'histoire des beaux-arts. Béla Bartók fit aussi usage

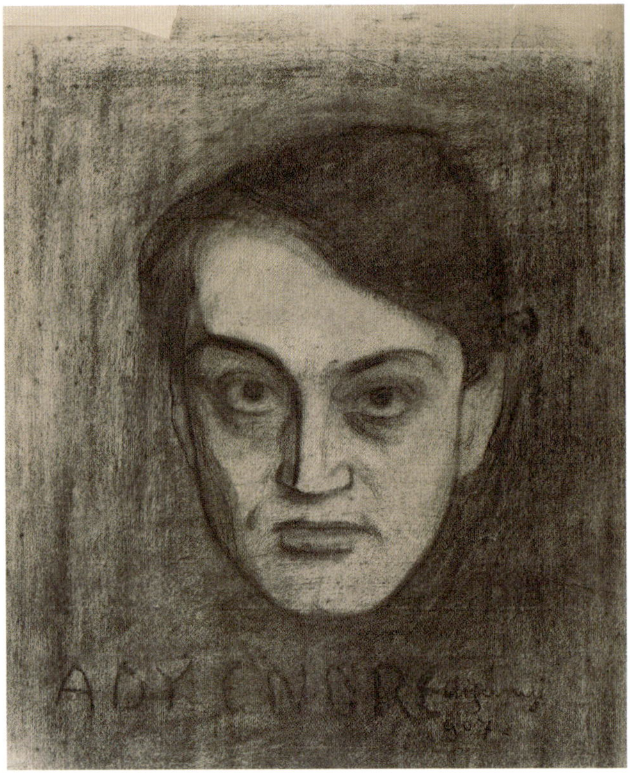

— Cat. 12
Endre Ady par Dezső Czigány, illustration pour *Sang et Or* d'Endre Ady, 1908
Ouvrage illustré, 19,5 × 14 cm
Budapest, Petőfi Irodalmi Múzeum

de cette même symbolique lorsqu'il donna jour à l'Új Magyar Zene-Egyesület (UMZE, Nouvelle Société hongroise de musique) avec ses collaborateurs, Weiner et Kodály, ainsi que les membres du quatuor Waldbauer-Kerpely, au printemps 1911. L'objectif était de créer un orchestre hongrois capable d'interpréter la musique contemporaine à un haut niveau [27]. Il trouva aussitôt un allié en la personne de Róbert Berény qui dès lors s'efforça de mener une propagande retentissante en faveur de l'UMZE par ses écrits consacrés à la musique et publiés dans le *Nyugat*.

La critique de l'époque perçut parfaitement ces liens. Elle dénonça avec insistance l'art des Huit comme un « adysme pictural », avec des accents tantôt positifs tantôt négatifs, selon les affinités de l'auteur avec la poésie d'Ady [28]. De la même façon, dès 1908, dans les colonnes du *Nyugat*, le monde musical de Bartók était comparé à celui du poète [29], tandis que le camp adverse reprochait à Bartók « l'influence étrangère », « l'adoration de la laideur » et « la perversion artistique [30] ». Le compositeur eut droit, lui aussi, aux mêmes qualificatifs qu'Ady ou les peintres des Huit.

La revue *Nyugat* eut à cœur de rendre compte des concerts de Bartók et de son cercle. Elle publia des écrits sur Debussy et sur les évolutions les plus récentes de la musique contemporaine, sur Schœnberg et sur le supplément musical de l'Almanach du Blaue Reiter. Les peintres des Huit, comme József Rippl-Rónai, qui avait exposé à Paris avec les Nabis, immortalisèrent les auteurs du *Nyugat* par des remarquables portraits (cat. 112, p. 209). Quant à la revue, à partir de 1912, elle fit régulièrement paraître leurs dessins. Dans le premier numéro de l'année 1913, cependant, à la place habituellement réservée à ces illustrations artistiques, l'on pouvait découvrir la partition complète de l'*Allegro barbaro* [31].

Il est éloquent que le célèbre musicologue Egon Wellesz, qui se trouvait alors à Budapest, ait entendu parler de Bartók par les peintres et que, grâce à eux également, il ait pu faire connaissance avec les interprètes les plus talentueux du compositeur [32]. Si les membres des Huit pouvaient entretenir des relations aussi vivantes avec le monde de la musique, c'est parce que quatre d'entre eux étaient aussi d'excellents musiciens [33] – Bertalan Pór et Róbert Berény avaient d'ailleurs initialement entrepris une carrière de violoniste. Berény pratiquait en outre plusieurs instruments et se consacrait aussi à la composition. Dezső Orbán jouait également du piano. Tous deux rédigeaient des comptes rendus de concerts dans les journaux. Dezső Czigány, qui peignit un grand nombre de tableaux à thème musical, nourrissait une passion pour le violoncelle. C'est en l'invitant à jouer de cet instrument qu'il parvint à convaincre Ady de poser pour lui (cat. 12). Il accueillit aussi dans son atelier Pablo Casals, qui donna des concerts à Budapest en 1911 et dont il réalisa plusieurs portraits. « Il y avait trois figures sacrées dans la vie de Dezső Czigány, note Berény à son propos : Cézanne, Ady et Casals [34]. » C'est en 1906 à Bruges que Márffy fit la connaissance du chef d'orchestre Egisto Tango [35], lequel, lorsqu'il devint directeur musical de l'opéra de Budapest, se chargea de la production de deux œuvres scéniques de Béla Bartók : *Le Prince de bois* (1917) et *Le Château de Barbe-Bleue* (1918, cat. 7). Il entretint également des relations amicales avec Jenő Kerpely à partir de l'automne 1906, et peignit le portrait des deux musiciens (cat. 9 et ill. 14). C'est encore lui qui présenta Bartók à Ady, lors d'une exposition, précisément devant le portrait du compositeur peint par Róbert Berény [36].

Le réseau musical de Róbert Berény était le plus étendu du groupe des Huit. Le compositeur Leó Weiner et le chef d'orchestre Fritz Reiner, le futur interprète mondialement connu des œuvres pour orchestre de Bartók, comptaient parmi ses amis d'enfance [37]. Il consacra plusieurs tableaux et œuvres graphiques à Weiner (cat. 129, p. 225) ; il fit aussi le portrait de Josef Lhévinne, qui avait donné un concert de piano à Budapest ; plus tard Stravinsky lui inspira une caricature. Bien qu'il ne fasse pas partie de la période qui nous concerne, il n'est pas inutile de dire que le modèle de la *Femme jouant du violoncelle* (1928), son tableau le plus célèbre, n'est autre que sa seconde épouse, Eta Breuer. C'est enfin Berény qui peignit en avril 1913 le tableau le plus suggestif de tous les portraits consacrés à Béla Bartók (ill. 12) [38]. Dans son essai sur Bartók, écrit pour le *Nyugat*, le peintre nota : « l'ensemble des sons se présente à lui comme la totalité des couleurs (la nature visible) au peintre ; il perçoit les sons à la manière du peintre qui distingue les couleurs de la nature qu'il observe ». C'est cependant l'affirmation de la nouveauté qu'il tenait pour primordiale : « Un homme de talent ne doit rien vouloir d'autre que de faire du nouveau. S'il y parvient, le résultat sera *eo ipso* superbe », écrivit-il au sujet de Bartók, poursuivant : « Son quatuor à cordes se caractérise par un esprit d'actualité du fait qu'il n'y a pour ainsi dire aucune suite d'harmonies qui ait été réalisée par quelqu'un d'autre avant lui ; les différentes parties jouent sur les intervalles comme chez aucun autre compositeur ; de la même manière, sa rythmique, ses contrastes dynamiques sont introuvables ailleurs [39]. »

BARTÓK ET LES MANIFESTATIONS DU *NYUGAT*, DE RIPPL-RÓNAI ET DES ACTIVISTES (1913—1919)

Bartók avait beau être populaire dans le milieu des peintres, il essuya durant la même période de nombreuses déceptions dans le milieu musical ; l'année 1913 signifia le début d'une retraite qui allait durer plusieurs années. En avril, lors d'une matinée organisée par le *Nyugat*, le « mystère » de Béla Balázs, *Le Château de Barbe-Bleue*, fit l'objet d'une représentation sans accompagnement musical, bien que Bartók ait déjà achevé en 1911 la composition de l'opéra. Le compositeur participa en personne à la manifestation avec des pièces pour piano, à la suite de quoi il ne remonta plus sur la scène avant longtemps. La création de son opéra fut partout refusée ; de plus, l'expérience de l'UMZE se termina par un fiasco. Bartók finit par concentrer son énergie sur sa collecte des chansons traditionnelles.

Pendant l'été 1914, l'Europe s'embrasa, ce qui eut bien evidemment de lourdes conséquences sur la vie culturelle hongroise. La décennie précédente avait été une période florissante, essentiellement grâce au contact étroit avec l'art moderne français ; mais la guerre détruisit tout. La Hongrie et la France devinrent ennemies, ce qui entraîna des mesures brutales immédiates, et mina la relation entre les deux pays pour de longues décennies. Les autorités françaises arrêtèrent bon nombre d'artistes hongrois travaillant à Paris : József Rippl-Rónai durant six mois, Imre Szobotka et Alfréd Réth jusqu'à la fin de la guerre. Le sculpteur cubiste József Csáky put rester libre uniquement parce qu'il s'était engagé comme volontaire dans l'armée française, tandis que Béla Czóbel, Sándor Galimberti et Valéria Dénes furent contraints de fuir. Bartók, qui se trouvait à Paris à la déclaration de la guerre, quitta le pays au dernier moment, évitant de justesse le camp d'internement. Pour de nombreux artistes cessa cette double vie qui leur était devenue naturelle. La plupart de ceux qui étaient restés en Hongrie ou rentrés au pays s'enrôlèrent comme peintres de guerre – dont quatre parmi le groupe des Huit. C'est ainsi que, progressivement, le mouvement s'étiola sans que le groupe déclarât vraiment sa dissolution.

Bartók, inapte à servir sur le front, s'enferma dans ses travaux de collecte et ne fit, jusqu'en novembre 1917, qu'une seule apparition publique. Curieusement, celle-ci avait trait aux beaux-arts : il participa en octobre 1915 à une matinée organisée en marge de l'exposition présentant les tableaux de guerre de József Rippl-Rónai. Lors de cette manifestation, l'écrivain le plus important de la période, Zsigmond Móricz, de la revue *Nyugat*, donna une lecture et Bartók joua la *Rhapsodie* op.1 ainsi que des arrangements de chansons traditionnelles au piano[40]. Rippl-Rónai était en très bons termes avec Bartók depuis 1910 déjà[41] et nous pouvons supposer que c'est en raison de l'estime qu'il avait pour le peintre et l'écrivain que Bartók rompit le silence. À cette occasion, Rippl-Rónai fit un croquis de Bartók. Il nota sur l'esquisse au crayon : « Je te donne ce gribouillage, mon cher Béla, en attendant de pouvoir t'offrir quelque chose de mieux[42]. » Malheureusement, il ne réalisa jamais un véritable portrait de lui, pas plus que Bertalan Pór, qui y pensait pourtant depuis longtemps, et n'exécuta que de petites esquisses[43].

En dehors de Rippl-Rónai et du groupe des Huit, Bartók eut aussi des liens avec les activistes, c'est-à-dire les représentants de la nouvelle génération de peintres. L'activisme fut un mouvement d'avant-garde évoluant autour des revues de Kassák – *A Tett*, puis *MA* –, composé de poètes, de peintres et de danseurs. Ses membres puisèrent leur inspiration à la fois dans l'expressionnisme et le futurisme, ainsi que, plus tard, dans le dadaïsme et l'art abstrait[44]. Poète, peintre et organisateur de mouvement, Lajos Kassák entendit pour la première fois la musique de Bartók en 1913 et fut tout particulièrement touché par l'*Allegro barbaro*[45]. Il fit la connaissance du compositeur en 1915 : « Ce fut une rencontre fortuite à l'Académie de musique probablement, mais nous nous saluâmes en connaissances. [...] Il connaissait ma littérature, je connaissais sa musique, et nous avancions à peu près sur le même chemin », relate Kassák[46], qui rapporte par ailleurs ainsi leur premier véritable échange de vues : « Je ne connaissais rien à la science musicale, mais quelque part dans mes nerfs je pressentais déjà, dans ses œuvres du début, la tension inquiétante, la rigueur de la structure derrière les sons dits

— Cat. 13
Programme de la première matinée MA, 9 décembre 1917 (interprétation de pièces musicales de Bartók, Schœnberg et Busoni par Piroska Hevesi), avec couverture illustrée par János Mattis Teutsch, 1917
Impression, encre sur papier, 15,6 × 21,7 cm
Budapest, Kassák Múzeum

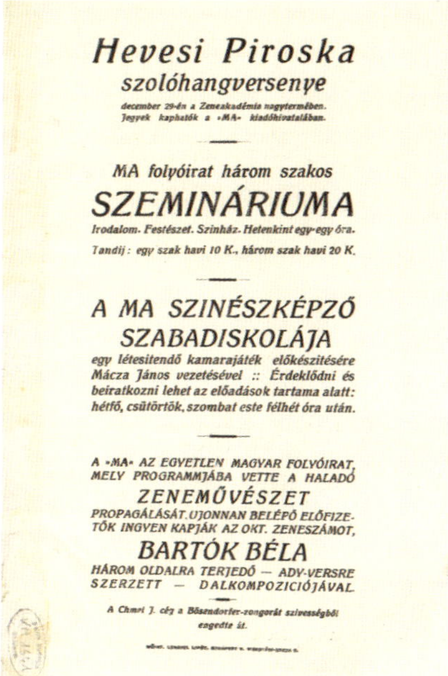

Hevesi Piroska
szolóhangversenye
december 29-én a Zeneakadémia nagytermében.
Jegyek kaphatók a »MA« kiadóhivatalában.

MA folyóirat három szakos
SZEMINÁRIUMA
Irodalom. Festészet. Szinház. Hetenkint egy-egy óra.
Tandij: egy szak havi 10 K., három szak havi 20 K.

A MA SZINÉSZKÉPZŐ
SZABADISKOLÁJA
egy létesitendő kamarajáték előkészitésére Mácza János vezetésével :: Érdeklődni és beiratkozni lehet az előadások tartama alatt: hétfő, csütörtök, szombat este félhét óra után.

A »MA« AZ EGYETLEN MAGYAR FOLYÓIRAT, MELY PROGRAMMJÁBA VETTE A HALADÓ
ZENEMŰVÉSZET
PROPAGÁLÁSÁT. UJONNAN BELÉPŐ ELŐFIZETŐK INGYEN KAPJÁK AZ OKT. ZENESZÁMOT,
BARTÓK BÉLA
HÁROM OLDALRA TERJEDŐ — ADY-VERSRE SZERZETT — DALKOMPOZICIÓJÁVAL.

A Chmel J. cég a Bösendorfer-zongorát szivességből engedte át.

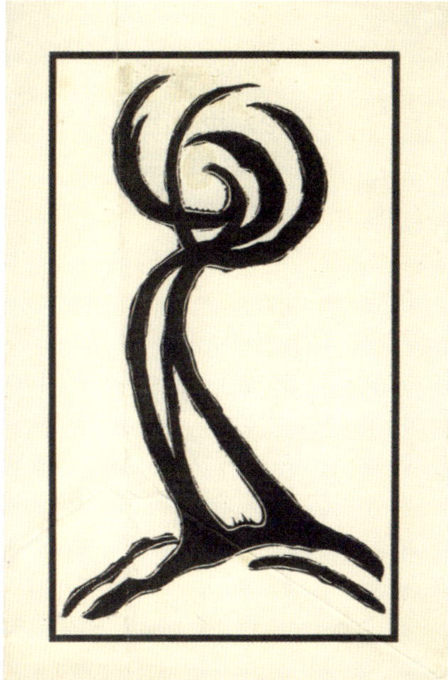

incohérents, l'abandon des schémas du passé, les aspirations à la définition d'une nouvelle harmonie. Il amena aussitôt la conversation sur les problématiques artistiques et je me réjouis de l'entendre dire qu'il avait trouvé dans ma poésie des éléments proches de ses expérimentations musicales. Je lui confiai à mon tour l'impression que sa musique faisait sur moi, une musique que j'aime non seulement écouter mais où je puise également de l'inspiration [47]. »

Kassák trouva le moyen de représenter la musique moderne aux forums des activistes. Dans *MA*, il fit paraître des extraits de partitions et il fut ainsi le premier à publier, parmi les chansons composées par Bartók sur les poèmes d'Ady, *Je ne puis aller à toi* [48]. En février 1918, la revue *MA* consacra un numéro spécial au compositeur : à côté des extraits de partitions de deux de ses œuvres figuraient l'ode que lui dédiait Kassák, l'essai de Miklós Náray et la reproduction du portrait de Bartók peint par Róbert Berény [49].

Les manifestations culturelles de la revue *MA* accueillirent aussi régulièrement les productions musicales de Bartók. Fin 1917, lors de la première matinée *MA* dont le thème principal était la littérature et le théâtre d'avant-garde, des pièces pour piano de Bartók, Schœnberg et Busoni furent interprétées par Piroska Hevesi, disciple de Bartók (cat. 13). C'était la première fois qu'une œuvre de Schœnberg était interprétée en Hongrie [50]. La seconde matinée eut lieu un an plus tard à Szeged : cette fois, ce fut un autre disciple, János Baranyi, qui joua au piano les œuvres de Debussy, Ravel, Fichtner, Bartók et Kodály (cat. 8). L'hôte de la manifestation, Gyula Juhász (ill. 15), de la revue *Nyugat*, écrivit peu après un poème admirable en hommage à Bartók. « La matinée du *MA* à Szeged fut aussi un événement important parce que, pour la première fois, la parenté spirituelle entre Bartók, la littérature et l'art des activistes hongrois fut abordée dans un forum public [51] », comme l'a souligné Ferenc Csaplár, alors directeur du musée Kassák, dans son essai traitant des relations entre Bartók et Kassák. Dans son introduction au programme de ces manifestations, Gyula Juhász analysa tout particulièrement la connexion étroite entre les aspirations artistiques de *MA* qui voulait inciter à l'action et la musique audacieusement nouvelle et puissante de Bartók. Par ailleurs, Juhász écrivit

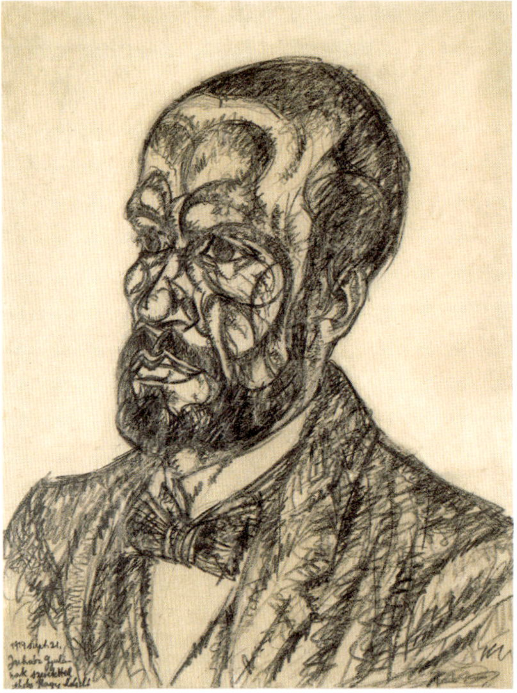

— Ill. 15
László Moholy-Nagy
Portrait de Gyula Juhász, 1919
Fusain sur papier, 41 × 31,8 cm
Szeged, Móra Ferenc Múzeum

un peu plus tard au sujet de l'exposition de László Moholy-Nagy, l'artiste qui avait débuté avec les activistes : « Dans cet art jeune, fort et courageux, l'âme du nouveau monde naissant vibre, ces traits et ces couleurs, ces substances et ces formes cultivent leur parenté avec un art point encore défini avec précision mais déjà révélé, un art possédant cette force vive qui résonne dans la musique de Béla Bartók, qui chante dans les vers libres de Walt Whitman[52]. »

Hormis les littérateurs, la critique musicale de l'époque établit elle aussi un parallèle entre les tendances picturales les plus récentes et l'univers de Bartók. « Tant chez Bartók que chez Stravinsky, on trouve toutes les analogies musicales du cubisme : des formules, des motifs minuscules se suivent, se répètent comme autant de courbes géométriques », selon l'analyse proposée dès 1913 par l'un des périodiques spécialisés, qui continuait ainsi : « Si l'indication d'"impressionnisme" trouva une application de bon augure dans la musique, je crois que l'on peut emprunter avec un bonheur non moindre à la peinture l'appellation de "cubisme" pour la musique de Bartók et de Stravinsky. Si en général cette musique est étrangère à l'oreille d'aujourd'hui, la raison peut suivre sa logique[53]. »

Le retour triomphal de Bartók dans la vie musicale hongroise au printemps 1917 débuta avec la création du *Prince de bois*. Beaucoup s'attendaient à ce que le ballet-pantomime provoquât un scandale, mais l'excellent chef d'orchestre Egisto Tango fit répéter l'orchestre récalcitrant d'une main de fer et la première remporta un véritable succès. La chorégraphie, les décors et les costumes restèrent en deçà de la modernité de la musique, toutefois cet arrangement scénique plus traditionnel contribua probablement à l'accueil favorable de l'œuvre par le public. De ce point de vue, la position de Gusztáv Oláh, responsable de la deuxième représentation, est instructive : « Nous avons repris *Le Prince de bois* en 1935 pour la première fois avec la chorégraphie de Cieplińsky. Nous avons confectionné les décors et les costumes à deux avec mon collègue Zoltán Fülöp. À cette époque, nous avons cru que la musique "moderne" de Bartók nécessitait tout au moins des décors cubistes. Le résultat – le mouvement stylisé des danseurs faisant penser à des marionnettes – allait à l'encontre du sens de l'œuvre parce qu'il anticipait l'effet des mouvements de la marionnette qui se ranimait, et notre décor cubiste ne convenait absolument pas à l'esprit de l'œuvre[54]. »

Parmi les artistes activistes, ce fut Sándor Bortnyik qu'inspira le plus directement *Le Prince de bois*. Son aquarelle intitulée *La Danse* (ou *Le Prince de bois*, cat. 1, p. 12) était, à l'origine, un projet d'une peinture murale ; mais, suite aux changements politiques, le peintre, bientôt forcé de quitter le pays, ne put consacrer que quelques linogravures et un seul tableau à huile à la thématique du *Prince de bois*[55]. L'expérience de la musique de Bartók trouva toutefois un écho dans les travaux de nombreux autres activistes. Ferenc Csaplár, lorsqu'il tenta de montrer le parallélisme entre la musique de Bartók et l'activisme, souligne la différence entre « les créations de type *Allegro barbaro* » et les œuvres relevant de la « danse grotesque », telles que la musique du *Prince de bois* ou celle de la *Danse de l'ours*, deux catégories qui selon lui peuvent également s'appliquer aux poésies et autres œuvres littéraires publiées par *MA*[56].

La première du ballet-pantomime fut suivie un an plus tard, en mai 1918, par la création de l'opéra de Bartók, *Le Château de Barbe-Bleue*. Malgré de nombreuses et parfois vives critiques émises à l'encontre du livret de Béla Balázs, la plupart des journaux évoquèrent en termes élogieux la musique du compositeur. Parallèlement aux nombreux comptes rendus, un commentaire critique mérite d'être ici cité pour l'analogie qu'il établit avec les beaux-arts : « La musique de Bartók renchérit sur le texte "pathologique" de Balázs : c'est une sorte de *psychopathia sexualis* mise en musique[57]. Il se peut qu'elle soit la "musique de l'avenir", mais elle n'est en aucun cas celle du présent... Pourtant le génie de Bartók s'y exprime dans toute sa redoutable grandeur. Quel dommage qu'il suive toujours le feu follet qui l'attire vers un terrain mouvant. Il fut révolutionnaire, il est anarchiste désormais ; il a suivi le néo-impressionnisme, à présent il dépasse même le cubisme musical[58]. »

Il semble que Bartók ait lui-même adopté un point de vue critique à l'égard des livrets de Béla Balázs et qu'il ait recherché des textes plus modernes. Kassák s'en souvient : « Il m'a invité à écrire, à partir de mon poème *Mineurs à l'aube*, un livret d'opéra : "J'aimerais recevoir une matière marquante, concise. Dans les textes de Béla Balázs, il y a trop de mysticisme philosophique allemand, et c'est pourquoi ils me répugnent." Je n'ai pas donné suite à sa demande ; je tenais déjà à cette époque le genre de l'opéra comme dépassé, anachronique[59]. » Le choix du compositeur se porta finalement sur le livret de Menyhért Lengyel, *Le Mandarin merveilleux*. Il en acheva la composition en 1919, mais la représentation ne put avoir lieu que sept années plus tard à Cologne.

Au début, les membres des Huit et du groupe des activistes, ainsi que Bartók et Kodály, participèrent aux travaux de politique culturelle de la République des Conseils, régime parvenu au pouvoir suite au putsch communiste du 21 mars 1919. Berény et Pór, entre autres, devinrent membres du Directoire des beaux-arts, Béla Balázs, Kassák et Móricz du Directoire des écrivains et Bartók et Kodály de celui de la musique. Le 5 avril, Bartók écrivit : « Je fréquente d'ailleurs souvent le commissariat du peuple de l'Instruction publique : il y est question de créer un Directoire pour la musique (Dohnányi + Zoltán [Kodály] + moi-même) qui aurait les pleins pouvoirs dans les affaires musicales : ici, en effet, nous ne pouvons avancer avec de la démocratie, mais uniquement avec de la dictature. Tu es certainement au courant que l'un des commissaires du peuple, György Lukács, est un prosélyte de longue date de Balázs et de Doh[n]ányi ;

Reinitz est resté chargé de la musique ; Balázs est devenu le directeur littéraire des affaires théâtrales ; un autre commissaire, Gyula Hevesi est le frère de mon ancienne élève, Piroska Hevesi. Kassák et ses amis ainsi que les autres collaborateurs du *MA* occupent aussi des sièges à la section littéraire, de théâtre et d'art du commissariat du peuple de l'Instruction publique. Dans l'un de ses numéros, *MA* a voulu publier la mélodie de *L'Internationale* en croyant que j'en étais l'auteur. J'ai dit à Kassák de ne surtout pas la publier, parce que c'est de la merde ! c'est de la musique allemande de chanson de table de la pire qualité, qui de plus n'est même pas simple (elle est née au demeurant à l'époque de la Commune de Paris en 1871) [60]. »

Kassák fut mandaté par György Lukács pour que la revue *MA* organise chaque semaine des « après-midis de propagande » au théâtre Medgyasszay. Dès la première après-midi, le 8 avril 1919, des œuvres de Bartók y furent jouées, interprétées par Piroska Hevesi. Ce programme fut donné à trois reprises. La musique de Bartók cependant ne trouva pas facilement d'audience parmi les masses prolétariennes. Les deux autres soirs, le 13 puis le 14 mai, il fut presque impossible de jouer les pièces jusqu'au bout à cause du public particulièrement bruyant. L'épouse de Bartók, Márta Ziegler, rendit ainsi compte de l'incident : « À la matinée de propagande du *MA*, Etelka Freund a joué B.[éla Bartók] et leur fils [c'est-à-dire le Quatuor Waldbauer-Kerpely] le *Quatuor à cordes n° 2* de Z.[oltán Kodály]. Le public s'est comporté de manière étrange et parfois pénible. En ce moment, la plus grande part des billets (pour le théâtre, les concerts) sont vendus par les syndicats à leurs membres, de sorte que la plupart des spectateurs sont des prolétaires qui s'y ennuient mortellement : ils parlent, mangent dans du papier gras, et dérangent. Évidemment, ils ne sont pas éduqués à ce genre de choses, les pauvres – beaucoup de décennies seront nécessaires pour qu'ils deviennent des auditeurs de concert. Pendant l'entracte, B.[éla] s'est plaint à Kassák de ce bruit, et avant le morceau suivant quelqu'un est monté sur l'estrade et a demandé à ceux du public qui s'ennuyaient de rentrer chez eux, et qu'ils ne dérangent plus ceux qui ne s'ennuyaient pas. Image d'une époque [61] ! »

Lors de la dernière soirée de propagande de la revue *MA*, qui eut lieu le 31 mai à Kaposvár, Piroska Hevesi interpréta l'*Allegro barbaro* [62].

La République des Conseils tomba le 1er août 1919 ; parmi les artistes ayant joué un rôle actif dans la vie politique, beaucoup furent contraints de s'exiler. Ainsi en fut-il des membres les plus engagés des Huit : Károly Kernstok, qui avait exercé des fonctions pendant la révolution des Chrysanthèmes, ou Berény et Pór, qui avaient réalisé des affiches agit-prop. Même Kassák et son cercle activiste, qui étaient pourtant entrés véritablement en conflit avec Béla Kun et les dirigeants de la dictature du prolétariat, furent obligés de partir, à l'instar de György Lukács, qui, en tant que commissaire du peuple, avait fait exécuter les soldats qui s'étaient révoltés contre le pouvoir des Conseils.

Bartók, Márffy et la plupart des écrivains de la revue *Nyugat*, attachés à la langue hongroise, demeurèrent dans le pays. L'avant-garde hongroise se tourna provisoirement vers l'Autriche et vers l'Allemagne. Suite aux accords de paix, la Hongrie perdit les deux tiers de son territoire. Une époque prenait fin.

1 — Endre Ady, « Páris, az én Bakonyom », publiée pour la première fois sous le titre de « Új Bakony », *Budapesti Napló*, XIe année, n° 179, 1er juillet 1906, p. 2. Pour la traduction française : « Paris est mon maquis », trad. A. Robin, in *Poèmes d'Endre Ady*, Paris, Le Seuil, 1946.
2 — Ödön Márffy : « Drága L... » [« Cher L... »], fragment d'une lettre de 1903, publié in Károly Borbély, *Adalék Márffy Ödön szellemi arculatához néhány először közölt dokumentum alapján [Contribution au portrait intellectuel d'Ödön Márffy sur la base de quelques documents publiés pour la première fois]*, étude universitaire conservée sous forme dactylographiée, ELTE BTK, Chaire d'Histoire de l'art, Budapest, 1986, p. 22-24.
3 — Lettre de Béla Bartók à Irmy Jurkovics à Nagyszentmiklós du 15 août 1905, in *Bartók Béla levelei [Lettres de Béla Bartók]*, sous la direction de János Demény, Budapest, Zeneműkiadó, 1976, p. 95.
4 — János Batsányi, « A franciaországi változásokra » [« Sur les changements survenus en France »], 1789. Le dernier vers du célèbre poème : « Jetez vos regards attentifs sur Paris ! »
5 — György Bölöni, « Magyarok Bécsben » [« Des Hongrois à Vienne »], *Világ*, 24 mars 1914, p. 14. Róbert Berény et Lajos Tihanyi ont chacun peint un portrait expressif de Bölöni.
6 — La première de Budapest eut lieu le 13 janvier 1904, suivie par celle de Manchester le 18 février.
7 — Lettre de Béla Bartók à Irmy Jurkovics à Nagyszentmiklós du 15 août 1905, in *Lettres de Béla Bartók, op. cit.*, p. 95.
8 — La rencontre de 1905 à Paris entre Márffy et Bartók n'est évoquée que par des sources indirectes. Dans ses lettres, Bartók mentionne qu'en août, il a plusieurs fois cherché à rencontrer Rezső Lavotta, qui vivait alors à Paris, mais sans succès, parce qu'il était alors en voyage. À cette époque, Lavotta et Márffy louaient ensemble un appartement rue Jacob. Le témoignage de János Demény confirme cette relation : « Márffy, comme il l'a raconté à l'auteur de ces lignes, connaissait alors Bartók depuis des années déjà : de l'époque où Bartók tenait Max Reger pour le musicien moderne le plus fécond. C'était autour de 1907 », in János Demény, *Bartók Béla megjelenése az európai zeneéletben (1914-1926). Zenetudományi Tanulmányok VII [L'Apparition de Béla Bartók dans la vie musicale européenne (1914-1926). Études de musicologie VII]*, Budapest, Akadémia, 1959, p. 17.
9 — Béla Horváth, « Márffy Ödön kortársairól és a korról » [« Des contemporains d'Ödön Márffy et de l'époque »], *Jelenkor*, n° 4, 1961, p. 718.
10 — À propos des liens d'amitié entre Márffy et Matisse, voir Zoltán Rockenbauer, « Márffy Ödön tanulóévei. A párizsi ösztöndíj (1902-1906) », [« Les années d'apprentissage d'Ödön Márffy. La bourse de Paris (1902-1906) »], *Ars Hungarica*, n° 33, 2005, p. 117-119.
11 — Pour plus de détails, voir Gergely Barki, « De l'académie Julian à l'académie Matisse », in *Fauves hongrois. 1904-1914*, Paris, Adam Biro, 2008, p. 50-55.
12 — Pour plus de détails, voir György Szücs, « Dissonance ou nouvelle harmonie ? L'art « néo » à Nagybánya », in *Fauves Hongrois. 1904-1914, op. cit.*, p. 95-103. Voir aussi Zoltán Rockenbauer, « Des Fauves au bord du Danube. Nyergesújfalu peut-il être considéré comme un Collioure hongrois ? », in *Fauves Hongrois. 1904-1914, op. cit.*, p. 113-117.
13 — Voir László Eősze, « Kodály zeneszerzői egyéniségének kibontakozása » [« L'évolution de la personnalité de compositeur de Kodály »], in *Örökségünk Kodály [Kodály, notre héritage]*, Budapest, Osiris, 2000, p. 48-50.
14 — Béla Bartók, *Önéletrajz (2). Bartók Béla összegyűjtött írásai. I [Autobiographie (2). Écrits réunis de Béla Bartók I]*, sous la direction de András Szőlőssy, Budapest, Zeneműkiadó, 1967, p. 10.
15 — Voir lettre de Béla Bartók à sa mère du 25 décembre 1909, in *Bartók Béla levelei [Lettres de Béla Bartók], op. cit.*, p. 156.
16 — En français dans le texte (NdT).
17 — En français dans le texte (NdT).
18 — Carte postale de Bartók à Etelka Freund à Budapest du 5 janvier 1910, in *Bartók Béla levelei, [Lettres de Béla Bartók], op. cit.*, p. 157.
19 — Lettre de Róbert Berény à Béla Bartók [février 1910 probablement], *Documenta Bartókiana*, Budapest, Akadémia Kiadó, 1968, p. 65-66. Dans cette lettre, il s'agit sans aucun doute du pianiste Auguste Delacroix qui a enregistré les œuvres de plusieurs compositeurs français contemporains sur gramophone et sur rouleau de piano au début du siècle.
20 — András Wilheim, « Új zene – Új festészet. A Nyolcak és a zene » [« Nouvelle musique – Nouvelle peinture. Les Huit et la musique »], *Enigma*, n° 69, 2011, p. 69 (le concert de Kodály a eu lieu le 13 mai, celui de Bartók le 15).
21 — L'association Művészház a quitté le MIÉNK, l'organisme fédérateur des peintres modernes, en même temps que le groupe des Huit. En ce sens, ils pouvaient être considérés comme des rivaux. La quatrième soirée, musicale, de l'Exposition impressionniste internationale (24 avril-19 juin), eut lieu le 3 juin.
22 — À propos de l'élaboration du programme de la soirée, voir András Wilheim, *op. cit.*, p. 70-71.
23 — Antal Molnár, *Magamról, másokról [Sur moi-même, sur d'autres]*, Budapest, Gondolat, 1974, p. 98-99
24 — *A Nap [Le Jour]*, 21 mai 1911, p. 6.
25 — En allemand dans le texte (NdT). En français : « attrape-nigaud ».
26 — Rusticus [István Tisza], « Tribune libre », *Magyar Figyelő*, 1, 1911, p. 423-424.
27 — La création de l'UMZE a été annoncée au *Bulletin musical* le 15 avril 1911 ; le premier concert eut lieu le 27 novembre, le dernier le 22 mars 1912.
28 — Pour plus de détails, voir Zoltán Rockenbauer, *New Pictures, New Poems, New Music. Allies of the Eight, from Ady to Bartók. The Eight*, cat. exp., Pécs, musée Janus Pannonius, 2010, p. 76-78.
29 — Géza Csáth, « Béla Bartók », *Nyugat*, 1er mai 1908, 1re année, n° 9, p. 513-515.
30 — Voir par ex. les critiques sur la première de la *Suite n° 2* pour orchestre de Bartók (22 novembre 1909). Cité par János Demény, *Bartók Béla kibontakozásának évei (1906-1914). Zenetudományi tanulmányok. III [Les Années d'épanouissement de Béla Bartók (1906-1914). Études de musicologie. III]*, Budapest, Akadémia, 1955, p. 350-352.
31 — *Nyugat*, n° 1, 1er janvier 1913, 6e année, p. 57-69.
32 — *Musikblätter des Anbruch*, vol. II, n° 6, p. 225. Référence donnée par János Demény, *Bartók Béla megjelenése*

az európai zeneéletben (1914-1926). Zenetudományi Tanulmányok VII, *op. cit.*, p. 17.
33 — À propos des relations musicales des peintres des Huit, voir Zoltán Rockenbauer, *op. cit.*, p. 83-87.
34 — Béla Horváth, « Czigány Dezső ismeretlen Casals-portréja » [« Un portrait de Casals inconnu de Dezső Czigány »], *Művészet*, n° 3, 1963, p. 8.
35 — Béla Horváth, « Ödön Márffy – Egisto Tango », *Művészet*, n° 7, 1962, p. 10-11.
36 — Márffy a raconté cette histoire à plusieurs reprises. Voir, pour plus de détails Zoltán Rockenbauer, « Berény Róbert Bartók-portréja » [« Le portrait de Bartók par Róbert Berény »], *MúzeumCafé*, 4, n° 17, juin-juillet 2010, p. 44-46.
37 — La caricature de Berény est publiée dans *Emlékeink Weiner Leóról* [*Nos souvenirs de Leó Weiner*], sous la direction de Melinda Bellász, Budapest, Zeneműkiadó, 1985, p. 131.
38 — Sur la naissance du tableau et sur son histoire ultérieure, voir entre autres Zoltán Rockenbauer, *op. cit.*, p. 44-46.
39 — Róbert Berény, « Bartók Béla esete » [« Le cas de Béla Bartók »], *Nyugat*, n° 11, 1911, p. 1081-1082.
40 — Pour plus de détails, voir János Demény, *op. cit.*, p. 13-15.
41 — Dans sa lettre écrite à Bartók le 29 novembre 1910, Rippl-Rónai le remercie pour les partitions envoyées et l'invite à Kaposvár. Voir *Documenta Bartókiana*, Budapest, Akadémia, 1968, p. 58. Au sujet des liens entre Bartók et Rippl-Rónai, voir également les souvenirs d'Anella Paris in János Horváth, *Mélanges de Rippl-Rónai. Avec les mémoires d'Anella Paris sur Rippl-Rónai*, Kaposvár, Somogy Megyei Múzeumok Igazgatósága, 1995, p. 57-58.
42 — Dessin de József Rippl-Rónai publié par Ferenc Bónis, *Élet-képek. Bartók Béla* [*Tranches de vie. Béla Bartók*], Budapest, Balassi, 2006, p. 166.
43 — Le peintre Bertalan Pór sur la musique, 1959, Archives de la Radio hongroise, D 1834/1/4.
44 — Voir l'essai de Krisztina Passuth p. 85.
45 — Lajos Kassák, *Egy ember élete. II* [*La Vie d'un homme. II*], Budapest, Magvető, 1983, p. 136-137.
46 — Cité in Ferenc Csaplár, *Béla Bartók, Lajos Kassák*, cat. exp., Budapest, Kassák Múzeum, 2006, p. 9-12.
47 — Lajos Kassák, « Bartókról » [« Sur Bartók »], *Valóság*, n° 3, 1961, p. 59-60.
48 — *MA*, année II, n° 8, 15 juin 1917, p. 118-120.
49 — *MA*, III, n° 2, 1918.
50 — Le 9 novembre 1917. Pour plus de détails, voir Ferenc Csaplár, *op. cit.*, p. 3.
51 — *Ibid.*, p. 12-13.
52 — *Délmagyarország*, le 4 novembre 1919.
53 — Géza Vilmos Zágon, « Kubizmus a zenében » [« Le cubisme dans la musique »], *Zeneközlöny*, 11 octobre 1913, p. 4-6.
54 — Gusztáv Oláh, « Bartók és a színház » [« Bartók et le théâtre »], *Új Zenei Szemle*, n° 9, septembre 1955, p. 62.
55 — Voir László Borbély, *Bortnyik*, Budapest, Corvina, 1971, p. 10.
56 — Il classe parmi les premiers les portraits et les figures de József Nemes Lampérth, János Schadl, Károly Kernstok, Sándor Bortnyik, László Moholy-Nagy, György Ruttkay, comme des symboles de la force et de la lutte ; tandis que le thème de la « danse grotesque » apparaît selon lui, en plus des tableaux de Sándor Bortnyik mentionnés, dans les créations de Gizella Dömötör et de Sándor Gergely. Voir Ferenc Csaplár, *op. cit.*, p. 13-14.
57 — Référence à l'ouvrage de Richard von Krafft-Ebing (NdT).
58 — Izor Béldi, « *A kékszakállú herceg vára* » [« *Le Château de Barbe-Bleue* »], *Pesti Hírlap*, 25 mai 1918.
59 — Lajos Kassák, « Bartókról » [« Sur Bartók »], *Valóság*, n° 3, 1961, p. 60
60 — Lettre commune de Bartók et de son épouse à Elza Bartók-Oláh Tóth du 5 avril 1919, in *Lettres de famille de Béla Bartók*, sous la direction de Béla Bartók fils, Budapest, Zeneműkiadó, 1981, p. 293.
61 — Lettre de Márta Ziegler-Bartók à sa belle-mère, veuve Béla Bartók du 14 mai 1919, in *op. cit.*, p. 295.
62 — Ferenc Csaplár, *op. cit.*, p. 16.

CLAIRE BERNARDI

« ALLER CHAQUE HIVER À PARIS[1] »

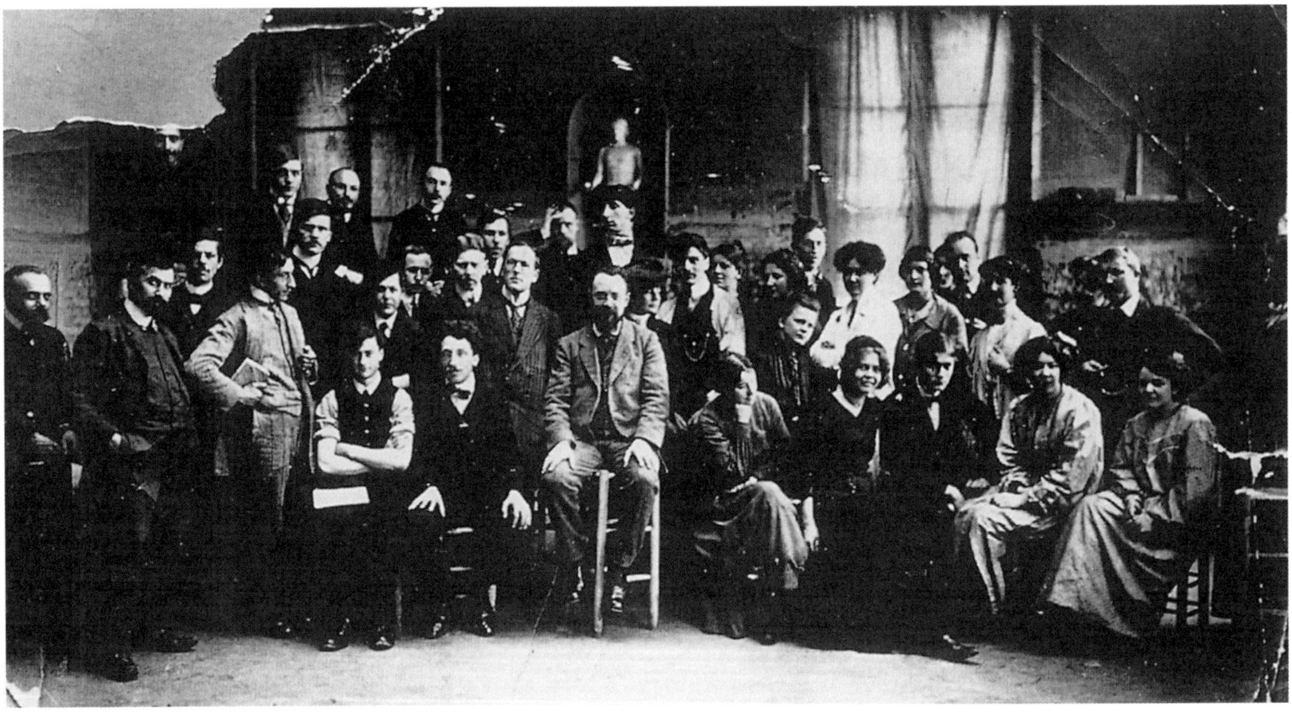

— Ill. 16
Anonyme
Henri Matisse et ses élèves, 1909
Photographie
Oslo, Nasjonalgalleriet

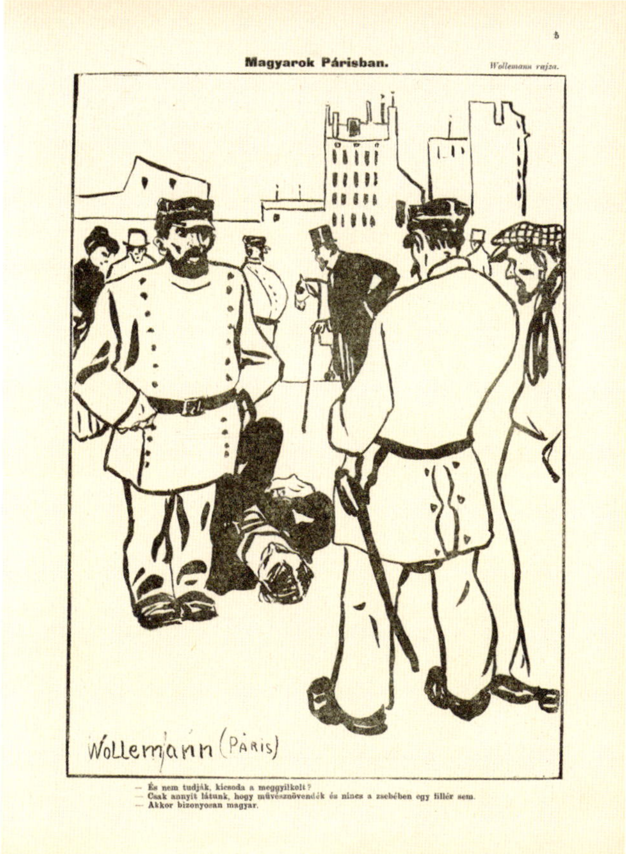

5

Magyarok Párisban.

Wollemann rajza.

Wollemann (Páris)

— És nem tudják, kicsoda a meggyilkolt?
— Csak annyit látunk, hogy művésznövendék és nincs a zsebében egy fillér sem.
— Akkor bizonyosan magyar.

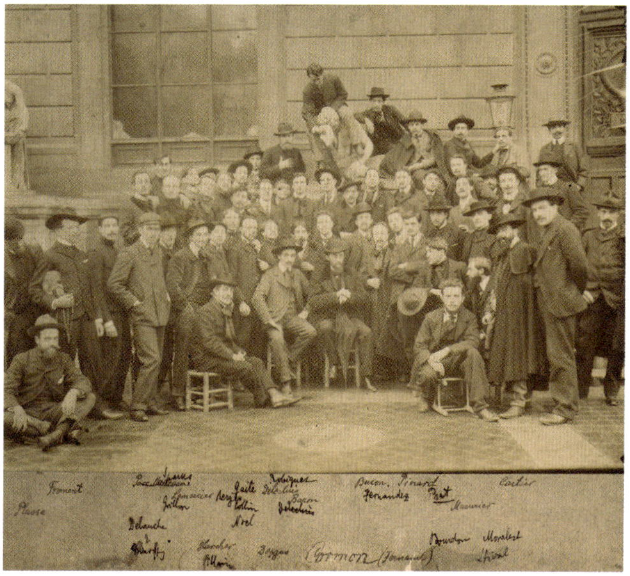

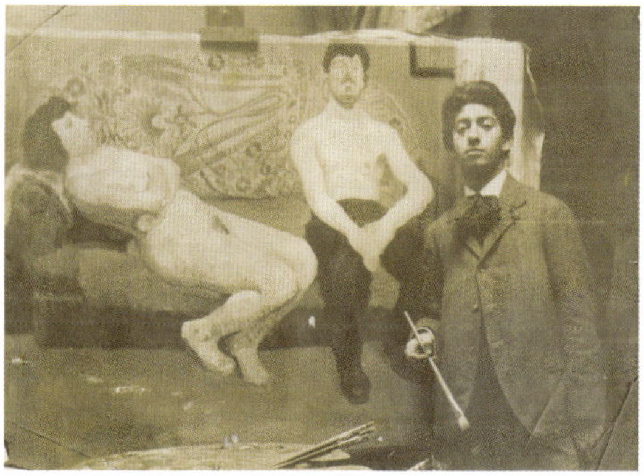

— Cat. 14
Viktor Wollemann
Hongrois à Paris, paru dans le magazine *Üstökös*, 26 septembre 1909
Ouvrage imprimé, 31 × 25,5 cm
Budapest, Országos Széchényi Könyvtár

— Cat. 15
Margit Vészi
Berény posant devant Dans un bordel parisien, vers 1906-1907
Photographie
Collection particulière
(Non exposée)

— Ill. 17
Photographie d'Ödön Márffy dans la classe de Fernand Cormon à l'École des beaux-arts de Paris, décembre 1902
Photographie, 17 × 23,5 cm
Collection particulière

« J'aurais voulu connaître le monde entier, et un jour, n'y tenant plus, je me suis mis en route, partant pour Paris à pied, comme un vagabond [2]. »

C'est à Lajos Kassák, figure majeure de l'avant-garde hongroise, que l'on doit ces quelques mots semblant tout droit sortis d'un roman d'apprentissage. En 1907, le poète, romancier, futur peintre et rédacteur des revues engagées *A Tett* [*L'Action*] puis *MA* [*Aujourd'hui*], entreprend un long périple vers Paris, « capitale des Arts » ; en 1909, il y côtoie Apollinaire, Cendrars, Picasso, Modigliani. Son aventure, toute romanesque qu'elle soit, a valeur d'exemple : nombreux sont les artistes hongrois qui, dans la première décennie du XXe siècle, prendront le chemin de la capitale française. Tant il est vrai que, de façon à la fois paradoxale et paradigmatique, on peut considérer que l'art hongrois s'invente et se réinvente dans sa singularité au contact de la France et de l'art français.

L'histoire est bien connue du rôle de Paris dans la formation d'écoles étrangères au tournant du siècle [3]. La communauté des artistes étrangers n'y a jamais été aussi importante qu'en ces années-là. À Montparnasse, les colonies d'artistes comme la cité Falguière ou la Ruche ont les faveurs de ces jeunes étudiants. C'est entre 1905 et 1914 que le phénomène prend le plus d'ampleur ; et entre 1900 et 1930, selon Billy Klüver et Julie Martin, jusqu'à 40 % des artistes du Montparnasse sont d'origine étrangère [4]. En Hongrie comme en France, des recherches ont contribué à souligner l'importance de la communauté hongroise à Paris, et de l'influence de la culture et de l'art français dans la naissance d'une modernité magyare [5]. L'exposition que nous présentons aujourd'hui nous paraît une opportunité renouvelée de souligner le rôle fondamental dans la formation des artistes hongrois de Paris et de ses artistes, dont nombre sont aujourd'hui présentés entre les murs du musée d'Orsay [6].

Il est frappant de constater à quel point les premières années du XXe siècle sont marquées, en Hongrie comme ailleurs en Europe, par la croissante internationalisation de l'art. Au gré d'une période historique particulièrement agitée – ou plutôt, devrait-on dire, malgré un tel contexte [7] –, le maître mot de l'époque est celui de circulation, ou même de migration, pour des raisons d'ordre commercial ou artistique plus encore que géopolitique – que l'on se penche sur les voyages des artistes ou des collectionneurs, sur la circulation des œuvres elles-mêmes, pour leur exposition ou leur vente, ou leur reproduction dans les revues et les journaux.

Migration des artistes, migration des œuvres, migration des images [8] : il semble paradoxal de mettre en avant un terme qui implique le mouvement, le déplacement d'un point à un autre, alors même que notre objet premier est de comprendre les conditions d'apparition d'un art moderne spécifiquement hongrois. C'est pourtant cette notion, précisément, en ce qu'elle en appelle d'autres – celles de transfert, d'appropriation [9] ou d'influence –, qui nous aidera à comprendre en quoi la confrontation avec l'art international a forgé une génération d'artistes qui a renouvelé la scène culturelle hongroise dans les premières années du XXe siècle.

« Montparnasse, le quartier hongrois à Paris, est en plein essor. On entend du hongrois sur les boulevards [...]. On y trouve dans une rue l'académie Julian, dans d'autres l'académie Colarossi ou encore la Grande-Chaumière, et de nombreuses autres écoles d'art. Les peintres hongrois vivent là, se rassasiant de l'art de Paris. Mais la disette arrive vite. Ils se débattent, puis se laissent abattre. Ils rentrent dans leur patrie épuisés et démotivés. Nulle part ne se cachent tant de sentiers en friche, tant de grandeurs refoulées [10]. » À ce récit de l'écrivain et critique d'art György Bölöni, écrit au cours de l'été 1906 pour un journal hongrois dont il était le correspondant culturel, semble répondre le dessin satirique du caricaturiste Wollemann en 1909 (cat. 14) : « Et nous

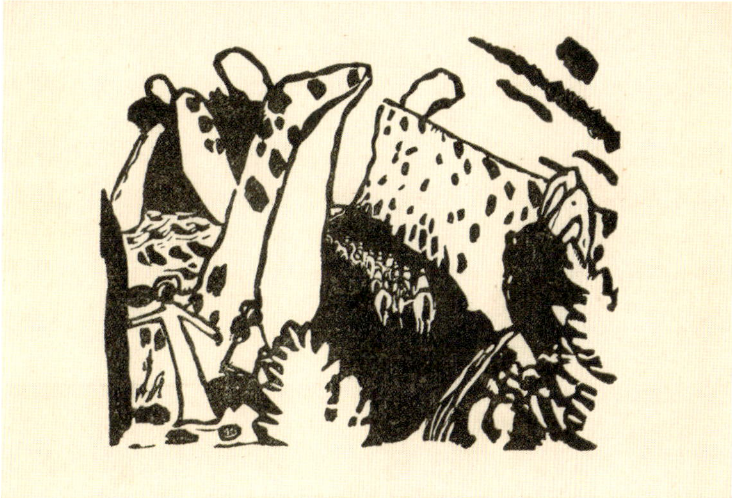

— Cat. 16
Carte postale éditée par la revue MA*, reproduction d'une œuvre de Vassily Kandinsky*, Chemin des cavaliers, (1911, gravure sur bois, aujourd'hui en collection particulière), entre 1919 et 1921
Impression, encre sur carton, 10 × 15 cm
Budapest, collection Ferenc Kiss

ne connaissons pas qui est la victime ? – Tout ce que l'on sait, c'est que c'est un étudiant en art, et qu'il n'a pas un sou en poche. – Dans ce cas, cela doit être un Hongrois. » Que ce soit sur le ton de l'humour ou sur un mode plus dramatique, l'un comme l'autre témoignent d'un fait assez important pour faire l'objet d'un article ou d'une caricature : l'existence, dans les premières années du siècle, d'une communauté d'artistes hongrois constituée (et sans le sou…) dans la capitale française.

Le phénomène n'est pas nouveau : les artistes hongrois furent nombreux dès le milieu du XIXe siècle à venir travailler en France [11]. Une première vague prend le chemin de l'exil après l'échec de la révolution de 1848, à laquelle succéda celle de la génération suivante, séduite alors par l'école de Barbizon. Qualifiés tout d'abord de « réalistes » par la critique hongroise, ces derniers reviennent ensuite pour la plupart à la peinture de genre d'influence munichoise. Mihály Munkácsy, établi à Paris depuis 1871, devient ainsi un artiste réputé dans les Salons parisiens, et bénéficiera d'un prestige considérable en Hongrie. Enfin, dans les années 1880, Károly Ferenczy, Béla Iványi Grünwald et István Csók vivent plusieurs années à Paris, où ils sont marqués par le naturalisme de Dagnan-Bouveret et de Bastien-Lepage. Le voyage Paris-Budapest aller-retour est donc, à la fin du XIXe siècle, un passage quasi-obligé dans la formation des peintres hongrois. Paris est déjà, concurremment avec Munich, la ville des découvertes artistiques. L'aller-retour se réduit parfois cependant à un aller simple : tel sera le cas de József Rippl-Rónai, qui, arrivé en France en 1887, y fera une grande partie de sa carrière, devenant un membre de la nébuleuse nabie, avant de décider en 1902 de rentrer au pays.

C'est d'ailleurs l'exemple de Rippl-Rónai que suivront les artistes les plus novateurs de la jeune génération. Nombreux sont les peintres du futur groupe des Huit [12] qui ont séjourné dans la capitale française : Béla Czóbel, bientôt rangé sous l'étiquette « fauve » parmi ses compagnons français, soulignera *a posteriori* l'importance de Rippl-Rónai dans son choix de rejoindre Paris : « Depuis mes études, Paris m'attirait beaucoup et Rippl-Rónai a encore augmenté le désir de m'y rendre [13]. » Ödön Márffy, influencé par l'art de Rippl-Rónai à ses débuts, s'y rend en 1902. Après deux ans d'études à l'académie Julian et à l'École des beaux-arts, dans l'atelier de Cormon (ill. 17), il rentre en Hongrie en 1907. Róbert Berény arrive à Paris en 1905, et Dezső Czigány y séjourne de 1904 à 1906.

Quelques années plus tard, c'est le cubisme parisien qui influencera la jeune garde hongroise. Le parcours artistique de Sándor Galimberti, qui le mène en quelques années du fauvisme au cubisme, est un exemple particulièrement frappant de l'importance de la scène parisienne dans la propagation des découvertes de l'avant-garde : de son premier séjour à Paris dès 1904, Galimberti rapporte, à Nagybánya et à Kaposvár où il travaille auprès de Rippl-Rónai, un art coloré et audacieux inspiré du fauvisme ; un second séjour plus long, à partir de 1909, correspond à un changement radical dans sa pratique artistique et celle de sa compagne, Valéria Dénes. Ils conjuguent alors à l'intensité expressive de leur art une recherche de composition inspirée des principes du cubisme. Imre Szobotka, József Csáky ou Alfréd Réth, quant à eux, sont dès le début des années 1910, associés au mouvement parisien. L'assimilation de ces deux derniers est d'ailleurs complète, puisqu'ils choisiront de poursuivre leur carrière sur la scène artistique française.

Un rapide survol des lieux de vie et de travail des jeunes artistes hongrois dans la capitale française nous permet de comprendre comment se sont créées dans les premières années du XXe siècle les conditions idéales pour la diffusion des principes de l'avant-garde internationale. Autour de quelques rues du quartier du Montparnasse, ces compagnons d'exil ont trouvé des chambres où se loger, des ateliers où travailler, des académies où se former, des cafés où se retrouver.

Les catalogues des Salons nous renseignent souvent sur leurs lieux de résidence parisiens[14]. Nous retrouvons ainsi les mêmes adresses, communiquées tour à tour par les jeunes Hongrois fraîchement arrivés dans la capitale : rue Campagne-Première, cité Falguière, rue Notre-Dame-des-Champs ou rue de la Grande-Chaumière. Tous ces lieux sont devenus mythiques, chargés de l'histoire de la bohème internationale venue vivre à Paris dans ces années d'avant-guerre[15].

Le 14 bis et le 16, rue de la Grande-Chaumière (chez Monsieur Castelucho) reviennent avec régularité dans les domiciliations de ces artistes, témoignant du fait que nombre d'entre eux étaient inscrits aux cours de l'académie « libre » du même nom, sise au numéro 14, où enseignent notamment l'artiste italien Claudio Castelucho, mais aussi, depuis sa création en 1906, Antoine Bourdelle. Au 10 de la même rue est établie, depuis 1900, l'académie Colarossi. Elle est moins fréquentée par les Hongrois ; Vilmos Perlrott-Csaba y a cependant travaillé pendant une brève période. Son *École de peintres* (cat. 69, p. 151), datant de 1907, a probablement été peinte dans un de ses ateliers[16]. L'académie Délécluse ou l'académie Humbert seront également des points de ralliement pour les jeunes artistes venus étudier en France. Mais c'est l'académie Julian que rejoignent la plupart d'entre eux à leur arrivée à Paris, bien qu'ils soient le plus souvent inscrits concurremment dans d'autres écoles privées. Plus de quatre-vingt-dix noms hongrois apparaissent dans la liste des élèves ayant fréquenté l'académie Julian entre 1869 et 1939[17]. On compte parmi les artistes de la première génération István Réti, l'un des fondateurs de la colonie d'artistes de Nagybánya, dont la présence est attestée en 1893, mais aussi Rippl-Rónai vers 1888 (il se lie d'amitié alors avec certains de ses futurs compagnons de route nabis), Csók entre 1887 et 1889, ou Adolf Fényes entre 1891 et 1892. Les membres du futur groupe des Huit y ont ensuite étudié : Márffy dès 1902, puis Czóbel en 1904. Berény y fait un bref passage en 1905, ainsi que Czigány, bientôt rejoints par Károly Kernstok, Dezső Orbán, et Bertalan Pór.

Ces lieux d'études sont également des lieux privilégiés de rencontre : ils facilitent le dialogue entre artistes de nationalités et de sensibilités artistiques différentes, parfois même entre

— Cat. 17
Carte postale éditée par la revue MA, *reproduction d'un tableau de Robert Delaunay*, Tour Eiffel (1910, huile sur toile, détruite en 1945), entre 1919 et 1921
Impression, encre sur carton, 15 × 10 cm
Budapest, collection Ferenc Kiss

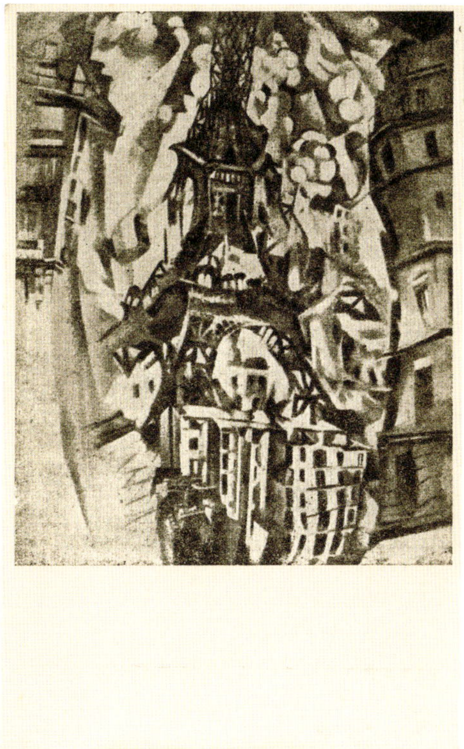

compatriotes. Ainsi, c'est à Paris que Márffy se lie d'amitié avec Czóbel, Berény et Pór ; c'est à Paris encore, et peut-être même à l'académie Julian que, dans leurs jeunes années, de futurs grands mécènes, alors aspirants artistes, deviennent familiers du travail des jeunes peintres hongrois : nous savons par les archives de l'académie [18] que le comte József Somssich, futur ami et mécène de Rippl-Rónai, y a étudié en 1896, alors que le baron Ferenc Hatvany la fréquenta en 1904 — il deviendra peu de temps après l'un des plus grands collectionneurs hongrois, et débutera dès 1905 sa collection impressionniste par l'acquisition d'un Pissarro chez Durand-Ruel [19].

L'académie dirigée par Matisse pendant quelques années, inaugurée en janvier 1908, comptera comme une expérience majeure pour quelques personnalités hongroises. Son école devient bientôt un exemple d'internationalisme, et dans ses ateliers se côtoient Scandinaves, Allemands, Américains, et quelques Hongrois : Géza Bornemisza et Vilmos Perlrott-Csaba, les plus « matissiens » des peintres hongrois, en feront partie dès sa fondation (ill. 16). József Brummer, qui s'installe à Paris vers 1906, y étudie la sculpture avant d'ouvrir sa propre galerie à Paris. Il sera l'un des « découvreurs » de l'art africain et l'un des premiers défenseurs du Douanier Rousseau.

Le rôle de ces académies « libres » dans la constitution d'un art moderne hongrois se mesure au-delà des années de formation parisiennes : à leur retour au pays, plusieurs de ces peintres sont à l'origine de la création d'écoles pour la formation de leurs compatriotes. L'exemple le plus frappant est l'inauguration, en septembre 1913, d'une école libre dans la Maison des artistes [Művészház] par József Rippl-Rónai, Károly Kernstok, et János Vaszary, organisée sur le modèle de l'académie Julian, avec un cours le matin et un le soir. Celle-ci jouera un rôle dans la formation de la deuxième avant-garde, puisque

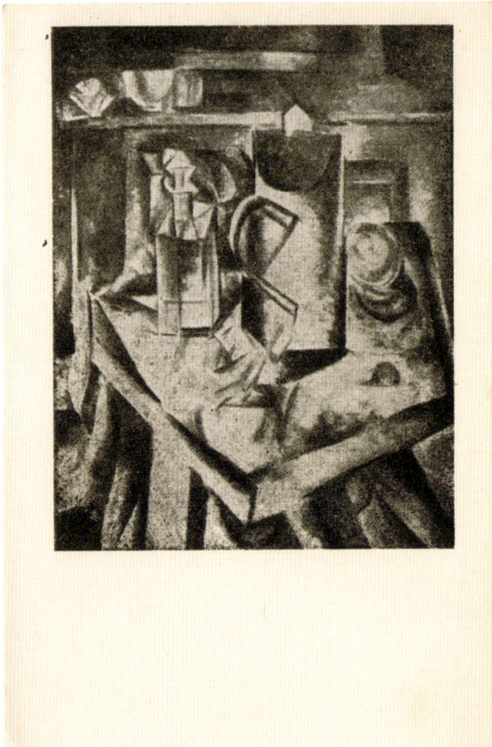

— Cat. 18
Carte postale éditée par la revue MA *adressée à János Schadl, reproduction d'un tableau de Pablo Picasso,* Le Bock (1909, huile sur toile, aujourd'hui au musée d'Art moderne de Villeneuve d'Ascq), entre 1919 et 1921
Impression, encre sur carton, 15 × 10 cm
Budapest, collection Ferenc Kiss

Sándor Bortnyik, futur activiste, y étudiera de 1913 à 1915. De même, Róbert Berény, qui ouvre une école d'art privée après la Première Guerre mondiale, sera le professeur de László Moholy-Nagy en 1918.

La mobilité des artistes facilite la diffusion de leurs œuvres : la ligne Budapest-Paris a été largement empruntée dans cette période d'avant-guerre. L'on retrouve sur les cimaises des Salons parisiens des œuvres exécutées par les Hongrois lors de leurs séjours estivaux dans la colonie d'artistes de Nagybánya ou ailleurs ; inversement, nombre de toiles réalisées et exposées à Paris ont rejoint ensuite la Hongrie, contribuant ainsi à la diffusion d'un art international.

En ce début de siècle, Paris vit au rythme des Salons organisés par les sociétés d'artistes. Ils représentent pour la plupart des jeunes peintres émigrés à Paris une première occasion d'exposer. En effet, depuis les années 1880, les sociétés d'artistes sont de plus en plus ouvertes aux exposants non français : le Salon des Indépendants ne pose aucune condition de nationalité, et accueille de plus en plus, dans la première décennie du XXe siècle, d'artistes étrangers, de même que le Salon d'Automne, qui organise une série d'expositions sur l'art des autres nations pour promouvoir l'internationalisme. Même le traditionnel Salon des Artistes français s'ouvre, à la faveur des réformes introduites par Jean-Paul Laurens en 1901, aux artistes étrangers, bien que son jury demeure exclusivement français [20].

Même si l'on peut souligner l'apparition d'œuvres de Csók, Rippl-Rónai ou Czóbel à la Nationale et au Salon des Artistes français [21], les jeunes peintres hongrois fréquentent avant tout les Indépendants et le Salon d'Automne. Si leur présence est globalement peu remarquée par les critiques des Salons, quelques lignes relevées ici ou là révèlent néanmoins leur adhésion aux tendances nouvelles qui ont fait couler tant d'encre dans les premières années du siècle. Béla Czóbel bénéficie, plus que les autres, des honneurs (ou plutôt des attaques !) de la critique française, et sera associé dès 1906 au mouvement « fauve » par Louis Vauxcelles. En 1907, au Salon des Indépendants, ce dernier englobe Róbert Berény dans sa liste de la brigade fauve : « Les fauves ! ... M. Matisse, fauve-chef ; M. Derain, fauve sous-chef ; MM. Othon Friesz et Dufy, fauves à la suite [...] ; M. Czobel [*sic*], fauve inculte, hongrois ou polonais. M. Bereny [*sic*], apprenti fauve [22]. » Il est clair que cette « assimilation » incontestable ne saurait occulter les difficultés que rencontrent les artistes hongrois à se frayer un chemin dans un univers dont l'esprit d'ouverture n'est que relatif : le mépris qui teinte la mention de ces « artistes étrangers » est incontestable.

Parmi les six œuvres présentées par Czóbel lors de ce Salon, figure *Femme nue couchée* (ill. 22, p. 75), dont on a malheureusement aujourd'hui perdu la trace. Son exposition dans la même salle que le *Nu bleu (Souvenir de Biskra)* de Matisse, quoiqu'« un peu dissimulé[e] par une cloison », selon le témoignage de Gertrude Stein, est en soi une preuve de reconnaissance pour le jeune artiste, et une affirmation de sa position de « disciple » du maître fauve. Le Salon des Indépendants joue ici pleinement son rôle de révélateur de jeunes talents : « c'était la bonne tradition des Indépendants de mettre un disciple violent en face du maître violent aussi, mais un peu moins violent [23]. »

Quelques galeries prennent le relais des Salons : chez Berthe Weill notamment, Béla Czóbel bénéficie d'une exposition personnelle en mars 1908 ; Weill expose également Galimberti et Dénes dans sa galerie en 1914, ainsi qu'Alfréd Réth. Mais c'est en Hongrie, à leur retour de Paris, que ces artistes trouveront les occasions de présenter leurs découvertes picturales à un public préparé à appréhender ces expressions nouvelles : entre 1901 et 1913, l'art français aura été à l'honneur à Budapest [24], où l'on pouvait régulièrement admirer des œuvres de Monet, Manet, Gauguin ainsi que celles de Cézanne, de Delaunay, Matisse ou Picasso [25].

Enfin, si les tendances les plus récentes de l'art moderne ont pu s'imposer, c'est aussi, au-delà des expositions qui lui sont consacrées sur le territoire hongrois – en 1913, la Maison des artistes et le Salon national montrent pour la première fois des œuvres futuristes, cubistes et expressionnistes –, grâce aux reproductions d'œuvres de l'avant-garde internationale dans les catalogues et les revues [26] (cat. 16, 17, 18).

1 — « [...] aller chaque hiver à Paris, même si on doit vivre dans la misère, étudier et voir là-bas, puis en été peindre à Nagybánya, en automne exposer à Budapest et vendre aussi » : István Réti, l'un des premiers professeurs de la colonie d'artistes de Nagybánya, évoque le programme de la jeune génération d'artistes hongrois, à l'orée du XXe siècle. István Réti, *A Nagybányai művésztelep [La Colonie d'artistes de Nagybánya]*, Budapest, Képzőművészeti Alap Kiadóvállalata, 1954, p. 70.
2 — Lajos Kassák, *Esquisse d'autoportrait*, paru en français in L. Gara, *Hommage à Lajos Kassák*, Dilbeek – Bruxelles, La Maison du poète, 1963, p. 5-6. Cité dans K. Passuth, *Les Avant-gardes de l'Europe centrale : 1907-1927*, Paris, Flammarion, 1988, p. 240.
3 — Voir notamment Christopher Green, « Crossing Boundaries: Foreign Artists in France, 1900-1940 », in *Art in France, 1900-1940*, New Haven, Londres, Yale University Press / Pelican History of Art, 2000, p. 61-64.
4 — « Carrefour Vavin », dans K. Silver, R. Golan, *The Circle of Montparnasse. Jewish Artists in Paris, 1905-1945*, cat. exp., New York, Jewish Museum, 1985, p. 69-70.
5 — L'exposition sur les « Fauves » hongrois, coorganisée par trois musées français, Dijon, Céret et Le Cateau-Cambrésis en 2008-2009, a permis de faire largement avancer la recherche sur cette question, pour la première partie (1904-1909) de la période que nous abordons.
6 — Ne sont étudiées ici que les relations franco-hongroises, mais cela ne doit pas nous conduire à regarder l'art hongrois de cette époque dans un miroir déformant. Il ne faut pas négliger l'importance de l'art viennois, munichois ou bientôt italien sur l'art hongrois. Pour la fin de notre période, celle de l'expressionnisme allemand sur l'art des activistes est particulièrement importante. Nombre de ces artistes choisiront d'ailleurs l'Allemagne comme pays d'émigration après l'arrivée au pouvoir de l'amiral Horthy.
7 — Nous avons choisi comme point d'orgue de notre exposition la date de 1919, qui correspond à l'effondrement de l'empire austro-hongrois et à l'éphémère épisode soviétique de la République des Conseils, suivis d'une nouvelle vague d'émigration d'artistes qui ne jugent plus Budapest et la Hongrie favorables à la création. Cependant, les échanges avec la France ont été interrompus dès 1914 par la guerre.
8 — Voir *Les Migrations fauves : la diffusion du fauvisme et des expressionnismes en Europe centrale et orientale*, sous la direction de Sophie Barthélemy et Valérie Dupont, Dijon, Éditions universitaires de Dijon, 2012.
9 — Ces notions, appliquées au territoire plus large de l'Europe centrale et du Nord, ont fait l'objet d'un colloque coorganisé par l'université Panthéon-Sorbonne et l'Institut finlandais à Paris, en septembre 2011. Voir *Transferts, Appropriations et Fonctions de l'avant-garde dans l'Europe intermédiaire et du Nord*, sous la direction de Harri Veivo, Paris, L'Harmattan / Cahiers de la nouvelle Europe, 2012.
10 — György Bölöni, « Du quartier hongrois », *Magyarország*, 29 juillet 1906, repris dans György Bölöni, « Au milieu des tableaux », Budapest, Szépirodalmi Könyvkiadó, 1967, p. 42-43, cité par Krisztina Passuth, in *Fauves hongrois 1904-1914*. *op. cit.*, p. 62.
11 — Sur ce point, nous nous appuyons sur l'essai de Júlia Szabó, « Paris-Budapest : influences artistiques au XIXe siècle », in *Budapest 1869-1914, modernité hongroise et peinture européenne*, Dijon, Paris, musée des Beaux-Arts / Adam Biro, 1995.
12 — Sur les « Fauves » hongrois et le groupe des Huit, voir l'essai de Gergely Barki dans le catalogue, p. 73.
13 — Béla Czóbel, « Önéletrajz levélben », *Az Új Magyar Művészet Önarcképe*, Európai Iskola 7-8, Budapest, Művészbolt, s. d., p. 14-15, cité par K. Passuth in *Budapest 1869-1914, modernité hongroise et peinture européenne*, *op. cit.*, p. 56.
14 — Voir Pierre Sanchez, *Dictionnaire du Salon d'Automne : répertoire des exposants et liste des œuvres présentées : 1903-1945*, Dijon, L'Échelle de Jacob, 2006. Voir aussi Dominique Lobstein, *Dictionnaire des Indépendants : 1884-1914*, Dijon, L'Échelle de Jacob, 2003.
15 — Brancusi, Modigliani, Soutine ou Foujita s'installeront ainsi tour à tour cité Falguière. C'est d'ailleurs l'ancien atelier de Modigliani que le Hongrois Rezső Bálint occupera fin 1909. Voir *Fauves hongrois 1904-1914*, *op. cit.*, p. 259.
16 — Voir G. Barki, « De l'académie Julian à l'académie Matisse », in *Fauves hongrois 1904-1914*, *op. cit.*, p. 49.
17 — Voir la liste établie par Catherine Fehrer à partir de diverses sources, in *The Julian Academy Paris 1868-1939*, New York, Sheperd Gallery, 1989.
18 — Archives nationales, 63 AS, Fonds de l'académie Julian.
19 — D'après le témoignage de Eugène Gerlötei, « L'ancienne collection François de Hatvany », *Gazette des beaux-arts*, mai-juin 1966, p. 358.
20 — Voir C. Green, « Crossing Boundaries: Foreign Artists in France, 1900-1940 », *op. cit.*, p. 61-64.
21 — Sur la présence des artistes hongrois dans les Salons parisiens au début du XXe siècle et leur fortune critique, voir la précieuse analyse de S. Barthélemy : « Pan ! Dans l'œil… La réception critique des Fauves hongrois au Salon parisien de 1904 à 1914 », in *Fauves hongrois 1904-1914*, *op. cit*, p. 71-83.
22 — Louis Vauxcelles, « Le Salon des Indépendants », *Gil Blas*, n° 10013, 28e année, 20 mars 1907.
23 — Gertrude Stein, *Autobiographie d'Alice Toklas*, Paris, Gallimard, 1973, p. 24.
24 — Sur ce point, nous nous appuyons sur la synthèse établie par Júlia Szabó, *Budapest 1869-1914, modernité hongroise et peinture européenne*, *op. cit.*, p. 44-45.
25 — Dans ce sens, la migration des œuvres, et encore plus celle des images, aura été plus aisée que celle des artistes – on ne connaît pas d'exemple de peintre français venu séjourner en Hongrie à cette époque, et Aristide Maillol, l'ami le plus cher de Rippl-Rónai parmi les Nabis, ne fera jamais le voyage jusqu'à Kaposvár pourtant souvent programmé.
26 — La revue *MA [Aujourd'hui]*, à partir de 1917, fait place, par des reproductions en pleine page, aux œuvres de l'avant-garde hongroise, mais également de la scène internationale. Sur le modèle de la revue *Der Sturm*, Lajos Kassák éditera également des catalogues d'artistes et une grande variété de cartes postales, diffusées en grand tirage et en grande variété, permettant la diffusion des nouvelles tendances internationales, du futurisme jusqu'à l'abstraction.

GERGELY BARKI

LA PREMIÈRE AVANT-GARDE HONGROISE : DU FAUVISME AU GROUPE DES HUIT

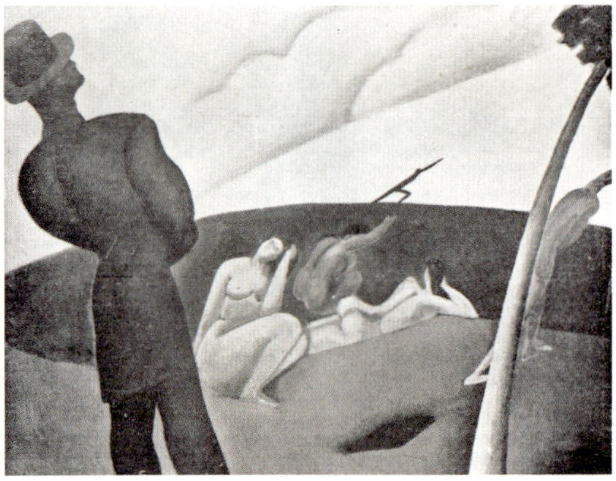

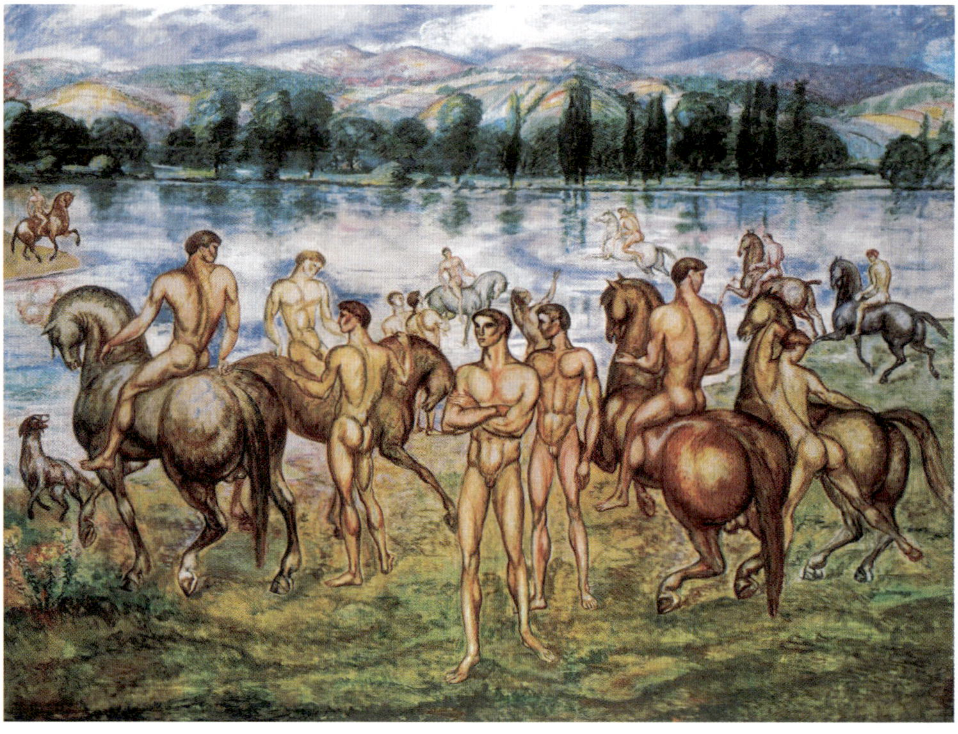

— Ill. 18
« *Composition avec silhouette* » (œuvre aujourd'hui disparue), *huile sur toile de Róbert Berény, 1911*
Photographie parue dans le périodique *Aurora*

— Ill. 19
Károly Kernstok
Cavaliers au bord de l'eau, 1910
Huile sur toile, 215 × 294 cm
Budapest, Szépművészeti Múzeum – Galerie nationale hongroise

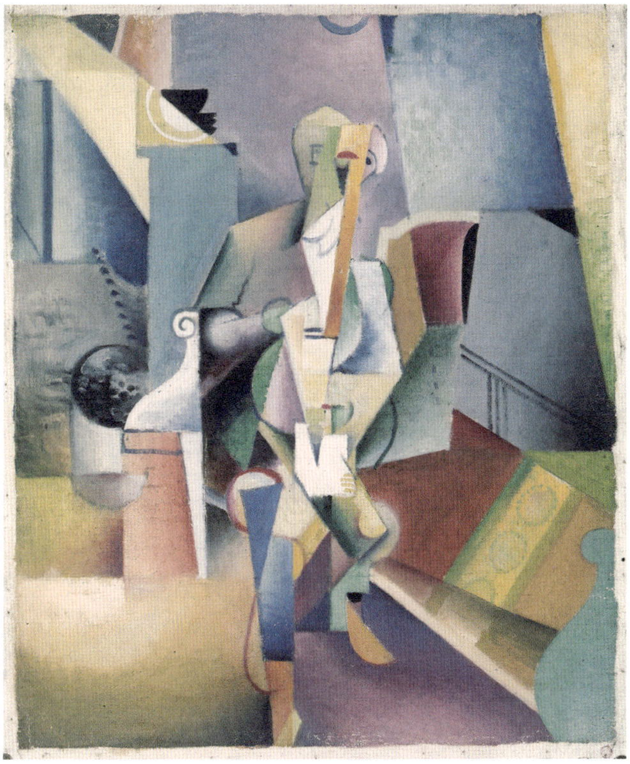

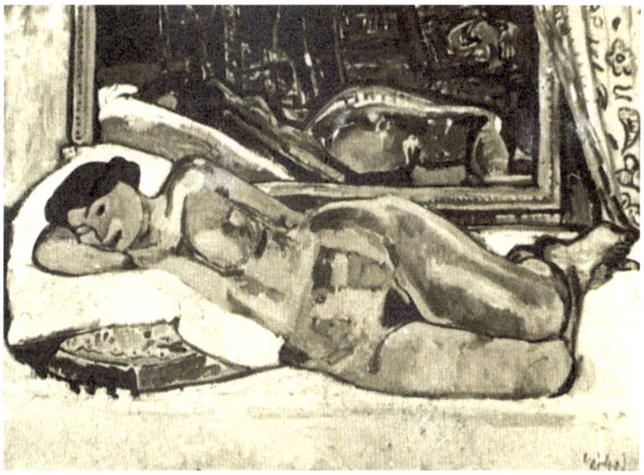

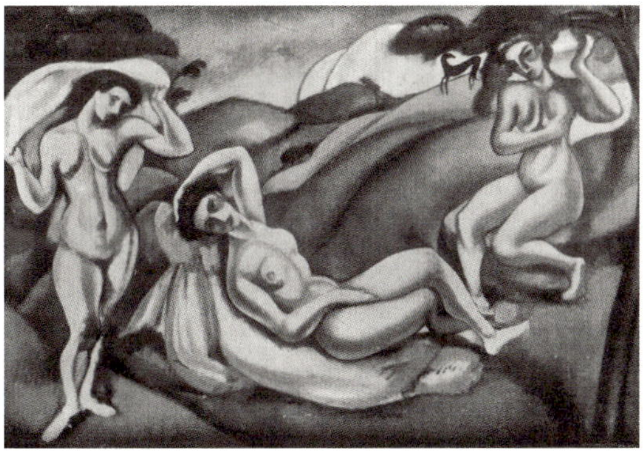

— Ill. 20
« *Musicien* » (œuvre aujourd'hui disparue), *huile sur toile d'Imre Szobotka, vers 1914*
Photographie de la succession Imre Szobotka

— Ill. 21
« *Trois nus* » (œuvre aujourd'hui disparue), *huile sur toile d'Ödön Márffy, 1911*
Photographie parue dans le périodique *Aurora*

— Ill. 22
« *Femme nue couchée* » (œuvre aujourd'hui disparue), *huile sur toile de Béla Czóbel, 1907*
Photographie de la succession György Bölöni
Budapest, Országos Széchényi Könyvtár

LES FAUVES HONGROIS

Dans l'histoire du modernisme hongrois, l'emprise de « l'esprit » parisien sur les artistes est liée de toute évidence au nom de József Rippl-Rónai, qui a étroitement collaboré avec le groupe des Nabis. L'orientation française de Rippl-Rónai a trouvé rapidement des adeptes dans les rangs de la jeune génération, en la personne de Béla Czóbel notamment. Ce dernier inspirera à son tour, quelques années plus tard, vers 1906-1907, une nouvelle tendance et deviendra la figure la plus éminente des Fauves hongrois. De nos jours, on tend à considérer Rippl-Rónai lui-même comme appartenant à ce courant. Il s'y rattache en réalité difficilement, même si son œuvre peinte aux alentours de 1907-1908, dite « à grain de maïs », avec ses taches de couleur homogène et sa touche discontinue, montre certaines similitudes avec le style fauve.

Qui sont les Fauves hongrois et quelle est leur relation au fauvisme ? Peut-on parler d'un style homogène ou devrions-nous parler plutôt d'une attitude artistique ? Ces questions, qui soulèvent des problèmes de terminologie et d'histoire du style, ne sont véritablement devenues un sujet d'analyse des historiens d'art que depuis quelques décennies seulement. De même, l'emploi de l'expression « Fauves hongrois » ne s'est répandu qu'après l'exposition du même nom organisée à la Galerie nationale hongroise en 2006[1], bien qu'elle soit momentanément apparue dans les années 1910, dans les critiques de journaux de l'époque[2].

L'exposition des « Fauves hongrois » a suscité l'intérêt des historiens d'art français. En 2008 et 2009, les musées de Céret, du Cateau-Cambrésis et de Dijon ont présenté des versions de l'exposition de Budapest adaptées aux sites français puis, en 2010, une variante de cet ensemble, repensée selon le contexte local de Bruges, a été montrée à Bruxelles[3].

Ces expositions, ainsi que les publications associées, ont permis d'identifier de façon précise dans l'histoire de la peinture hongroise une tendance qui a évolué en parallèle du fauvisme français. Il ne s'agit toutefois pas d'un alignement sur le style hexagonal, mais d'une extension par la diffusion d'une vision artistique propre, qui s'est forgée dans le contexte hongrois de l'époque et qu'on relie au fauvisme principalement du point de vue formel. Les peintres imprégnés par le fauvisme ou qui s'en sont inspirés à des degrés divers, n'ont jamais constitué de groupe propre, et l'appellation « Fauves hongrois » n'est de fait apparue qu'*a posteriori*. D'ailleurs, ils n'ont jamais exposé ensemble, et si pour la plupart ils avaient coutume de passer leurs hivers à Paris, durant l'été ils travaillaient en Hongrie, par petits groupes dispersés çà et là, à Nagybánya, à Kaposvár, à Nyergesújfalu ou dans la capitale. Cependant, certains peintres hongrois ayant fait carrière en dehors de leur pays natal se sont véritablement affiliés au mouvement parisien des Fauves, comme en témoignent les propos de Róbert Berény : « Ils nous ont alors surnommés les Fauves et nous aussi nous en avons pris pour notre grade[4]. »

Rendons ici honneur à celui qui a donné son nom au mouvement : Louis Vauxcelles. Dans ses critiques qui ont fait grand bruit dans les différents Salons parisiens, il a mentionné à plusieurs reprises quelques peintres hongrois comme Vilmos Perlrott-Csaba[5] dont le nom avait été mal orthographié, Róbert Berény, qu'il qualifie d'« apprenti fauve », et surtout Béla Czóbel[6], qu'il surnomme le « Fauve inculte ». Nous tenons pour les représentants les plus emblématiques des Fauves hongrois ces peintres entrés en relation directe avec le mouvement des Fauves français. Et nous incluons dans cette catégorie de l'histoire de l'art créée *a posteriori* tous les artistes qui ont séjourné à Paris à leurs débuts et dont ne serait-ce qu'une période brève présente des points communs avec le fauvisme.

C'est avant tout pour suivre des cours de nu que ces jeunes artistes en devenir se rendaient dans la capitale française, ou encore à l'académie de Munich, qui était alors considérée comme une étape obligatoire de leur apprentissage, avant de perdre progressivement sa position de favorite. À Paris, l'académie Julian était l'école la plus populaire, même si de nombreux Hongrois ne l'ont fréquentée que très brièvement, se rendant par ailleurs régulièrement à d'autres cours privés du soir. Perlrott-Csaba, par exemple, allait à l'académie Colarossi et il est fort probable qu'il s'agisse du lieu qu'il a immortalisé en 1907 dans son tableau *École de peintres* (cat. 69, p. 151). Géza Bornemisza, dans ses *Mémoires*, se souvient avoir aperçu aux cours du soir de l'académie de la Grande-Chaumière, outre un certain nombre d'étudiants hongrois, Henri Matisse, avec sa palette singulièrement réduite aux couleurs primaires, quand, au même moment, Béla Czóbel et Róbert Berény exécutaient des croquis à l'académie Humbert, que fréquentaient également André Derain, Albert Marquet et Henri Manguin[7].

En dehors des cours privés, les artistes hongrois sont apparus les uns après les autres dans tous les Salons parisiens, où leurs études de nus de style fauve ont plus d'une fois hérissé le public. Les tableaux de Czóbel ont été fréquemment sélectionnés pour les salles fauves du Salon d'Automne et du Salon des Indépendants ; Berény et Perlrott ont plusieurs fois exposé avec lui tandis que d'autres Hongrois ont trouvé leur place non loin, parmi les représentants des tendances progressistes.

L'événement le plus marquant de cette période a sans doute eu lieu au Salon des Indépendants de 1907, lorsque, en face du *Nu bleu* de Matisse, fut exposée la *Femme nue couchée* de Czóbel (ill. 22), comme l'a évoqué par la suite Gertrude Stein : « Dans la même salle que le Matisse, un peu dissimulée par une cloison, se trouvait une version hongroise du même tableau par un certain Czóbel que je me rappelais avoir vu rue de Fleurus[8]. »

À cette époque, la maison de Gertrude, Leo et Michael Stein représentait pour les artistes un véritable lieu de pèlerinage. Sa fréquentation a certainement beaucoup influencé l'orientation artistique des jeunes peintres hongrois. De même, leur collection a sans doute été une source d'inspiration privilégiée, à côté des expositions, galeries parisiennes et autres collections comme celle de Pellerin. Les spécialistes ont longtemps sous-estimé le rôle pourtant éminent joué par Leo Stein lui-même, que les Hongrois avaient connu durant leurs cours privés. C'est lui qui, en janvier 1908, a favorisé l'entrée de deux Hongrois, Vilmos Perlrott-Csaba et Géza Bornemisza, à l'école de Matisse qui venait alors d'ouvrir ses portes, et c'est lui encore qui, en tant que fin *connaisseur*[9] de l'époque, au jugement sûr et à l'exigence infaillible, tenait fonction de boussole dans l'orientation théorique des jeunes peintres et dictait les tendances de l'art moderne international[10].

Il paraît en effet difficile d'imaginer que les déclarations, les « prédications » esthétiques prononcées par Leo Stein au cours de ces samedis soirs n'ont laissé aucune trace dans la carrière de ces « pèlerins » hongrois de la rue de Fleurus, même si l'étude, la perception visuelle des tableaux ou les rencontres personnelles avec les artistes, tels Matisse et Picasso, ont certainement joué un rôle encore plus essentiel dans l'évolution de leur art. Un des points fondamentaux de la théorie esthétique de Leo Stein concernait l'art de Cézanne, son analyse différant nettement de celle de Meier-Graefe par exemple, en particulier au sujet du rôle de l'espace et du volume. Selon lui, la préoccupation première de Cézanne, hormis la couleur, reposait précisément sur l'accentuation du volume. Ce n'est donc pas un hasard si cette théorie – bien qu'elle puisse provenir d'autres sources – trouve plus tard un écho dans l'esthétique prônée par la plupart des artistes du groupe des Huit.

Bernard Berenson, qui avait eu l'audace de comparer Cézanne à Michel-Ange, a probablement exercé la plus grande influence sur les thèses de Leo Stein. De la même manière, l'esthétique des Huit s'est constituée à partir du chemin tracé par ces deux personnalités.

Avant la constitution du groupe des Huit déjà, plusieurs révolutions picturales se sont produites en Hongrie, menées précisément par ceux qui avaient fréquenté les Stein, et, en premier lieu, Béla Czóbel. Hôte régulier de la colonie de peintres de Nagybánya, l'acropole hongroise du naturalisme de plein air, Czóbel y séjournera pour la dernière fois en 1906, après s'en être absenté durant un an. Arrivé de Paris avec une douzaine de toiles postimpressionnistes portant le germe des tendances les plus novatrices, Czóbel a déclenché alors une véritable révolution de palais parmi les jeunes élèves de la colonie, incitant certains d'entre eux à prendre la direction de la capitale française. Ceux des professeurs qui, plus âgés, voyaient d'un mauvais œil la déviance de Czóbel, se sont désolidarisés de ces jeunes désormais contaminés par l'ultramodernisme parisien, dont certains travaillaient alors déjà en dehors de l'école, et les affublèrent du sobriquet de « néos ». C'est au cours de l'été 1906 que Czóbel a peint sa toile intitulée *Deux peintres* (cat. 102, p. 193), qu'il a par la suite exposée dans la salle fauve du Salon d'Automne à Paris. Dès lors, il s'est établi de manière durable dans le cercle des Fauves français. Au printemps 1908, seul Hongrois à s'être démarqué de la sorte, il a su attirer l'attention avec une exposition personnelle à la célèbre petite galerie de Berthe Weill, qui arborait depuis plusieurs années l'étendard du fauvisme[11].

Le journaliste américain Gelett Burgess, qui se trouvait alors à Paris, a probablement entendu parler de Czóbel et de son exposition par les Stein. Rien d'étonnant par conséquent à ce que Czóbel figure dans son article composé de huit entretiens relatant les dernières tendances à Paris, ainsi que dans son roman publié plus tôt, dans lequel le peintre apparaît dans le peloton de tête des novateurs les plus radicaux[12].

La plupart des œuvres exposées chez Berthe Weill ont été peintes par Czóbel au printemps et à l'été 1907, lors de son séjour passé dans la propriété de Károly Kernstok à Nyergesújfalu. Parmi ces tableaux, dont la plupart sont aujourd'hui perdus, certains ont semblé tellement audacieux et insolites que, même à Paris, le jury du Salon d'Automne les avait refusés. Cette manière nouvelle de peindre, à la fois primitiviste et fauve, a cependant été le noyau d'une nouvelle « sécession » en Hongrie. Károly Kernstok, quoique plus âgé que lui, modifia bientôt son style, tandis que dans la peinture d'Ödön Márffy, qui avait passé l'été 1908 à Nyergesújfalu, allait transparaître l'influence du fauvisme – transmise déjà par Czóbel d'une manière peut-être plus puissante encore. Pour ces raisons, Zoltán Rockenbauer considère Nyergesújfalu comme le berceau du fauvisme hongrois : c'est dans ce village situé sur les rives du Danube que la Hongrie a vu naître la version la plus caractéristique de ce style né en France[13].

Dans les cercles artistiques, le bruit courut bientôt qu'un groupement de peintres dissidents s'était formé dans la propriété de Kernstok. Károly Ferenczy, chef de file de la colonie d'artistes de Nagybánya, tenta d'alarmer son confrère, István Réti, au printemps 1907 : « les néo-impressionnistes, Zobel [Czóbel], j'ai l'impression qu'ils vont se réunir autour de Kernstok à Nyerges Ujfalu – qu'ils y aillent –, je considère comme un groupe à part les gens du type de Rippli-Gaugin [*sic*] dont je distingue nettement les hommes proches de la nature qui la respectent plus intimement[14] ». La remarque de Ferenczy laisse supposer qu'une association organisée était en train de germer, mais ses soupçons se sont avérés sans fondements puisqu'aucune « contre-colonie d'artistes » n'a vu le jour à Nyergesújfalu. L'absence de Czóbel à Nagybánya en 1907 a néanmoins réveillé l'agitation de l'année précédente ; cette

— Cat. 19
Carte postale avec photographie de Bertalan Pór et Róbert Berény à Nice (détail), 1907
Ferrotype contrecollé sur carton, 13,8 × 9,1 cm
Collection particulière

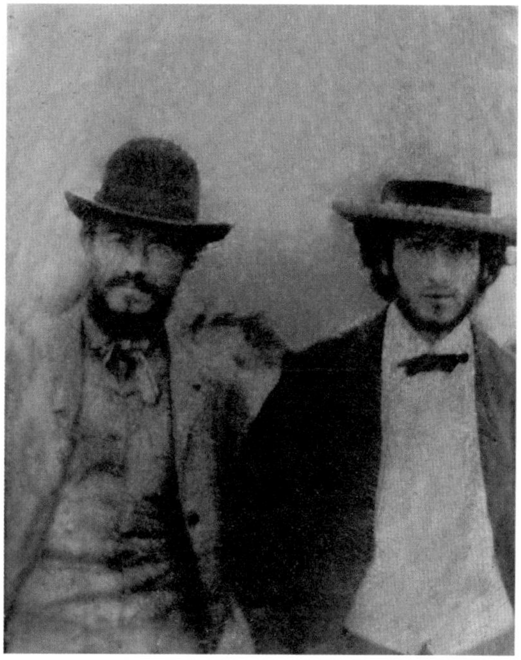

dissidence allait favoriser sur un plan plus que symbolique la naissance de nouveaux mouvements « sécessionnistes ».

Pourtant, ce n'est pas parmi les jeunes les plus progressistes que la volonté de constituer un groupe s'est d'abord manifestée. En effet, à l'automne 1907, c'est à l'initiative de l'ancienne génération de peintres modernes que la première association de grande envergure, le MIÉNK (Cercle des impressionnistes et naturalistes hongrois), a vu le jour. Au-delà du rassemblement des peintres impressionnistes, l'objectif du groupe dirigé par Pál Szinyei Merse, considéré comme le père de l'impressionnisme hongrois par Károly Ferenczy et József Rippl-Rónai, était de créer un groupe moderne « élitiste » fondé sur un système de cooptation, et d'en promouvoir les œuvres par des expositions annuelles basées sur invitations uniquement. Si Károly Kernstok, Béla Czóbel et Ödön Márffy, les « Fauves de Nyerges », qui représentaient le courant le plus radical, ont été élus parmi les membres fondateurs, ce n'est qu'à la demande instante de Rippl-Rónai auprès de son directoire, qui se réclamait en définitive de principes artistiques différents des leurs. Berény mis à part, tous ceux que l'on appellera plus tard les Huit participèrent à la deuxième exposition du groupe en 1909. Progressivement, avec l'arrivée des plus jeunes, il est devenu évident que cette formation hétérogène ne pourrait pas fonctionner, et une scission apparaissait dès lors inévitable. Si une autre association, la Maison des artistes [Művészház], s'était déjà séparée du MIÉNK à l'initiative de Miklós Rózsa, la compétition sembla pourtant gagnée par un groupe qui se formait spontanément, avec Kernstok à sa tête : les Huit, qui n'adopteront cette appellation qu'en 1911.

LES HUIT [15], « ŒUVRES NOUVELLES »

Le critique Pál Relle, l'un des parrains du groupe tout juste constitué, évoque la première exposition des peintres sécessionnistes du MIÉNK, rejoints par Róbert Berény, en ces termes : « Avant toute chose, ce jour, le 30 décembre 1909, marque une date dans l'histoire de l'évolution des beaux-arts hongrois. » Malgré l'exiguïté des salles du Salon Könyves Kálmán, dans lesquelles ils ne purent présenter que trente-deux tableaux, cette exposition fit date. Le titre même de leur exposition, « Œuvres nouvelles », allusion au radicalisme d'Endre Ady et à son recueil *Poèmes nouveaux* publié en 1906, a été repris comme emblème, employé comme nom du groupe jusqu'à ce qu'il devienne les Huit. À ce moment-là, parmi les sept artistes qui s'étaient regroupés autour de Károly Kernstok, Berény et Czóbel se trouvaient à Paris, et Márffy en Italie. On les avait informés par courrier ou par télégramme et leurs œuvres avaient été mises à la disposition des organisateurs[16]. Les trente-deux toiles réunies à la hâte ont montré, avec une densité jusque-là jamais vue, les résultats des aspirations hongroises qui s'étaient développées parallèlement aux tendances picturales modernes, dont les racines plongeaient principalement à Paris. La presse conservatrice trempa sa plume dans le vitriol pour vilipender ces œuvres jugées répugnantes et scandaleuses, tandis que les journaux plus progressistes soutinrent la nouvelle association en orchestrant une campagne médiatique telle qu'on n'en avait encore jamais vue. Avec l'apparition de ce groupe radical, « les chemins se sont séparés » définitivement, ainsi que l'a formulé le grand philosophe de l'époque, György Lukács, lors de sa conférence prononcée devant les étudiants libres-penseurs du cercle Galilée.

La naissance du groupe fut perçue comme une déclaration de guerre au goût rétrograde, à la peinture de Salon alors officiellement soutenue, marquée par le goût historicisant de l'époque, mais également aux « modernes » d'alors, naturalistes comme impressionnistes. Le groupe s'est aussi affirmé comme un rassemblement concurrent de la Maison des artistes, créée quelques semaines plus tôt. Peu après, en février 1910, tandis que la Sécession de Berlin accueillait la première exposition représentative provenant de Hongrie, les huit peintres – rejoints par Béla Iványi Grünwald, à sa demande – eurent l'occasion de manifester leur appartenance commune en exposant dans une salle dédiée.

LA DEUXIÈME EXPOSITION DES HUIT

Seize mois à peine après l'exposition « Œuvres nouvelles », qui avait provoqué tant d'animosité, la deuxième exposition du groupe s'ouvrit le 29 avril 1911, de façon bien plus protocolaire cette fois, et dans d'excellentes conditions, en occupant l'ensemble des salles du Nemzeti Szalon [Salon national]. Au préalable, le groupe s'était constitué de manière officielle le 13 avril, adoptant alors son nom définitif : « les Huit ».

Malgré la mention de son nom dans le catalogue, Béla Czóbel, qui vivait à l'époque à Montmorency près de Paris, n'avait envoyé aucune œuvre à cette exposition qui allait concentrer toute l'attention de la presse. Ne figuraient par conséquent sur l'invitation que les signatures de Berény, Czigány, Kernstok, Márffy, Orbán, Pór et Tihanyi. Toutefois, quatre autres artistes y présentèrent leurs travaux : les sculpteurs Márk Vedres et Vilmos Fémes Beck, le peintre Mária Lehel, et Anna Lesznai, qui exposa des broderies.

Le doyen du groupe, Károly Kernstok, acclamé par la presse en tant que chef de file, exposait alors pour la dernière fois avec les Huit, en présentant seulement quatre de ses tableaux. Néanmoins, deux d'entre eux, le *Cavalier solitaire* et *Cavaliers au bord de l'eau* (ill. 19) sont devenus emblématiques de l'événement. Quant à Czigány, Márffy et Berény, ils présentèrent de monumentales compositions de nus (ill. 18 et 21) qui ont toutes été perdues depuis.

Contrairement à Kernstok, Róbert Berény, avec sa contribution de quarante-neuf tableaux, soit plus de la moitié de l'ensemble des œuvres exposées, s'est imposé comme l'artiste phare

— Cat. 20
Günscher
L'Exposition des Huit, journal satirique Fidibusz, vol. VII, couverture du 5 mai 1911
Impression, encre sur papier, 28 × 24 cm
Budapest, Országos Széchényi Könyvtár

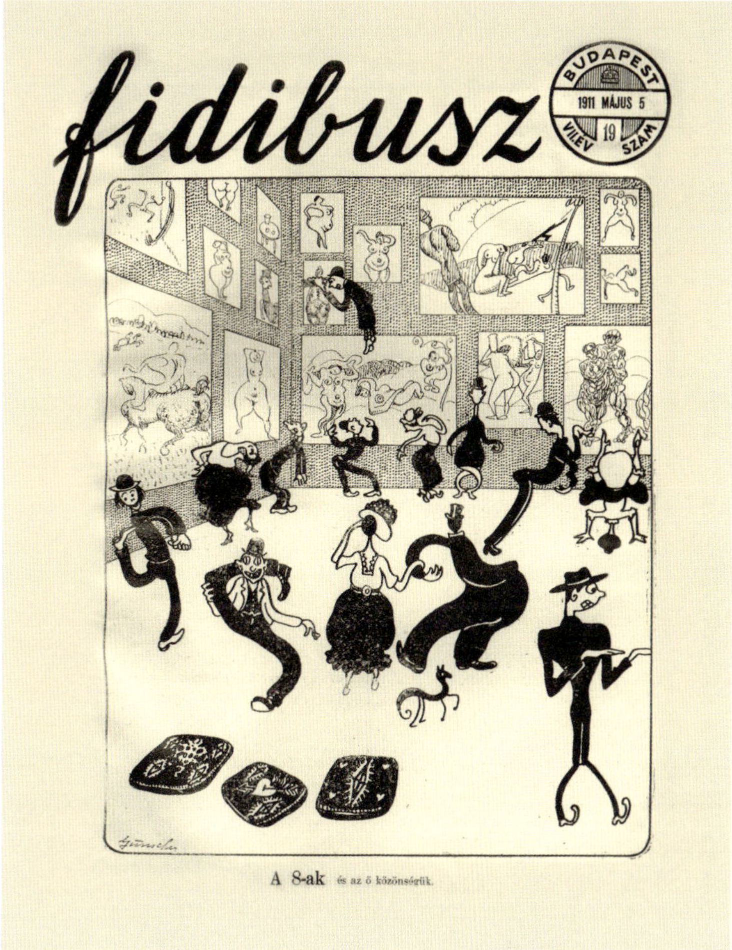

de l'exposition. Si les représentants de la presse conservatrice l'ont unanimement présenté comme le membre du groupe dont la modernité était la plus radicale, force leur a été de reconnaître son extraordinaire talent. Parmi ses œuvres figuraient les toiles fauves peintes à Paris entre 1906 et 1908, parmi lesquelles ses nus à « l'anatomie difforme » et les autoportraits à l'ironie singulière qui suscitèrent les plus vives réactions.

Le succès public, les échos passionnés de la presse et les achats croissants de mécènes, de même que les concerts, soirées littéraires et débats théoriques organisés pendant les heures d'ouverture, ont fait de cette deuxième exposition du groupe l'un des événements les plus marquants de la vie artistique hongroise du début du siècle.

LA TROISIÈME EXPOSITION DES HUIT : VERS UNE DISSOLUTION ?

Après avoir été reportée à plusieurs reprises, la troisième et dernière exposition des Huit fut inaugurée le 15 novembre 1912 à l'étage du Nemzeti Szalon [Salon national]. Seuls quatre des membres fondateurs y étaient présents – Berény, Orbán, Pór et Tihanyi –, avec comme invité le sculpteur Vilmos Fémes Beck. À en croire l'introduction du catalogue, l'autre moitié du groupe n'avait pu participer « en raison d'autres occupations d'ordre artistique ».

Absent de l'exposition, Kernstok avait de fait cessé de remplir son rôle de chef de file. Mais derrière cette scission non déclarée du groupe, on a

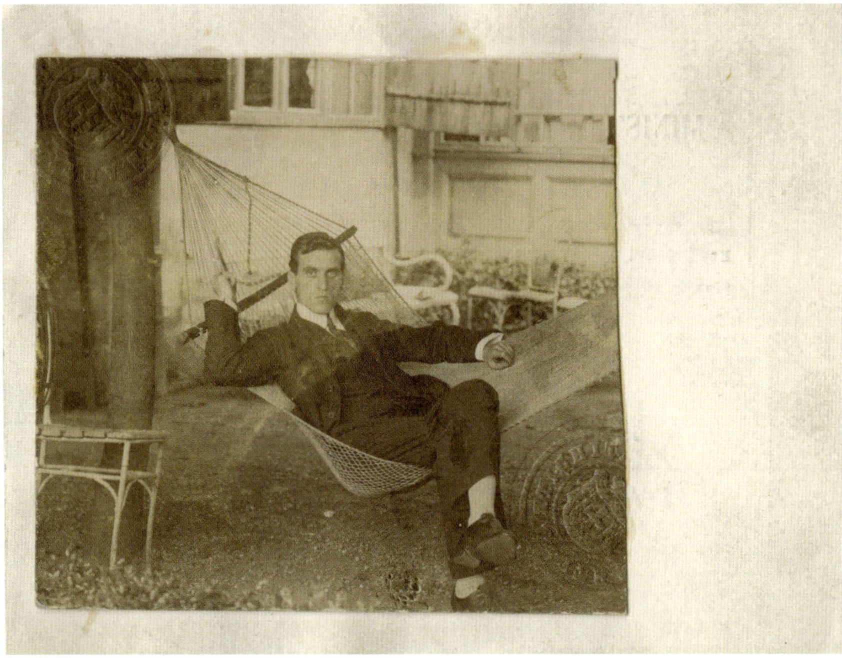

— Cat. 21
Carte d'entrée gratuite dans les musées et monuments italiens pour l'année 1912 appartenant à Ödön Márffy, 1912
Photographie sur papier, 9 × 11,6 cm
Collection particulière

pu déceler certaines divergences de conception artistique qui n'ont probablement pas été sans incidence. La ligne de rupture entre la « branche Kernstok », portée vers un certain classicisme, et la « branche Berény-Tihanyi », reflet d'un modernisme plus progressiste, était déjà perceptible lors de l'exposition de 1911. En l'absence des classicisants, cette dernière exposition avait révélé une plus grande homogénéité, avec des œuvres puisant dans l'expressionnisme, le cubisme, l'orphisme et le futurisme.

Ce changement de direction, qui ressemblait à un nouveau programme, n'est certainement pas étranger à l'exposition, intitulée « Sonderbund », qui s'est tenue quelques mois plus tôt à Cologne, et pour laquelle les organisateurs avaient sélectionné des œuvres de la quasi-totalité des membres des Huit[17].

Visible notamment dans les toiles de Berény et de Tihanyi, qui avaient dominé la dernière exposition des Huit, et même celles de Pór, resté plus proche des tendances classicisantes, ce changement de style est plus particulièrement sensible dans leurs autoportraits à caractère explicitement expressionniste. Dans le même temps, si les travaux muraux de Márffy semblaient d'orientation clacissisante, ses tableaux révélaient quant à eux des inspirations expressives, voire constructivistes, d'une manière semblable à celle de Pór.

Le nombre des artistes exposants, déjà réduit à quatre en 1912, avait encore diminué en 1914 : Berény et Tihanyi, en réponse à l'exposition de la Maison des artistes accueillie par le Künstlerhaus de Vienne, où étaient présents Kernstok, Orbán, Czigány et Márffy, mais à laquelle ils n'avaient pas été conviés, organisèrent un contre-salon radicalement moderne au Kunst Salon Brüko. Seul Pór s'était alors joint à eux en signe de solidarité.

S'il n'y a pas eu de séparation retentissante du groupe, il n'a cependant jamais été possible de réunir à nouveau les Huit. Malgré quelques tentatives, aux alentours de 1918-1919, aucun projet d'exposition collective ne s'est plus concrétisé.

Certains organisateurs de Salons étrangers ont néanmoins continué d'exposer leurs œuvres ensemble. Tel fut le cas par exemple de l'exposition internationale de San Francisco en 1915, la Panama-Pacific International Exposition, où la Hongrie était représentée par près de cinq cents œuvres[18]. Le conservateur chargé de réunir les œuvres hongroises, John Nilsen Laurvik, critique d'art américain d'origine norvégienne, était un amateur de la musique de Bartók et d'autres créations musicales nées dans le cercle des Huit, dans la villa de Róbert Berény de la rue Városmajor[19]. Il n'est donc pas surprenant qu'il ait emporté avec lui le portrait de Bartók[20] peint par Berény (ill. 12, p. 46), qui fut par la suite reproduit dans le catalogue de l'exposition en deux volumes dans lequel il évoque l'importance de la musique de Bartók[21]. Ce tableau que l'on peut considérer comme le portrait le plus fidèle de Bartók, a été exposé à deux reprises en Hongrie, puis à Vienne en 1914, avant son transfert aux États-Unis. Depuis cette date, le public européen n'a pas eu l'occasion de le voir.

NAISSANCE DU CUBISME HONGROIS

Parallèlement à l'essor des Huit en Hongrie, Paris a vu surgir une nouvelle génération de peintres hongrois. Si eux aussi ont fréquenté les Stein, suivi des cours de peinture et exposé aux différents Salons, leur idéal esthétique n'était plus désormais incarné par Cézanne et Matisse, mais par Braque et Picasso. Ces cubistes hongrois n'ont jamais fondé de groupe. Qui plus est, ils sont demeurés méconnus en Hongrie : alors qu'Apollinaire mentionna leurs noms dans ses critiques, des artistes comme Alfréd Réth, Imre Szobotka, Sándor Galimberti, Valéria Dénes ou Elemér Kóródy et Árpád Késmárky – ce dernier est aujourd'hui complètement tombé dans l'oubli –, n'ont que très peu exposé dans leur pays natal. Une partie importante de l'œuvre cubiste de ces peintres est perdue ou non localisée – comme le *Musicien*[22] (ill. 20) d'Imre Szobotka, dont l'absence, compte tenu de la thématique de notre exposition, est d'autant plus regrettable. Espérons que, comme ce fut le cas pour les Fauves hongrois, puis pour les Huit dont nombre d'œuvres que l'on croyait perdues refirent surface grâce à la recherche, l'on retrouvera aussi ces trésors cachés du cubisme hongrois.

1 — « Magyar vadak Párizstól Nagybányáig. 1904-1914 » [« Les Fauves hongrois de Paris à Nagybánya, 1904-1914 »], 21 mars - 20 août 2006, cat. exp. en anglais : *Hungarian Fauves From Paris To Nagybánya. 1904-1914*, sous la direction de Krisztina Passuth et György Szücs, Budapest, Magyar Nemzeti Galéria [Galerie nationale hongroise], 2006.

2 — Artúr Bárdos, « Kernstok », *Nyugat*, 16 janvier 1910, 3e année, 2e édition, p. 142-144.

3 — « Fauves hongrois, 1904-1914 », Le Céret, musée d'Art moderne, 20 juin - 12 octobre 2008 ; Le Cateau-Cambrésis, musée départemental Matisse, 25 octobre 2008 - 22 février 2009 ; Dijon, musée des Beaux-Arts, 13 mars - 15 juin 2009, cat. exp., *Fauves hongrois. 1904-1914*, Paris, Adam Biro, 2008. « Dialogue de fauves », Bruxelles, Hôtel de Ville de Bruxelles, 2 décembre 2010 - 20 mars 2011, cat. exp., *Dialogue de fauves*, sous la direction de Gergely Barki et Zoltán Rockenbauer, Bruxelles, Silvana Editoriale, 2010.

4 — Róbert Berény, *A kezdeményezés szerepéről a művészetben* [*Du rôle de l'initiative dans l'art*], document manuscrit, Gnh Archives, réf. 23306/1992/IX/29.

5 — Louis Vauxcelles, « Le Salon d'Automne », *Gil Blas*, 30 septembre 1907, p. 2.

6 — *Ibid.*, p. 1. Vauxcelles consacre plusieurs articles à Czóbel. Pour plus de détails, voir Gergely Barki, « Béla Czóbel », in *Fauves hongrois, 1904-1914*, *op. cit.*, p. 184-199.

7 — Gergely Barki, « De l'académie Julian à l'académie Matisse », in *Fauves hongrois, 1904-1914*, *op. cit.*, p. 50.

8 — Gertrude Stein, *Autobiographie d'Alice Toklas*, traduit de l'américain par Bernard Faÿ, Paris, Gallimard, 1934, p. 24.

9 — En français dans le texte (NdT).

10 — Sur le même sujet voir Gary Tinterow et Marci Kwon, « Leo Stein before 1914 », in *The Steins Collect. Matissent, Picasso and the Parisian Avant-Garde*, cat. exp., sous la direction de Janet Bishop, Cécile Debray, Rebecca Rabinow, New Haven / Londres, San Francisco Museum of Modern Art / Yale University Press, 2011, p. 71-85. Voir aussi Gergely Barki, « A Steinék és a magyarok » [« Les Stein et les Hongrois »], *Ars Hungarica*, 2, 2012, p. 131-158.

11 — Au sujet de Berthe Weill, un livre récent : Marianne Le Morvan, *Berthe Weill, 1865-1951 : la petite galeriste des grands artistes*, Paris, L'Harmattan, 2011.

12 — Gelett Burgess, « The Wild Men of Paris », *The Architectural Record*, mai 1910, p. 400-414. Voir aussi : Gelett Burgess, *Lady Méchante: Or Life as it Should Be: Being Divers Precious Episodes in the Life of a Naughty Nonpareille; A Farce in Filigree*, New York, Frederick A. Stokes Co., 1909.

13 — Zoltán Rockenbauer, « Des fauves au bord du Danube. Nyergesújfalu peut-il être considéré comme un Collioure hongrois ? », in *Fauves hongrois, 1904-1914*, *op. cit.*, p. 113-117.

14 — Lettre de Károly Ferenczy à István Réti du 29 avril 1907, Gnh Archives, réf. 8 270/1955, publiée dans *Dokumentumok a nagybányai művésztelep történetéből II. Válogatás a nagybányai művészek leveleiből. 1893–1944* [*Documents tirés de l'histoire de la colonie d'artistes de Nagybánya II. Choix de lettres des artistes de Nagybánya*], sous la direction de Edit András et Mária Bernáth, Miskolc, MTA MKI [Académie des Sciences de Hongrie, Institut de recherche en histoire de l'art] & MissionArt Galéria, 1977, p. 144-145. Une réflexion similaire a été exprimée dans une autre de ses lettres écrite deux semaines plus tôt : Lettre de Károly Ferenczy à István Réti du 18 avril 1907, Gnh Archives, réf. 8 271/1955, publiée dans *ibid.*, p. 144.

15 — La série d'expositions la plus complète sur les activités du groupe des Huit a eu lieu entre 2010 et 2012 dans trois lieux successivement : au musée Janus Pannonius, à Pécs, au musée des Beaux-Arts de Budapest, et au Bank Austria Kunstforum, à Vienne, où une exposition parallèle au Collegium Hungaricum Wien présentait la partie consacrée aux dessins. Pour les catalogues des expositions voir p. 267, bibliographie.

16 — Nous savions déjà que Márffy avait été informé par télégramme, mais nous n'avons pris connaissance de la lettre transmise par Bertalan Pór à Berény et de celle de Dezső Czigány à Czóbel que récemment, grâce à une collection familiale jusque-là inexploitée. Nous adressons nos remerciements à M. et Mme Bernát-Farkas.

17 — Pour plus de détails, voir *1912 – Mission moderne. Die Jahrhundertschau des Sonderbundes*, cat. exp., sous la direction de Barbara Schaefer, Cologne, Wallraf-Richartz-Museum / Fondation Corboud, 2012.

18 — Gergely Barki, « The Panama-Pacific International Exposition: Hungarian Art's American Debut or its Bermuda Triangle? », *Centropa*, 10, 2010, 3, p. 259-271.

19 — Un message daté de 1914 écrit par Róbert Berény sur le dos de sa carte de visite (PIM : Petőfi Irodalmi Múzeum, dép. des manuscrits, réf. : V. 4 132/28 janvier) et adressé à György Bölöni, fait probablement allusion à cela : « ChGyurka [Cher Gyurka], demain, dimanche après-midi, vers 4 heures, les Laurvik seront chez moi pour écouter de la musique hongroise. Ils seraient heureux, moi aussi, si vous passiez à la maison. Je crois savoir qu'il a quelque chose à voir avec toi. Je prends pour sûre votre venue. Hommages, salut, Rob. »

20 — Róbert Berény, *Portrait de Béla Bártok*, 1913, collection particulière, en dépôt à la Sacher Stiftung, Bâle.

21 — *Catalogue de luxe du Department of Fine Arts de la Panama-Pacific International Exposition*, sous la direction de John E. D. Trask et J. Nilsen Laurvik, San Francisco, 1915.

22 — Le tableau a été montré pour la dernière fois à l'exposition « Ungarische Avantgarde 1909-1930 », Galleria del Levante, Munich, novembre 1971 - janvier 1972. Il est depuis non localisé.

KRISZTINA PASSUTH

L'ACTIVISME HONGROIS

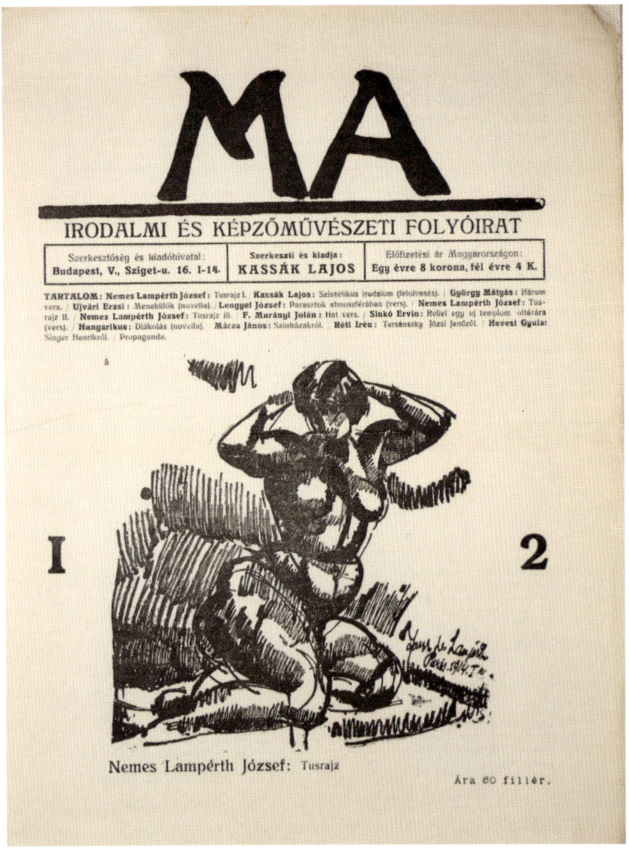

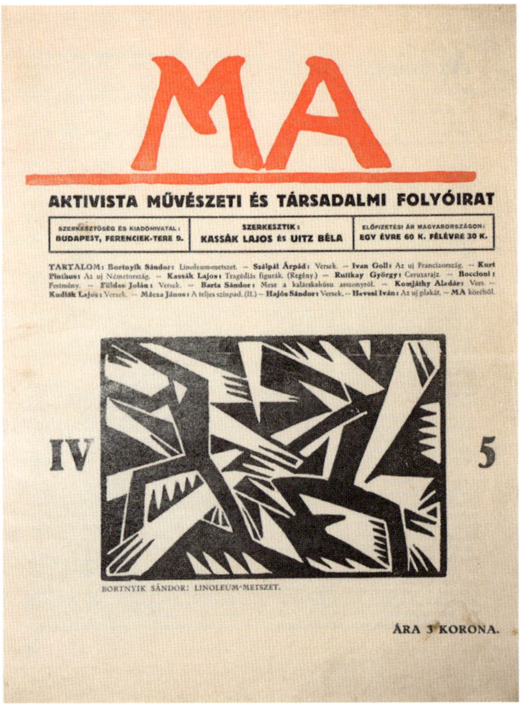

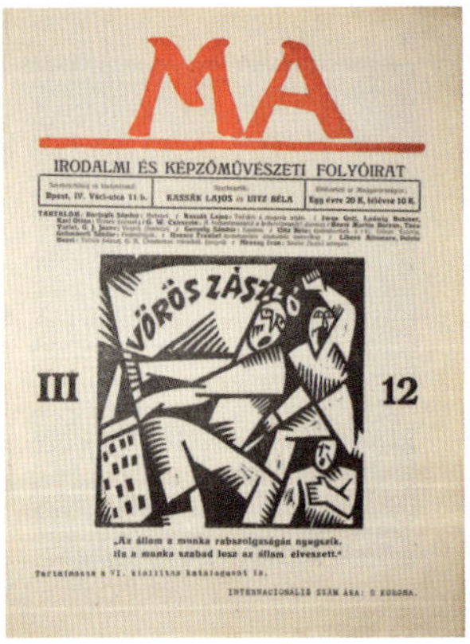

— Ill. 23
Revue MA, *n° I, 2, reproduction en couverture du* Tusrajz I. Paris 1914 I. 14 *par József Nemes Lampérth*, décembre 1916
Ouvrage imprimé, 30 × 23,4 cm
Allemagne, collection L. Czell

— Cat. 22
Revue MA, *n° III, 12, couverture illustrée par Sándor Bortnyik*, 20 décembre 1918
Ouvrage imprimé, 30 × 23,4 cm
Allemagne, collection L. Czell

— Cat. 23
Revue MA, *n° IV, 5, couverture illustrée par Sándor Bortnyik*, 15 mai 1919
Ouvrage imprimé, 30 × 23,4 cm
Allemagne, collection L. Czell

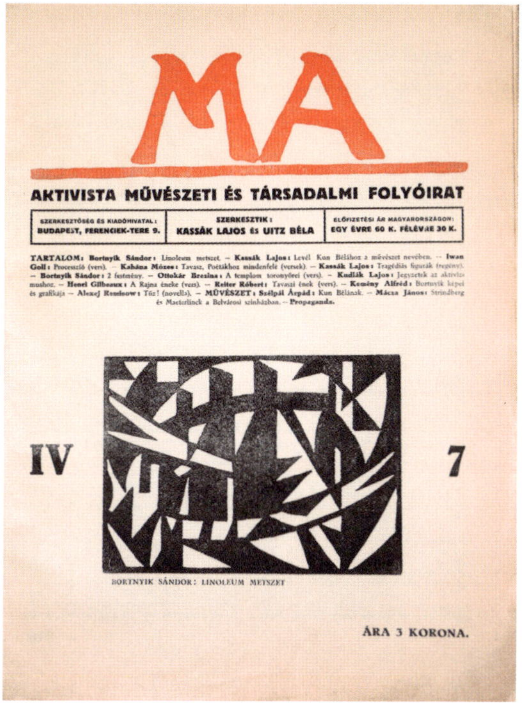

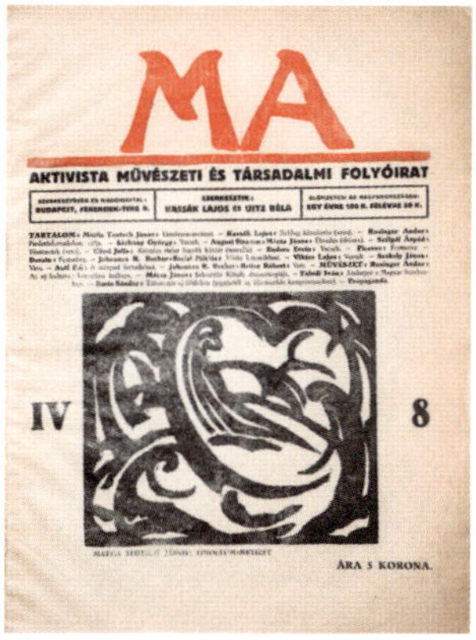

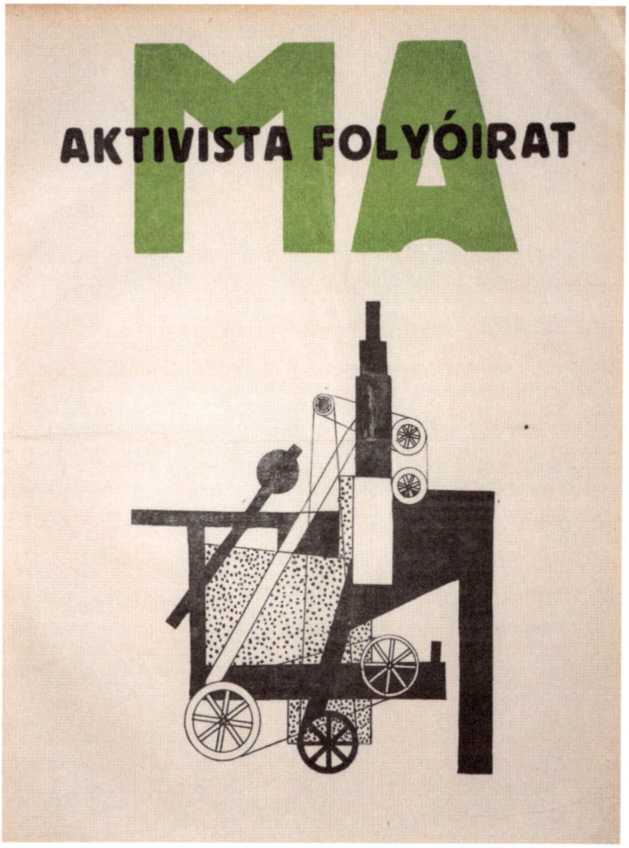

— Cat. 24
Revue MA, *n° IV, 7, couverture illustrée par Sándor Bortnyik,*
15 juin 1919
Ouvrage imprimé, 30 × 23,4 cm
Allemagne, collection L. Czell

— Cat. 25
Revue MA, *n° IV, 8, couverture illustrée par János Mattis Teutsch,*
1er juillet 1919
Ouvrage imprimé, 30 × 23,4 cm
Allemagne, collection L. Czell

— Ill. 24
Revue MA, *n° VI, 9, couverture illustrée par László Moholy-Nagy,*
15 septembre 1921
Ouvrage imprimé, 30 × 23,4 cm
Allemagne, collection L. Czell

Le mouvement activiste, même s'il ne portait pas encore de nom bien défini, a pris forme en 1915, dans la revue *A Tett* [*L'Action*] [1]. Apollinaire fut le premier auteur à y être traduit, avec le poème « Le musicien de Saint-Merry », suivi de Jules Romains et de Georges Duhamel. Dans les numéros suivants, la jeune revue publie Walt Whitman, Marinetti, puis un « numéro international », qui vaudra au périodique son interdiction définitive [2]. Le poète et écrivain Lajos Kassák, sans se préoccuper de la censure, lance alors une nouvelle revue : *MA* [*Aujourd'hui*]. Le premier manifeste du mouvement activiste hongrois est paru dans le quatrième numéro de la quatrième année de la revue, publié le 10 avril 1919 [3], soit à peu près dix ans après celui du futurisme [4].

Après une interruption de dix mois, la revue *MA*, qui jusqu'au 1er juillet 1919 était éditée à Budapest, reparaît à Vienne le 1er mai 1920, et ce jusqu'en 1925, toujours sous la direction de Kassák. Elle résistera ainsi dix ans aux demandes d'interdiction, aux condamnations, à l'exil. La poésie d'Apollinaire, comme le souvenir de son séjour à Paris, n'ont cessé d'exercer leur attraction sur Kassák, qui continuera avec *MA* d'accorder une place importante aux textes et œuvres picturales français. Kassák publiera ainsi poètes, peintres et écrivains français contemporains en les associant à ses opinions antimilitaristes, confortant ainsi l'ambition internationaliste (et antinationaliste) de ses revues.

A TETT ET *MA* DANS LE TOURBILLON DE LA GUERRE MONDIALE ET DE LA POLITIQUE

À la différence des autres publications européennes, voire américaines, de l'époque, la revue hongroise *A Tett*, à l'instar de la revue *MA* qui lui succédera, ne se contente pas de prendre fait et cause pour de quelconques principes artistiques, une peinture récente, ni de défendre ou d'illustrer les dernières tendances. Kassák se souvient des débuts du mouvement : « C'est le 1er novembre 1915 qu'est apparu *A Tett* : c'est ce jour-là que commence l'histoire si polémique du mouvement activiste hongrois [...]. La revue n'a pas communiqué de programme. J'ai fait la même profession de foi que le mathématicien Poincaré : définir un programme à l'avance, c'est préparer la faillite [5]. » Dans les premiers temps de *A Tett*, la question artistique apparaît subordonnée à la problématique sociopolitique ; en réalité les deux étaient intrinsèquement liées. Dans le tourbillon de la Première Guerre mondiale, la politique fait partie du quotidien de chacun, désormais associée à une question de survie. La ferveur nationaliste des débuts s'est éteinte. Le retour au pays des premiers blessés efface l'illusion que la guerre pouvait se résumer à un défilé triomphal de quelques semaines, et annonce ce qu'elle signifie vraiment : souffrance durable, incertitude du lendemain, récession économique. Ainsi, en pleine guerre, la revue *A Tett* est interdite suite à la parution du numéro 16 (qui sera en fait son avant-dernier numéro) composé uniquement de textes d'auteurs étrangers, accusée dès lors, par son internationalisme, d'antimilitarisme – une accusation qui n'était finalement pas sans fondement.

On voit en effet poindre, dès janvier 1919, l'irréductible contradiction théorique et pratique opposant « l'art révolutionnaire » à « l'art de parti ». Árpád Szélpál, l'un des rédacteurs les plus exceptionnels de *MA*, écrit à ce propos : « L'art véritable n'a jamais accepté qu'aucun parti ne lui assigne un programme, ni même une vision du monde. C'est lui qui s'est assigné, à lui-même et à l'univers, un programme, une vision du monde, mais à peine avait-il accouché de ce programme, que déjà il le reniait, le dépassant au nom d'un autre, encore plus développé, et qui serait à son tour dépassé lors du mouvement suivant [6]. » Ainsi, du point de vue des sympathisants de la revue *MA*, pourtant hommes de gauche, la politique

— Ill. 25
Revue MA, *n° VIII, 1,*
Lajos Kassák,
« Bildarchitektur », VIII/1,
15 octobre 1922
Ouvrage imprimé, 31 × 62 cm
Paris, Centre Pompidou – Mnam – Bibliothèque Kandinsky – fonds Destribats, trésor national acquis grâce au mécénat Lagardère, 2005

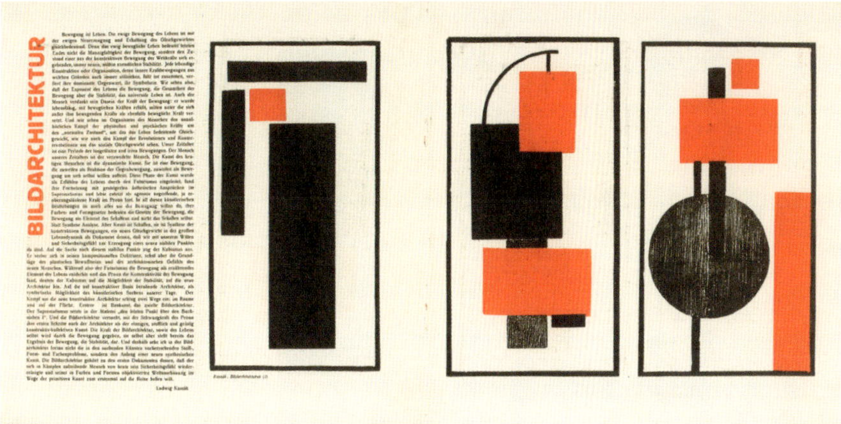

menée au nom du parti communiste ou sous son égide est tout aussi inacceptable qu'une situation de compromis avec le pouvoir en place. C'est aussi la preuve que, pour les « activistes », il n'y a pas d'arrêt, pas de repos : il ne faut jamais cesser d'avancer, ni de créer de nouvelles visions du monde. C'est pourquoi ils estiment insuffisantes les évolutions récentes de la littérature : non seulement le modernisme mesuré de la revue *Nyugat*, mais même la poésie d'Endre Ady, car pour eux Ady « a fait entendre une nouvelle voix, proposé une nouvelle forme, mais non une nouvelle vision du monde[7] ». Il est étonnant de constater que Kassák n'exprimait pas d'exigences de ce genre envers la poésie d'Apollinaire.

ANCIENS ET NOUVEAUX GENRES

Avant 1919, les auteurs de la revue *MA* se préoccupent majoritairement de littérature – et plus particulièrement de poésie. Ce n'est qu'après 1920 que les arts plastiques – peinture, dessin – commencent à occuper le devant de la scène, faisant l'objet du même degré d'exigence : l'impératif d'un progrès continuel, c'est-à-dire d'un renouvellement par rapport aux stades antérieurs. Une chose est sûre, les revues européennes contemporaines, en dépit de leur grande qualité esthétique, semblent parfois immobiles, monotones en regard du rythme, de l'énergie, de l'exubérance de *MA*. Or ce dynamisme ne vient pas de l'extérieur, il habite les auteurs eux-mêmes, et anime grâce à eux la revue tout entière.

Le projet ne présente donc pas les traits d'une publication bien rodée, bâtie numéro après numéro, selon des normes internationalement admises, où s'insèrent dans une structure préexistante éditoriaux, chroniques, critiques, études, illustrations, parfois des annonces, etc. La revue poursuit en effet d'autres objectifs.

Il est important de distinguer ici deux périodes de l'histoire de *MA* : la première, en Hongrie, et la seconde, à Vienne – deux périodes au cours desquelles la revue adopte des stratégies distinctes pour des publics distincts, dans des situations politiques complètement différentes.

UN MOUVEMENT DERRIÈRE UNE REVUE

On peut se demander en quoi la « forme-revue » a bien pu convenir à un mouvement dont le message, aussi bien social qu'artistique, était des plus véhéments – pour ne pas dire virulents, à l'occasion – et qui, d'entrée de jeu, déborde le cadre habituel des articles de presse. C'est en 1919 que Lajos Kassák formule ses objectifs avec le plus de clarté. Jusque-là, en effet – à la différence de la plupart de ses confrères –, il n'a pas encore annoncé de programme novateur. En revanche, il peut s'appuyer sur des idées déjà assez mûres et sur plusieurs années de pratique rédactionnelle. De plus, entre 1916 et 1919, ont été tracés, pour l'essentiel, les contours de ce mouvement qui ne portait alors pas encore de nom et ne s'octroierait qu'en 1919 celui d'« activisme ». En raison de l'exil du mouvement quelques mois plus tard, ce terme prend vite une connotation internationale. Pour reprendre les mots de Kassák : « Activisme : terminologie neuve dans notre mouvement social. Pour magyariser cette notion, on devrait dire : *közvetlen cselekvés* [action directe]. Pour ma part, j'aimerais donner au terme une signification plus large et plus englobante, en le définissant comme le mode de vie spontané et infiniment révolutionnaire de l'humanité opprimée, du peuple que seule sa propre force peut sauver. C'est sur la base de cette conception élargie que s'est construit le groupe des activistes de Budapest, et c'est avec cette finalité qu'il souhaite prolonger son mouvement au service de la révolution individuelle, destinée à dissoudre toutes les formes de gouvernement de dictature de parti[8]. »

L'origine de cette terminologie est allemande : *Die Aktion*[9] est le titre d'une revue de gauche – même si l'activisme, comme mouvement, est une création hongroise. La revue berlinoise a surtout fourni à Kassák un point de départ lui permettant de se situer politiquement, mais elle n'a pas influencé le développement ultérieur de sa revue, que ce soit sur les plans littéraire ou artistique, qui n'est dû qu'à sa personnalité, à son goût et aux opportunités qui se sont offertes à lui.

L'ACTIVISME EN TANT QU'ART PLASTIQUE

Que nous nous proposions, ci-dessous, d'analyser l'action de *MA* avant tout sous l'angle de son orientation artistique ne change rien au fait que l'art – plus exactement ici : les arts plastiques – n'ait été que l'un des modes d'expression de la revue, qui n'a d'ailleurs pas toujours prédominé. Son programme exclut aussi bien les considérations économiques que – dans la mesure du possible – les combats de la politique politicienne. Lajos Kassák, en mars 1919, déclare ainsi qu'il voit dans « l'infinité de la révolution de l'existence » et dans « la rencontre de l'homme avec lui-même[10] » le but de son activité immédiate, alors même que vient d'être proclamée en Hongrie la République des Conseils, qui favorisera plutôt « l'art de parti » que les tendances individuelles.

Sur ce jeune mouvement, la République des Conseils devait avoir une incidence à la fois positive et négative. Devant cette situation ambivalente, Lajos Kassák a soigneusement veillé à conserver son indépendance intellectuelle. Les fonctions de la revue sont donc bien plus complexes que la simple défense d'une nouvelle tendance artistique – comme, par exemple, le cubisme. Son baptême a lieu au moment précis où toute la structure sociale et culturelle de l'empire austro-hongrois est en train de s'effondrer, alors qu'aucune nouvelle structure n'est encore née pour la remplacer. Or c'est justement au milieu de ce bras de fer entre visions du monde, sous ce feu croisé des luttes partisanes et des passions politiques, que va se forger la solidarité du petit groupe, privé d'appuis, en proie à une impécuniosité chronique, et manquant de tout soutien social, qui, faute de mieux, va se désigner par le terme « activiste ».

Composé à ses débuts d'écrivains, le groupe se forme dès 1915-1916. S'affirmant rapidement, il finit par acquérir une réputation – voire une influence – internationale. Cependant, il ne dispose alors d'aucune structure, ni d'espace dédié : ni siège (sauf le lieu de la rédaction), ni statuts déposés, ni théâtre, pas même une table attitrée dans un café ! C'est ce manque que la revue, lancée, financée et diffusée par leurs soins,

— Cat. 26
Carte postale éditée par la revue MA, *reproduction d'une œuvre de Sándor Galimberti (attribué par erreur au revers de la carte à Sándor Bortnyik)*, entre 1919 et 1921
Impression, encre sur carton, 15 × 10 cm
Budapest, collection Ferenc Kiss

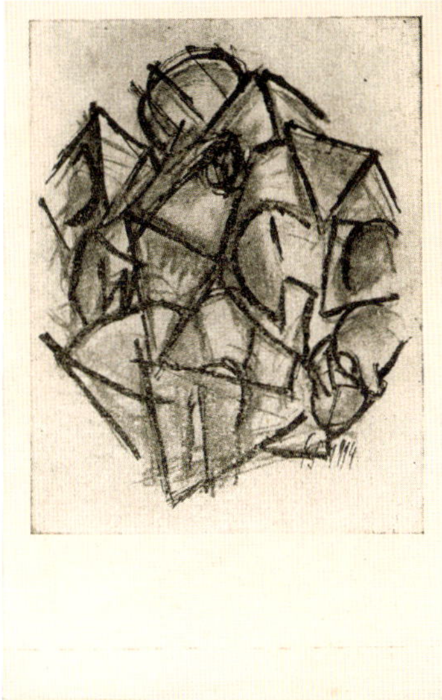

devait en quelque sorte compenser, en dépit des maigres ressources et des recettes pour le moins aléatoires. Voilà comment les pages de *MA* sont devenues l'arène des débats, le lieu par où circulaient les revues étrangères, dont les auteurs rendaient compte (sans toucher d'honoraires pour autant) sous forme de recensions et d'extraits traduits. Ces mêmes pages de la revue *MA* ont aussi, jusqu'en octobre 1917, servi d'espace – virtuel – d'exposition. À partir de cette date, la rédaction est, de temps à autre, transformée en salle d'exposition, comme le pratiquent d'ailleurs d'autres revues sans ressources, telle *Zenit* à Belgrade, ou certaines publications internationales plus fortunées, comme *Der Sturm*. Indépendamment de leur orientation sociopolitique et même de leurs préférences artistiques, ces revues fonctionnaient pour la plupart comme des entreprises individuelles. Ce fut par exemple le cas de la revue berlinoise *Der Sturm*, dont Herwarth Walden fut dès ses débuts, c'est-à-dire dès 1910, l'animateur exclusif, le rédacteur en chef et pour ainsi dire l'âme. On peut citer aussi la revue *Zenit*, publiée à Zagreb et Belgrade (à partir de 1921) par Ljubomir Micić, la revue *De Stijl* de Theo van Doesburg, la revue *RED* de Karel Teige à Prague, des revues dadaïstes publiées à Zurich par Tristan Tzara, et la liste est encore longue. Avec quelques années d'avance sur certains de ces mouvements, ou en même temps que d'autres, l'activisme est né dans les pages de *MA*, et doit clairement son existence à cette revue, sans laquelle il n'aurait jamais vu le jour. En d'autres termes l'activisme, en pratique, équivaut à l'activité de la revue *MA*. Nous nous proposons donc ici d'examiner l'histoire de la revue, ses évolutions, sa conception, son iconographie et sa typographie, même si nous n'aborderons pas les textes littéraires et partitions qu'elle a pu publier, ni son rôle d'atelier théâtral.

LE PROLÉTAIRE DEVENU RÉDACTEUR EN CHEF

La revue *MA* est le premier périodique d'une certaine longévité (1916-1925) créé sous le signe du renouveau social et artistique. Mais rien n'aurait pu être possible sans son fondateur Lajos Kassák qui devint une personnalité emblématique dans le courant des années 1910, un peu comme s'il avait porté en lui les caractéristiques les plus

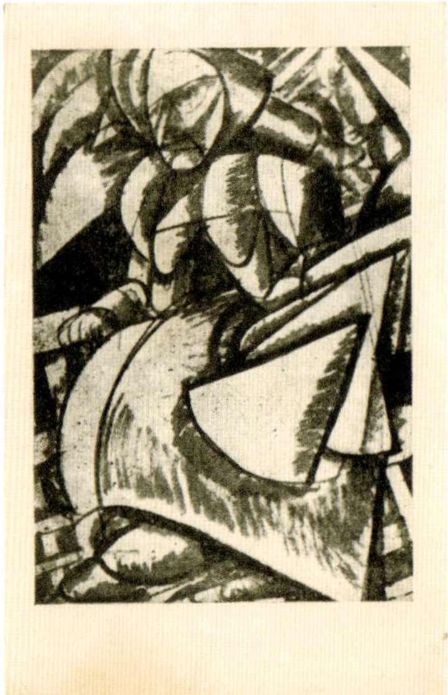

— Cat. 27
Carte postale éditée par la revue MA, *reproduction d'un dessin de Béla Uitz,* entre 1919 et 1921
Impression, encre sur carton, 15 × 10 cm
Budapest, collection Ferenc Kiss

importantes que le mouvement, à mesure qu'il se précisait, allait par la suite revêtir. Le dynamisme de *MA* est en effet intrinsèquement lié au rayonnement de la personnalité de Kassák. Tout comme il a, à ses débuts, dirigé sa propre destinée, il conduira plus tard celles de l'avant-garde hongroise tout entière : avec une inflexible détermination, faisant au besoin table rase des règles et des amitiés personnelles. Issu d'une famille de prolétaires pauvres et complètement dénués d'instruction, il n'a fréquenté l'école primaire qu'un an ou deux, ne gardant d'ailleurs de cette expérience qu'un souvenir amer et un sentiment de révolte. Autodidacte, il restera brouillé pendant plusieurs décennies avec l'orthographe hongroise, pourtant simple, mais deviendra néanmoins l'un des écrivains les plus importants de sa génération. Ouvrier métallurgiste dans sa jeunesse, il montre un engouement pour l'univers des usines. Son caractère passionné s'exprime alors à travers les grèves qu'il organise avec ardeur. Par son origine, sa personnalité diffère nettement de celle d'autres instigateurs de mouvements, même s'ils furent tout aussi charismatiques, tels l'Allemand Herwarth Walden, créateur de la revue *Der Sturm*, l'Italien Filippo Tommaso Marinetti, chef de file du futurisme, le peintre-écrivain Karel Teige, âme du poétisme tchèque, le Russe Maïakovski ou les Français Amédée Ozenfant et Le Corbusier, « animateurs » de la revue *L'Esprit nouveau*. En France, c'est probablement de Guillaume Apollinaire et de Blaise Cendrars que l'on pourrait le plus rapprocher la personnalité de Kassák.

Mais s'il se distingue de ses confrères rédacteurs et écrivains étrangers, Kassák diffère aussi des écrivains hongrois, et détonne dans le milieu artistique local. De même que, en sa qualité de poète débutant, il conteste la suprématie inconditionnelle de la revue *Nyugat*, qui faisait alors autorité, il récuse, dans le domaine des arts plastiques, la supériorité du groupe des Huit, alors en plein épanouissement, sur les autres tendances de l'époque. Il voit et il désire plus loin. En 1909, l'autodidacte opiniâtre se fixe Paris comme destination. Tandis que les Huit exposent pour la première fois à Budapest, Kassák, en compagnie d'un écrivain anarchiste, Emil Szittya, futur éditeur de la revue *Mistral*, se rend à Paris à pied (en traversant l'Autriche, l'Allemagne et la Belgique) au gré d'aventures incroyables, se retrouvant bien souvent le ventre vide. Et Paris, alors même qu'il est à ses portes, lui semble encore une utopie, qu'il ne croit pas vraiment pouvoir atteindre : « On voyait déjà Paris, on voyait les portes du salut, on devinait, derrière ces tours parties à l'assaut du ciel, la terre promise, je me souvenais des romans si charnels de Zola, et sous peu nous y serions, marchant dans les pas d'Ady, sur ces bords de Seine où Guillaume Apollinaire, le poète cubiste, achetait des fleurs[11]. » Quelques décennies plus tard, il se rappelle encore le choc de sa rencontre avec la poésie d'Apollinaire : « Arrivant [à Paris] comme un bloc de bois brut, en l'espace de quelques mois, je me suis dégrossi, je suis devenu curieux des choses du monde, des créations de l'humanité. C'est alors que j'entends pour la première fois parler de Guillaume Apollinaire, de Pablo Picasso, d'Henry [*sic*] Rousseau. [...] J'ai tourné le dos à mon moi d'hier pour l'amour d'une chose inconnue en laquelle je croyais sans même l'avoir vue. J'ai vu les toiles de Picasso dans une pièce séparée (pas une salle d'exposition) d'un commerce d'objets d'art ; quant à Rousseau, je suis tombé sur deux de ses toiles dans la vitrine de je ne sais quel local commercial. [...] me sentant, de minute en minute, devenir un autre homme, j'ai par conséquent aussi commencé à croire à mon propre petit talent en germe. C'est de ces jours-là que date mon premier "poème en vers libres", qui allait plus tard paraître dans la revue *Renaissance*. Je suis arrivé au bout du chemin, et une porte s'est ouverte devant moi[12]. »

Quand le ministère de l'Intérieur du royaume de Hongrie interdit définitivement la « revue littéraire » *A Tett* pour « son contenu mettant en péril les intérêts de la défense nationale[13] », il offre en réalité, bien involontairement, une nouvelle chance à Kassák. Comme le numéro de *A Tett* consacré à un tour d'horizon de la littérature étrangère regroupait un certain nombre d'écrits d'auteurs ressortissant de pays alors en guerre contre l'empire austro-hongrois (la Serbie, la Russie, la France, l'Italie, etc.), il a provoqué à l'égard du fondateur de la revue une vague de curiosité et de sympathie de la part des élites intellectuelles du camp international adverse. C'est ce qui a encouragé Kassák à mettre sur pied son nouveau projet de revue, *MA* : « Je ne veux en rien changer les principes fondamentaux de la revue, mais souhaite que la ligne éditoriale devienne plus consciente, se donne plus de perspective. » La remarque qui suit nous intéresse ici tout particulièrement : « D'un point de vue tactique, pour l'instant, il vaut mieux déplacer l'accent vers les arts plastiques, dont le contenu est plus difficile à contrôler que celui de la littérature, tandis que son univers formel offre une plus grande richesse de possibilités[14]. » Les premières publications de la revue semblent confirmer l'orientation donnée par Kassák au départ : en couverture du premier numéro, la puissante nature morte cubiste du peintre tchèque Vincenc Beneš[15] attire l'attention. Son style puissant et totalisant tranche radicalement avec la conception de la nature morte des peintres hongrois de l'époque, bien plutôt au diapason du cubisme français. Quant au mode d'expression de Kassák – du moins dans ses écrits si ce n'est dans sa peinture –, il tient autant de l'analyse esthétique que du programme révolutionnaire.

L'AFFICHE ET LA NOUVELLE PEINTURE

Le premier article de la revue en donne le ton : il s'intitule « L'affiche et la nouvelle peinture[16] ». « Les Chercheurs[17] [...] comme les dessinateurs d'affiches, sont eux aussi, dans leur propre univers artistique, des combattants, des prophètes et des hommes [...]. Ils cherchent par leurs images à insuffler dans le monde une puissance purifiante, leur art constitue les panneaux indicateurs du siècle en gestation. Leurs images ne sont plus destinées à orner des salons, mais cherchent à être, œuvre après œuvre, les points d'interrogation et d'exclamation vivants adressés à l'intelligence des masses. [...] Le nouveau peintre est un individu moral, plein de foi et non moins plein de désir ! Quant à leurs tableaux, ce sont des appareils de guerre ! [...] La nouvelle peinture œuvre sous le signe de la monumentalité, en période de révision de l'intelligence, et sert dans l'ensemble toujours un but dont le bonheur dépasse celui du présent ! Son caractère est comme celui de l'affiche : manifestation individuelle et force en liberté [18] ! »

L'affiche sera pour Kassák synonyme à la fois de la nouvelle peinture et du combat social. Et même si lui-même, à l'époque, ne sait pas encore vraiment peindre, il expérimente déjà diverses techniques. Les arts plastiques, dépassant le statut de prétexte purement tactique, deviennent progressivement une finalité, et Kassák va accorder une place de plus en plus importante aux peintres et dessinateurs qu'il juge talentueux. Son intérêt se porte essentiellement sur les artistes aux conceptions les plus radicales, alors même que les jeunes sont pour la plupart au front – et c'est alors bien le moindre de leurs soucis que de s'occuper d'œuvres pour la revue *MA* ! Aussi Kassák doit-il faire son marché dans un éventail réduit d'œuvres d'art hongroises. Quant aux œuvres étrangères, il a encore plus de mal à y avoir accès : c'est surtout grâce à *Der Sturm* qu'il peut se procurer encore quelques reproductions. En définitive, Kassák a eu la chance de découvrir plusieurs talents exceptionnels dont il a pu rendre compte dans sa revue. Aussitôt après 1912, le groupe des Huit, qui occupait auparavant le devant de la scène moderniste, se dissout : la revue n'a pu se faire le porte-parole de leur mouvement, mais elle a soutenu certains de ses membres, comme Károly Kernstok, Róbert Berény, Dezső Orbán, et surtout Lajos Tihanyi. Ils symbolisent le lien direct de la revue avec l'héritage des Huit, dont les styles ne sont pourtant pas tous en accord avec les conceptions esthétiques de Kassák. Tandis que celui de Kernstok s'affadit un peu, Lajos Tihanyi, en revanche, devient, surtout grâce à ses portraits, une des personnalités artistiques hongroises les plus marquantes de son temps. Mais le lien entre la revue et les Huit ne va pas plus loin.

Progressivement, Kassák trouve de nouvelles recrues qui, entre 1916 et 1919, seront connues sous le nom de « maisták » (les « MAistes »). Ces derniers diffèrent des Huit non seulement par leur style, mais aussi par leur situation sociale et leur comportement. Tandis que les premiers étaient, pour la plupart, d'origine bourgeoise, imprégnés par l'habitus des grandes villes, à l'aise dans le monde des cafés austro-hongrois, les « MAistes » sont majoritairement d'origine prolétaire, et leur cadre de vie essentiellement celui des chambres de bonne. C'est ce mode de vie que Kassák a lui-même connu, élevé par une mère analphabète. Une partie des artistes de *MA* n'avaient pas grandi dans la capitale, mais en Transylvanie. Quant à Kassák, il était né à Érsekújvár (actuellement Nové Zámky, en Slovaquie).

PARIS ET LE CUBISME

Les activistes vont se défaire des conventions plus rapidement que les Huit à leur époque. Pour eux, Paris reste encore la référence artistique mais ce n'est plus tant le Paris des Fauves que la ville du cubisme, qu'ils découvrent soit sur place, soit de façon médiate. Le cubisme agit aussi sur leur théorie esthétique : dans les numéros six et sept de sa deuxième année (15 avril et 15 mai 1917), *MA* publie, sous le titre « Les nécessités actuelles de la peinture », des extraits traduits d'une étude de Jacques Rivière, qui propose une analyse du cubisme. L'auteur y fait notamment remarquer que la hiérarchie requise dans la perspective traditionnelle disparaît au profit d'une égalisation de la valeur de tous les objets, et que chaque objet peut être représenté simultanément de plusieurs points de vue : « [...] le peintre cubiste exige ces sacrifices de façon impartiale, car il place tous les objets sur le même plan [19]. » Dans une deuxième

— Cat. 28
Lajos Kassák
Figures de tragédie, reproduction du portrait de Lajos Kassák par Sándor Bortnyik, 1919
Ouvrage imprimé, gravure sur linoléum, 21,5 × 13,2 cm
Budapest, Petőfi Irodalmi Múzeum

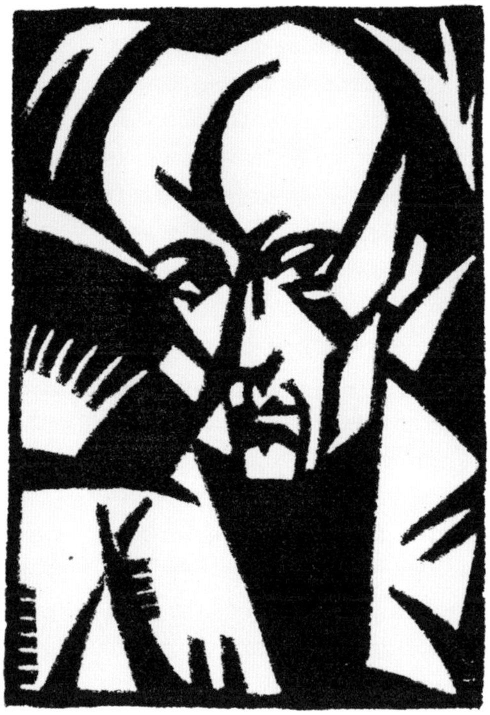

partie de l'étude, on apprend d'une part que « c'est aux cubistes que la peinture devra d'avoir un avenir neuf et sain, et de découvrir sa véritable tâche. Cette tâche étant de représenter véritablement, de l'intérieur, l'essence permanente des choses [20] ». Puis, dans ce même texte, consacrant un passage tout entier aux « erreurs des cubistes », il affirme sans ambages que « les cubistes sont les ouvriers inconscients de l'aube d'un art nouveau – cela doit suffire à leur pardonner leurs faux pas, dont la cause principale est leur attachement obstiné à certains dogmes [21] ». Quand bien même l'étude de Rivière n'approfondit pas l'importance de la découverte du cubisme, « [...] en revanche, il explique en détail le b.a.-ba de la création plastique cubiste », comme l'écrit Júlia Szabó [22]. D'après elle, parmi les lavis et les huiles réalisés par l'équipe de *MA*, ceux qui laissent le plus clairement percevoir cette influence sont les compositions de Sándor Bortnyik, et, à partir de 1917 les lavis de Béla Uitz, voire, dans une certaine mesure, les œuvres de Nemes Lampérth [23]. Kassák, de son côté, s'efforce de trouver des cubistes parmi ses compatriotes. Il désignera par exemple comme cubiste le travail de János Kmetty, tel qu'il apparaît à l'Exposition collective des jeunes, « bien qu'il y déplore l'absence de ces formes cubistes qui surgissent de l'intérieur [24] ». Dans le numéro III. 4, paraît en première page un portrait cubiste de János Kmetty. Kassák, pour des raisons évidentes, ne peut s'occuper des cubistes hongrois qui vivent à Paris, d'autant que plusieurs d'entre eux se trouvent alors dans des camps d'internement, tels Alfréd Réth et Imre Szobotka, ou au front, comme József Csáky. Il propose une analyse des travaux de Valéria Dénes et Sándor Galimberti dans la nécrologie qu'il leur consacre en 1918. Par ailleurs, il publie la reproduction d'une œuvre de Picasso intitulée *L'Amitié* (1907-1908, Saint-Pétersbourg, musée de l'Ermitage) [25], qui appartient à la série des *Demoiselles d'Avignon*.

Les informations dont Kassák dispose ne peuvent naturellement – compte tenu de la guerre – qu'être extrêmement limitées, et il cherche toutes les occasions de se documenter. Il commande ainsi les numéros de *Die Aktion* et de *Der Sturm*, qu'il met ensuite à disposition de chacun dans la rédaction. Sur le plan des arts plastiques, c'est sans doute *Der Sturm* qui lui fournit le plus d'informations visuelles, comme le volume de Herwarth Walden intitulé *Einblick in Kunst* [*Un aperçu de l'art*], avec ses soixante-quatre reproductions, ou encore la série de soixante-quinze cartes postales présentant les résultats des expériences les plus récentes menées en France, en Russie, en Allemagne, etc. On y retrouve notamment des œuvres d'Albert Gleizes, de Fernand Léger et de Robert Delaunay. Sur le même modèle, Kassák publiera un ensemble de cartes postales *MA* (cat. 16 à 18, 26 et 27). S'il est davantage en contact avec l'Allemagne qu'avec la France, Kassák ne renonce pas à sa passion pour Apollinaire, et publie en 1919 son texte « Le cubisme », traduit par Valéria Dénes[26] : par l'élan de sa plume, la richesse des images et ses tournures inattendues, cette dernière, peintre et écrivain, propose une version digne du texte original. L'analyse du cubisme par Apollinaire est une révélation pour les artistes de l'époque, jetant une lumière totalement neuve sur cette nouvelle conception de l'art. Les questionnements qu'il suscite sont repris dans le numéro suivant par le Hongrois Iván Hevesy, dans un essai magistral intitulé « Au-delà de l'impressionnisme[27] ». L'analyse de Hevesy – quoique écrite en connaissance des évolutions récentes de l'art français – est néanmoins l'une des premières à paraître en dehors de France, *a fortiori* dans un pays qui ne s'est pas encore relevé de la Première Guerre mondiale, plongé dans un marasme à la fois politique et économique.

Les publications portant sur le cubisme, ainsi que sur les autres tendances représentées par *Der Sturm* (le futurisme, l'expressionnisme, etc.), tout comme les expositions organisées en Hongrie, ont contribué à façonner le style des artistes ralliés autour de *MA*, un style plus moderne et plus libre que celui des Huit. Outre ce qu'il doit à son intuition, Kassák eut la chance de rencontrer de grands artistes, dont il a publié et, dans la mesure du possible, exposé les œuvres dans ses locaux. Notons que le travail de ces artistes, majoritairement des peintres, n'était pas toujours en adéquation avec le point de vue défendu par Kassák dans ses articles. Si leur inspiration ne prenait pas nécessairement sa source dans l'attitude offensive et révolutionnaire prônée par ce dernier, ils allaient la puiser dans des courants étrangers à leurs contemporains hongrois, qu'ils fussent cubistes ou expressionnistes, marquant ouvertement leur distance avec le postimpressionnisme et le fauvisme. Ainsi, par exemple, János Mattis Teutsch et Sándor Bortnyik, partant de la représentation figurative, ont évolué en direction de l'abstraction, trouvant ainsi une sorte d'équilibre entre ces deux styles.

En revanche, à cette époque, ils n'ont encore aucun lien avec le dadaïsme zurichois, qui se développe simultanément, et avec l'abstraction géométrique, représentée par la revue hollandaise *De Stijl*. De même, jusqu'en 1920, l'école abstraite russe ne les touche pas. Ce sont les groupes allemands, *Die Brücke* et *Der Blaue Reiter*, dont ils se rapprochent le plus par l'esprit. Si, du point de vue de l'Europe occidentale, ils semblent particulièrement isolés, les contacts avec leurs voisins d'Europe centrale et d'Europe de l'Est, tels les Tchèques et les Polonais, font aussi défaut. Et, tandis que, entre 1906 et 1914, les jeunes peintres hongrois frayaient de la façon la plus naturelle du monde avec les courants d'avant-garde français – notamment les Fauves, et, dans une certaine mesure, les cubistes –, la déclaration de guerre a mis un terme à ces relations, du moins pour ceux d'entre eux restés en Hongrie. Quelques informations éparses continuaient à filtrer à travers les revues allemandes, mais pour l'essentiel, entre 1915 et l'été 1919, les artistes hongrois n'ont pu compter que sur eux-mêmes et ont dû travailler à partir de leurs propres ressources. Contre toute attente, le résultat fut un franc succès.

DESSIN ET TEXTE

En raison de ses ressources financières limitées, la revue est composée majoritairement, à côté des reproductions de tableaux en noir et blanc, de dessins et gravures sur linoléum de grande taille, qui, loin de se démarquer, s'insèrent parfaitement dans leur environnement textuel, même sur la couverture : image et texte (dont le titre « MA » et l'en-tête qui l'accompagne) se fondent en une unité organique. La première composition réellement marquante est le lavis de József Nemes Lampérth, qui illustre la couverture du numéro I. 2 de *MA* (ill. 23). Le style de ce dernier, ainsi que celui du beau-frère de Kassák, Béla Uitz, son autre « découverte », sont les plus représentatifs des idées du fondateur de la revue. D'origine prolétaire, Nemes Lampérth et Uitz sont devenus artistes dans un contexte extrêmement difficile. Particulièrement doués pour le dessin, ils maîtrisent le rythme, la dynamique *sui generis* des lignes et des points noirs. Leurs œuvres, même en petit format, donnent une impression de monumentalité. Le style puissant de Nemes Lampérth, formé à Budapest et à Paris, était déjà mûr en 1912. Ses nus comme ses paysages semblent traversés par la flamme d'une passion secrète ; les formes qu'y dessinent ses lignes noires, souvent hachurées, paraissent presque stéréoscopiques. Il compte parmi les peintres qui ont rejoint le cercle de *MA* dès l'année de sa création, en 1916. Sa période la plus féconde coïncide d'ailleurs avec les années d'activité de la revue *MA*. Il a dessiné l'un des plus beaux portraits de Lajos Kassák[28].

Parmi les artistes de *MA*, Béla Uitz est celui qui partage le plus de points communs avec Nemes Lampérth. Uitz avait été serrurier avant de se former à l'École supérieure des arts plastiques de Budapest. Deux expériences l'ont particulièrement marqué : d'une part, les œuvres de la Renaissance découvertes au cours d'un voyage en Italie ; d'autre part, les tableaux de Picasso, qu'il voit pour la première fois en 1913 à la Maison des artistes de Budapest. Dès 1915, il rejoint le groupe de *A Tett*, puis en 1916 celui de *MA*, devenant le bras droit de Kassák. Dans ses œuvres, on devine en filigrane le modèle de la fresque ; tant dans ses dessins que dans ses peintures, il recherche l'impression de monumentalité. Éva Bajkay, auteur de deux monographies sur Uitz, écrit à son sujet : « Ses lavis expressifs, d'un tracé spontané faisant souvent fi des contraintes de composition, montrent l'influence de l'expressionnisme, style qui se prête le mieux à l'expression de la pensée antimilitariste propagée dans l'entourage de Kassák[29]. » En 1922, les chemins de Kassák et de Uitz se séparent brutalement, quand ce dernier part pour Paris, avant d'aller s'établir à Moscou.

C'est dans le numéro comportant le portrait de Kassák dessiné par Nemes Lampérth, qu'est publié également le catalogue de l'exposition de Mattis Teutsch[30], accompagné d'un texte du rédacteur de la revue. C'est la première exposition organisée par *MA*. La culture de Mattis Teutsch, Saxon et Hongrois transylvain originaire de Brassó (Braşov, actuelle Roumanie), est étroitement liée à la culture hongroise, roumaine et allemande, notamment au groupe munichois *Der Blaue Reiter*. Ses compositions sont aplaties, abstraites, caractérisées par le rythme ondulant des lignes. Techniquement, il est aussi à l'aise en gravure sur linoléum qu'à l'aquarelle, à la peinture à l'huile ou même dans l'élaboration de ses sculptures sur bois, polychromes ou noires. Dans ses huiles et ses aquarelles, la rencontre des nuances pastel complémentaires crée une harmonie presque musicale, à la manière des compositions de Kandinsky ou de František Kupka. Comme pour Nemes Lampérth et Uitz,

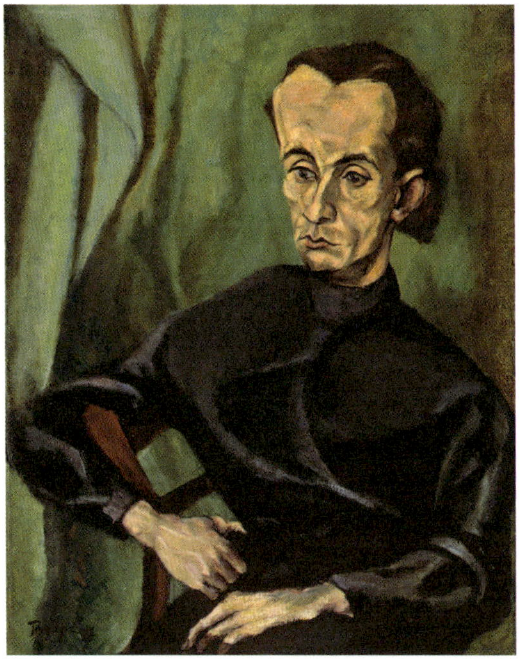

— Cat. 29
Lajos Tihanyi, *Portrait de Lajos Kassák*, 1918
Huile sur toile, 86 × 70 cm
Budapest, Szépművészeti Múzeum – Galerie nationale hongroise

la période pendant laquelle il collabore à *MA* représente la phase la plus féconde de sa carrière. Étranger à la politique, il n'envisage pas de traiter des problématiques sociales : ce qui le préoccupe, ce sont plutôt les questions d'ordre spirituel. Il n'en est pas moins l'un des collaborateurs les plus fidèles de la revue, qui publie un album hors-série entièrement composé de ses gravures sur linoléum (qui représentent surtout des paysages) – en plus des nombreuses reproductions qui paraissent dans les numéros successifs de la revue.

Tout comme Uitz et Bortnyik, Lajos Tihanyi s'est souvent retrouvé en conflit avec Kassák, même s'il a réalisé l'un de ses plus beaux portraits (cat. 29), et si Kassák lui a consacré une grande exposition en 1918 dans les locaux de *MA*. Tihanyi, jadis membre du groupe des artistes de Nagybánya, puis des Fauves hongrois et du groupe des Huit, représente en quelque sorte un lien entre les tentatives modernistes antérieures et les MAistes. C'est avant tout en tant que peintre portraitiste que Tihanyi retient l'attention – en général, ses modèles saturent l'espace exigu qui leur est alloué sur la toile, rayonnant, pour ainsi dire, comme si tout ce qui les entoure n'était qu'émanation de leur être. Ses dessins, de même, sont extraordinairement expressifs. En outre, derrière l'expressionnisme de son art, on décèle des éléments cubistes et futuristes. Ses figures sont généralement pleines d'une tension intérieure qui inonde l'espace, tandis que ses portraits et paysages déploient un éventail de couleurs très varié. Son caractère empreint d'une violence *sui generis*, mais aussi plein de candeur, charme les personnalités éminentes de son temps, qu'il s'agisse de Lajos Fülep, de Lajos Kassák, ou plus tard de Tristan Tzara : ses portraits sont reconnaissables entre tous. Pour lui aussi, le temps passé dans le cercle de *MA*, grâce, notamment, à l'exposition qui lui est consacrée, est l'une des périodes majeures de sa vie, marquée après 1920 par bien des vicissitudes, des difficultés toujours plus nombreuses et des échecs qui finiront par l'anéantir.

En dépit de son engagement à gauche, la revue *MA* est interdite de publication par la République des Conseils, qui évoque la pénurie de papier pour justifier sa décision. Son dernier numéro budapestois paraît le 1er juillet 1919. Après la chute de la République des Conseils, en revanche, comme les artistes et écrivains de gauche risquent la prison (dont Kassák fera d'ailleurs les frais), ils se réfugient pour la plupart à l'étranger, à commencer par Vienne, où Kassák, au prix d'efforts incroyables, parvient d'une façon presque miraculeuse à ressusciter la revue : *MA* reparaît à partir du 1er mai 1920. Il intitule son premier éditorial, publié en allemand et en hongrois « An die Künstler aller Länder ! » [« Aux artistes de tous les pays ! »]. Et, en dépit d'une intégration à demi-réussie dans le contexte autrichien, c'est à cette époque que *MA* prend une dimension véritablement internationale, comme le reconnaissent au cours des mois suivants les représentants des autres revues européennes. Si Kassák conserve l'étiquette d'activiste, et demeure fidèle à ses vues de gauche, il s'efforce de rester en contact avec ceux restés en Hongrie, et, simultanément, de s'intégrer aux réseaux internationaux et transfrontaliers des revues, des almanachs, des rédacteurs, des artistes et des bohèmes. Le groupe peut désormais aller à la rencontre des tendances les plus récentes de l'avant-garde comme le dadaïsme, le suprématisme et le constructivisme russe, le mouvement hollandais *De Stijl*. C'est au cours de cette période que Kassák, poète, écrivain et publiciste, devient aussi peintre. Exilé tout comme lui, Sándor Bortnyik publie en 1921 un album composé de six feuillets, que Kassák, dans sa préface, assigne au genre de l'« architecture d'image ». À la même époque, Kassák lui-même crée ses premières « architectures d'image » [*Bildarchitektur*] (ill. 25), tandis que Péter Mátyás (plus tard célèbre sous le nom d'Ernő Kállai) lui consacre son premier article[31]. En couverture figure une puissante « architecture d'image » de Kassák, au dessin net et parfaitement abstrait. En mars 1921, la maquette devenue habituelle – avec l'inscription dessinée « MA » et les précisions du sous-titre – disparaît : désormais, elle devient, elle aussi, une œuvre d'art, le mot « MA » intégrant la composition, tandis que le reste des informations se retrouve disséminé dans le corps de la revue. La part réservée aux illustrations et la typographie d'avant-garde progressent grâce au zèle de son nouveau fondé de pouvoirs en Allemagne : László Moholy-Nagy, qui devient, à compter d'avril 1921, rédacteur responsable des illustrations. Le premier numéro qu'il conçoit, consacré à Archipenko, avec quinze reproductions, est un chef-d'œuvre de mise en page. Avec ce numéro, *MA* fait véritablement son entrée dans la cour des grandes revues internationales – un succès renouvelé avec le numéro suivant, paru en juin 1921, consacré à Georg Grosz, et, en août 1921, avec celui présentant le travail du créateur du film abstrait, Viking Eggeling, connu seulement alors d'un cercle très restreint d'amateurs. Rien ne pouvait mieux servir l'art de László Moholy-Nagy, qui, dès ses débuts, entre dadaïsme et constructivisme, acquit une stature internationale, comme le confirme l'excellente analyse de Péter Mátyás (alias Ernő Kállai). Dans le numéro de novembre, Kassák lui-même se voit consacré comme peintre avec un article de Péter Mátyás, quatre reproductions de grande taille et une plus petite.

Dès lors, à partir du tournant des années 1921-1922, quiconque veut analyser *MA* à travers son contenu, sa facture formelle ou sa typographie, doit avoir à l'esprit le contexte international dans lequel elle évolue. Depuis cette date jusqu'à aujourd'hui, *MA* reste l'emblème de la modernité et de l'esprit libre aussi bien en Hongrie qu'en Europe centrale.

1 — *A Tett* [*L'Action*] : Budapest, 1915-1916, rédacteur en chef : Lajos Kassák.
2 — Lajos Kassák, *Az izmusok története* [*L'Histoire des ismes*], Budapest, Magvető, 1972, p. 183.
3 — Lajos Kassák, « Aktivizmus » [« Activisme »], texte lu le 20 février 1919, *MA*, IV, n° 4, 1919, p. 46-51.
4 — Première édition : Filippo Tommaso Marinetti, « Manifesto del Futurismo », *La Gazzetta dell'Emilia*, 5 février 1909. Publié en français sur la une du quotidien *Le Figaro* : « Manifeste du futurisme », *Le Figaro*, 20 février 1909.
5 — Lajos Kassák, *Az izmusok története* [*L'Histoire des ismes*], *op. cit.*, p. 170.
6 — Árpád Szélpál, « Forradalmi művészetvagy pártművészet » [« Art révolutionnaire ou art de parti »], *MA*, IV, n° 1, 4 janvier 1919.
7 — *Ibid.*, p. 4
8 — Lajos Kassák, « Aktivizmus », *op. cit.*, p. 46.
9 — *Die Aktion*, Berlin, 1911-1932, rédacteur en chef : Franz Pfemfert.
10 — Lajos Kassák, « Aktivizmus », *op. cit.*, p. 49.
11 — Lajos Kassák, *Egy ember élete* [*La Vie d'un homme*], 3ᵉ éd., Budapest, Magvető, 1966, p. 486.
12 — Lajos Kassák, *Az izmusok története* [*L'Histoire des ismes*], *op. cit.*, p. 166-167.
13 — Décret du ministère de l'Intérieur du royaume de Hongrie du 2 octobre 1916, in Lajos Kassák, *Az izmusok története* [*L'Histoire des ismes*], *op. cit.*, p. 197.
14 — *Ibid.*, p. 198.
15 — V. Beneš, « Linoleummetszet » [« Gravure sur linoléum »], *MA*, I, n° 1, couverture, 1916.
16 — Lajos Kassák, « A plakát és az új festészet » [« L'affiche et la nouvelle peinture »], *MA*, I, n° 1, 1916, p. 2-4.
17 — « Chercheurs » [Keresők] est le terme donné fréquemment aux artistes les plus modernes de l'art hongrois de l'époque. Il est souvent associé au groupe des Huit avant 1911.
18 — Lajos Kassák, « A plakát és az új festészet » [« L'affiche et la nouvelle peinture »], *op. cit.*, p. 4.
19 — « A festészet mai követelményei (Szemelvények Jacques Reviere [*sic*] tanulmányából) » [« Les nécessités actuelles de la peinture (Morceaux choisis des études de Jacques Rivière) »], *MA*, II, n° 6, 15 avril 1917, p. 92.
20 — *Ibid.*, p. 112.
21 — *Ibid.*, p. 113.
22 — Júlia Szabó, *A magyar aktivizmus története* [*Histoire de l'activisme hongrois*], Budapest, Akadémiai Kiadó, 1971, p. 42.
23 — *Ibid.*
24 — Lajos Kassák, « Tárlatok Nemzeti Szalon: Fiatalok csoportkiállítása » [« Salon national : l'exposition collective des jeunes »], *MA*, II, n° 9, 15 juillet 1917, p. 147.
25 — Picasso, « Peinture », *MA*, II, n° 11, 15 septembre 1917.
26 — Guillaume Apollinaire, « A Kubizmus » (« Le cubisme »), *MA*, IV, n° 2, 26 février 1919, p. 16-21, traduction de Zsófia Dénes.
27 — Iván Hevesy, « Kubizmus » [« Cubisme »], in « Túl az impresszionizmuson » [« Au-delà de l'impressionnisme »], *MA*, IV, n° 3, 20 mars 1919, p. 34-39.
28 — József Nemes Lampérth, « Kassák Lajos portréja (Tussrajz) » [« Portrait de Lajos Kassák (Lavis) »], *MA*, II, n° 12, 15 octobre 1917, p. 187.
29 — Éva Bajkay, *Béla Uitz*, Budapest, Képzőművészeti Kiadó, 1987, p. 23.
30 — *MA*, II, n° 12, 15 octobre 1917.
31 — Péter Mátyás, alias Ernő Kállai, « Kassák Lajos », *MA*, VII, n° 1, 15 novembre 1921, p. 139.

JEAN-FRANÇOIS BOUKOBZA

ENTRE AVANT-GARDE INTERNATIONALE & IDENTITE NATIONALE : LE FOLKLORE AU CŒUR DE LA CRÉATION DE BARTÓK

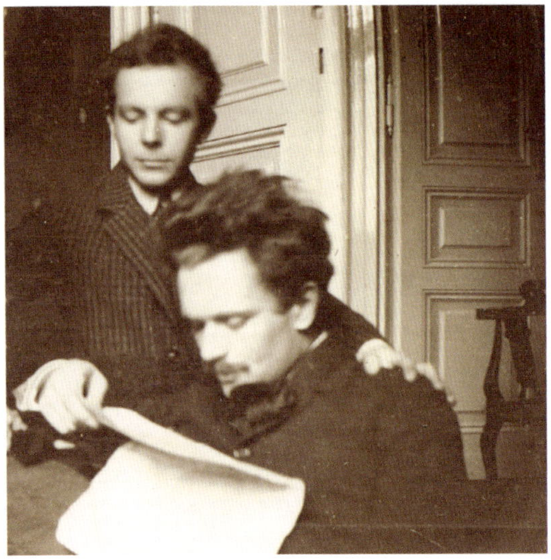

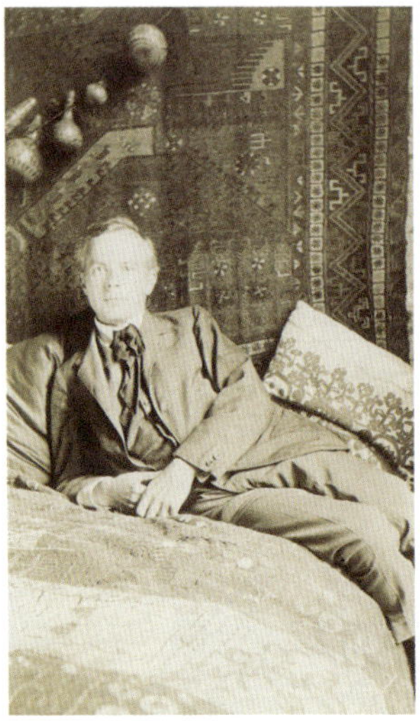

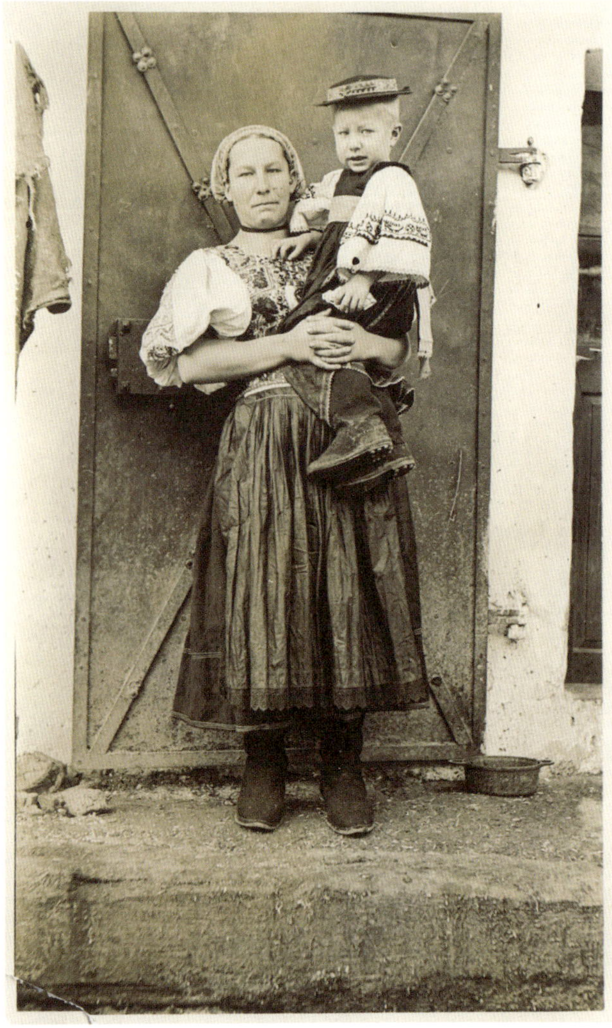

— Cat. 30
Anonyme
Béla Bartók et Zoltán Kodály travaillant ensemble, 1908
Photographie issue d'un album, 15 × 20 cm
Budapest, Archives Bartók, Institut de musicologie, Centre de recherche en sciences humaines de l'Académie des sciences de Hongrie

— Cat. 31
Anonyme
Béla Bartók chez lui avec des tentures au mur, 1915
Photographie, 13,8 × 9 cm
Budapest, Archives Bartók, Institut de musicologie, Centre de recherche en sciences humaines de l'Académie des sciences de Hongrie, Fonds Ditta Pásztory

— Cat. 32
Béla Bartók
Mère et enfant slovaques à Pónik [Poniki, actuelle Slovaquie], 1916
Photographie, 14 × 8,5 cm
Budapest, Archives Bartók, Institut de musicologie, Centre de recherche en sciences humaines de l'Académie des sciences de Hongrie

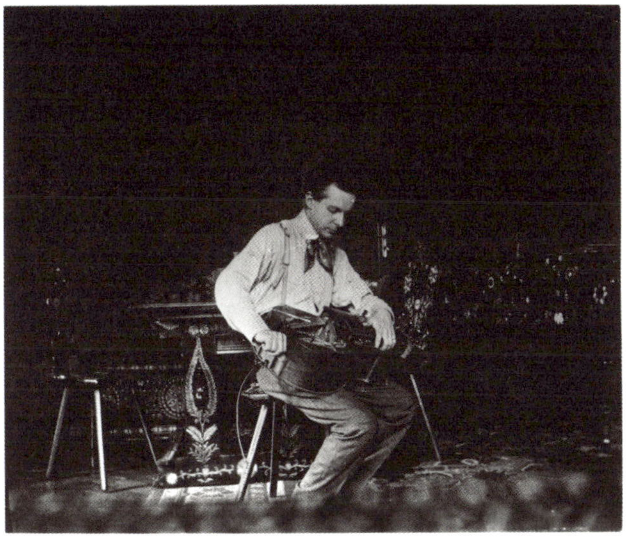

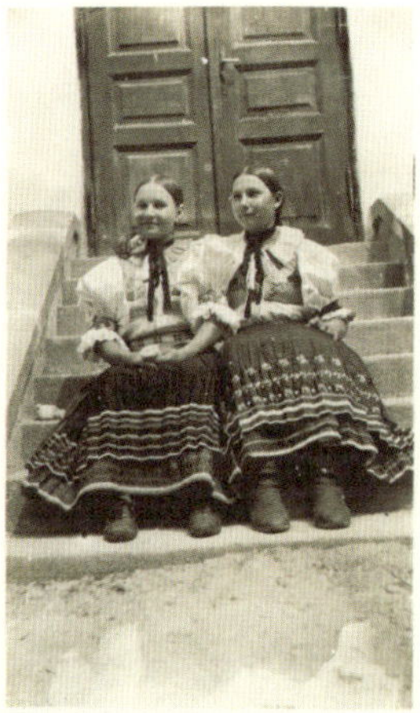

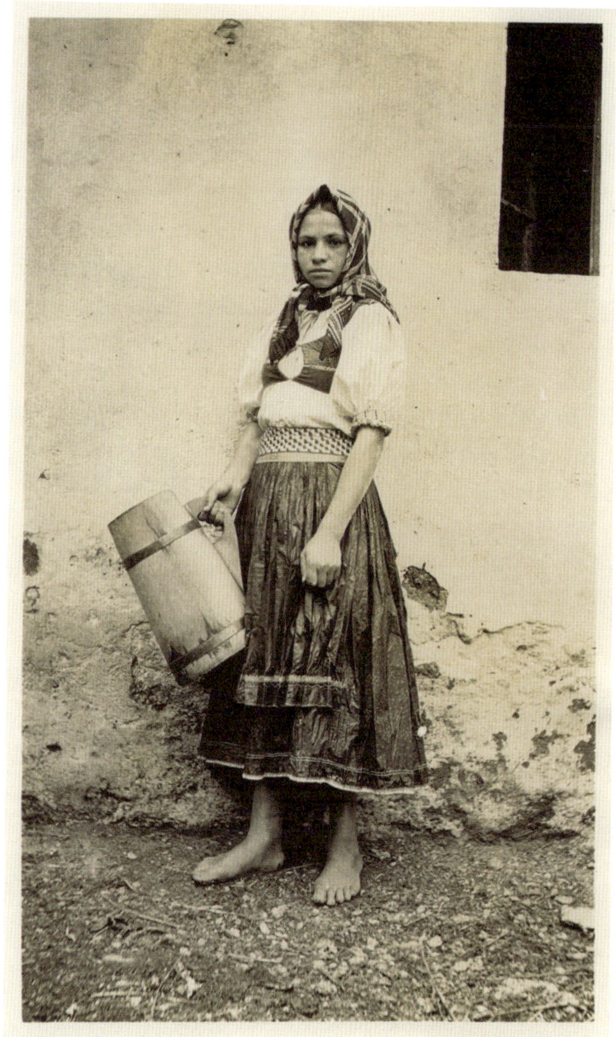

— Cat. 33
Carte postale d'Ödön Hendell à Béla Bartók : Bartók chez lui avec des meubles transylvaniens jouant de la vielle en juin 1908, 12 mars 1911
Photographie contrecollée sur carton, 9 × 14 cm
Budapest, Archives Bartók, Institut de musicologie, Centre de recherche en sciences humaines de l'Académie des sciences de Hongrie

— Cat. 34
Béla Bartók
Jeunes filles slovaques assises à Hédel [Hiadel, actuelle Slovaquie], 1916
Photographie, 14 × 8,4 cm
Budapest, Archives Bartók, Institut de musicologie, Centre de recherche en sciences humaines de l'Académie des sciences de Hongrie

— Cat. 35
Béla Bartók
Paysanne slovaque à Hédel [Hiadel, actuelle Slovaquie], 1916
Photographie, 14 × 8,5 cm
Budapest, Archives Bartók, Institut de musicologie, Centre de recherche en sciences humaines de l'Académie des sciences de Hongrie

Béla Bartók n'a jamais été un folkloriste. Il fut toute sa vie un compositeur « savant », intéressé par la musique populaire au point d'y accorder une part fondamentale de son temps et de ses recherches. Il est toujours demeuré conscient que son champ d'activité naturel était celui de l'écrit et que la rencontre de la musique populaire et de la musique savante ne pouvait concerner que cette dernière. Que seul, en outre, un grand créateur pouvait observer avec quelque compétence les interactions entre les deux domaines. « Beaucoup de gens croient que, pour l'épanouissement d'un art musical national, il suffit de s'occuper de la musique populaire, et d'incorporer ses formules dans celles de la musique occidentale ; cette conception a le même défaut que l'autre (le dénigrement des mélodies populaires). Ceux qui la formulent mettent eux aussi l'importance de la thématique au premier plan et ne pensent pas à l'importance de la composition elle-même, qui reste tout de même le premier critère du véritable talent. C'est pour cela que nous pouvons dire que la musique populaire ne peut avoir une importance artistique que si elle arrive à la musique savante à prétention artistique en passant par les mains d'un compositeur de grand talent[1]. »

Ses centres d'intérêt et les questionnements à l'origine de ses créations sont ceux d'un compositeur érudit au faîte de son art. Ils s'inscrivent par ailleurs pleinement dans leur époque, témoignant des problématiques d'une génération parvenue à maturité au début du siècle. Trouver sa place à un moment où le langage musical s'est avéré en complète mutation, définir son identité de créateur à une période où les styles collectifs se sont ramifiés en autant de manières individuelles, régénérer la langue à un âge où l'histoire semble toujours conçue en termes de progrès – tels furent les défis auxquels Bartók se confronta. Sa quête d'un sceau propre s'est accompagnée de difficultés spécifiques, liées à son statut de musicien hongrois. La nécessité de définir une approche personnelle de la musique dans un pays lui-même en quête identitaire rendait en effet son positionnement délicat. Sa volonté de s'émanciper de la tutelle des Habsbourg comme son refus de sombrer dans un nationalisme « fermé » inscrivaient d'emblée sa réflexion et son action dans des limites exiguës et parfois difficilement compatibles. Se situer au sein de l'avant-garde internationale tout en préservant une identité magyare exempte de tout chauvinisme relevait de la gageure sinon de la chimère. C'est pourtant l'exploit qu'il parvint, non sans peine, à réaliser.

INTÉRIEUR ET EXTÉRIEUR. LA DÉFINITION D'UNE IDENTITÉ CRÉATRICE OU LES LUTTES DU MODERNE.

Bartók a relevé tôt le défi de la modernité. Il a dû affronter jeune, en corollaire, les nombreuses contraintes qui en émanaient : l'exigence de définir un langage personnel, la nécessité de fonder une esthétique sur une lecture fine et subjective de l'histoire, le devoir de prendre conscience que le moderne n'égale pas le nouveau et ne saurait se confondre avec lui. Son premier vœu fut de s'émanciper de la tradition allemande dans laquelle il fut élevé. « Pour ma part, durant ma vie entière, en tous lieux, en tout temps et de toutes les façons, je veux servir une seule cause : celle du bien de la nation et de la patrie hongroises » écrit-il à sa mère en 1903[2]. Le jeune musicien s'ébroue alors en plein paradoxe : s'il entend récuser toute trace de germanité, son éducation musicale l'incite à maîtriser les formes héritées du classicisme viennois dont il reste tributaire. Ses influences marquantes demeurent en outre profondément enracinées dans le monde allemand, dont il a parfaitement assimilé l'héritage. En quelques mois, il passe de l'emprise de Brahms (*Quintette*

— Cat. 36
István Kováts
Béla Bartók à Gyergyószentmiklós en Transylvanie, 1907
Photographie, 16 × 10,5 cm
Budapest, Archives Bartók, Institut de musicologie, Centre de recherche en sciences humaines de l'Académie des sciences de Hongrie

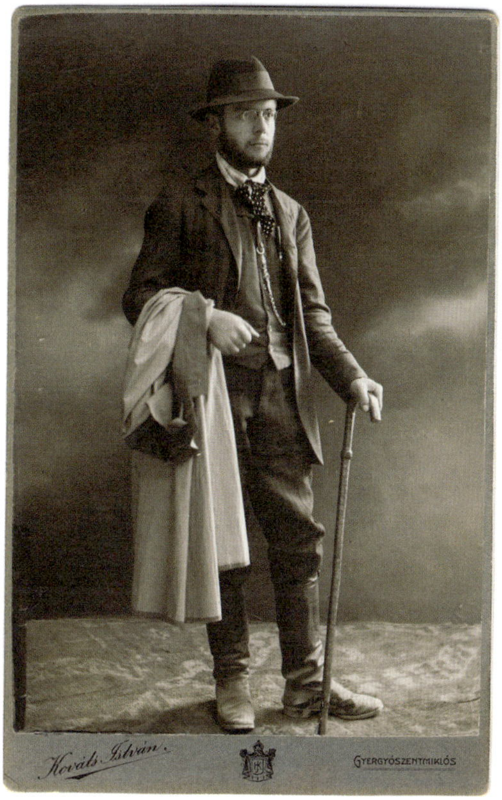

avec piano), à celle de Liszt (*Rhapsodie* opus 1) et de Strauss (*Kossuth*), s'inscrivant ainsi aux côtés des « modernes » allemands.

La découverte du folklore l'a aidé à s'affranchir de ce legs imposant. « L'étude de cette musique paysanne fut pour moi d'une importance décisive, car elle m'a indiqué comment je pouvais m'émanciper complètement de l'hégémonie du système majeur-mineur qui avait prévalu jusqu'alors [3]. » Dès 1908, les *Bagatelles* pour piano dévoilent un langage neuf, où les superpositions modales, les étagements de quartes, les accords altérés et les mélodies pentatoniques relèvent de l'inouï. Que ce soit sur la scène intérieure (hongroise) ou extérieure (internationale), la manière est profondément originale. La chronologie atteste en outre de la précocité du musicien. À cette date en effet, Debussy n'a toujours pas rédigé ses *Préludes* et ses *Études* pour piano – ses deux opus majeurs pour l'instrument ; Schoenberg n'a pas totalement rompu avec le monde tonal et Scriabine n'a pas encore livré ses opus les plus singuliers, tels *Prométhée* ou ses quatre dernières *Sonates* ; Stravinsky est encore inconnu du monde occidental et Janáček, qui a dépassé la cinquantaine, cherche encore une définition précise de son esthétique. Bartók s'est en outre totalement affranchi du style conservateur pratiqué par ses contemporains hongrois, tels Leó Weiner ou Ernő Dohnányi. Âgé d'à peine vingt-sept ans, il se situe de manière radicale aux cimes de la modernité. Il le demeurera, explorant la forme miniature avant les Viennois (*Bagatelles*, 1908), rédigeant un opéra symboliste en pleine effervescence du mouvement en Hongrie (*Le Château de Barbe-Bleue*, 1911), illustrant la veine primitive avant même le *Sacre du printemps* (*Allegro barbaro*, 1911), participant à l'éclosion du ballet comme genre lié au moderne (*Le Mandarin merveilleux*,

1918-1919), promouvant une radicalité expressive au moment où Schoenberg s'apprête seulement à théoriser sa méthode de composition avec douze sons (*Deuxième* et *Troisième Quatuor*, 1917 et 1927 ; *Sonates pour violon et piano*, 1921-1922), inaugurant le retour à Bach dans les années vingt dans un style bien différent de celui pratiqué par Stravinsky ou le groupe des Six, car ennemi de toute sécheresse constructiviste comme de toute échappée vers une dimension seulement récréative (*Deuxième concerto pour piano*, 1930-1931).

Si la chronologie est parlante, elle ne révèle guère les batailles que Bartók doit mener au sein de son propre pays. En 1910, lors d'un concert à Budapest où sont joués notamment le *Premier Quatuor* et les *Bagatelles*, le public réserve un accueil mitigé aux nouveaux opus. Le musicien devient au même instant la cible des nationalistes, qui lui reprochent de s'intéresser aux musiques des peuples voisins et de ne pas célébrer le seul folklore hongrois. Jenő Hubay, le très académique directeur du Conservatoire, blâme sans aménité ses recherches sur les musiques roumaine, croate ou serbe. Emil Haraszti, critique de l'influent *Budapesti Napló* [*Les Nouvelles de Budapest*], n'a pas de mots assez durs pour dénoncer son cosmopolitisme : « Bartók est devenu le serviteur de l'esprit étranger. Son individualité hongroise, forte, caractéristique, a fini par s'éteindre, dévorée par l'influence étrangère », écrit-il au mois de février 1913, ajoutant : « Il est devenu l'apôtre de la musique tchèque, roumaine, slovaque et Dieu sait quelle autre sorte de musique, seule la musique hongroise a été laissée en plan[4]. »

Les conflits musicaux se doublent de résonances politiques. En promouvant la musique paysanne comme seule détentrice de l'identité hongroise, Bartók place au plus haut plan une classe sociale défavorisée et souvent ignorée, sinon méprisée. Chacun des grands articles qu'il consacre à la musique populaire contient en outre une attaque vis-à-vis de la classe dominante – la « *gentry* » – à qui il reproche de se complaire dans l'art du divertissement et d'ignorer l'art rural authentique tout en se déclarant seule propriétaire de l'esprit national hongrois. Bartók devient rapidement la cible d'un triple rejet. Attaqué à la fois par les conservateurs et par les irrédentistes hongrois, il est également vilipendé par l'élite au pouvoir et en paie chèrement le prix. Les grandes institutions (Opéra et Société philharmonique) le dédaignent. La création du *Château de Barbe-Bleue* est annulée en 1912 et celle du *Mandarin merveilleux* n'a lieu qu'en 1926 à Cologne, huit ans après l'achèvement de la partition. Bien que soutenu par les milieux progressistes et avant-gardistes[5], le compositeur se met lui-même à plusieurs reprises en retrait de la vie publique. Sa seule possibilité de carrière, à l'orée des années vingt, est de se recentrer sur la scène internationale : prendre place au sein de l'avant-garde tout en cultivant son identité magyare. Encore convient-il de définir cette dernière.

UNE IDENTITÉ HONGROISE

Lorsque Bartók se rend à Gerlicepuszta, dans le nord de la Hongrie (aujourd'hui Ratkóva en Slovaquie), au cours de l'été 1904, il n'a pas encore conscience de ce qu'est la véritable musique hongroise. Sa connaissance de la musique folklorique est similaire à celle de Liszt ou de Brahms quelques décennies auparavant : une ignorance complète de la musique rurale au profit de la seule musique citadine. Ce qu'on prend alors pour la musique populaire n'est en réalité qu'une musique urbaine composée par des amateurs et des dilettantes, interprétée par les musiciens tziganes puis adoptée par des auteurs étrangers en quête d'exotisme. Ce n'est que lorsqu'il entend une jeune servante originaire de Transylvanie interpréter dans une

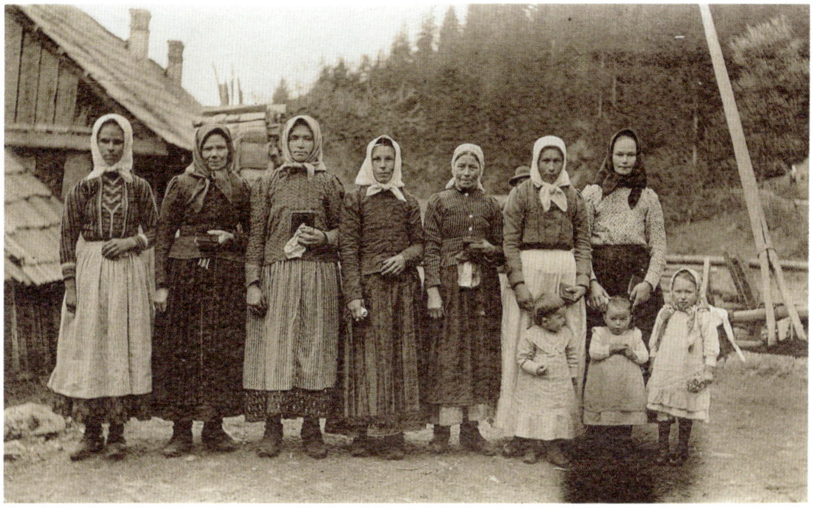

— Cat. 37
Béla Bartók
Paysannes slovaques à Cserpatak [Osrblie, actuelle Slovaquie], 1916
Photographie, 8,5 × 14 cm
Budapest, Archives Bartók, Institut de musicologie, Centre de recherche en sciences humaines de l'Académie des sciences de Hongrie

auberge une chanson paysanne que Bartók réalise qu'il existe une *autre* musique hongroise, liée à l'expression et à l'identité même du peuple. La structure de la mélodie, sa conception rythmique, son ossature pentatonique et sa flexibilité métrique l'émeuvent au plus haut point. « Je pris conscience du peu d'intérêt qu'offraient les airs hongrois qui, considérés à tort comme de la musique populaire hongroise, étaient en réalité de la musique savante plus ou moins vulgaire » écrit-il dans son *Autobiographie* [6]. Au mois de décembre suivant, il confie à sa sœur : « J'ai maintenant un nouveau dessein : je collecterai toutes les plus belles chansons folkloriques hongroises et les élèverai au niveau de chansons artistiques en leur fournissant le meilleur accompagnement de piano possible [7]. »

Très rapidement, Bartók comprend l'étonnante richesse de ce matériau auquel quelques chercheurs, tels Béla Vikár, László Arany, Pál Gyulai ou János Kriza ont commencé, depuis peu, à s'intéresser. Au-delà des questions touchant au patrimoine, il entrevoit d'emblée les possibilités de régénérescence de l'art musical savant. « Là-bas [en Russie] comme ici, nous voulons raviver la musique savante avec les éléments d'une musique paysanne toute fraîche, qui n'a pas été influencée par les créations des siècles derniers » note-t-il en 1921 [8]. Dans un article majeur intitulé « L'influence de la musique populaire sur la musique savante d'aujourd'hui » (1931), il explicite un peu plus sa pensée. « Les excès du post-romantisme deviennent insupportables et certains compositeurs commencent à sentir qu'on ne peut pas continuer sur cette voie, qu'il n'y a pas d'autre solution que de se retourner contre le XIXe siècle. Pour ce retournement – ou disons : pour ce "renouveau" –, on a pu trouver une force de stimulation et une aide inestimables dans la *musique paysanne*, ou plutôt dans ce que nous appelons ici musique paysanne au sens strict. Du point de vue de la forme, cette musique paysanne présente la plus grande perfection et la plus grande variété qui soient. Sa force d'expression est admirable et, par ailleurs, elle est exempte de tout sentimentalisme, de tout ornement superflu [9]. »

La musique paysanne ne permet pas seulement à Bartók de régénérer un langage savant menacé de banalité ou d'enlisement. Elle lui permet également de définir sa propre personnalité tout en évitant deux écueils menaçant selon lui la production contemporaine : le risque d'éparpillement formel et le danger de sécheresse. « Le *Sacre du printemps*

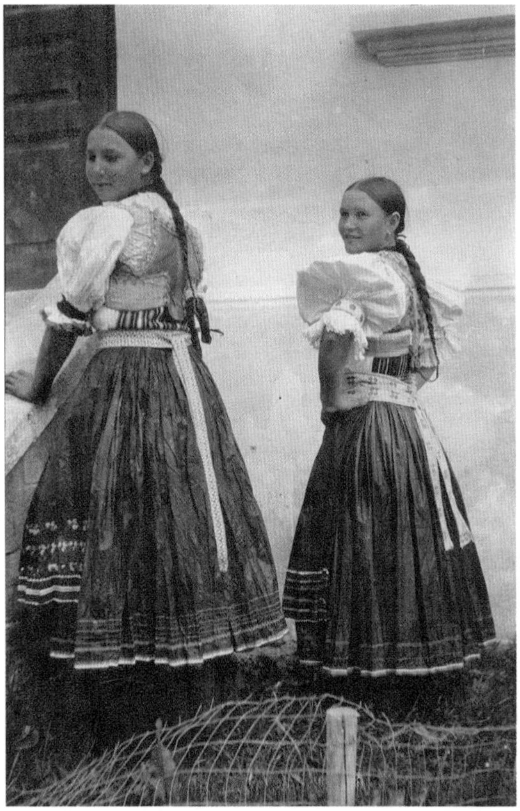

— Cat. 38
Béla Bartók
Jeunes filles slovaques à Hédel [Hiadel, actuelle Slovaquie], 1916
Photographie, 14 × 8,5 cm
Budapest, Archives Bartók, Institut de musicologie, Centre de recherche en sciences humaines de l'Académie des sciences de Hongrie

de Stravinsky est l'un des meilleurs exemples d'une musique savante intensément imprégnée d'une musique paysanne authentique. Toutefois, malgré la puissance et la fougue extraordinaires de l'œuvre, le compositeur n'a pas réussi à y réaliser quelque chose de parfaitement satisfaisant. Il n'a pas échappé au danger de s'abandonner à une construction de type mosaïque, qui s'effrite parfois de façon dérangeante, du fait de la structure des mélodies paysannes russes, au souffle court. [...] Et ce n'est pas la musique paysanne russe qui en porte la responsabilité ; c'est plutôt que la faculté de synthèse et de structuration fait ici défaut. [...] Enfin, je voudrais évoquer, comme exemple négatif, les œuvres de Schoenberg, qui se considère comme étranger à toute musique paysanne. Qu'il se détourne complètement de la nature – et je ne le dis pas comme un blâme – explique la difficulté que beaucoup éprouvent devant ses œuvres d'un accès difficile[10]. »

Dans ses conférences données à Harvard en 1943, Bartók déclare refuser autant « l'hypercomplexité » que la simplification extrême, récusant à la fois les formes de musique trop « monotones » pour l'auditeur comme celles offrant une communication qu'il juge trop primaire. Ce constat l'incite à repousser les musiques en quart de tons d'Alois Haba ou d'Ivan Wyschnegradsky, dont le résultat sonore ne le charme guère, comme à contester certaines toiles de Piet Mondrian qu'il estime trop arides car fondées sur une épure drastique des moyens. Là réside sans doute le positionnement esthétique de Bartók : un désir de modernité sans compromis qui condamne autant l'ascétisme que l'hermétisme ; la défense d'un art fondé sur l'aménagement ou le dépassement d'une tradition – mais non sa négation. « Permettez-moi de dire d'emblée que la révolution en art (par exemple en musique) signifierait, au sens strict, la destruction de tous les moyens utilisés précédemment et un nouveau commencement à partir de presque rien – un retour en arrière de plusieurs millénaires. Une révolution complète en art est donc impossible; ou du moins, ce n'est pas un moyen désirable en vue d'une fin. [...] On peut donc affirmer que, en musique, même le mouvement le plus révolutionnaire a ses limites naturelles. Il doit conserver le matériau originel, même s'il peut certes détruire le système ou les systèmes qui ont été développés à partir de ce matériau au cours des millénaires passés et qui sont restés en usage jusqu'à présent[11]. »

Si le folklore est l'instrument de cette pensée, Bartók différencie plusieurs possibilités de travailler le matériau paysan, sans établir pour autant de hiérarchie entre elles. Il distingue ainsi quatre approches : la transcription, où la mélodie authentique, harmonisée, constitue l'essentiel de la pièce ; la composition où la mélodie empruntée et les parties inventées se veulent d'une importance égale ; l'ouvrage où la mélodie recueillie n'est plus qu'un simple motif conducteur s'effaçant au profit de la partie ajoutée ; l'œuvre entièrement inventée où le matériau est élaboré à l'imitation (mais non l'emprunt) des chants recueillis. Bartók insiste également sur l'idée que la définition d'une identité hongroise n'est pas qu'une affaire de métier : elle implique une intégrité forte ainsi qu'une assimilation en profondeur – une *imprégnation* – effectuée dans le respect des personnes et des coutumes. « Comment comprendre le fait de prendre appui sur la vieille musique paysanne, en tant que tradition musicale hongroise, en vue de créer une musique savante hongroise ? » demande-t-il dans un article de 1921[12]. « Il ne s'agit en aucun cas de l'insertion artificielle de mélodies ou de fragments de mélodies paysannes au sein d'œuvres dont le style serait par ailleurs tout à fait international ou étranger. Le compositeur doit pour ainsi dire apprendre la langue de la vieille musique paysanne pour pouvoir la parler en musique et exprimer à travers elle ses idées musicales, comme le poète qui emploie sa langue maternelle. »

LE FOLKLORE AU CŒUR DE LA CRÉATION OU L'IMAGINAIRE ENNEMI DE TOUT SYSTÈME

Dès les *Bagatelles* de 1908, le chant rural incite Bartók à modifier en profondeur son style. Quelques grandes œuvres (on pourrait leur en substituer d'autres) viennent baliser par la suite le parcours, signalant ici et là les étapes d'une évolution qui se veut plus approfondissement que transformation. La *Suite* opus 14 (1915) montre l'utilisation de thèmes purement imaginés, inspirés notamment par le folklore roumain. Les *Huit Improvisations* de 1920 constituent « la limite extrême dans l'ajout d'accompagnements osés à des mélodies populaires simples[13] » et anticipent de quelques mois les *Sonates pour piano et violon* au langage audacieux. La *Suite de danses* (1923) dévoile une tendance au métissage culturel – des éléments inspirés par les folklores arabes, hongrois ou roumains alternant librement tout au long de la partition. Les *Rhapsodies* de 1928 inaugurent un retour vers des formes plus libres et annoncent la série des grands opus des années trente, marqués par une « simplicité complexe », fruit de trente ans de réflexion sur le métier de compositeur. Le *Concerto pour orchestre* (1943) ou la *Sonate pour violon seul* (1944) entérinent, enfin, la volonté de syncrétisme affichée par la *Suite de danses* en offrant les exemples d'un folklore *transcendé*[14] car puisant à différentes sources et les combinant subtilement.

La musique paysanne, omniprésente, apparaît sous forme de citation, d'emprunt, d'imitation ou de recréation. Elle permet à Bartók de renouveler l'atrophie des formes, de contourner la surenchère orchestrale en suggérant la

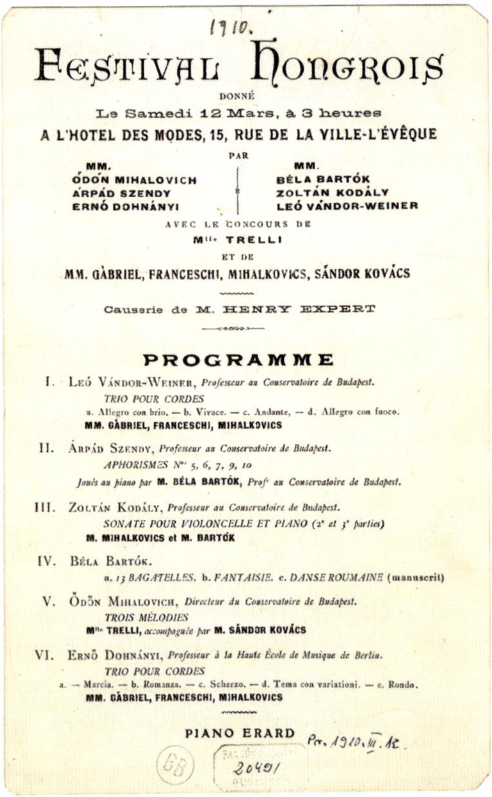

1910.

FESTIVAL HONGROIS

DONNÉ

Le Samedi 12 Mars, à 3 heures

A L'HOTEL DES MODES, 15, RUE DE LA VILLE-L'ÉVÊQUE

PAR

MM. ÖDÖN MIHALOVICH, ÁRPÁD SZENDY, ERNŐ DOHNÁNYI

MM. BÉLA BARTÓK, ZOLTÁN KODÁLY, LEÓ VÁNDOR-WEINER

AVEC LE CONCOURS DE

Mlle TRELLI

ET DE

MM. GÀBRIEL, FRANCESCHI, MIHALKOVICS, SÁNDOR KOVÁCS

Causerie de M. HENRY EXPERT

PROGRAMME

I. LEÓ VÁNDOR-WEINER, *Professeur au Conservatoire de Budapest.*
TRIO POUR CORDES
a. Allegro con brio. — b. Vivace. — c. Andante, — d. Allegro con fuoco.
MM. GÀBRIEL, FRANCESCHI, MIHALKOVICS

II. ÁRPÁD SZENDY, *Professeur au Conservatoire de Budapest.*
APHORISMES Nos 5, 6, 7, 9, 10
Joués au piano par M. BÉLA BARTÓK, *Profr au Conservatoire de Budapest.*

III. ZOLTÁN KODÁLY, *Professeur au Conservatoire de Budapest.*
SONATE POUR VIOLONCELLE ET PIANO (2e et 3e parties)
M. MIHALKOVICS et M. BARTÓK

IV. BÉLA BARTÓK.
a. *13 BAGATELLES.* b. *FANTAISIE.* c. *DANSE ROUMAINE* (manuscrit)

V. ÖDÖN MIHALOVICH, *Directeur du Conservatoire de Budapest.*
TROIS MÉLODIES
Mlle TRELLI, *accompagnée par* M. SÁNDOR KOVÁCS

VI. ERNŐ DOHNÁNYI, *Professeur à la Haute École de Musique de Berlin.*
TRIO POUR CORDES
a. — Marcia. — b. Romanza. — c. Scherzo. — d. Tema con variationi. — e. Rondo.
MM. GÀBRIEL, FRANCESCHI, MIHALKOVICS

PIANO ERARD

Pr. 1910. III. 12.

20491

— Cat. 39
Programme du festival hongrois à l'hôtel des Modes du 12 mars 1910
Impression, encre sur papier, 20 × 12,8 cm
Budapest, Archives Bartók, Institut de musicologie, Centre de recherche en sciences humaines de l'Académie des sciences de Hongrie

sonorité des orchestres villageois, de restaurer la prédominance du rythme par l'intégration de formules inédites ou de régénérer la conception des lignes mélodiques par la stylisation des dialectes entendus. Elle l'incite surtout à éviter tout système au profit d'une inventivité permanente : « Dans les mélodies primitives, *il n'y a aucune référence à des enchaînements stéréotypés d'accords parfaits* » écrit-il, soulignant lui-même les mots[15]. Les emprunts concernent des sources constamment changeantes (fonds ancien ou récent, aire géographique sans cesse renouvelée) et les modes d'adaptation ou de transformation récusent tout esprit de système. Les thèmes qu'il élabore sont ainsi conçus à l'imitation des chansons populaires dont ils reprennent souvent la structure quaternaire, les formules d'intonation, la conception métrique, les profils mélodiques ou le caractère spécifique. Les mélodies du *Finale* du *Deuxième Quatuor* ou du *Lento* central du *Quatrième Quatuor* s'inspirent des lamentations hongroises, dont elles adoptent les rythmes et les tournures mélodiques, tandis que celles du premier mouvement du *Divertimento* évoquent la danse. Le thème initial de la *Deuxième Sonate pour piano et violon* rappelle les anciennes mélodies de *hora lunga* roumaines dont il imite le style improvisé et les formules d'intonation ; celui qui referme le *Quatrième Quatuor* remémore les chants anciens par sa structure quaternaire et son déploiement à partir d'un simple tétracorde.

L'étude du folklore mène par ailleurs Bartók à élaborer un langage harmonique inédit, fondé sur les oppositions majeur/mineur, le chromatisme polymodal (les combinaisons de strates modales distinctes), la compression chromatique de motifs diatoniques, la distorsion de certains intervalles ou la création d'échelles composites fondées sur la succession de différents tétracordes. Le pentatonisme des anciennes mélodies l'incite à développer des accords fondés sur des étagements de quartes justes ou altérées. « Ce sont les successions de sauts de quarte, au sein de nos vieilles mélodies, qui nous ont incités à construire des accords en quartes : ici aussi, nous avons projeté la succession horizontale sur la simultanéité verticale » explique-t-il [16]. Le chromatisme, qui se déploie à partir d'une base diatonique et souvent modale, s'oppose ainsi au système allemand.

Les éléments rythmiques de la musique rurale pénètrent en profondeur son univers. Des passages entiers se réfèrent au style *parlando-rubato* (un rythme libre, déclamatoire, sans mesures régulières) comme au *tempo giusto*, un rythme plus ou moins fixe faisant parfois figurer des changements de mètre. L'intégration de valeurs irrégulières et de mesures asymétriques renouvelle la vie rythmique de ses partitions alors que les rythmes pointés, traditionnels d'un certain folklore magyar, confèrent un caractère heurté à nombre de ses pièces hongroises.

La volonté de suggérer l'atmosphère des fêtes villageoises l'incite enfin à recomposer le timbre d'un grand nombre d'instruments et repenser ainsi l'orchestre. Bartók évoque les sonorités du bourdon, stylisant de mille et une manières le son des vielles à roue et des cornemuses (*Mikrokosmos* n° 28). Il imite les fifres (première pièce de *En plein air*), les flûtes de berger (*Concerto pour orchestre*), le cor des alpes (début du *Finale* du *Concerto pour orchestre*) ou les tambours arabes (*Deuxième Quatuor*). Aux violonistes avec qui il travaille (Szigeti, Székely), il demande d'entendre les enregistrements sur rouleaux qu'il a effectués dans les campagnes afin de pouvoir s'inspirer du jeu rugueux et poétique des paysans. Le *Finale* de la *Sonate pour violon seul* reproduit ainsi un grand nombre de caractéristiques du jeu agreste. Les quarts de ton de la version initiale imitent la justesse parfois approximative des paysans, rappelant combien il est contradictoire de travailler la terre dix heures par jour et de prétendre jouer sans aspérité d'un instrument. Les quintes parallèles, les cordes à vide, les agréments en octave et le recours fréquent à la corde de sol poétisent à leur tour ce jeu simple mais émouvant.

LA MÉMOIRE DES PEUPLES

Dans le *Concerto pour orchestre*, Bartók évoque tour à tour des chants hongrois mais aussi des mélodies slovaques, roumaines ou arabes ; il emprunte des tournures rythmiques au *verbunkos*, cette danse de recrutement jouée dès le XVIIe siècle en Hongrie et qu'il affectionne tant. Il emploie des rythmes irréguliers recueillis dans les Balkans. Il imite le timbre des flûtes maghrébines comme celui des cornemuses hongroises, du gamelan balinais ou des trompettes de Slovaquie. Le syncrétisme est tel qu'il est bien difficile de démêler les sources, de savoir si les tournures sont empruntées ou imitées, si elles ont resurgi de sa mémoire ou si elles sont simplement rêvées. Là est la dernière manière de Bartók, celle d'un folklore imaginé et synthétique. Compositeur au langage complexe mais accessible, le musicien a non seulement conservé (redécouvert) son identité hongroise mais l'a mise au service d'une communion des cultures à une époque où le monde se peint en brun et noir et où les consciences tendent à se déchirer. Au projet esthétique répond ainsi un projet éthique et humaniste, bien éloigné de l'*Allegro barbaro* qui commence à déchirer l'Europe en une partition effrayante et en rien musicale. Il est réconfortant, souvent, de se ressourcer dans l'art bartokien.

1 — Béla Bartók cité par Jean Gergely, « Béla Bartók, compositeur hongrois », *La Revue musicale*, 3 volumes, Paris, éditions Richard Massé, 1980, vol. III, p. 36.
2 — Béla Bartók, lettre à sa mère datée du 8 septembre 1903, in *Béla Bartók, sa vie et son œuvre*, ouvrage publié sous la direction de Bence Szabolcsi, Budapest, Boosey & Hawkes, 1956 ; deuxième édition remaniée, 1968, p. 206-207.
3 — Béla Bartók, « Autobiographie » (1921), in *Béla Bartók, écrits*, sous la direction de Philippe Albèra et Peter Szendy, Genève, éditions Contrechamps, 2006, p. 26.
4 — Emil Haraszti, article du 27 février 1913 paru dans *Budapesti Napló* [*Les Nouvelles de Budapest*] et cité par David E. Schneider, « Hungarian Nationalism and the Reception of Bartók's Music 1904/1940 », in *The Cambridge Companion to Bartók*, sous la direction de Amanda Bayley, Cambridge, Cambridge University Press, 2001, p. 180.
5 — La revue *Nyugat* et le Cercle du dimanche animé par Lukacs et Balázs, notamment, ainsi que la revue *MA* de Lajos Kassák, qui consacre à Bartók un numéro spécial au mois de décembre 1917.
6 — Béla Bartók, « Autobiographie » (1921), in *Béla Bartók, sa vie et son œuvre*, *op. cit.*, p. 143.
7 — Lettre de Bartók à sa sœur écrite au mois de décembre 1904 et citée par Sándor Kovács : « Bartók, The Ethnomusicologist », in *The Bartók Companion*, édité par Malcolm Gillies, Londres, Faber and Faber, 1993, p. 51.
8 — Béla Bartók, « Autobiographie » (1921), in *Béla Bartók, écrits*, *op. cit.*, p. 27.
9 — Béla Bartók, « L'influence de la musique populaire sur la musique savante d'aujourd'hui » (1931), in *Béla Bartók, écrits*, *op. cit.*, p. 202.
10 — *Ibid.*, p. 127-128.
11 — Béla Bartók, « Conférences de Harvard », 1943, in *Béla Bartók, écrits*, *op. cit.*, p. 288.
12 — Béla Bartók, « De la musique moderne en Hongrie », 1921, in *Béla Bartók, écrits*, *op. cit.*, p. 138.
13 — Béla Bartók, « Conférences de Harvard », *op. cit.*, p. 304.
14 — Le mot est de Yves Lenoir, in *Folklore et Transcendance dans l'œuvre américaine de Béla Bartók (1940/1945). Contributions à l'étude de l'activité scientifique et créatrice du compositeur*, Louvain-la-Neuve, Institut supérieur d'archéologie et d'histoire de l'art, Collège Érasme, 1986.
15 — Béla Bartók, « L'influence de la musique populaire sur la musique savante d'aujourd'hui », *op. cit.*, p. 205.
16 — *Ibid.*, p. 205.

CATALOGUE

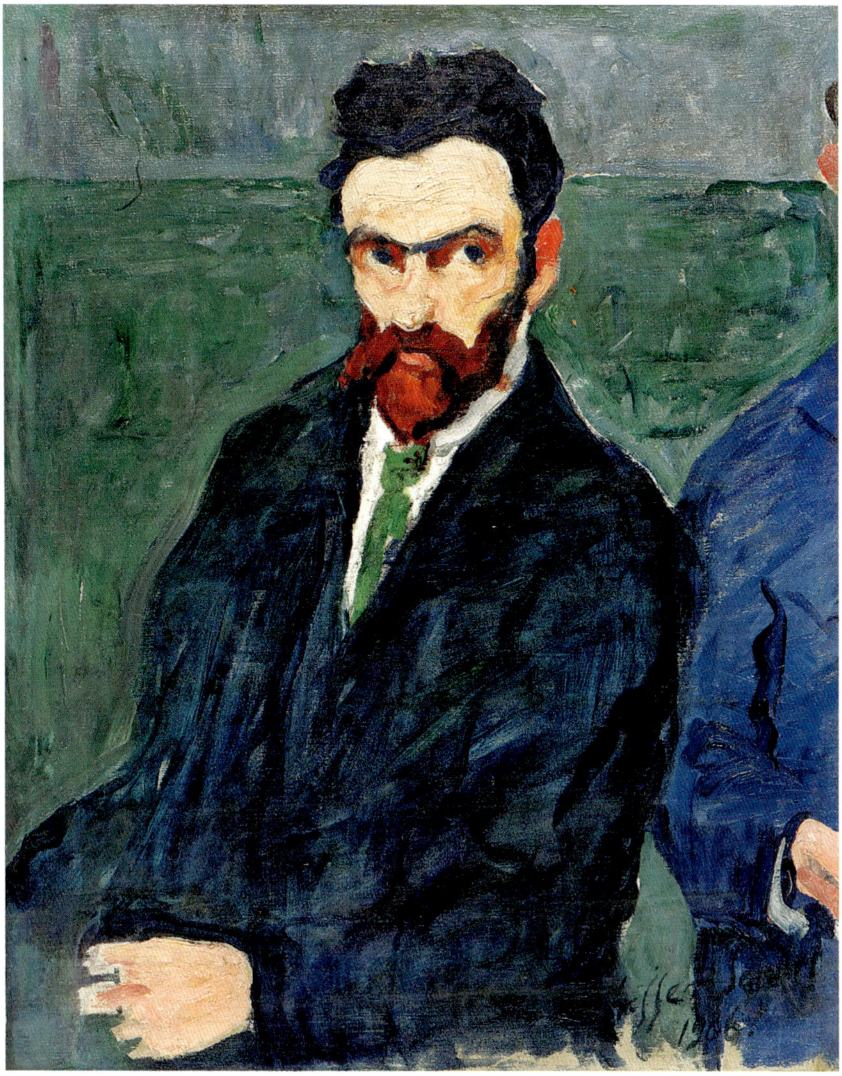

— Cat. 40
Sándor Ziffer
Autoportrait, 1906
Huile sur toile, 79 × 64,5 cm
Allemagne, collection L. Czell

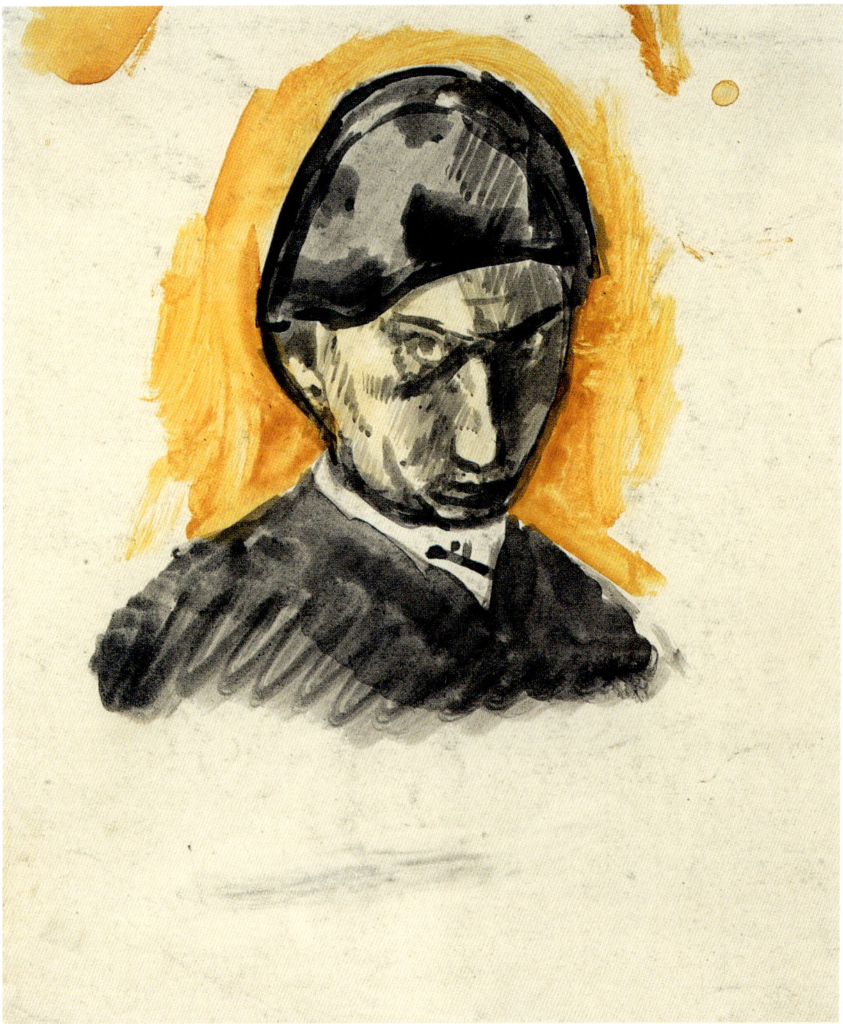

— Cat. 41
Róbert Berény
Autoportrait à l'humeur maussade, 1907
Aquarelle sur papier, 21,7 × 18,6 cm
Budapest, collection Júlia Kohonóczki

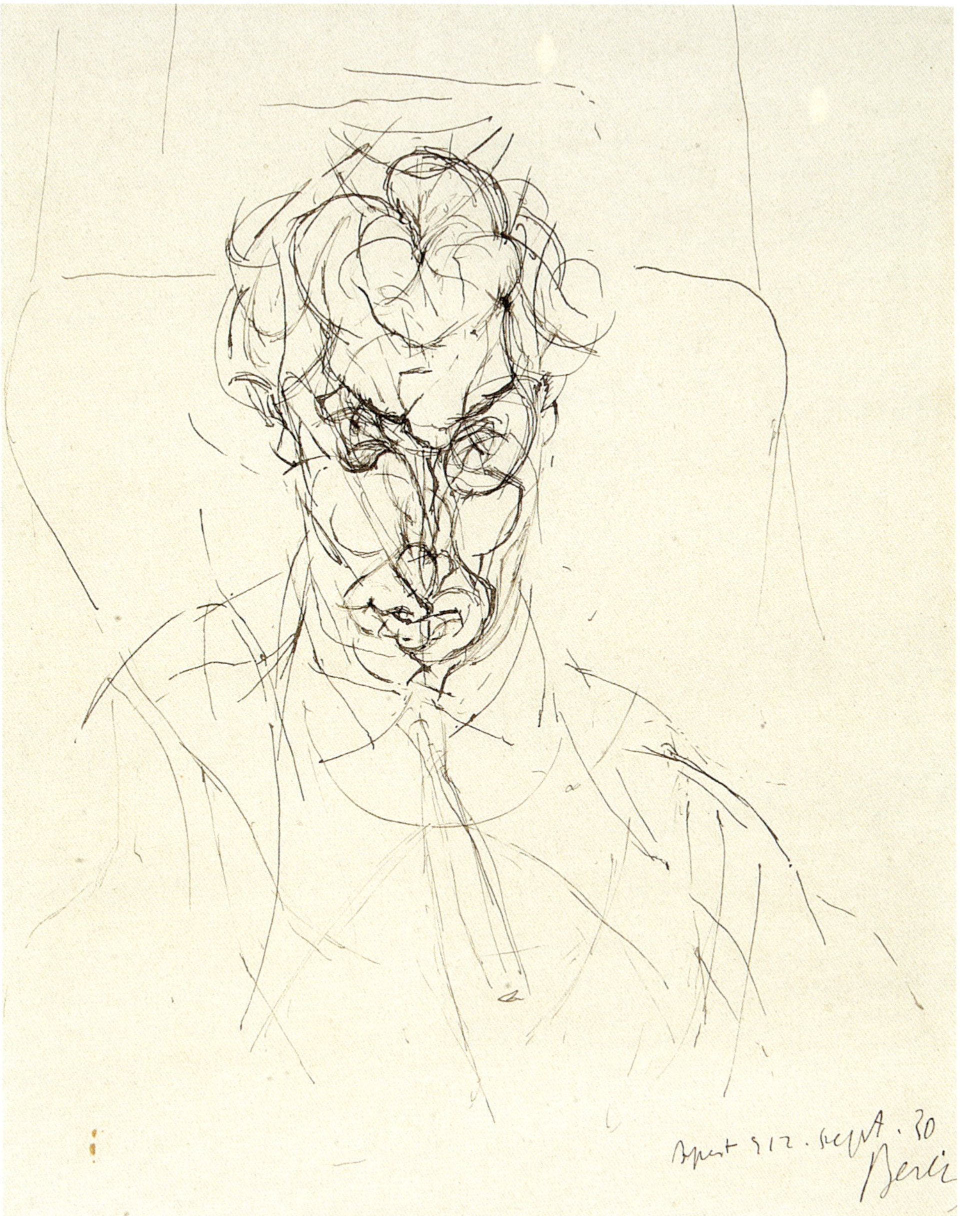

— Cat. 42
Róbert Berény
Autoportrait, 1912
Stylo et encre de Chine sur papier, 33 × 26,5 cm
Budapest, Szépművészeti Múzeum – Galerie nationale hongroise

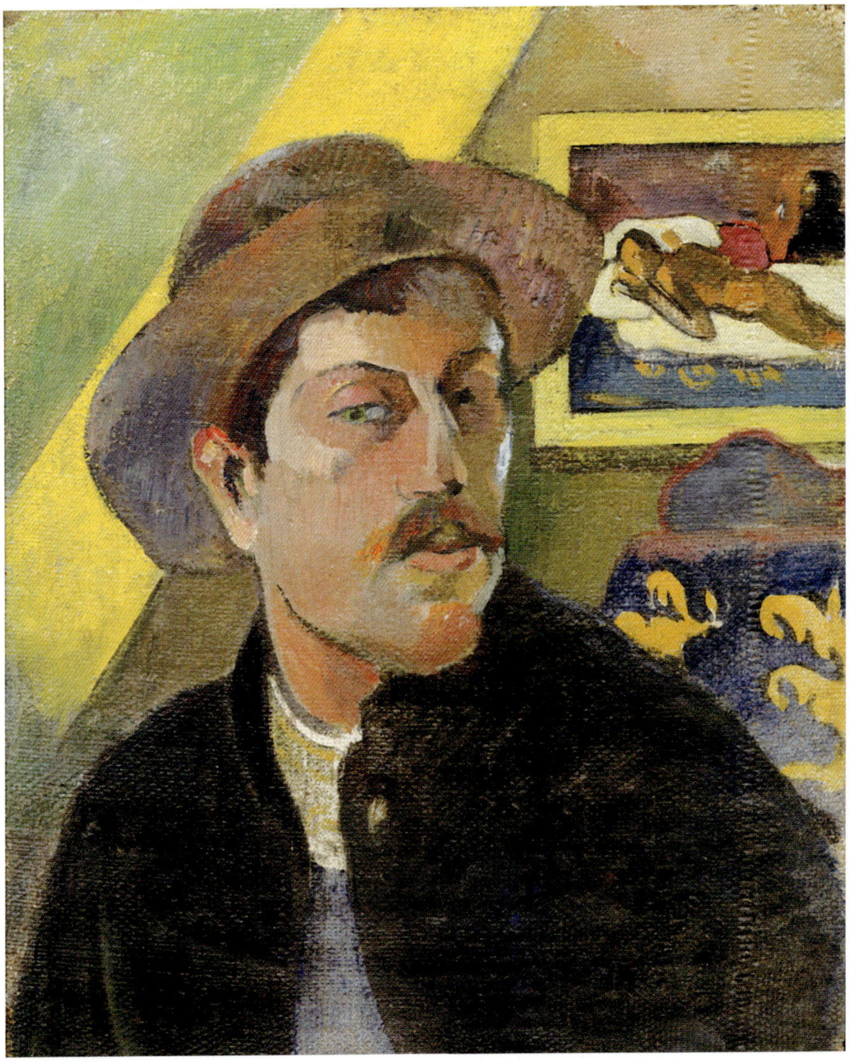

— Cat. 43
Paul Gauguin
Portrait de l'artiste, entre 1893 et 1894
Huile sur toile, 46 × 38 cm
Paris, musée d'Orsay

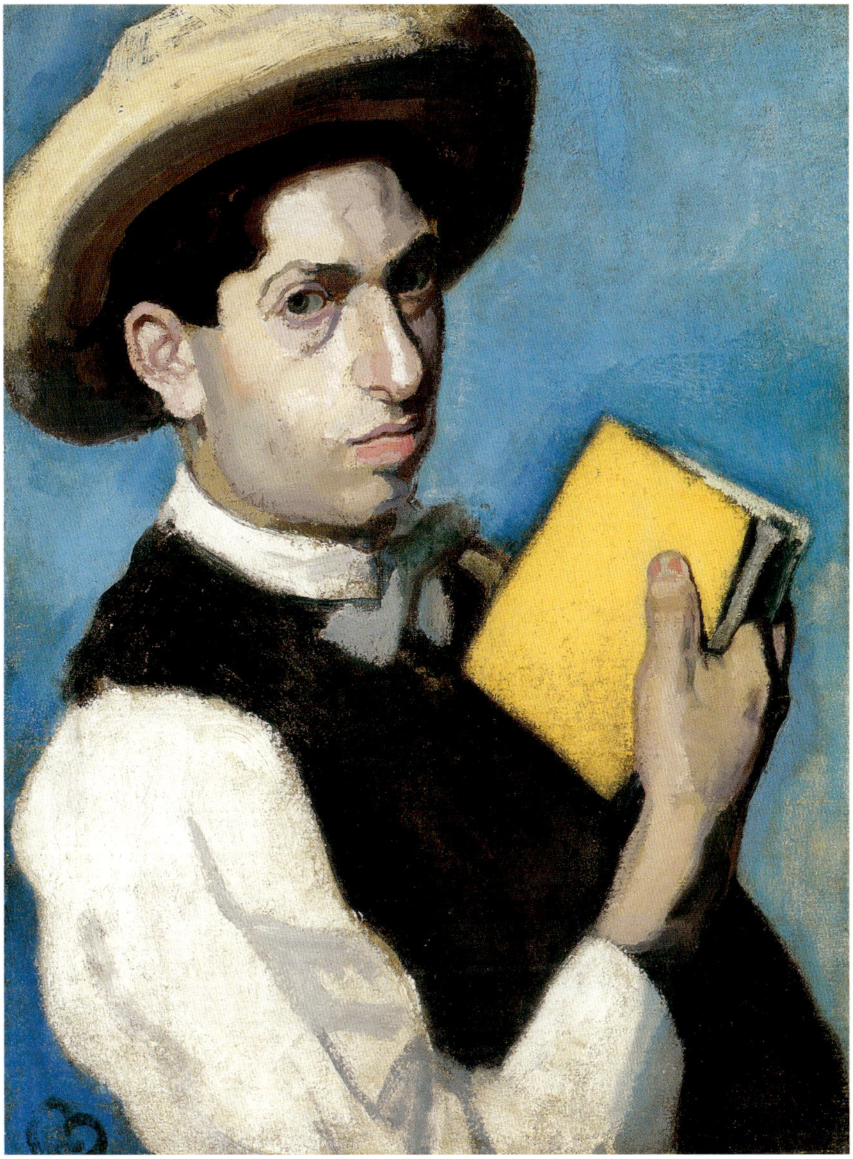

— Cat. 44
Róbert Berény
Autoportrait au chapeau de paille, 1906
Huile sur toile, 58,5 × 44 cm
Budapest, Szépművészeti Múzeum
– Galerie nationale hongroise

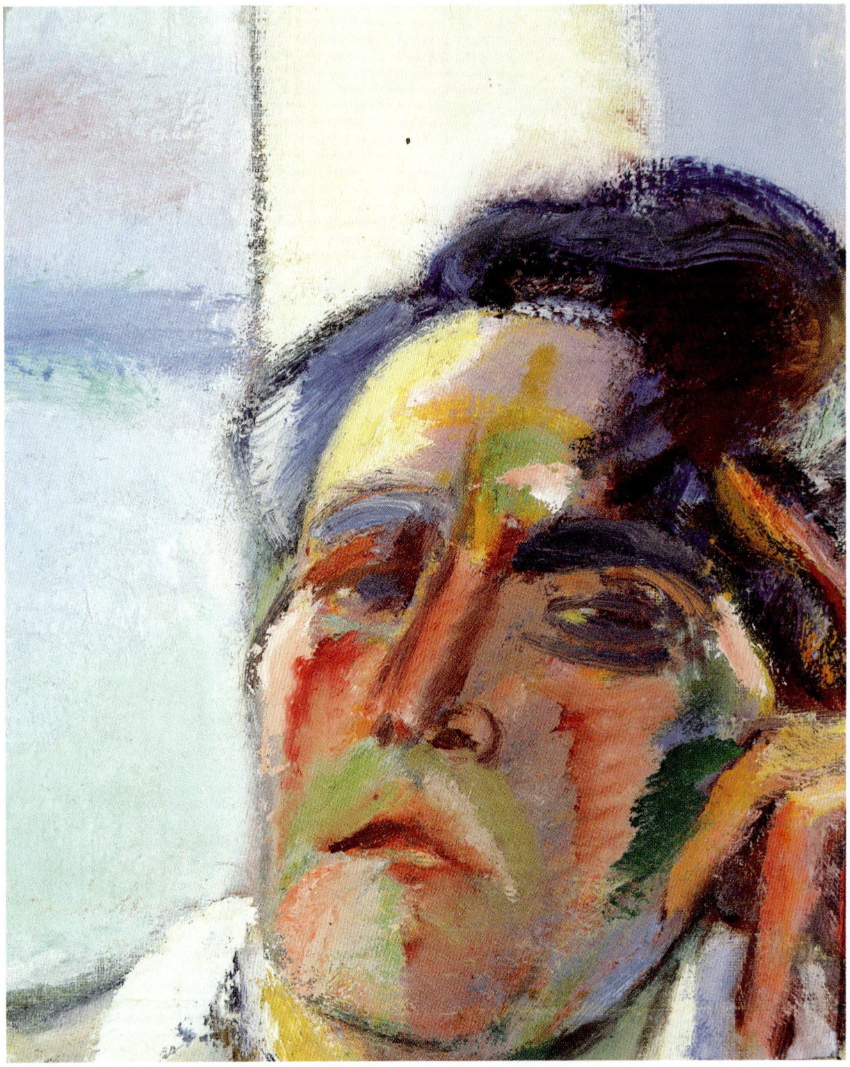

— Cat. 45
Ödön Márffy
Autoportrait, vers 1910
Huile sur toile, 29,3 × 24,3 cm
Collection particulière

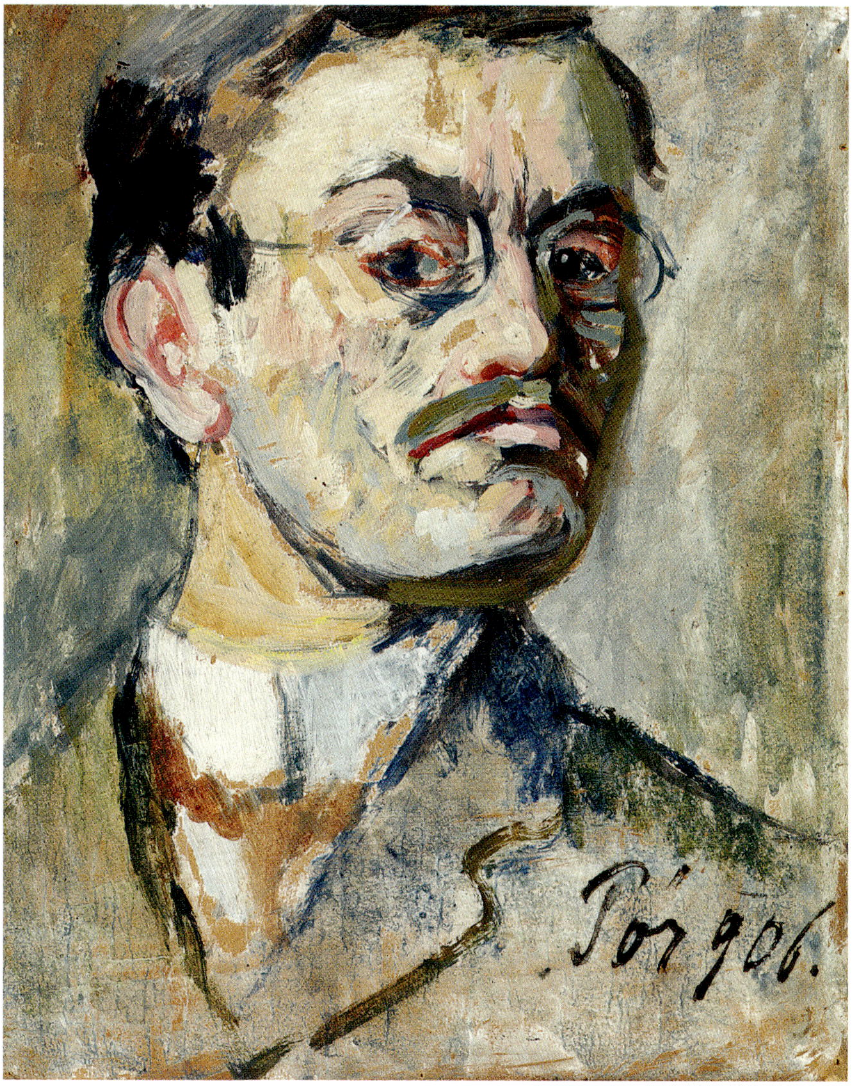

— Cat. 46
Bertalan Pór
Autoportrait, 1906
Huile sur carton, 42 × 34 cm
Kaposvár, musée Rippl-Rónai

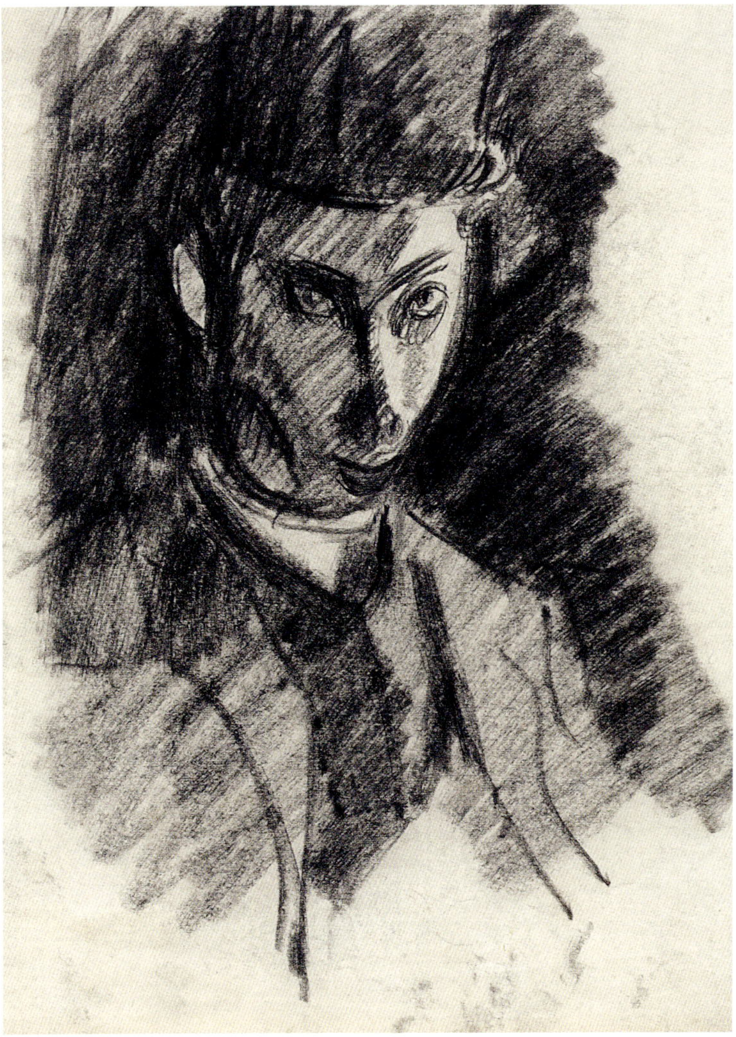

— Cat. 47
Róbert Berény
Autoportrait en haut-de-forme, 1907
Fusain sur papier, 32 × 24 cm
Budapest, collection Júlia Kohonóczki

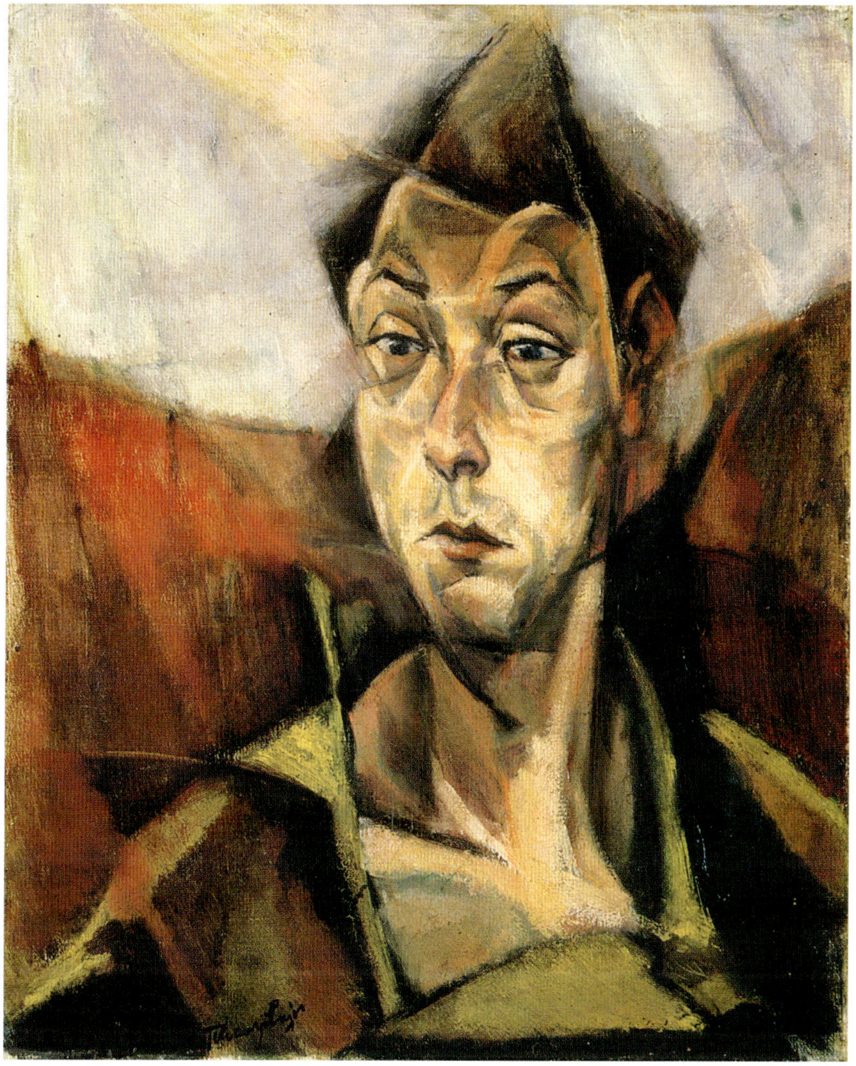

— Cat. 48
Lajos Tihanyi
Autoportrait, 1914
Huile sur toile, 55,5 × 45 cm
Budapest, Szépművészeti Múzeum
– Galerie nationale hongroise

Dezső Czigány
Autoportrait, 1909

Parmi les peintres des Huit, c'est sans aucun doute Dezső Czigány qui nous laisse l'ensemble d'autoportraits le plus varié. Non content de fixer son visage sur la toile à divers âges de la vie, il se plaisait à se peindre lui-même dans des rôles de composition, parfois des plus surprenants : tantôt en noceur, tantôt en travailleur agricole, parfois en musicien, ou même en curé. Tout juif converti au calvinisme qu'il était, il se peignait souvent en moine, voire en cardinal. Et bien que le violoncelle fût le seul instrument dont il ait jamais su jouer, certains autoportraits le montrent jouant de la guitare, sinon chantant dans un chœur. Mais ses créations varient aussi par leur style, des tableaux sombres « à la Rembrandt » aux simplifications constructivistes, voire monochromes, en passant par les œuvres expressionnistes aux couleurs vives. Souvent inquiétants, ces autoportraits présentent le peintre comme une personnalité exaltée – trait qu'on s'est plu, *a posteriori*, à rapprocher de son destin et de sa fin tragiques.

Le plus original des autoportraits de Czigány est son tableau fauve aux tendances expressionnistes de 1909, connu sous le titre d'*Autoportrait en monstre aux cheveux verts*. On peut imaginer le scandale qu'il a provoqué dans cette Hongrie qui peinait encore à s'accommoder de l'impressionnisme. Czigány a peint deux versions de ce sujet. Celle-ci, plus resserrée sur le buste du personnage et plus « sauvage » dans le choix des couleurs, fut présentée lors de la première exposition du groupe des Huit. Parmi les critiques conservatrices consacrées à cette exposition, on pouvait lire : « Louons plutôt Dezső Czigány, qui a réussi le prodige d'être le personnage le plus aride de cette exposition grand-guignolesque !? Pourtant, lui-même s'est peint de beaux cheveux verts dans son autoportrait, et agrémenté les yeux d'arcades sourcilières dont la géniale protubérance atteint la taille des citrons de Messine[1]. » Non seulement les cheveux sont verts, mais un coloris vert olive domine l'ensemble du tableau. La palette employée pour la chevelure et le manteau permet à peine de les détacher de la masse homogène du fond, tandis que les traits du visage sont dessinés par les seuls reflets verts qui s'y accrochent. Czigány, qui à cette époque aimait pourtant, dans ses portraits de femmes, employer une grande variété de couleurs vives et souvent fort éloignées du chromatisme naturel, s'est limité à des nuances jaunes pour peindre son propre visage, à l'exception du rouge de la bouche mise en valeur par contraste. Son visage lumineux émergeant d'un fond obscur, ses sourcils froncés, son regard perçant légèrement orienté vers le haut prêtent à l'artiste un air déterminé, une attitude presque menaçante.

Z. R.

1 — László Kézdi-Kovács, « Giccskiállítás » [« L'exposition du kitsch »], *Pesti Hírlap*, 31 décembre 1909, p. 8.

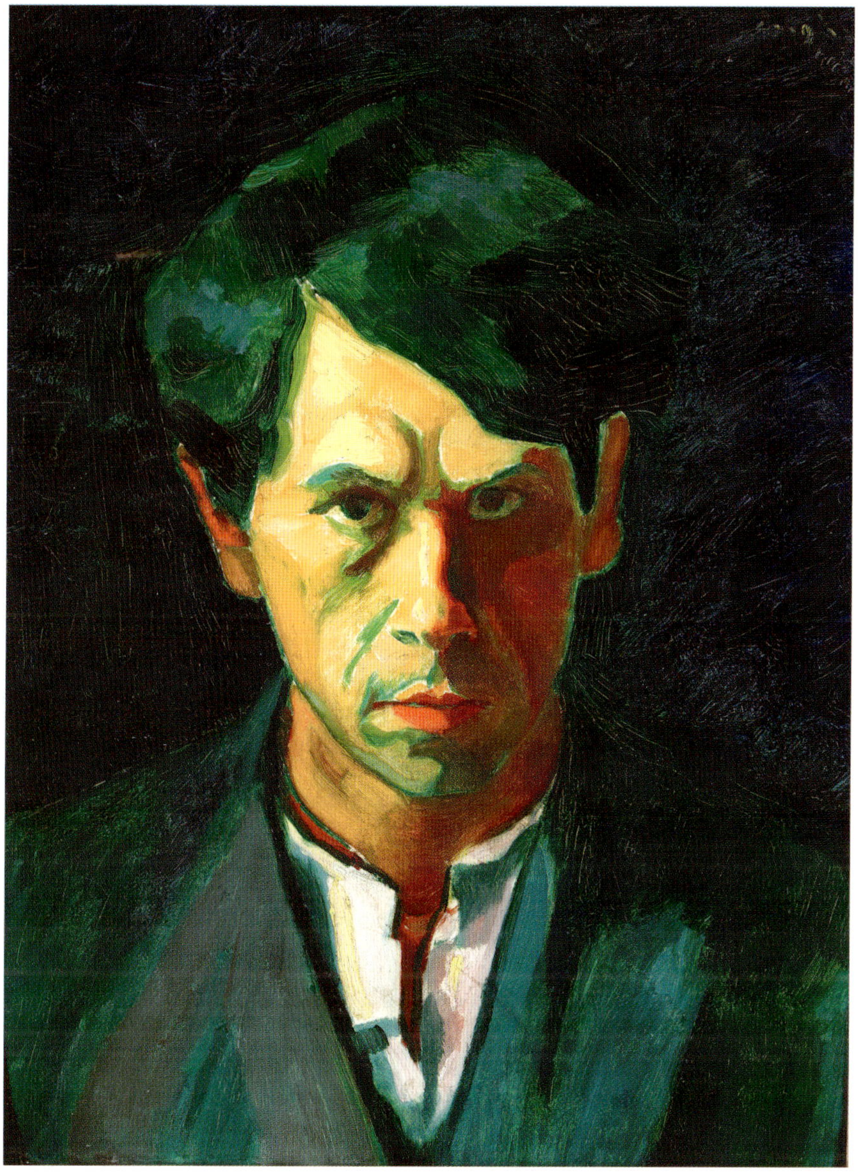

— Cat. 49
Dezső Czigány
Autoportrait, 1909
Huile sur carton, 52 × 39 cm
Collection particulière

Sándor Ziffer
Autoportrait, vers 1908

Son amitié avec le peintre Béla Czóbel s'avère capitale dans la carrière de Sándor Ziffer : sous ses conseils, il se rend à Nagybánya pour la première fois en 1906 et, à son invitation, séjourne à Paris l'automne de la même année. Au Salon d'Automne, Ziffer fait alors deux découvertes qui joueront un rôle majeur dans l'évolution de sa peinture : en voyant pour la première fois des toiles de Matisse, Manguin, Derain et Marquet, il est sous le choc de la « révolution fauve » ; à l'occasion de l'exposition rétrospective que lui consacre le Salon, il découvre l'art de Gauguin. Ce dernier lui fera une telle impression qu'il passera en 1907 plusieurs mois près de Pont-Aven, dans le village de pêcheurs de Moëlan.

Par la puissance suggestive de cet *Autoportrait* réalisé vers 1908, Ziffer démontre à quel point il a assimilé la double leçon de Gauguin et de Matisse. L'artiste se met en scène, sur le modèle des portraits de commande, dans un solennel costume noir, avec col blanc et cravate noire. Nous sommes loin cependant du portrait académique, et l'hommage à Gauguin est appuyé : tout dans cette composition rappelle le *Portrait de l'artiste* (cat. 43, p. 118), que Ziffer a vu exposé à la rétrospective de 1906. Se représentant de trois quarts face, le regard fixe tourné vers le miroir qui doit se trouver sur sa droite, il renvoie l'image d'un artiste farouche, sur le modèle de l'autoportrait de son maître. Mais la rudesse des traits, accusée par l'arrière-plan à peine brossé de la toile, est plus accentuée encore. Par le traitement des sourcils, tracés en une seule large ligne noire, par les contours vigoureux de l'ovale du visage et plus encore du lobe de l'oreille, le peintre emprunte tout autant à la sculpture africaine. Enfin, l'emploi de couleurs pures, et les rehauts de rouge sur le nez et l'oreille notamment, sont autant d'allusions à Matisse.

Si les références aux nouveaux « maîtres » de la modernité sont omniprésentes dans cet autoportrait, la puissance de son expression n'en est pas moins intacte. L'artiste semble nous défier du haut de ses découvertes picturales, et, dans un raccourci stupéfiant, confronte son propre portrait à une image énigmatique : alors que Gauguin se met en scène entouré de sa production tahitienne, Ziffer nous propose, par contraste, ce qui semble être, en haut à gauche de la toile, une représentation religieuse (doit-on y voir une Madone en prière ?), dans un lourd cadre traditionnel.

C. B.

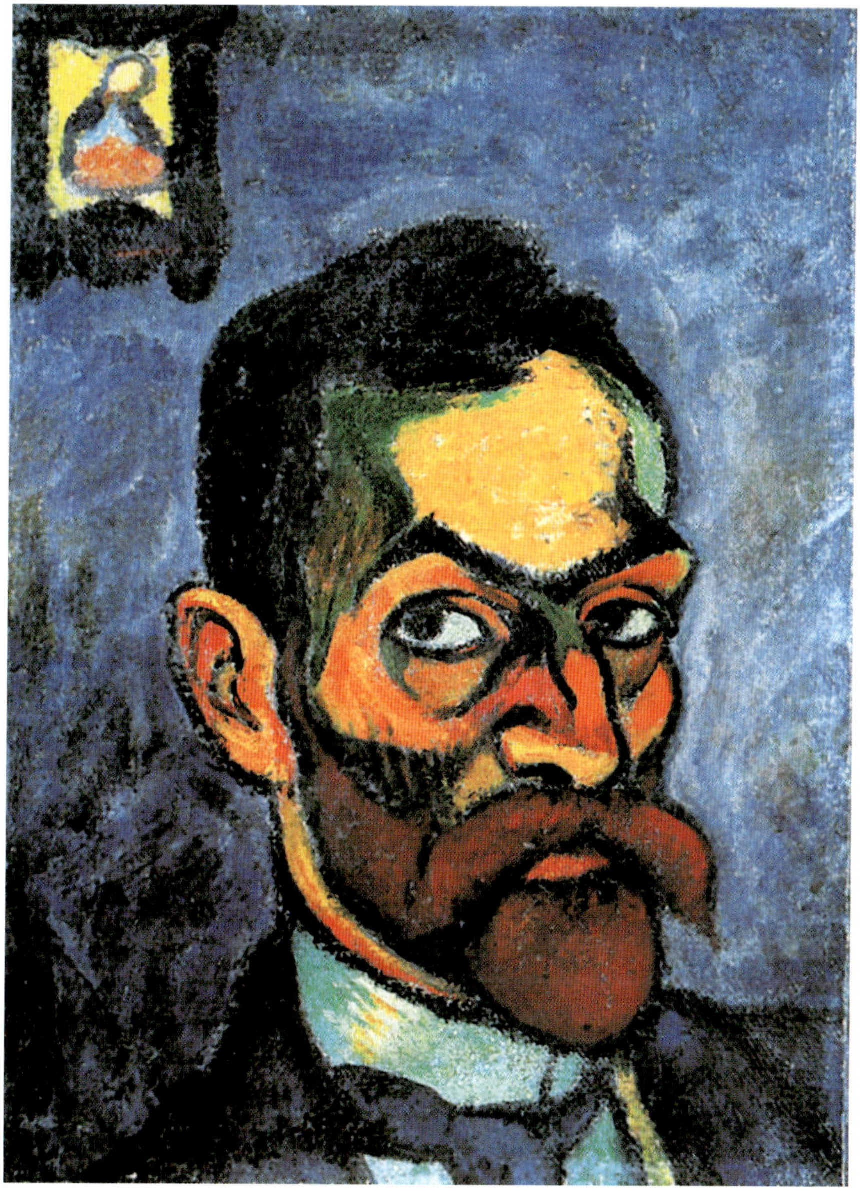

— Cat. 50
Sándor Ziffer
Autoportrait, vers 1908
Huile sur toile, 41 × 30 cm
Pécs, musée Janus Pannonius

József Nemes Lampérth
Autoportrait, 1911

En 1911, József Nemes Lampérth a vingt ans et est engagé dans une carrière artistique depuis quelques années déjà. Mais son passage cet été-là dans la colonie d'artistes de Nagybánya lui ouvre de nouveaux horizons : par l'intermédiaire de ses camarades qui avaient séjourné à Paris, il découvre les principes du fauvisme.

Réalisé à l'automne de cette même année, son *Autoportrait* a été reconnu, par sa frontalité absolue, son coloris intense, et par l'audace qui s'en dégage, comme un exemple particulièrement abouti d'une peinture fauve hongroise inspirée de l'art français. Et de fait, si Nemes Lampérth n'a pas encore fait son pèlerinage artistique à Paris, il est néanmoins difficile de ne pas penser au modèle matissien pour cet autoportrait, qu'on peut notamment rapprocher du *Portrait de Derain* (1904, Londres, Tate Gallery) : on y retrouve la même construction de l'arrière-plan en deux pans de couleur, bleu et vert, les mêmes bandes colorées barrant le visage.

Pourtant, par son traitement pictural, Nemes Lampérth s'éloigne de son modèle français : le visage est modelé par des empâtements épais plaqués avec énergie, en bandes larges et parallèles, contrastant avec l'immobilité du regard, presque inquiétante. Le veston de l'artiste, traité dans des tons jaunes et verts au tracé horizontal très apparent, se distingue des lignes verticales de l'arrière-plan aux tons bleus et vert foncé, alors que le rouge presque criard de la cravate met en valeur le visage. Cette énergie, quasi brutale, confère à la figure elle-même une expressivité intense : au jeu des influences, c'est peut-être plus encore vers celle de l'expressionnisme allemand, de Schmidt-Rottluff ou de Nolde, qu'il faut se tourner.

Paradoxalement, la fixité du regard semblant annoncer les luttes intérieures auxquelles l'artiste sera en proie quelques années plus tard comme la rigidité même de l'expression confèrent à cet autoportrait sans complaisance une grande force expressive.

C. B.

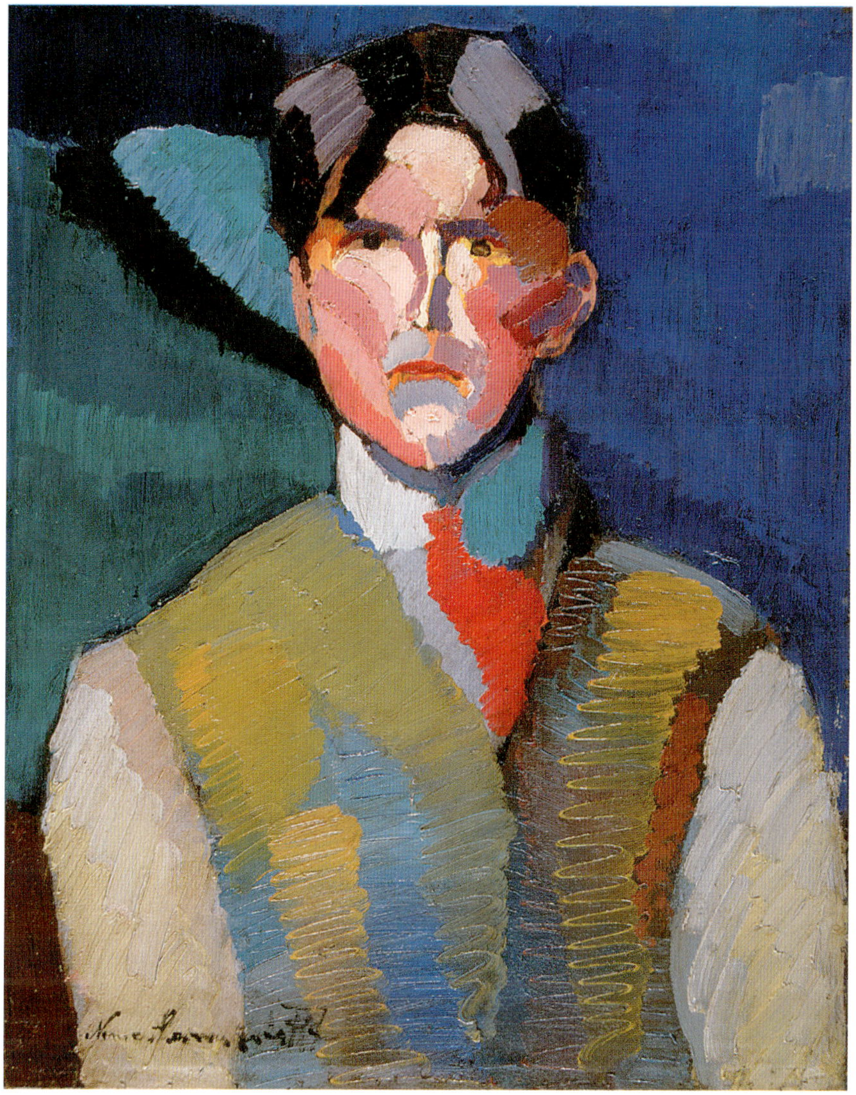

— Cat. 51
József Nemes Lampérth
Autoportrait, 1911
Huile sur toile, 75 × 60 cm
Budapest, Szépművészeti Múzeum
– Galerie nationale hongroise

Ödön Márffy
Autoportrait constructif, 1914

Márffy, comme la plupart des peintres du groupe des Huit, a volontiers documenté la fuite du temps en peignant des autoportraits. Le premier d'entre eux est une sorte d'hommage à Matisse (cat. 45, p. 120), dont Márffy avait alors probablement découvert le *Portrait à la raie verte*[1], lors de ses années de formation à Paris.

En 1914, alors que l'aventure du groupe des Huit touche à sa fin, l'artiste adopte pour cette toile une approche beaucoup plus stricte, et construit sa composition de manière structurée. Au lieu de la pose pensive de son autoportrait fauve – on retrouve une attitude similaire dans une photographie de 1910 – il se présente ici dans une posture de défi, celle d'un peintre sûr de lui. Sa tenue élégante et ses cheveux soigneusement peignés montrent qu'il a abandonné son air exalté et son allure bohème ; au contraire, le tableau est dominé par une gravité prononcée.

Il se représente en buste, de manière frontale, mais avec une forte inclinaison latérale, la ligne de la colonne vertébrale semblant épouser une diagonale de la toile. Le visage est tourné de trois quarts vers la droite ; le regard soutient celui du spectateur ; la lèvre inférieure est légèrement boudeuse. C'est cette posture qu'il choisira pour la plupart des autoportraits qu'il réalisera les dix années suivantes.

Contrairement à Dezső Czigány, Márffy s'est abstenu dans ses portraits de jeux de rôle psychologisants. Il s'observe avec détachement, comme étranger à lui-même. Il ne se préoccupe pas des sentiments reflétés par le visage mais de l'aspect physique lui-même, de la lumière réfléchie par les creux et les saillies. Les faisceaux de lumière décomposent le visage en structures cristallines, soulignant sa plastique, tandis que les épaules, la poitrine et la main tenant la palette se fondent presque dans l'environnement, laissant à peine deviner que le peintre se trouve en plein air, entouré d'arbres.

Z. R.

1 — *Madame Matisse*, 1905, huile sur toile, 60 × 41 cm, Copenhague, Statens Museum for Kunst.

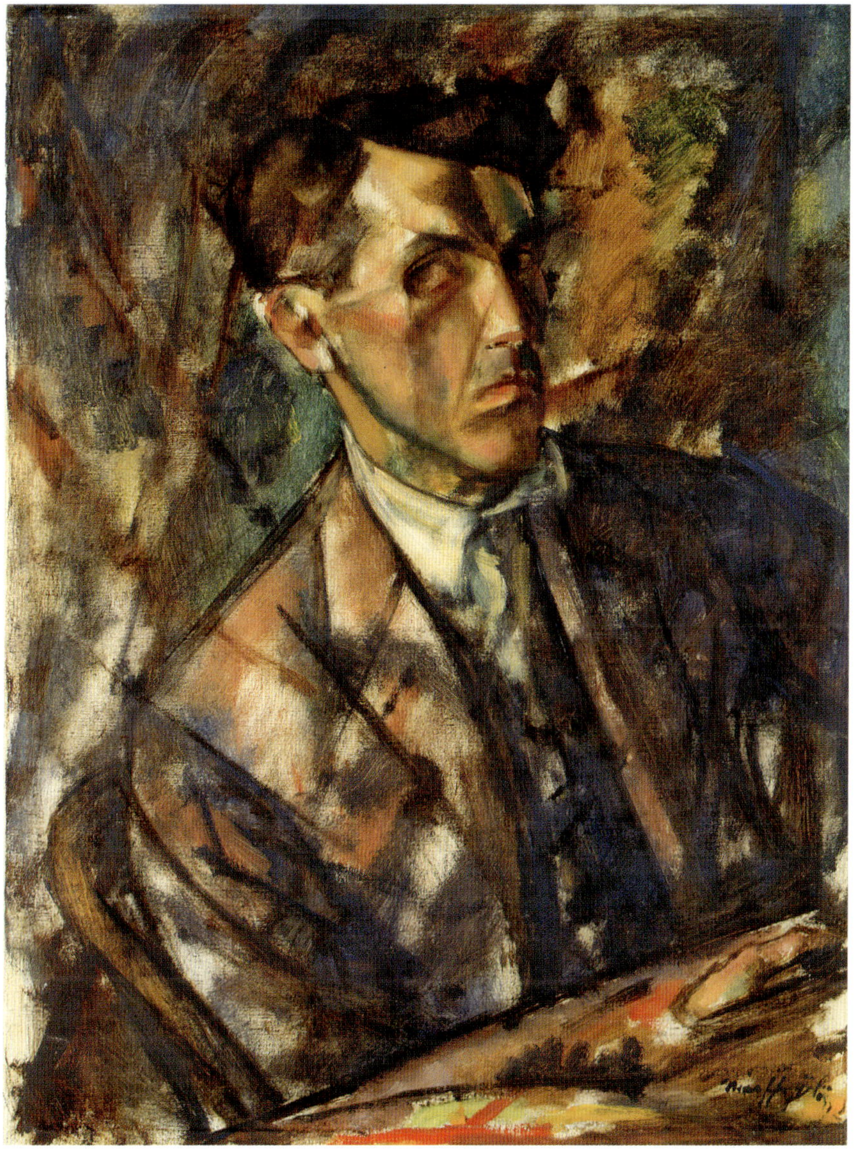

— Cat. 52
Ödön Márffy
Autoportrait constructif, 1914
Huile sur toile, 92 × 69,5 cm
Budapest, Szépművészeti Múzeum
– Galerie nationale hongroise

Róbert Berény
Autoportrait en haut-de-forme, 1907

Parmi les Hongrois qui se sont un temps rapprochés des Fauves français, Róbert Berény semble être la personnalité la plus complexe. Son style, très proche du leur, en diffère fondamentalement de par son approche psychologique particulièrement sensible dans ses portraits.

La tempête de l'affaire Dreyfus vient à peine de s'apaiser en France lorsque, caricaturant sa propre judéité, Berény se présente au Salon des Indépendants de 1908 avec un autoportrait insolent par son autodérision mordante. Cet *Autoportrait en haut-de-forme* comme son *Nu d'une jeune Italienne* (cat. 58, p. 139) avaient dès ses débuts parisiens, attiré l'attention de Maurice Denis, qui, dans un article sur les Fauves au ton critique, avait déclaré : « Il y a plus de simplicité chez Bérény [*sic*]. Malgré d'étranges apparences, sa bizarre petite femme aux jambes boudinées est assez vivante et colorée. Le portrait est peint, et ce qui est mieux, il est dessiné : la laideur en est expressive[1]. » L'artiste, dont on connaît pourtant le grand mépris pour les Fauves, reconnaît ainsi des qualités à Berény. Il existe d'ailleurs une esquisse de ce tableau à l'intensité comparable.

Même parmi les tendances stylistiques les plus innovantes, cette œuvre provocante d'un peintre âgé d'à peine vingt ans pouvait être considérée comme une création résolument moderne. Le jeune Berény, partant des principes posés par Cézanne, rejoint une tendance caractérisée par la recherche d'une nouvelle forme de classicisme : avec ce portrait qui tient du masque, il n'entretient plus ici que des liens ténus avec le fauvisme, se tournant plutôt en direction du primitivisme. Évoluant à la lisière du cubisme, il parvient à créer un style personnel, original, autonome.

Dans cette perspective, l'expression psychologique du portrait est réduite à l'essentiel, et les formes sont interprétées de façon simplifiée, mais avec une réelle sophistication. Berény s'est peint en jaquette et haut-de-forme – uniforme de la bonne société parisienne de l'époque. Cet autoportrait n'est donc pas tourné vers lui-même mais reflète aussi l'anachronisme quelque peu ridicule de ses contemporains. Sa moue narquoise est un défi adressé à l'arrogance bourgeoise. Son regard lourd de supériorité intellectuelle, son attitude hautaine ne sont pas uniquement le reflet de son subconscient : la mimique est intentionnelle, de même que le geste et la pose. Sûr de ses capacités exceptionnelles, il déclamait souvent, dans un allemand parodique : « Das Genie braucht ka' Talent zu haben » [« Le génie peut se passer du talent »].

Présenté en Hongrie en 1911, dans les galeries du Salon national, le portrait fait de nouveau sensation, et, parmi les peintres du groupe des Huit, c'est principalement Berény qu'on accuse de vouloir « épater le bourgeois ». Ce n'est pas un hasard si les caricaturistes ont fait leur miel de ce tableau déjà presque caricatural par ses distorsions, que les critiques égratignèrent d'une plume trempée dans le vitriol.

G. B.

1 — Maurice Denis, « Liberté épuisante et stérile », *La Grande Revue*, 10 avril 1908, repris par Philippe Dagen, *Pour ou contre le fauvisme*, Paris, Somogy, 1994, p. 157.

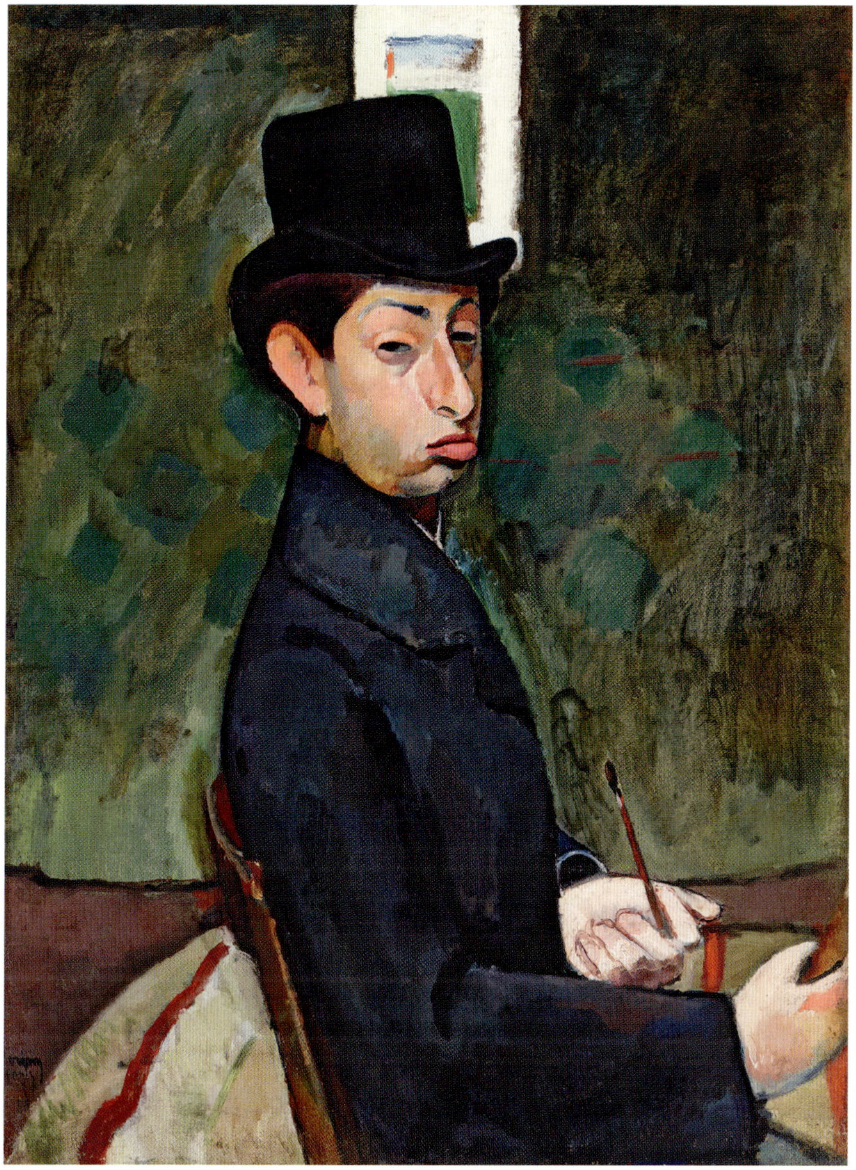

— Cat. 53
Róbert Berény
Autoportrait en haut-de-forme, 1907
Huile sur toile, 79 × 60 cm
Pécs, musée Janus Pannonius

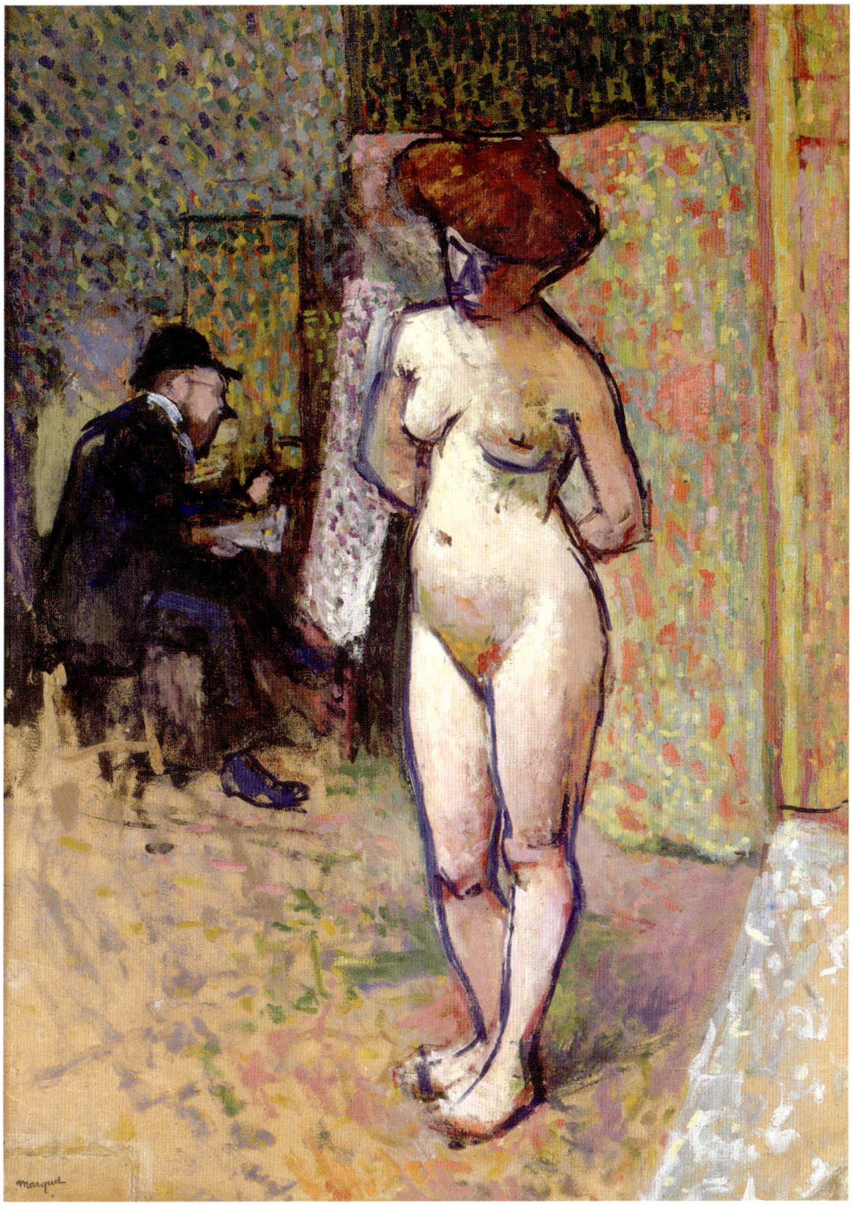

— Cat. 54
Albert Marquet
Matisse dans l'atelier de Manguin,
dit aussi *Nu dans l'atelier*, 1905
Huile sur carton, 100 × 73 cm
Paris, Centre Pompidou, Musée
national d'art moderne/
Centre de création industrielle

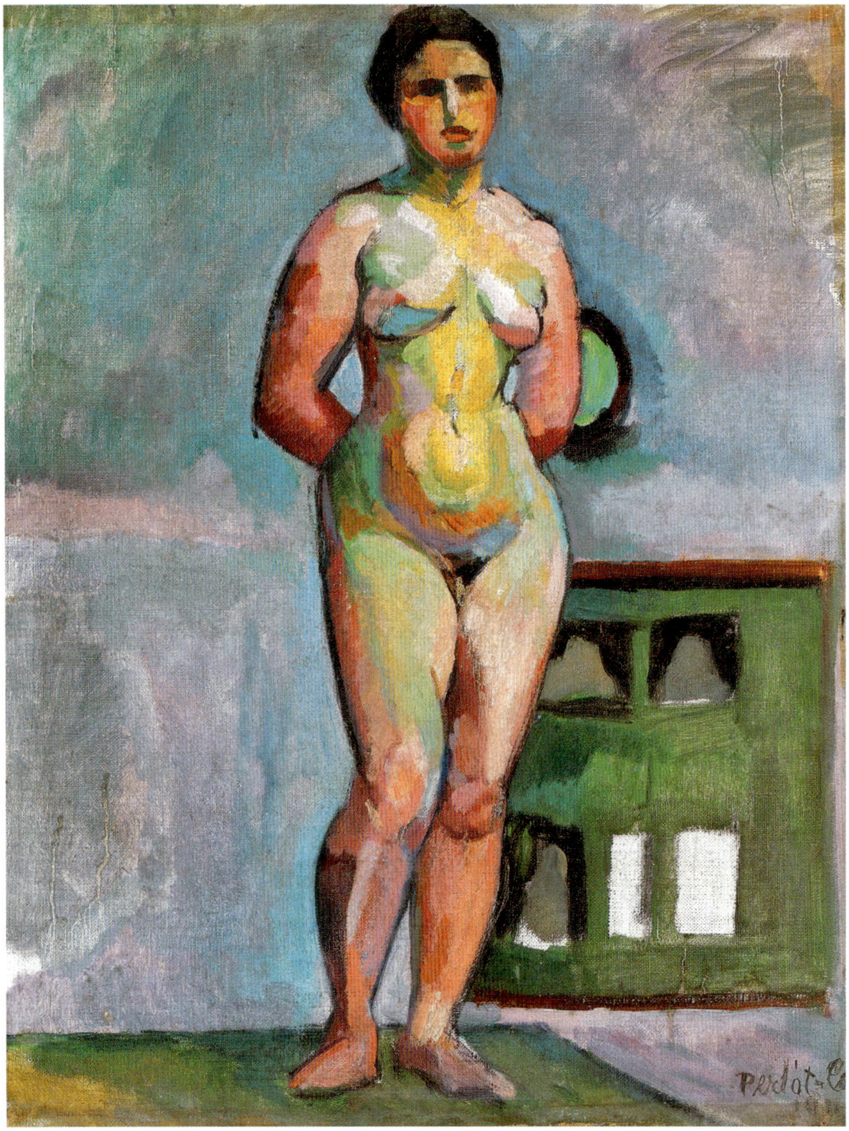

— Cat. 55
Vilmos Perlrott-Csaba
Nu féminin, 1910
Huile sur toile marouflée
sur carton, 52 × 41 cm
Kaposvár, musée Rippl-Rónai

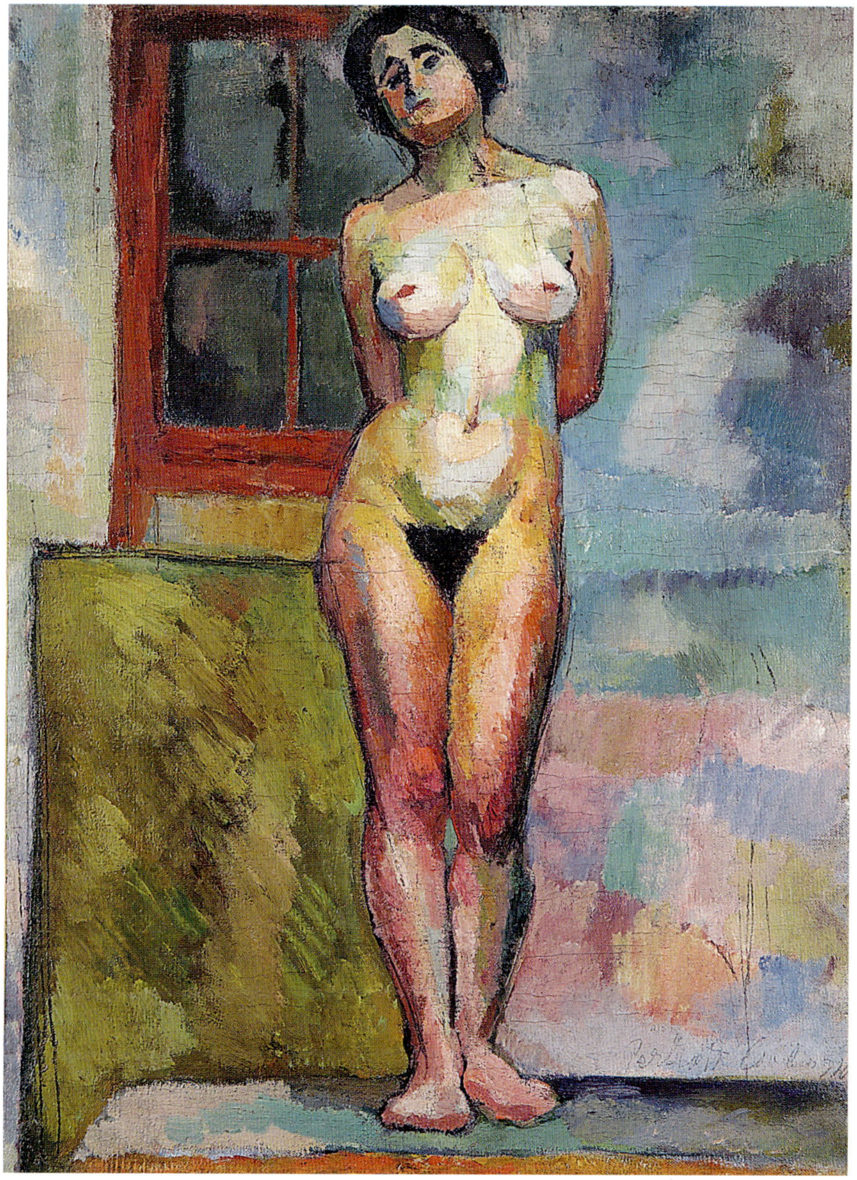

— Cat. 56
Vilmos Perlrott-Csaba
Nu féminin debout, 1910
Huile sur toile, 64 × 48 cm
Pécs, musée Janus Pannonius

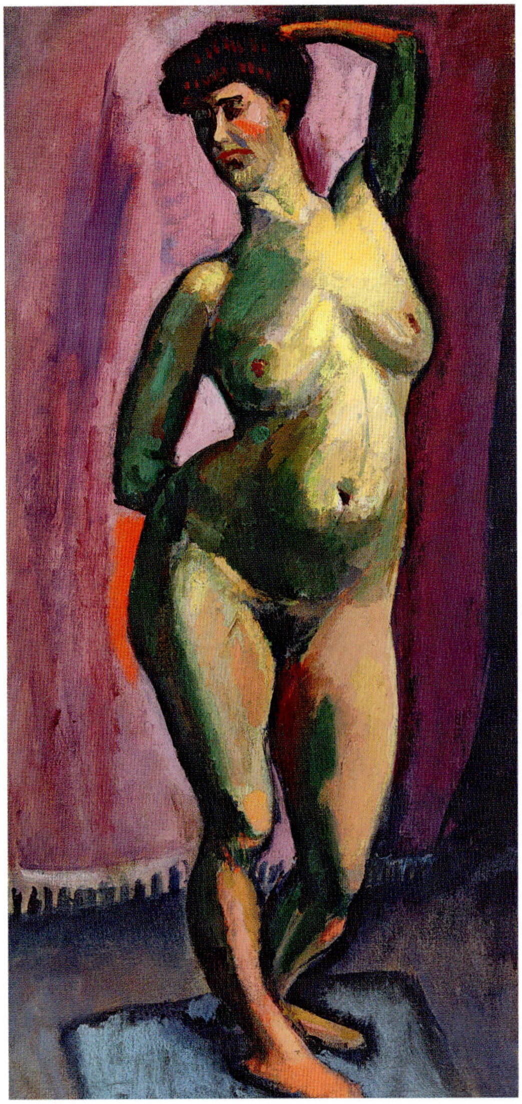

— Cat. 57
Róbert Berény
Nu de Montparnasse, 1907
Huile sur toile, 78,5 × 38,5 cm
New York, collection
Drs Thomas et Shelly Sos

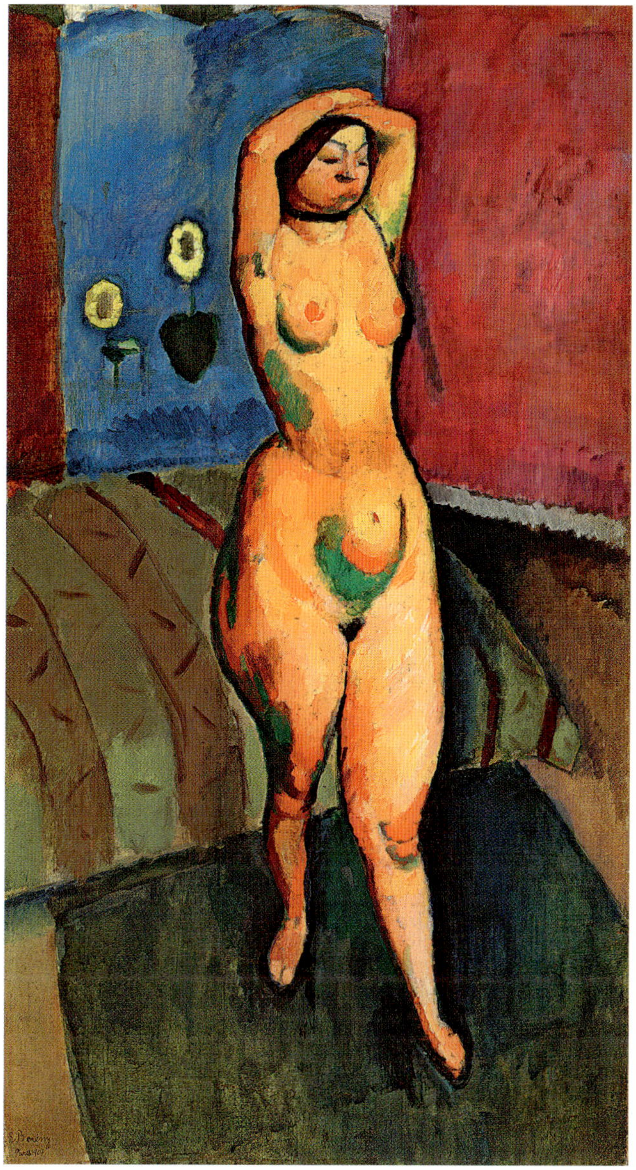

— Cat. 58
Róbert Berény
Nu d'une jeune Italienne, 1907
Huile sur toile, 81 × 44 cm
Collection particulière

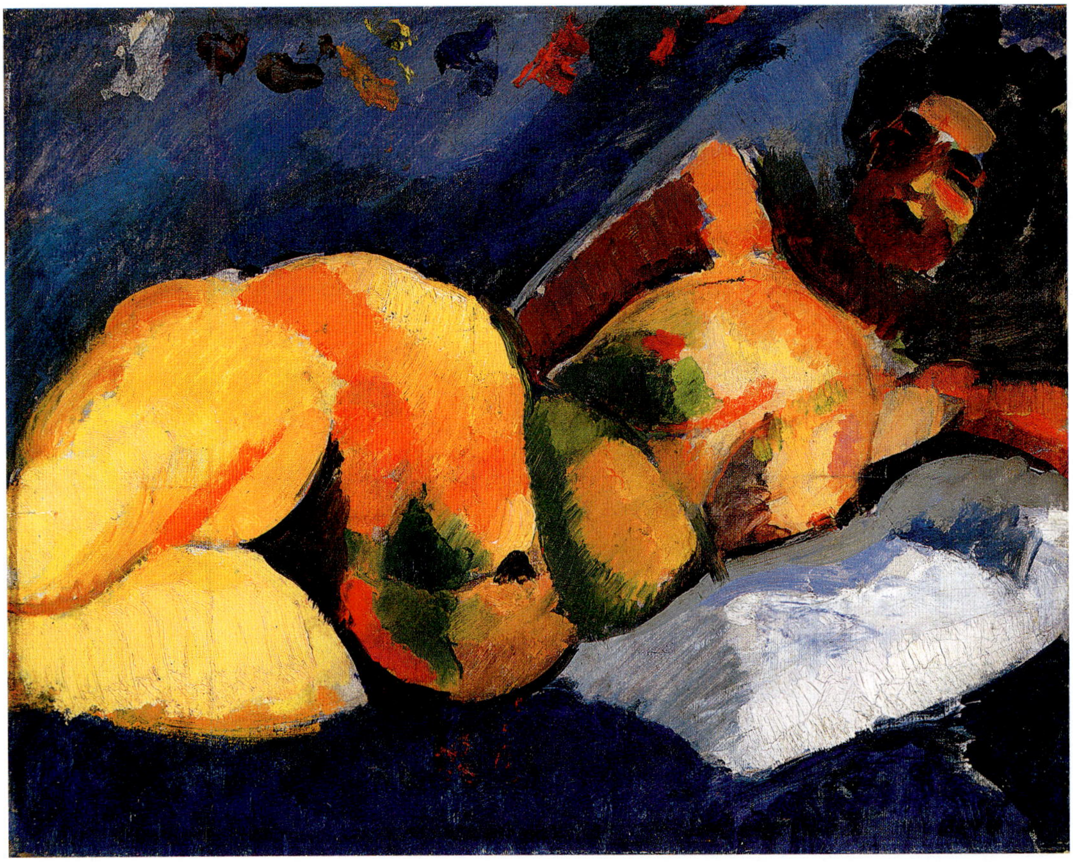

— Cat. 59
Róbert Berény
Nu féminin couché, vers 1907
Huile sur toile, 33,5 × 44 cm
Budapest, Szépművészeti Múzeum
– Galerie nationale hongroise

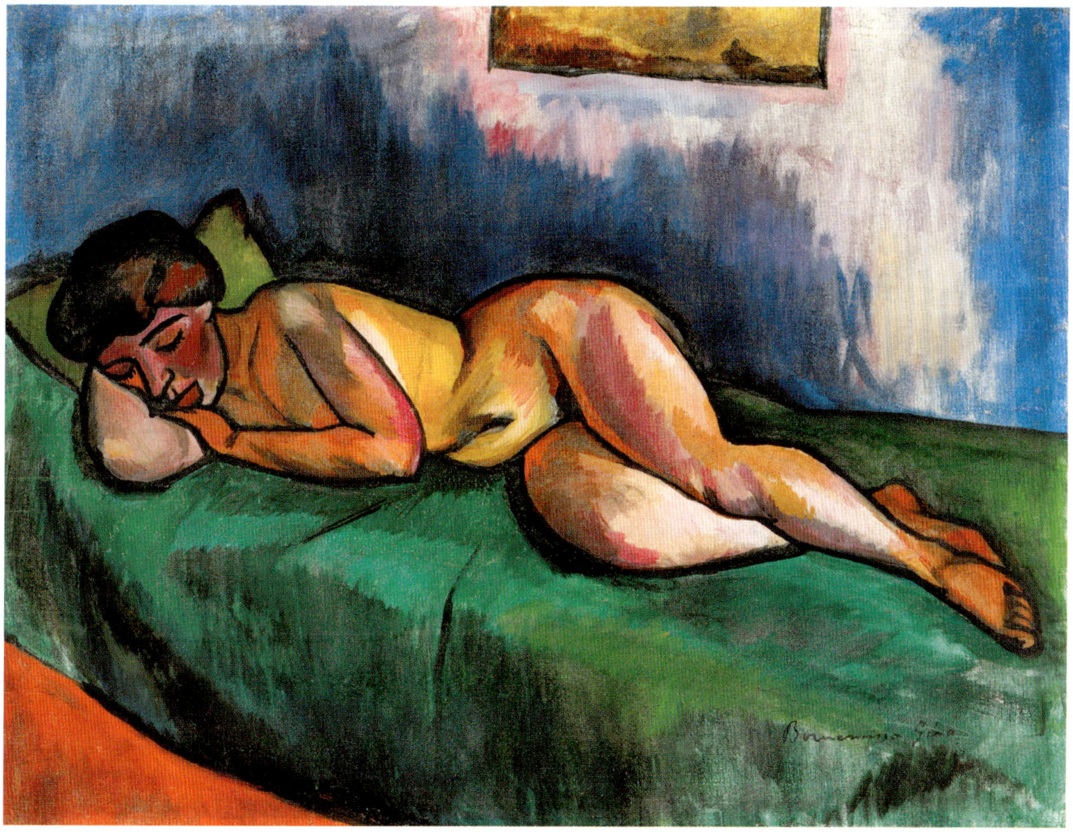

— Cat. 60
Géza Bornemisza
Nu couché, 1913
Huile sur toile, 70,8 × 94,5 cm
Pécs, musée Janus Pannonius

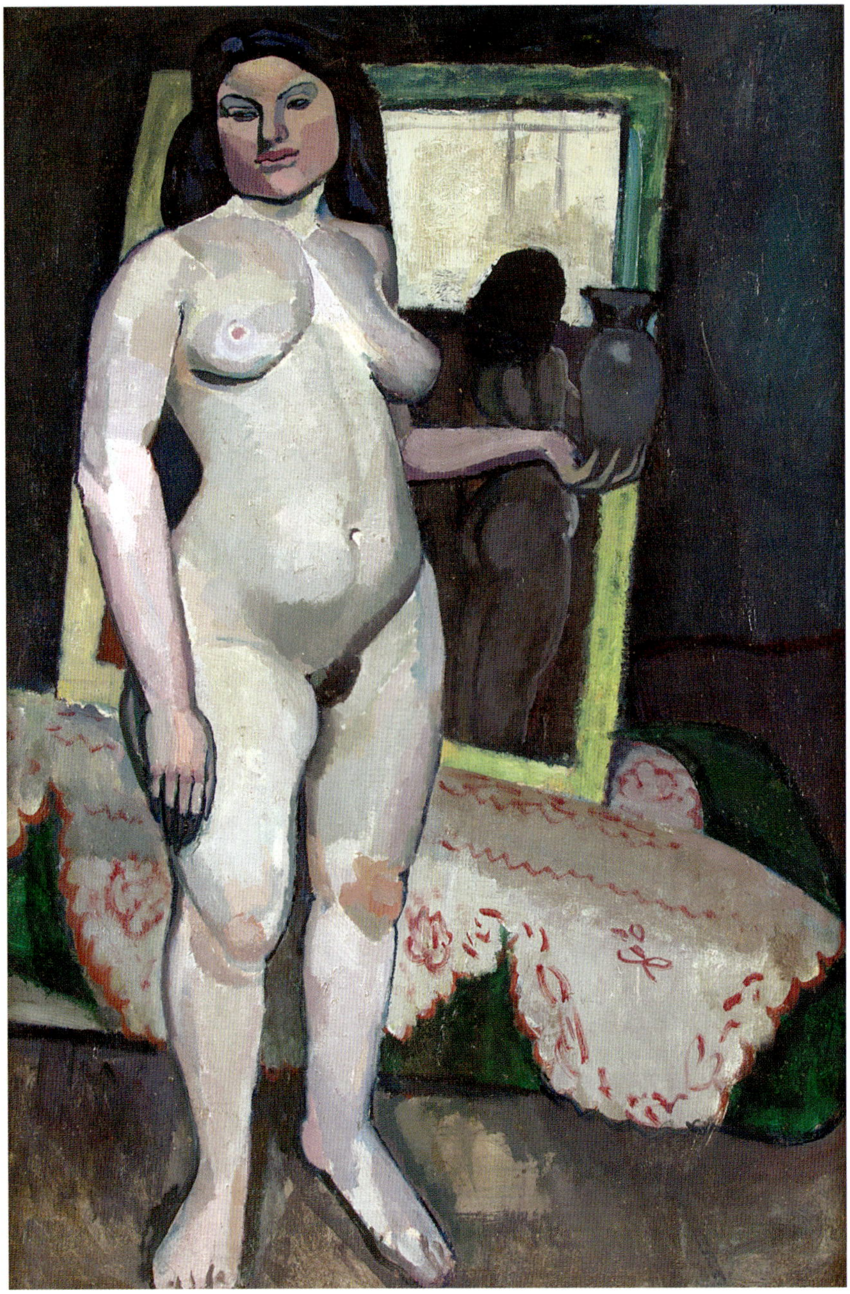

— Cat. 61
Róbert Berény
Femme nue devant une glace, 1907
Huile sur carton, 105,5 × 72,4 cm
Collection particulière

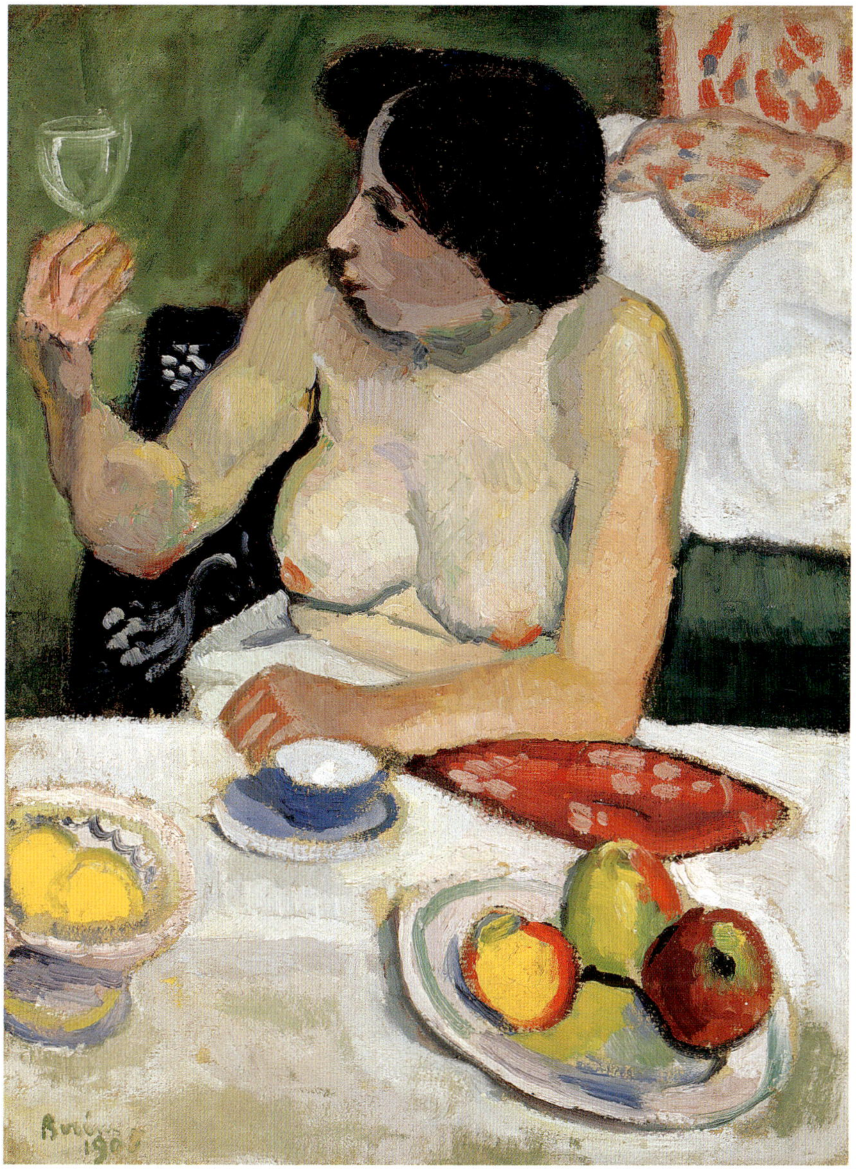

— Cat. 62
Róbert Berény
Femme au verre, 1905
Huile sur toile, 61 × 46 cm
Budapest, collection
Tamás Kieselbach

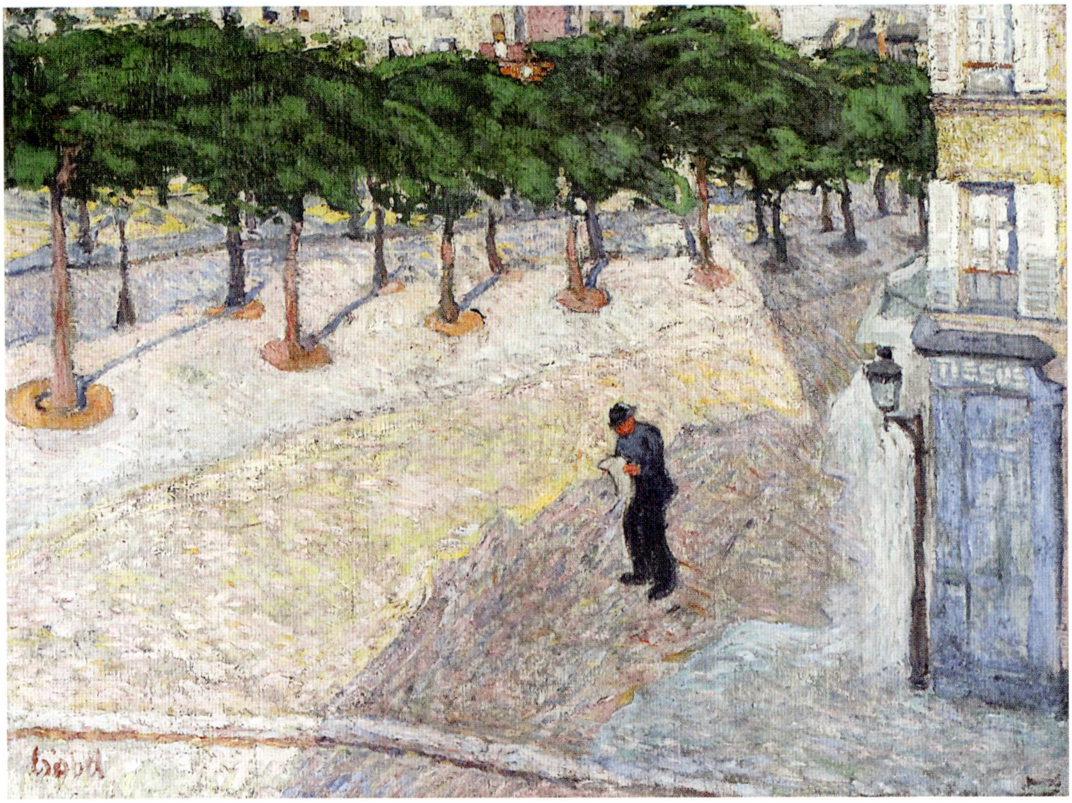

— Cat. 63
Béla Czóbel
Rue à Paris, 1905
Huile sur toile, 70 × 100 cm
Vienne, collection
Dr Barbara Czapolai-König

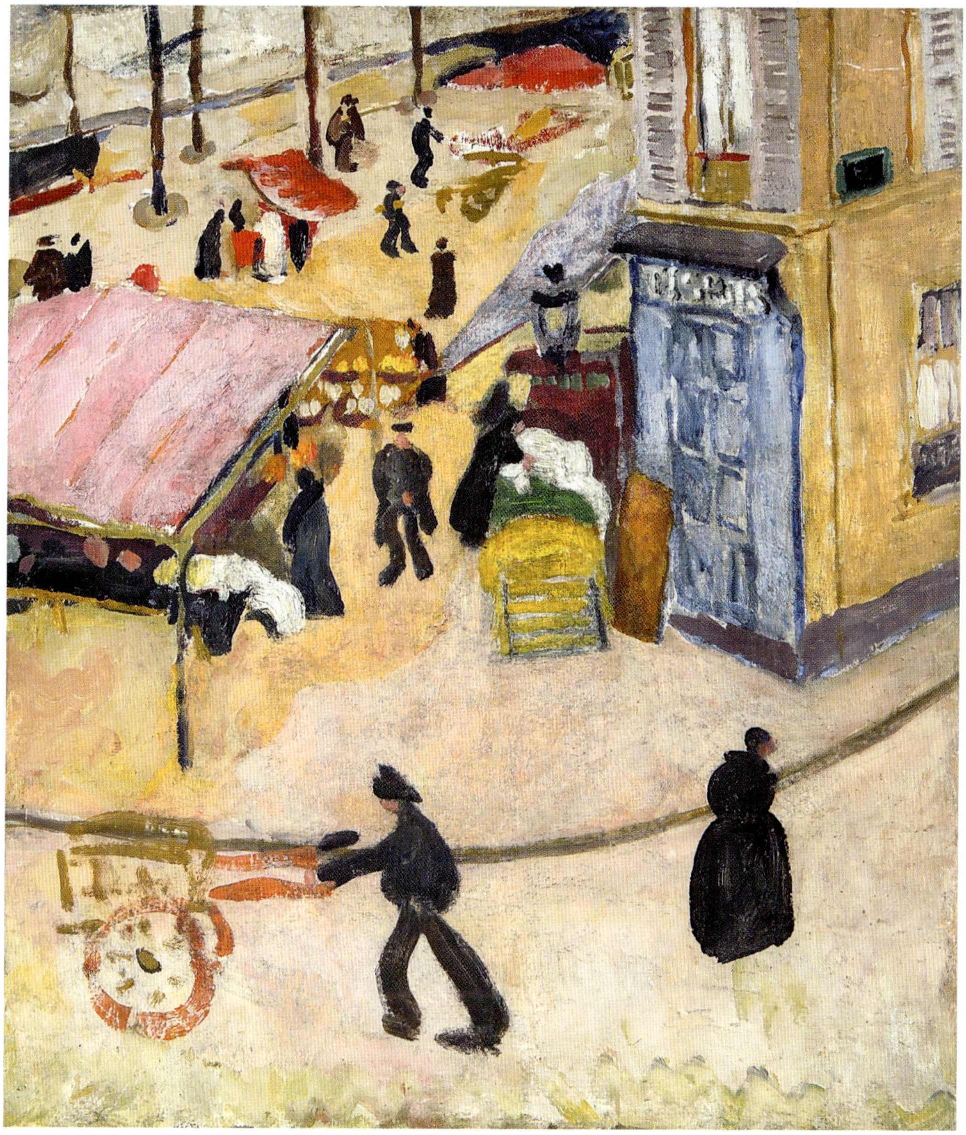

— Cat. 64
Béla Czóbel (attribué à)
Rue à Paris (au recto), vers 1906
András Mikola
Nature morte avec des plantes
(au verso), 1906
Huile sur carton, 58 × 50,8 cm
Budapest, Ernst Galéria

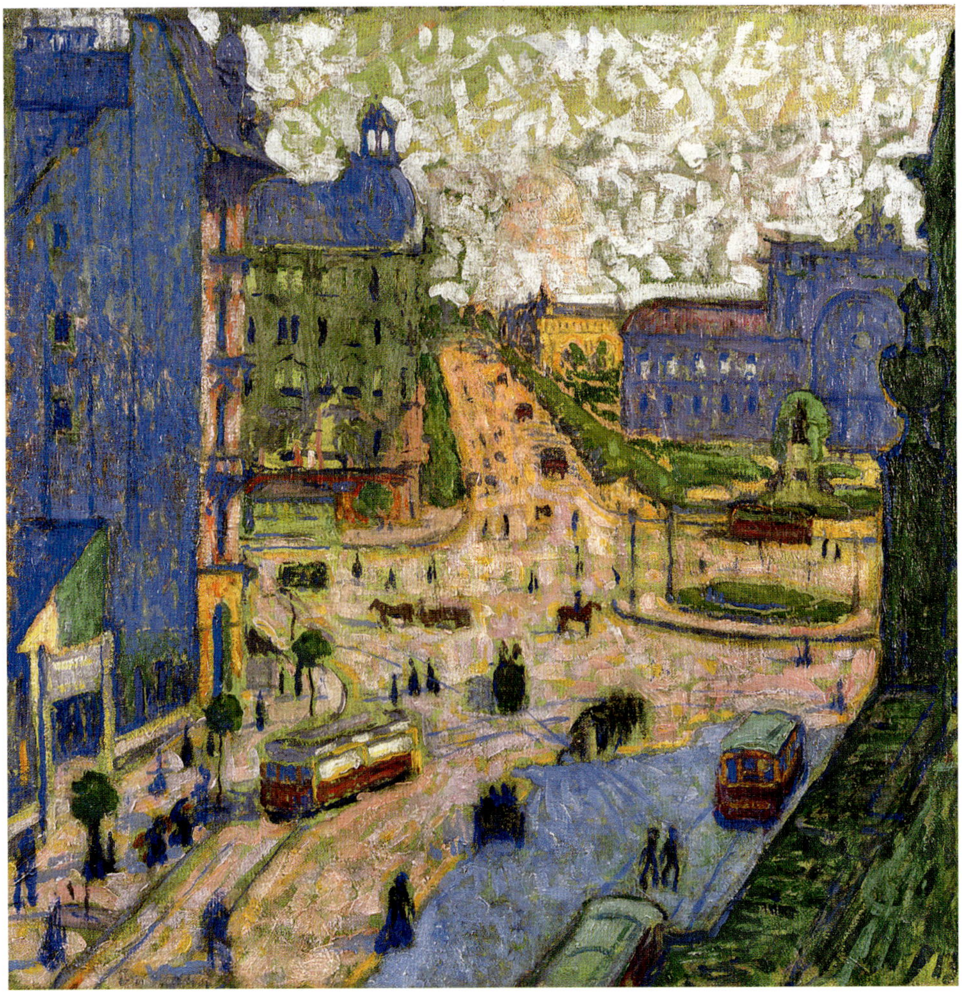

— Cat. 65
Sándor Ziffer
Place Baross, 1908
Huile sur toile, 88 × 89 cm
Allemagne, collection L. Czell

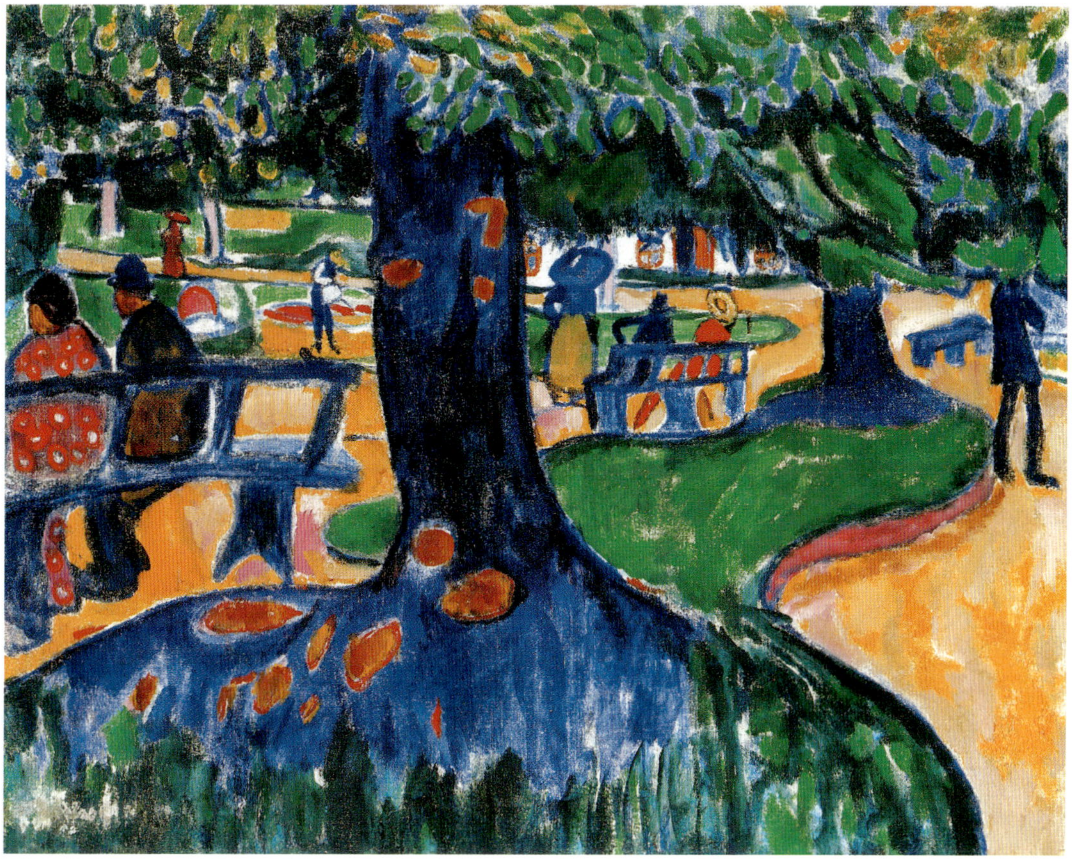

— Cat. 66
Béla Czóbel
Scène dans un parc, dit aussi
Détail d'un parc, 1906
Huile sur toile, 70 × 90 cm
Budapest, collection
Tamás Kieselbach

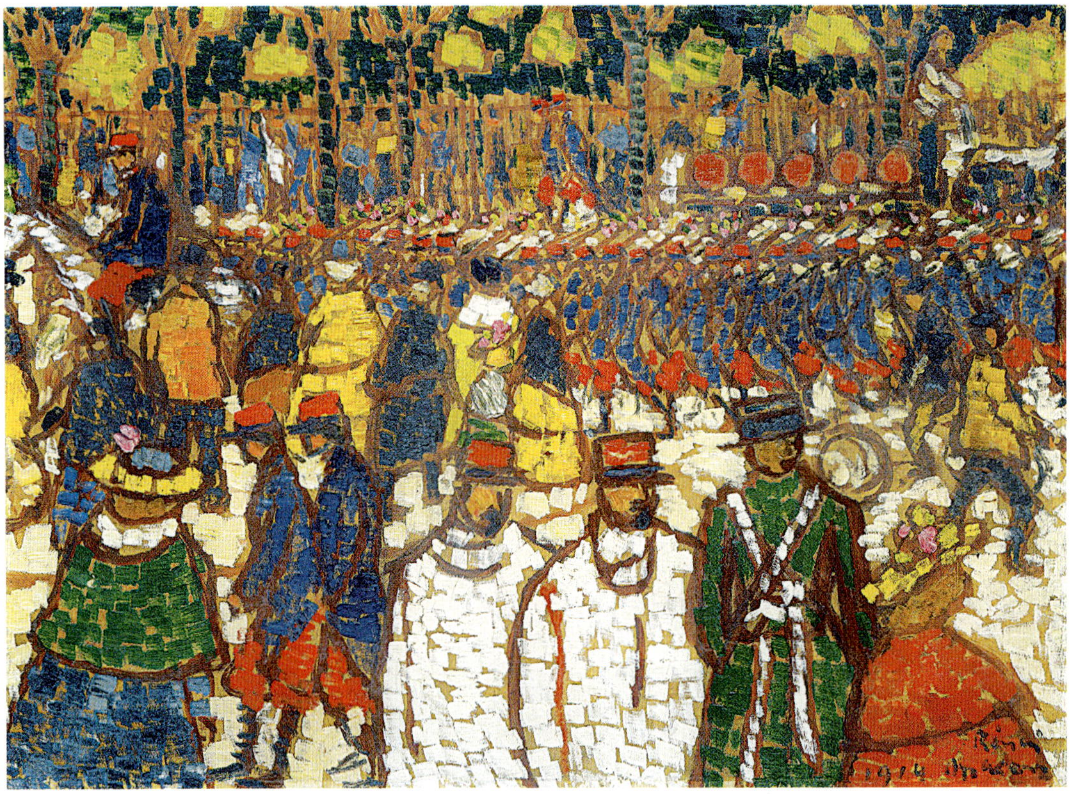

— Cat. 67
József Rippl-Rónai
Soldats français en marche, 1914
Huile sur carton, 69 × 96,5 cm
Budapest, Ernst Galéria

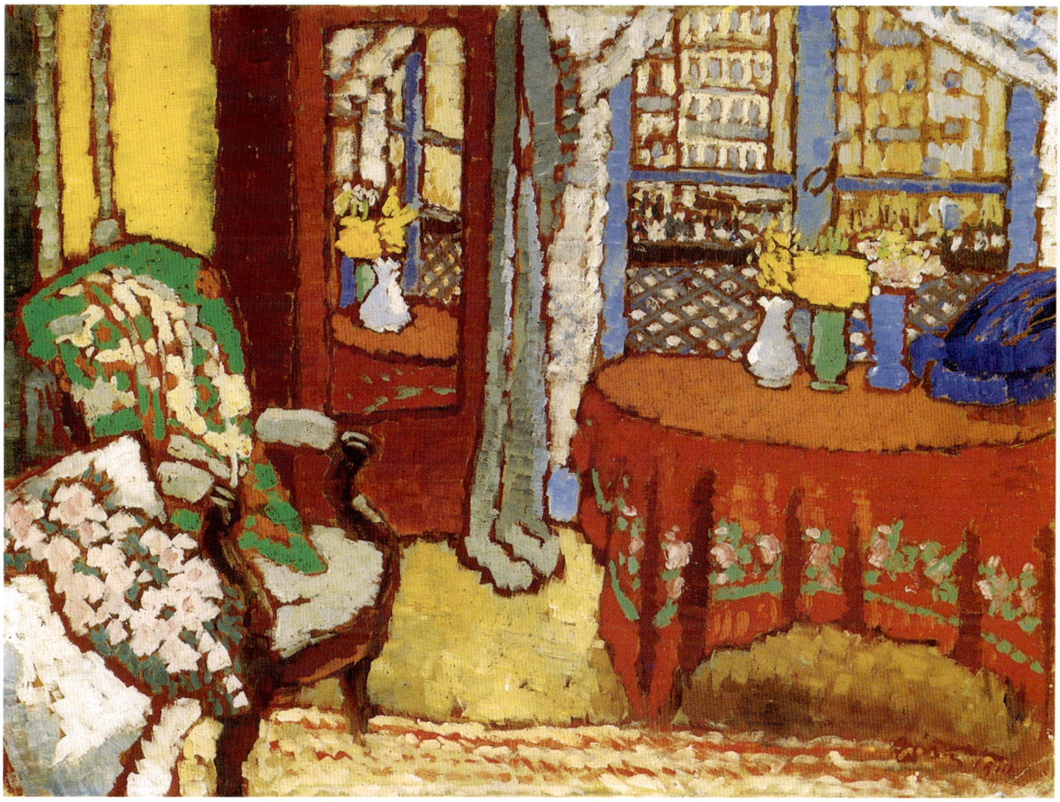

— Cat. 68
József Rippl-Rónai
Intérieur parisien, 1910
Huile sur toile, 75,5 × 104,5 cm
Budapest, collection
Tamás Kieselbach

Vilmos Perlrott-Csaba
École de peintres, 1907

Au tournant du siècle, l'enseignement dispensé à l'École des beaux-arts de Budapest ne répond plus aux attentes de la nouvelle génération de peintres hongrois. C'est notamment afin de pouvoir réaliser des études de nu d'après modèle [1] que ces derniers se tournent vers des écoles allemandes ou des académies privées parisiennes telles que l'académie Julian. Si celle-ci est la plus populaire parmi les jeunes Hongrois, ils fréquentent souvent plusieurs écoles simultanément ou successivement.

À son arrivée à Paris en décembre 1906, Perlrott-Csaba s'inscrit dans la classe de Jean-Paul Laurens à l'académie Julian. Il est ensuite l'élève de Steinlen qui dirige les cours du soir de dessin à l'académie de la Grande-Chaumière. En 1907, il se distingue de ses compatriotes en suivant les cours de l'académie Colarossi [2], située dans le quartier du Montparnasse, pour y perfectionner sa technique du dessin. C'est cette école qu'il choisit de représenter ici, et plus précisément la classe de dessin d'après modèle vivant. Perlrott-Csaba montre qu'il a alors déjà assimilé les recherches picturales du moment. L'influence de ses amis fauves français (Derain, Braque et Picasso) et hongrois (Czóbel et Berény) se fait sentir dans le contraste des couleurs, notamment le sol rouge de l'estrade qui dirige le regard du spectateur vers le nu. Il utilise la technique de Matisse, rencontré à l'académie de la Grande-Chaumière, réalisant les ombres au moyen de stries colorées. Perlrott-Csaba poursuivra ses recherches au contact de Matisse dont il sera l'un des élèves les plus assidus.

En parlant de Steinlen, il notera : « C'est ce dernier, qui, ayant reconnu et apprécié mes ambitions, m'a présenté à messieurs Henry [*sic*] Matisse et Paul [*sic*] Picasso. C'est dans ce milieu que je me suis engagé sur la voie de l'art que je professe encore aujourd'hui et que je crois être l'art de demain [3]. »

A. M.

1 — Voir Krisztina Passuth, « Wild Beasts of Hungary Meet Fauves In France », in *Hungarian Fauves From Paris To Nagybánya, 1904-1914*, Budapest, Magyar Nemzeti Galéria, 2006, p. 26.
2 — Gergely Barki, « De l'académie Julian à l'académie Matisse », in *Fauves hongrois, 1904-1914*, Paris, Adam Biro, 2008, p. 49-50.
3 — Cité par Judit Boros, in *Fauves hongrois, op. cit.*, p. 216.

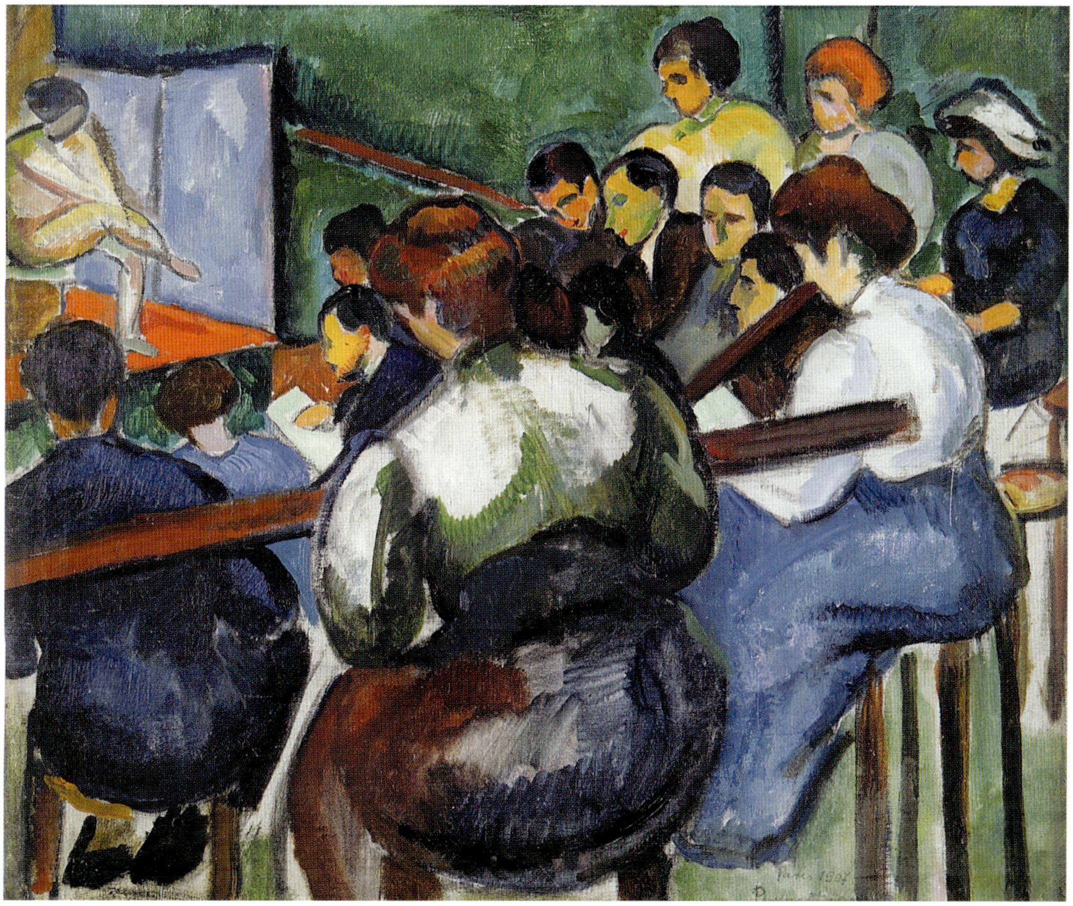

— Cat. 69
Vilmos Perlrott-Csaba
École de peintres, 1907
Huile sur toile, 66 × 80 cm
Ministère des Affaires
étrangères de Hongrie

Vilmos Perlrott-Csaba
Autoportrait avec statue, vers 1910

Vilmos Perlrott-Csaba commence à exposer dans les Salons parisiens à partir de 1907. Cette année-là, Michel Puy, dans une critique consacrée aux Fauves, le cite parmi les peintres qu'il considère les plus avant-gardistes [1]. Perlrott-Csaba se rend alors régulièrement aux rencontres du samedi soir chez les Stein, et fait, grâce à Leo Stein, la connaissance de Matisse, dont il deviendra le disciple l'année suivante.

Perlrott-Csaba, sur la photographie de groupe de l'école de Matisse (ill. 16, p. 64), est le seul dont le regard est tourné vers le maître. Il y avait sans doute une certaine proximité entre les deux artistes ; c'est notamment grâce à son maître que Perlrott-Csaba est devenu sociétaire du Salon d'Automne ; et ce n'est probablement pas un hasard si le chef de file des Fauves, dans une interview de 1911, mentionne le nom de son ancien élève : « Ces derniers temps, je n'ai plus d'élèves. J'ai besoin de la moindre minute de mon temps, c'est pour ça que je n'enseigne plus. Mais il y a encore deux ans, j'avais entre cinquante et soixante élèves. Y compris, parmi eux, de jeunes Hongrois. Je me souviens très bien de Perlrott et de Bornemisza [2]. »

Il est intéressant de constater que ces deux disciples hongrois accordaient une attention particulière à la sculpture. Dans une lettre d'avril 1908, Géza Bornemisza raconte à l'un de ses confrères de Nagybánya que, sur les conseils de Matisse, il s'est mis à modeler de l'argile [3]. Bien qu'à ce jour aucun fruit de cette activité ne nous soit parvenu, l'intérêt du peintre pour cet art du volume transparaît dans plusieurs de ses toiles. En 1910, Bornemisza place au centre d'une de ses œuvres [4] une statue de gypse (probablement peint), qu'on retrouve presque à l'identique sur une série de natures mortes de Perlrott-Csaba.

Cette sculpture avait sans aucun doute une grande importance pour lui : dans cet autoportrait, c'est cette même pièce qu'il tient en main, tel un attribut souverain, qui, par sa pose un peu affectée, rappelle ceux de la Renaissance ; peut-être constitue-t-elle aussi une sorte d'allusion à l'école de Matisse, une adresse au maître : « Voyez j'ai suivi vos enseignements, j'ai réalisé ma statue ! »

En 1911, après un tour d'Espagne, il expose cet *Autoportrait avec statue* au Salon d'Automne ; entre-temps, Matisse avait toutefois cessé d'être à ses yeux l'idéal suprême, supplanté par Picasso, comme en témoignent les œuvres ultérieures de Perlrott-Csaba, qui dénotent une influence de plus en plus grande du cubisme.

G. B.

1 — Michel Puy, « Les Fauves », *La Phalange*, 15 novembre 1907.
2 — Vilma Balogh, « Henri Matisse műtermében » [« Dans l'atelier d'Henri Matisse »], *Világ*, 31 mars 1912, p. 34-35. L'interview date probablement de 1911.
3 — Lettre de Géza Bornemisza à István Réti, Archives de la Galerie nationale hongroise, inv. 8240/1955.
4 — Géza Bornemisza, *Nature morte d'atelier avec statue* [*Műtermi csendélet szoborral*], 1910, huile sur toile, 65 × 70 cm, collection particulière.

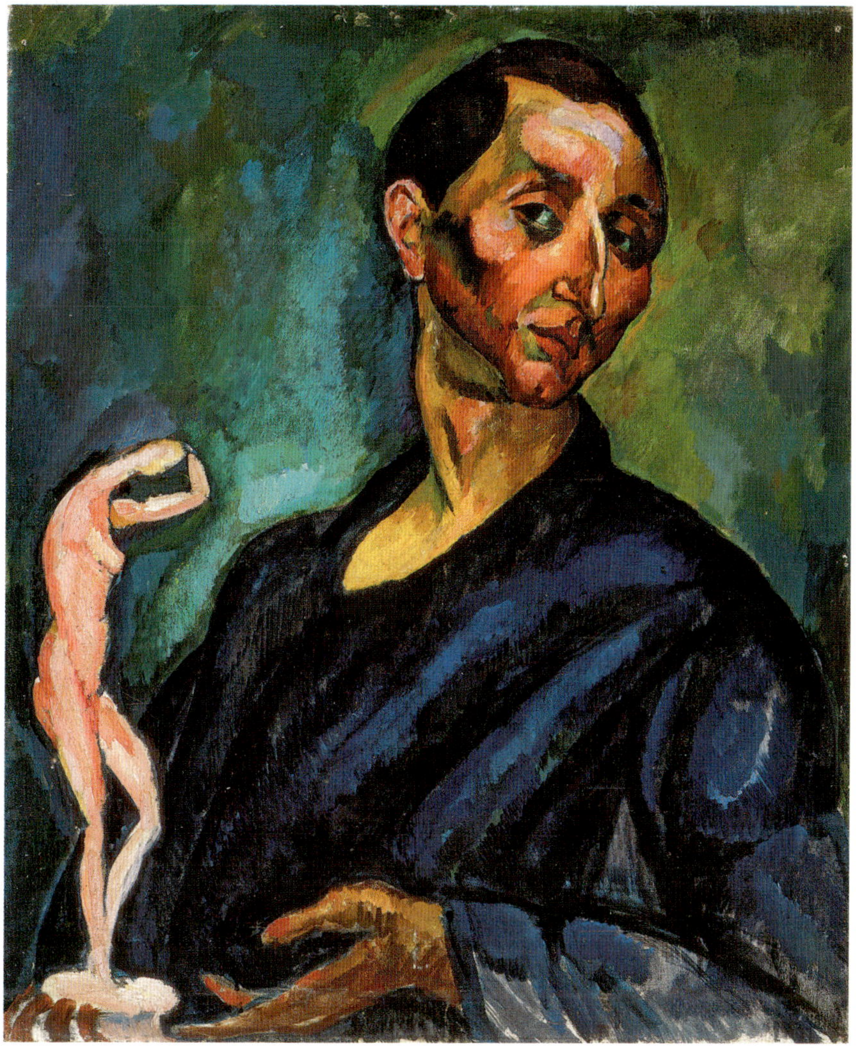

— Cat. 70
Vilmos Perlrott-Csaba
Autoportrait avec statue, vers 1910
Huile sur toile, 76,5 × 64 cm
Budapest, collection
Tamás Kieselbach

Róbert Berény
Dans la rue, 1906

À la toute fin du printemps 1906, après un séjour d'un an à Paris, Berény revient à Budapest pour passer quelques mois de vacances et se préparer à la première épreuve internationale de sa vie : le Salon d'Automne. Il y peint le portrait de son père ainsi que celui d'un écrivain dont les initiales M. F. désignent peut-être Miksa Fenyő, Milán Füst, ou encore Ferenc Molnár. En raison de la canicule, il passe quelques semaines au bord du Danube, à Tahitótfalu ; là, il réalise encore d'autres peintures qu'il emportera avec lui à Paris. C'est de ce séjour que datent ses tableaux intitulés *Maison avec jardin* (collection particulière) et *Enfants dans le jardin* (Budapest, Szépművészeti Múzeum – Galerie nationale hongroise) ; ce dernier, à l'instar des deux portraits mentionnés plus haut, sera exposé au Salon d'Automne, en octobre 1906.

À en croire la date accompagnant la signature, l'œuvre qui nous intéresse ici aurait, elle aussi, été réalisée cet été à Tahitótfalu. À notre connaissance, l'œuvre antérieur de Berény ne comporte pas de peinture à l'huile de si grande taille. On peut cependant mentionner deux toiles comparables : deux nus dont on a perdu la trace et dont on ignore les dimensions exactes. Il nous reste cependant une photographie de l'une d'entre elles, réalisée vers 1906 (cat. 15, p. 65), sur laquelle on aperçoit, posant devant sa toile, le jeune Berény, alors âgé de dix-neuf ans tout au plus. C'est peut-être justement à cause de ses dimensions que Berény n'a pas emporté *Dans la rue* à Paris, où les frais d'exposition étaient alors calculés suivant le nombre de mètres carrés d'œuvres exposées. Mais le choix du format n'est pas fortuit. Ses dimensions sont l'un des éléments constitutifs de cette fascinante composition d'une asymétrie presque provocante, et pourtant extraordinairement équilibrée et élégante dans l'épure. On notera, par ailleurs, que le tableau peint un an plus tôt par Béla Czóbel, *Jeune fille au bord du lit* (cat. 72), comportant de nombreux points communs avec l'œuvre de Berény, est à peine moins grand.

Peintre coloriste par excellence, Berény, cette fois-ci, n'emploie pas toute sa gamme de couleurs habituelle. Il se contente d'un minimum de moyens pour créer la mystérieuse expressivité de ce tableau : un pinceau trempé dans le gris et un arrangement de mauves lui suffisent pour créer une œuvre pleine d'expression, qui n'est, bien entendu, pas le seul fait de la modération de cette palette réduite, pour reprendre le terme employé par Berény lui-même : « L'art est à la fois une question d'audace et de modération [1]. » Il transforme ainsi ce paysage pittoresque en rébus : derrière l'immense surface monochrome de la toile laissée audacieusement « vide », se cache une sorte d'énigme. L'ensemble est dominé par le geste éloquent, quoique réservé, des mains de la fillette debout sur la place, ainsi que par la suggestivité de son regard et la fascination qu'exercent ses yeux, enfoncés dans leurs orbites, réduits à de simples points noirs ; Berény charge ainsi de sens cette grande composition et tire de cette vision de plein air ombragé, à l'ambiance estivale (obtenue, et ce n'est pas le moindre de ses mystères, au moyen d'une palette de gris !), une image évoquant la peinture d'Edvard Munch, intrigante jusqu'à s'apparenter au symbolisme, alors qu'au même moment il se rapproche plutôt du fauvisme.

Sur cette « affiche géante », construite de façon quasi musicale, la psychose d'une fillette inconnue attend depuis plus de cent ans d'être déchiffrée.

G. B.

1 — Róbert Berény, « Az ihletről » [« Sur l'inspiration »], *Szabad Művészet* [*Art libre*], n° 1, 1947, p. 75

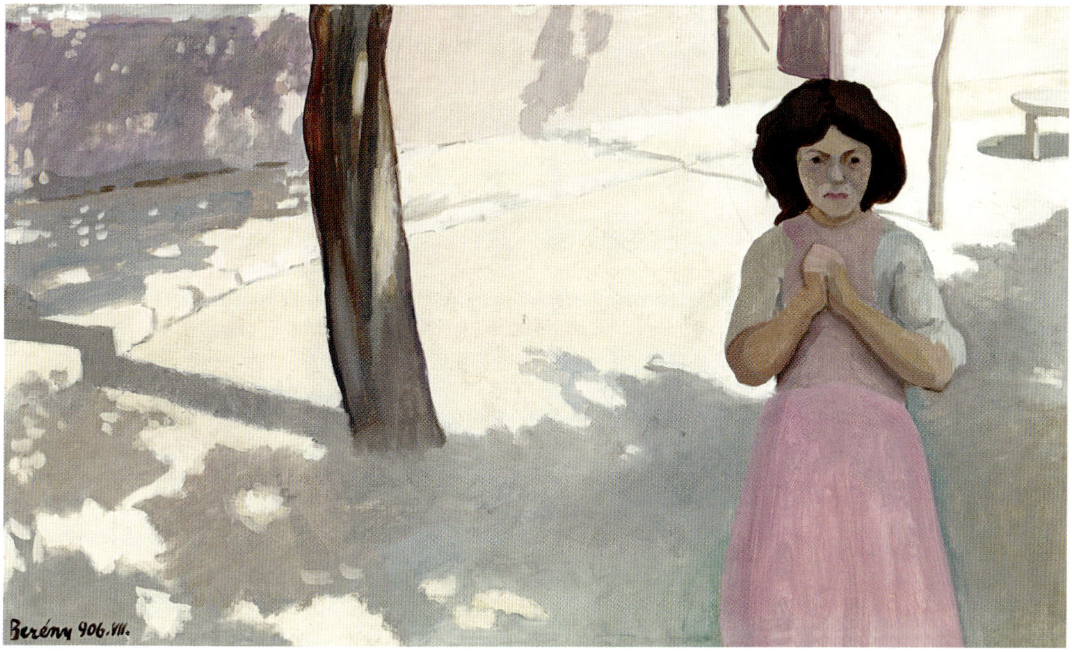

— Cat. 71
Róbert Berény
Dans la rue, 1906
Huile sur toile, 80 × 139 cm
Budapest, Sáránszki Art Solutions,
collection particulière

Béla Czóbel
Jeune fille au bord du lit, 1905

Béla Czóbel
Coin du marché, dit aussi
Place Edgar-Quinet, 1905

Après quelques mois passés en Belgique, à Bruges et à Zeebruges, à l'automne 1905, Béla Czóbel revient à Paris, où depuis 1903 il vit en grande partie. Les Fauves, sous la direction de Matisse, y exposent alors régulièrement au Salon d'Automne, à l'instar de Czóbel qui y présente ses dernières toiles parisiennes. Parmi celles-ci se trouve une petite *vedute*, qu'on peut supposer être *Coin du marché*, une toile retrouvée récemment. Cette composition, par une mise en abyme, apparaît d'ailleurs également en arrière-plan de *Jeune fille au bord du lit*, qu'il a probablement exposée au printemps de l'année suivante, au Salon des Indépendants de 1906, sous le titre *Intérieur gris avec fille*. Si dans le catalogue du Salon figure l'adresse de son atelier de l'époque (9, boulevard de Vaugirard), on a redécouvert une série de toiles de la même période peintes depuis la fenêtre d'une chambre que son confrère András Mikola louait à l'hôtel du Bon Coin, situé à l'angle des rues Poinsot et Edgar-Quinet. Outre le paysage de marché mentionné plus haut, datant de 1905, on retrouve une autre scène de marché sur cette petite place du Montparnasse, dans un paysage urbain non signé (*Rue à Paris*, cat. 64, p. 145), peint au dos d'une nature morte d'András Mikola mais considéré aujourd'hui comme une œuvre de Czóbel. C'est d'ailleurs ce même coin de rue, où l'on ne voit traverser cette fois qu'un unique passant marchant par un après-midi ensoleillé, que l'on reconnaît sur une toile de grande taille intitulée *Rue à Paris* (cat. 63, p. 144). D'après les souvenirs de Paul Alexandre, ces scènes de marché ont laissé une vive impression sur Modigliani, installé depuis peu à Paris : « Dans [les] dessins [de Modigliani], il y a une invention, une simplification et une purification de la forme. [...] C'est cette recherche de simplification du dessin qui l'enchantait aussi dans certains tableaux du Douanier Rousseau ou dans les figures des baraques de foires de Czobel [*sic*] [1]. »

Czóbel aime lui aussi évoquer cette époque : « Je passais beaucoup de temps avec Modigliani et son ami, qui vit toujours, le docteur Paul Alexandre, qui terminait à l'époque son doctorat. On se réunissait aux environs de la rue de Douai, il y avait là quelque part un atelier sans proprio, où travaillait un peintre nommé Doucet, patronné par le poète Charles Vildrac, qui avait à l'époque une galerie rue de Seine. [...] M. Paul Alexandre amenait du haschisch, *une sorte de pâté verte* [*sic*], *que nous avons mâché* [2]. La dose devait être trop faible, parce que je n'ai ressenti aucun effet. Avec Modi, on fréquentait ce café-concert qui s'appelait alors encore l'Européen. Je me souviens aussi de l'atelier Humbert, où j'allais en soirée avec Berény pour peindre du nu, et c'est là qu'allaient aussi Derain, Marquet, Manguin et d'autres peintres aujourd'hui célèbres, mais qui ne l'étaient pas encore à l'époque. On devait être en 1906-1907 [3]. »

Annonçant la période fauve de Czóbel, cette série de scènes de marché parisien est ici présentée au public dans son intégralité, au vu de l'état actuel de la recherche sur ce peintre.

G. B.

1 — Noël Alexandre, *Modigliani inconnu*, Paris, Albin Michel, 1993, p. 65.
2 — En français dans le texte (NdT).
3 — Lettre de Czóbel à Endre Bajomi Lázár, 20 juillet 1964, Petőfi Irodalmi Múzeum, V.5253/164. Extrait de lettre repris par Endre Bajomi Lázár, *À Montmartre*, Budapest, Corvina, 1967, p. 194-195. En réalité, c'est Paul Alexandre qui, rue du Delta, louait cet « atelier sans proprio » pour Henri Doucet. Voir Noël Alexandre, *op. cit.*

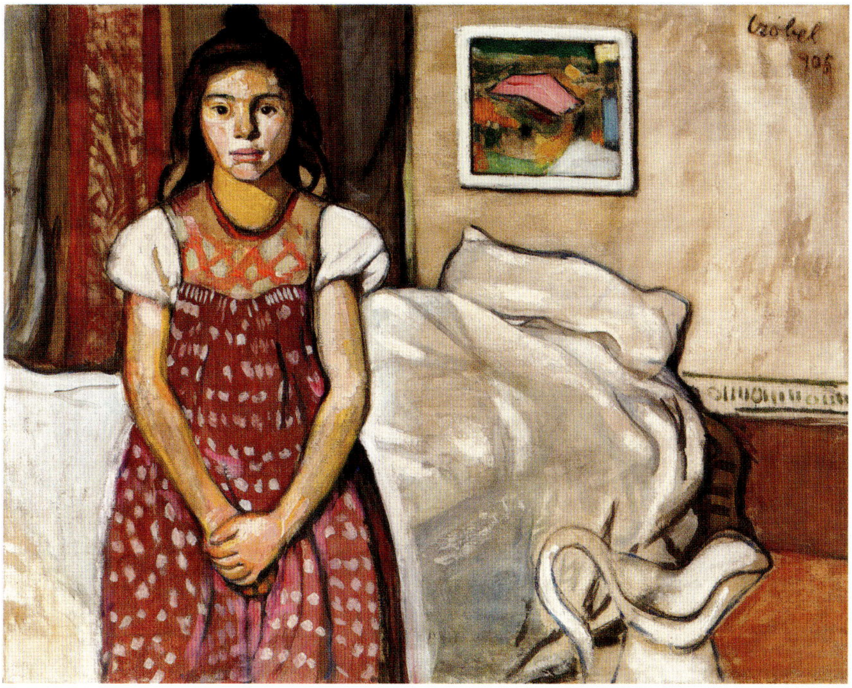

— Cat. 72
Béla Czóbel
Jeune fille au bord du lit, 1905
Huile sur toile, 80 × 105 cm
Collection particulière

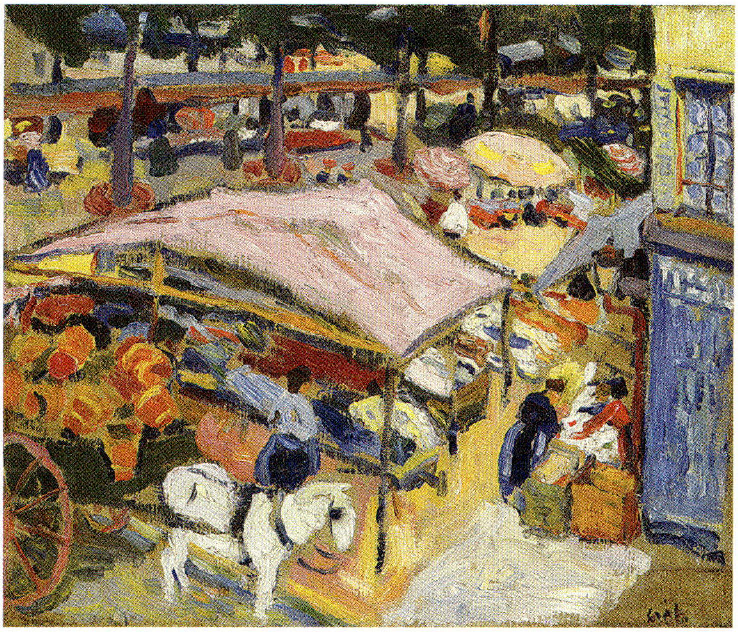

— Cat. 73
Béla Czóbel
Coin du marché, dit aussi
Place Edgar-Quinet, 1905
Huile sur toile, 47 × 56,5 cm
Collection particulière

József Rippl-Rónai
Filles en train de s'habiller (meuble rouge et mur jaune), 1912-1913

Installé en France entre 1887 et 1902, Rippl-Rónai n'y représente que peu de scènes d'intérieur, sujet auquel il se consacre surtout après son retour en Hongrie. Cette scène sensuelle, réalisée dans l'atelier de Kaposvár, évoque l'influence française et les courtisanes peintes par Toulouse-Lautrec. En effet, les deux peintres s'étaient liés d'amitié, fréquentant leurs ateliers respectifs et les cabarets. Le peintre hongrois a également très certainement vu les œuvres que Bonnard a réalisées entre 1893 et 1900 (*Femme enfilant ses bas*, 1893 ; *Jeune fille aux bas noirs*, 1893 ; *Les Bas noirs*, 1899 ; *La Femme aux bas noirs*, 1900). Les deux jeunes femmes à l'intimité dévoilée occupent le centre de la composition. Le visage de celle de droite, totalement flou, suggère que leur identité ne présente pas d'intérêt : vêtues de leurs seuls bas, elles sont plutôt le stéréotype de la femme de boudoir. L'artiste oriente le regard du spectateur grâce au contraste des bas noirs et du linge blanc sur la peau des modèles, le plaçant ainsi dans la position du voyeur ou du client.

Rippl-Rónai fait la synthèse de plusieurs styles dans cette œuvre. Il emploie sa technique « à grains de maïs » pour traiter l'arrière-plan, délimitant les formes simples et géométriques par des cernes bruns. Le support apparaissant entre les touches de couleurs pures semble faire vibrer le décor du boudoir. Par contraste, les corps des filles sont traités avec une touche plus fluide et des couleurs mélangées. Ils se détachent ainsi sur le fond rouge et jaune, auquel s'ajoutent les teintes vives du tapis vert et d'un élément bleu à l'arrière-plan, qui montrent l'influence du fauvisme. Les couleurs se juxtaposent sans se mélanger : « Si le mélange des couleurs est inévitable, il doit se faire sur la palette. On ne doit rien mélanger sur la toile [1] », insiste Rippl-Rónai. Il joue sur l'opposition des couleurs jusque dans le titre qu'il inscrit au dos du tableau, « meubles rouges et mur jaune », devenant ainsi le véritable sujet de son œuvre.

A. M.

1 — Extrait des *Mémoires* de Rippl-Rónai, 1911, publié dans Judit Szabadi, *József Rippl-Rónai*, Budapest, Corvina, 1978, p. 14.

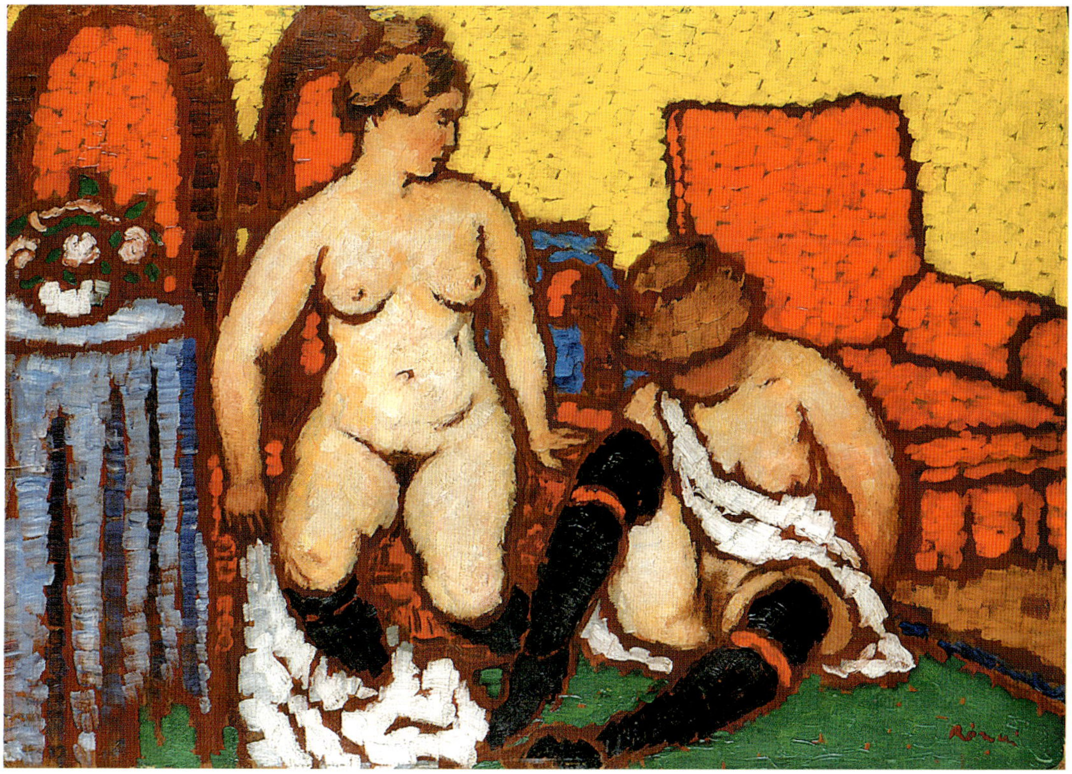

— Cat. 74
József Rippl-Rónai
Filles en train de s'habiller (meuble rouge et mur jaune), 1912-1913
Huile sur carton, 68 × 96,5 cm
Budapest, Szépművészeti Múzeum – Galerie nationale hongroise

József Rippl-Rónai
Place de l'Observatoire, 1914

Rippl-Rónai a vécu quinze ans à Paris à la fin de XIXe siècle. Retourné vivre dans sa ville natale, Kaposvár, il revient parfois séjourner dans la capitale française, notamment pour rendre visite à la famille de Lazarine, son épouse d'origine bourguignonne, rencontrée au cours de ses années passées en France. Durant ses séjours, il réside dans le quartier du Montparnasse, qu'il a peint plusieurs fois. En juin 1914, il demeure à l'hôtel Beauvoir [1], place de l'Observatoire, avec sa femme et sa nièce, Anella, devenue leur fille adoptive.

Rippl-Rónai a choisi pour cette *Place de l'Observatoire* une vue plongeante, dans une composition proche de la *Place de la Trinité* d'Albert Marquet (Saint-Pétersbourg, musée de l'Ermitage), dont le fauvisme a pu influencer le peintre [2]. C'est d'ailleurs le même cadrage vu d'en haut qui structure la représentation de la *Place Baross* à Budapest (cat. 65, p. 146) de Sándor Ziffer. Dans ces trois œuvres, l'architecture de la ville du XIXe siècle sert de structure à la composition et de décor à une scène urbaine. Aux lignes verticales des rues et des bâtiments s'opposent ici les arrondis des massifs d'arbres, des roues des calèches et des passants. La palette choisie accentue la sensation d'effervescence de la ville. Tandis que les éléments fixes sont représentés dans des tonalités de bruns et gris, les sujets vivants ou en mouvement, particulièrement les roues des fiacres, sont de couleur vive – vert, rouge, jaune ou bleu. Il est difficile de ne pas penser à Vuillard et aux nombreuses vues du square Berlioz (ou place Vintimille) qu'il a peintes depuis son atelier entre 1908 et 1915. Rippl-Rónai était d'ailleurs un proche du peintre français, fréquentant régulièrement son atelier. Les deux artistes se sont revus lors des séjours parisiens de Rippl-Rónai en 1910 et 1914. Ce dernier le mentionne dans ses *Mémoires* : « [...] chaque vendredi [en 1910] nous étions invités chez Vuillard [3] ».

En souvenir de leurs liens mutuels avec Paris, Rippl-Rónai offrira ce tableau à Anella pour son mariage.

A. M.

1 — Localisation donnée par Edit Plesznivy in *József Rippl-Rónai, le Nabi hongrois*, Paris, Somogy, 1999, p. 101.
2 — Voir Sophie Barthélemy, « Fauves d'Ouest en Est. La leçon de Matisse et de son cercle », in *Fauves hongrois, 1904-1914*, Paris, Adam Biro, 2008, p. 36-38.
3 — József Rippl-Rónai, *Rippl-Rónai József emlékezései. Beck Ö. Fülöp emlékezései* [*Mémoires de József Rippl-Rónai*], Budapest, Szépirodalmi könyvkiadó, 1957, p. 123, cité par Edit Plesznivy in *József Rippl-Rónai, le Nabi hongrois*, *op. cit.*, p. 100.

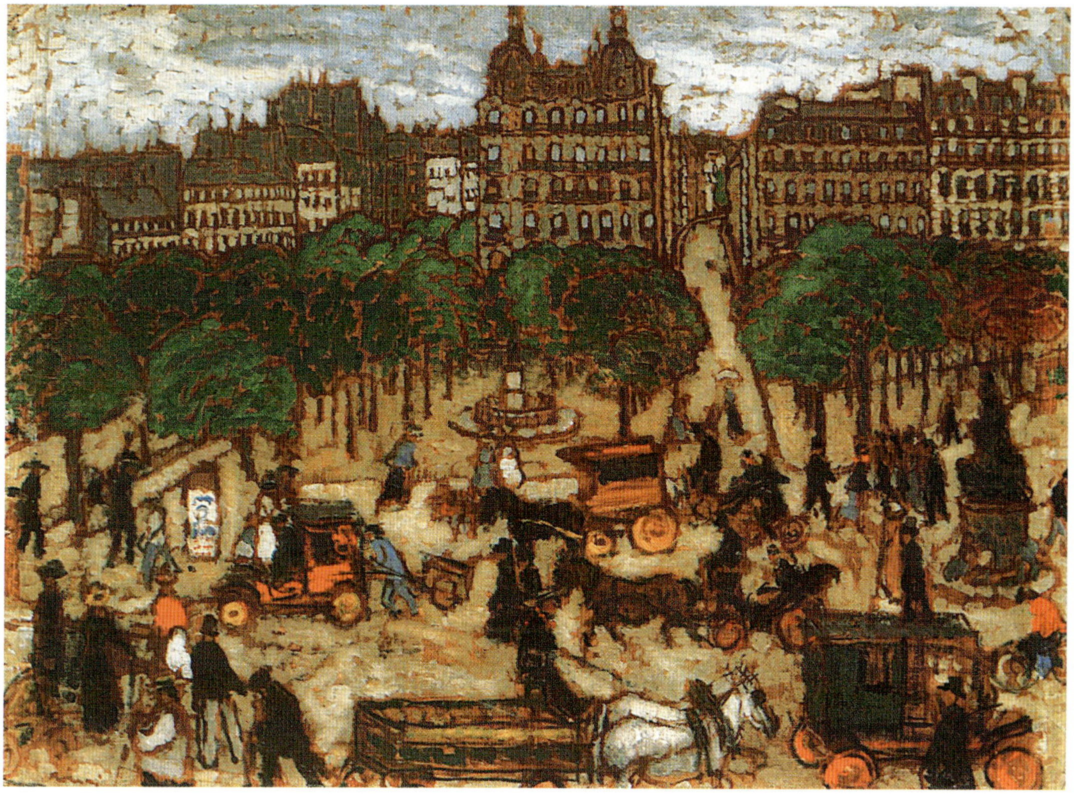

— Cat. 75
József Rippl-Rónai
Place de l'Observatoire, 1914
Huile sur carton, 74,7 × 105 cm
Budapest, Szépművészeti Múzeum
– Galerie nationale hongroise

Béla Czóbel
Sur une place, 1905-1906

Czóbel, qui étudie et travaille à Paris à partir de 1903, retourne régulièrement passer ses étés à Nagybánya pour y peindre. À l'été 1905, cependant, plutôt que de participer aux travaux de la colonie d'artistes, il préfère se rendre en Belgique. Traditionnellement, l'histoire de l'art évoque les influences parisiennes dans le développement du modernisme hongrois. Mais de récentes recherches ont montré qu'au-delà de la capitale française, certaines villes de Belgique, en particulier Bruges, Zeebruges et Ostende, ont constitué des étapes importantes, même si elles furent de courte durée, pour certains artistes hongrois du début du siècle[1]. C'est József Rippl-Rónai, dont les pastels flamands de 1901 ont certainement influencé toute une génération de Fauves hongrois, qui a ouvert la marche et institué la mode de ces voyages en Belgique. Par la suite, Béla Czóbel, Ödön Márffy, József Egry et bien d'autres sont volontiers venus passer quelque temps dans les villes flamandes. La presse hongroise fait état du séjour de Czóbel en Belgique en 1905 : « Et ce tout jeune homme, qui vit là-bas dans le lointain Paris et en Belgique, vit véritablement, parce qu'il y travaille dans un oubli sauvage. Attendons de voir ce que cela donnera[2]. » Pour le jeune peintre, ce voyage aura été une étape importante dans l'évolution de son style vers le fauvisme, comme ce sera également le cas pour Márffy l'été suivant. Au Salon des Indépendants de 1906, Czóbel expose plusieurs de ses toiles peintes en Belgique, tandis que, la même année, Márffy fait ses débuts au Salon d'Automne en exposant des tableaux à thème flamand.

Il n'est pas exclu que l'œuvre de Czóbel figurant au catalogue du Salon des Indépendants de 1906, sous le titre *Paysage décoratif (Zeebruges)*, ne soit autre que le présent tableau. On pensait jusqu'alors que cette toile, disparue pendant longtemps, était une œuvre parisienne, mais l'on s'accorde aujourd'hui à penser qu'elle a été peinte soit à Ostende, soit sur la plage de Zeebruges, comme le suggèrent le motif des enfants jouant dans le sable sur la ligne médiane, le costume populaire typiquement flamand, les coiffes et ombrelles brodées. Le contour bleu des personnages, les formes simplifiées et les couleurs vives rappellent le style du tableau intitulé *Peintres à la campagne* (cat. 102, p. 193). Ces deux toiles, comme d'autres du même style, aux surfaces planes et colorées, annonçant déjà le dépassement du postimpressionnisme, ont, à l'été 1906, suscité la désapprobation des maîtres fondateurs de l'école de Nagybánya, provoquant parmi la jeune génération l'insurrection qui donnera naissance au mouvement des « néos ».

Z. R.

1 — On trouvera une présentation plus détaillée dans Gergely Barki, « La Belgique, un des berceaux du fauvisme hongrois ? », in *Dialogues de fauves. Hungarian Fauvism (1904-1914)*, Bruxelles, Hôtel de Ville, 1er décembre 2010 – 20 mars 2011, p. 27-31.

2 — « Czóbel Béla », *A Hét* [*La Semaine*], n° 45, 5 novembre 1905, année XVI, p. 733.

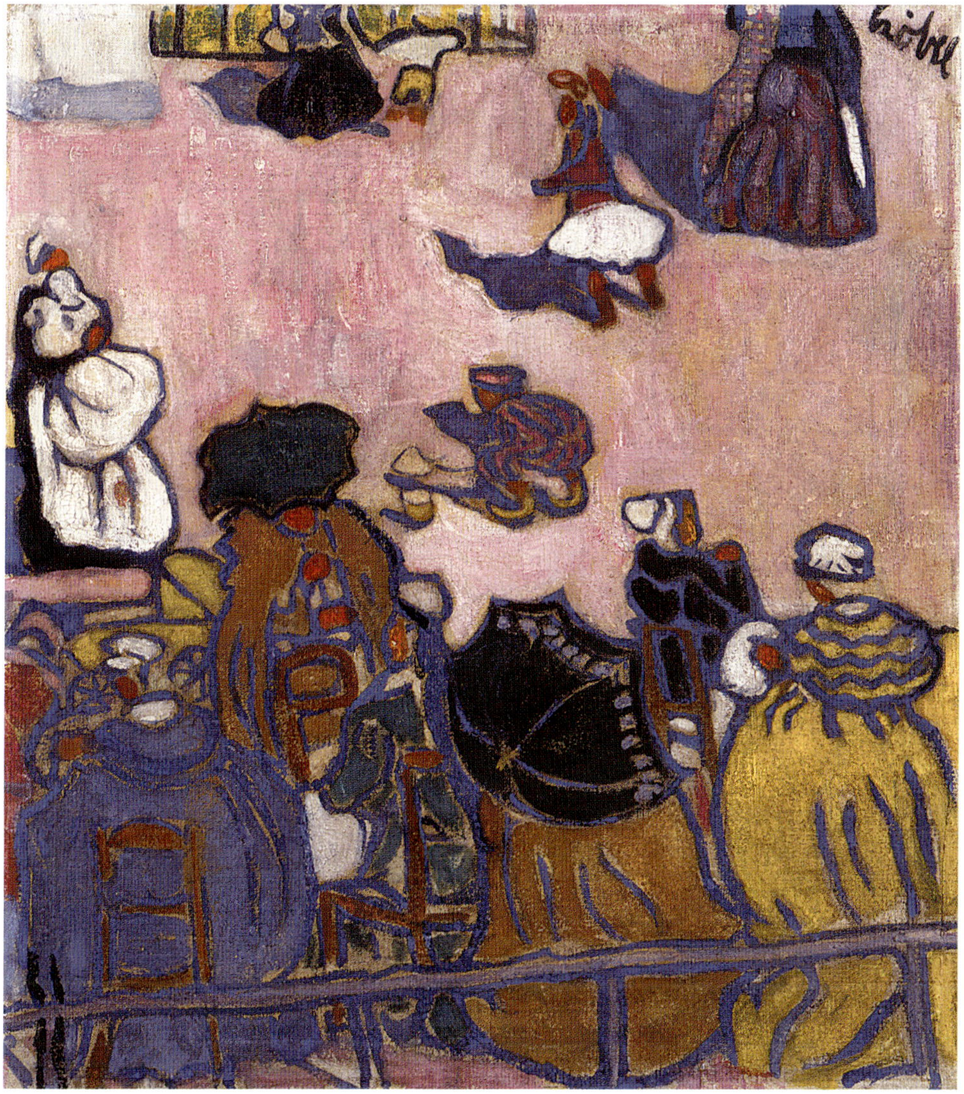

— Cat. 76
Béla Czóbel
Sur une place, 1905-1906
Huile sur toile, 56,8 × 50,4 cm
Allemagne, collection L. Czell

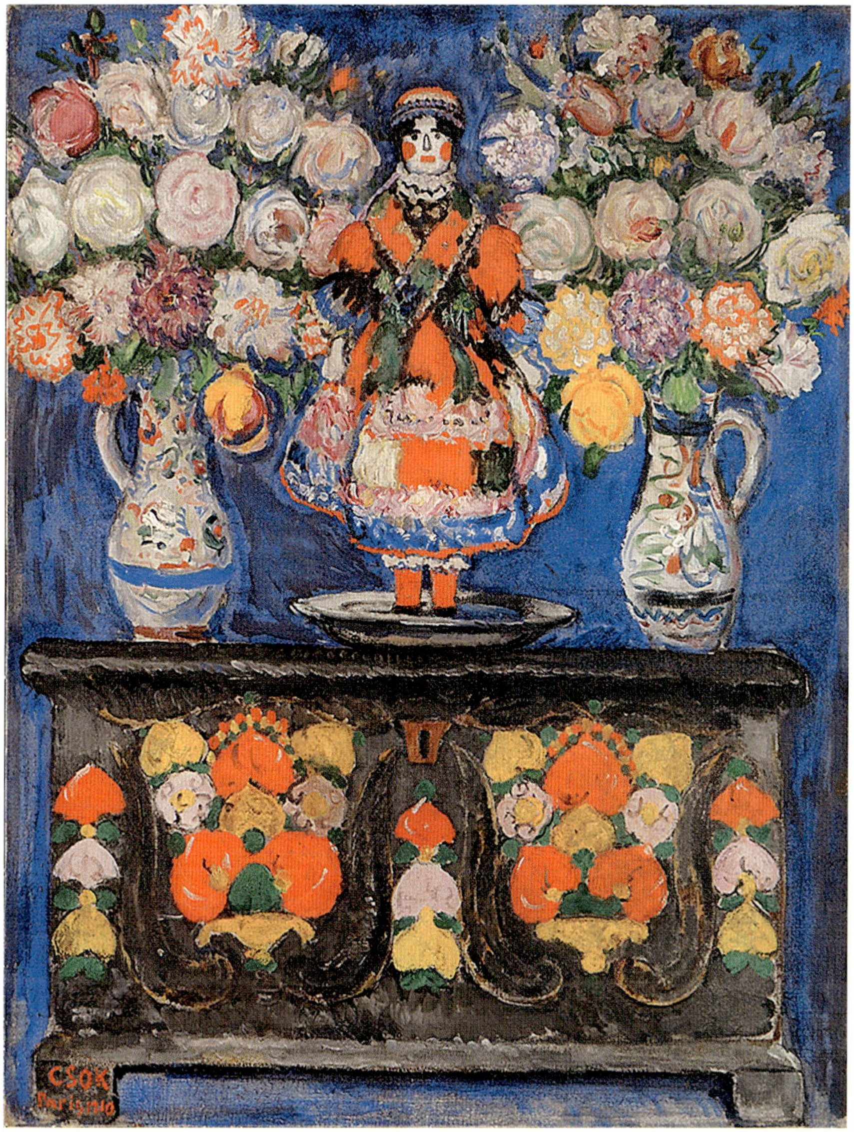

— Cat. 77
István Csók
Coffre aux tulipes, 1910
Huile sur toile, 121 × 93,5 cm
Budapest, Szépművészeti Múzeum
– Galerie nationale hongroise

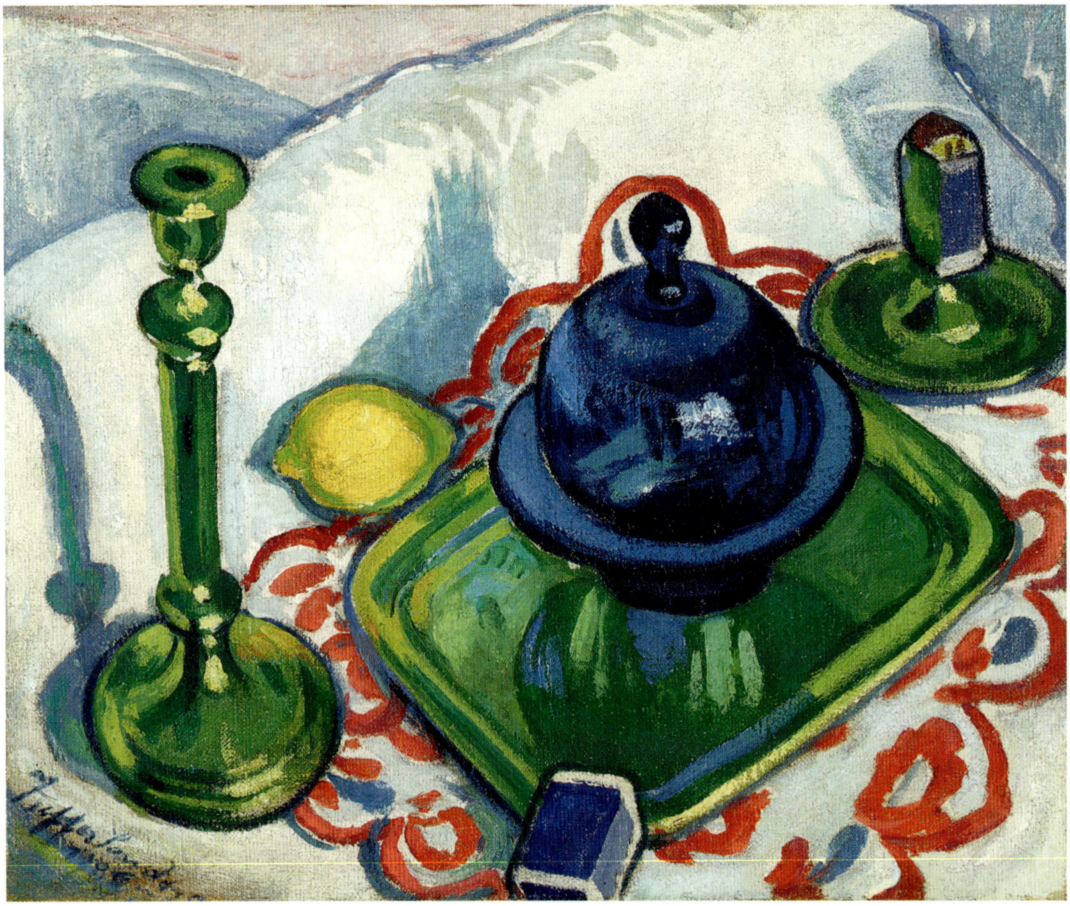

— Cat. 78
Sándor Ziffer
Nature morte, 1906 ou 1908
Huile sur toile, 41,8 × 51 cm
Collection particulière

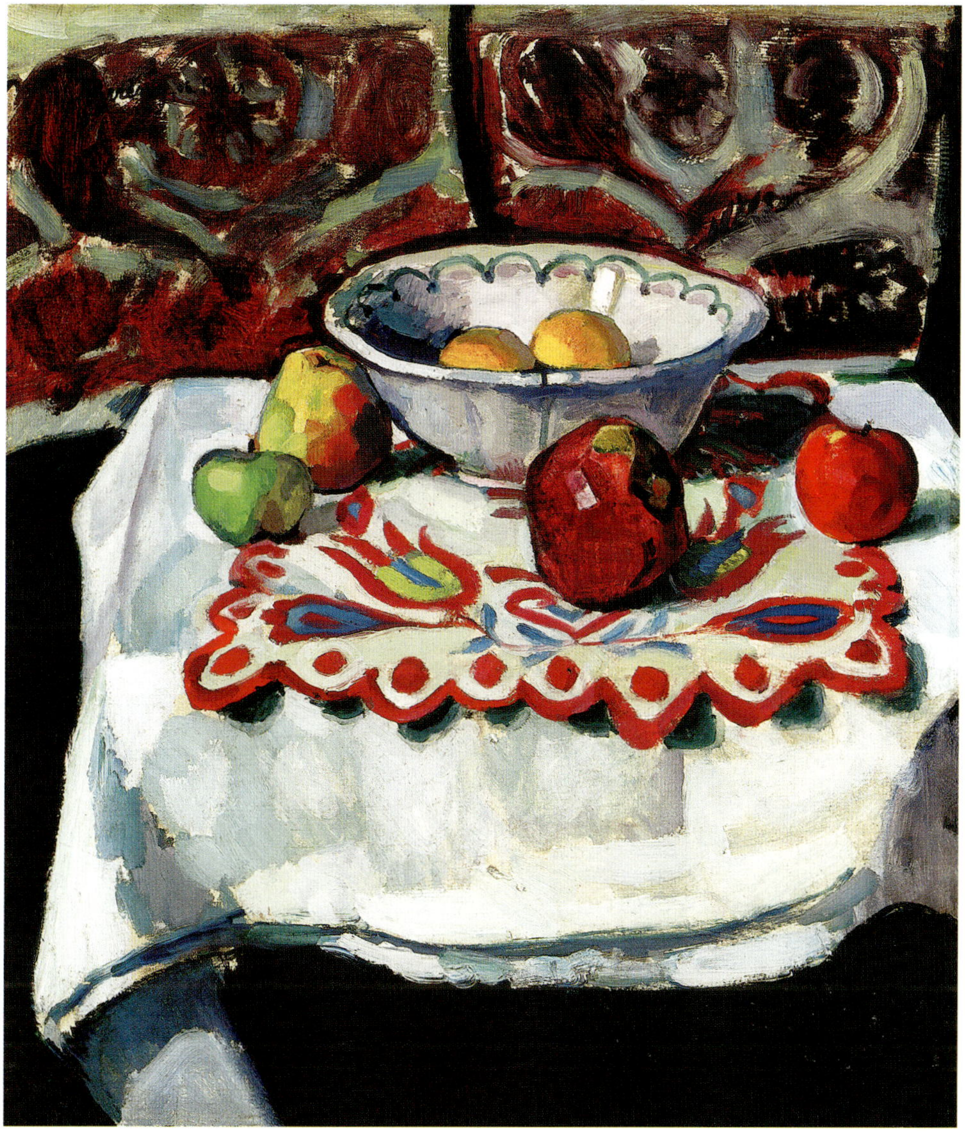

— Cat. 79
Róbert Berény
Nature morte, 1906
Huile sur carton, 58 × 50 cm
Collection particulière

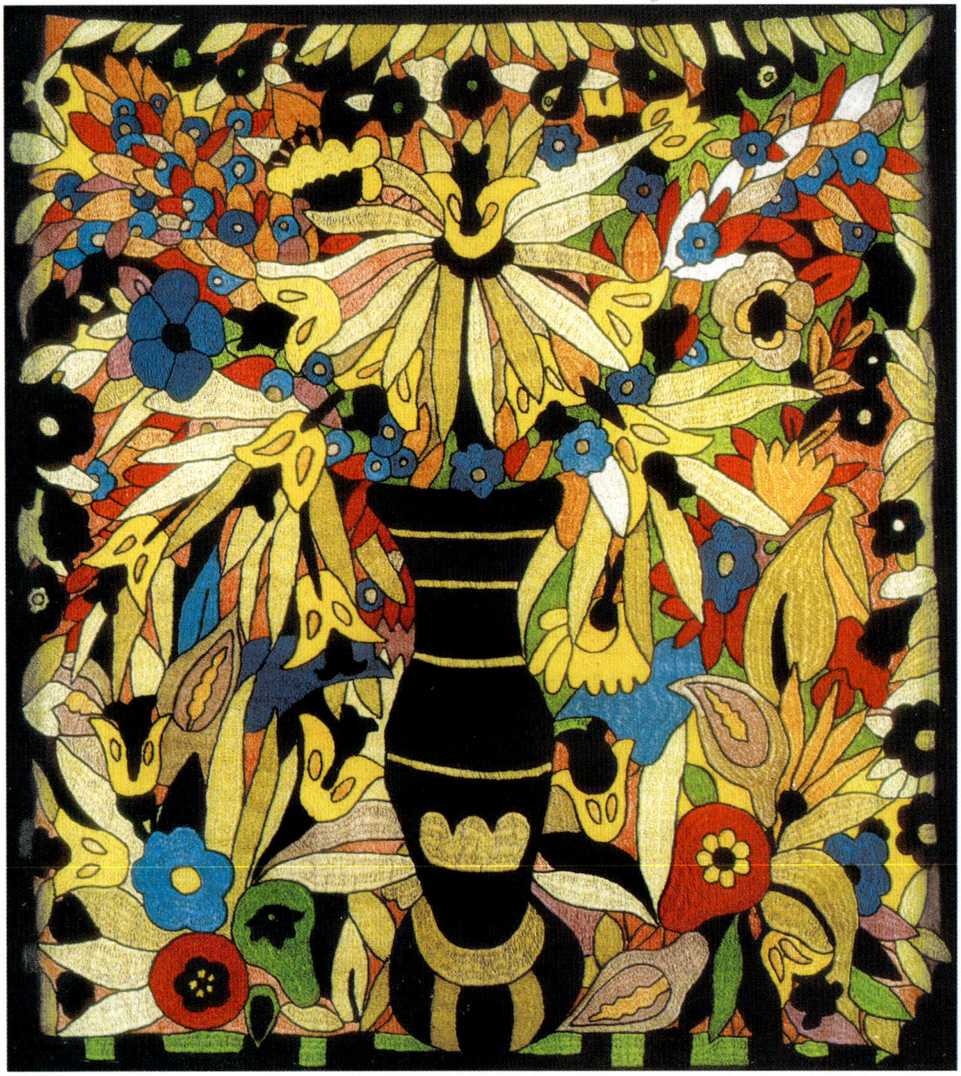

— Cat. 80
Anna Lesznai
Coussin Ady, 1912
Broderie, 65 × 60 cm
Collection particulière

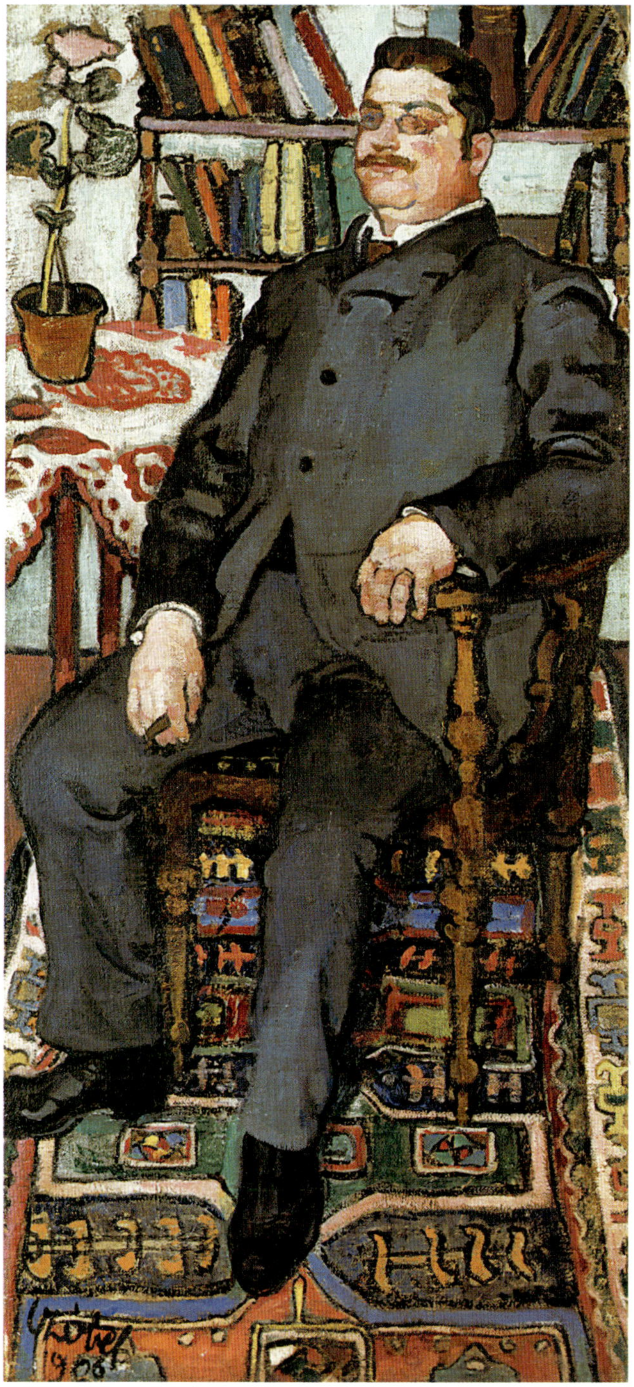

— Cat. 81
Béla Czóbel
Homme assis, 1906
Huile sur toile, 169,5 × 79,5 cm
Budapest, Szépművészeti Múzeum
– Galerie nationale hongroise

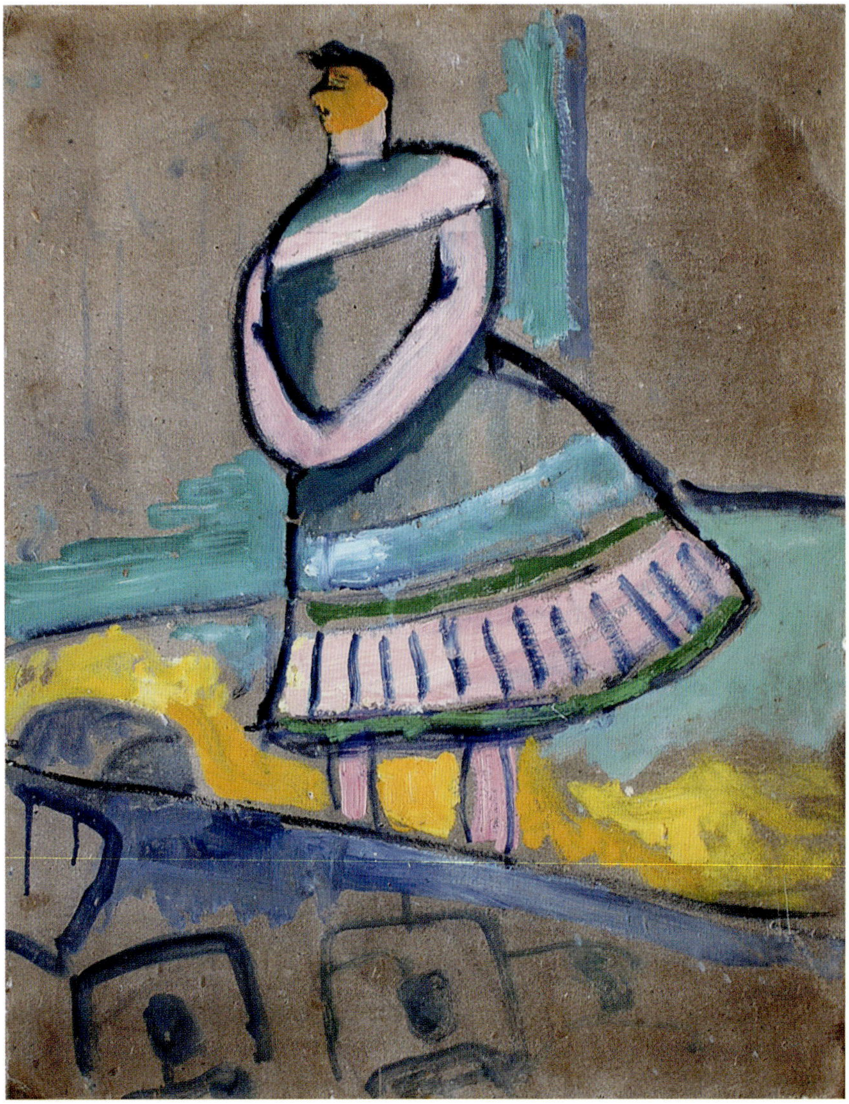

— Cat. 82 A
Béla Czóbel
Scène de cabaret (au verso), 1907
Huile sur carton, 60 × 48 cm
Budapest, Ernst Galéria

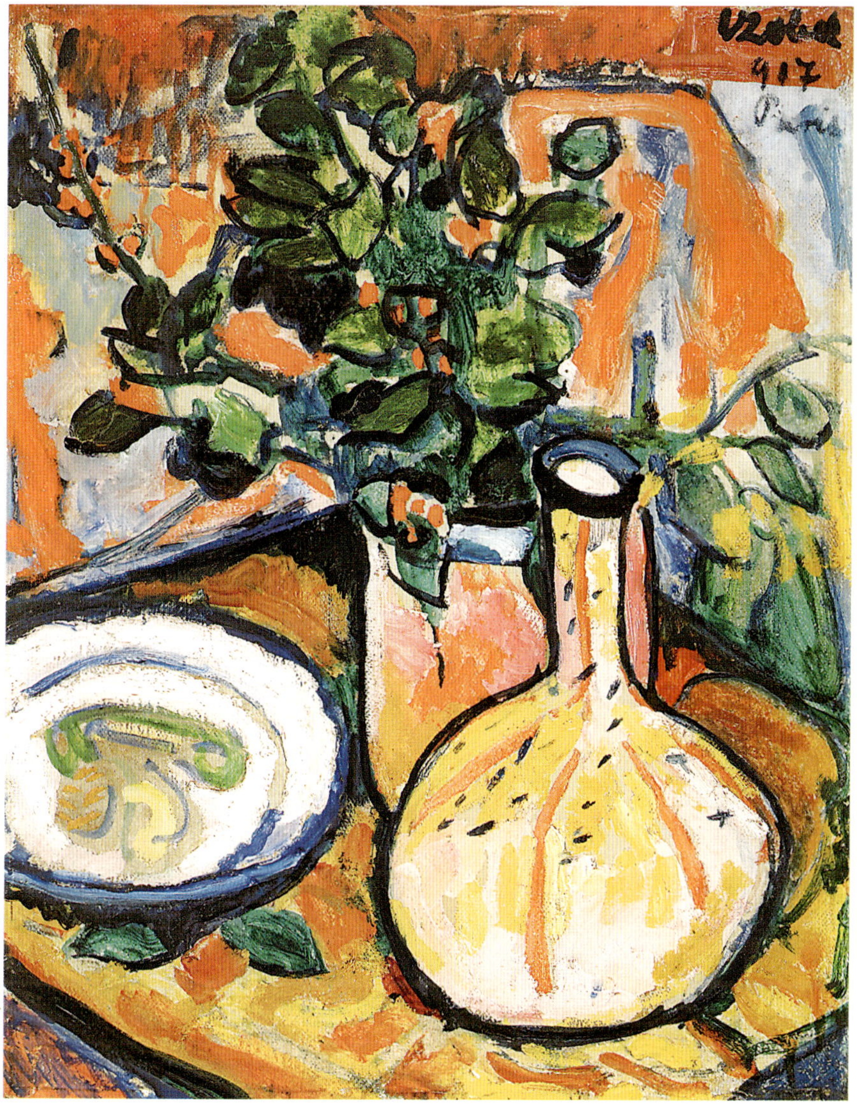

— Cat. 82 B
Béla Czóbel
Nature morte (au recto), 1907
Huile sur carton, 60 × 48 cm
Budapest, Ernst Galéria

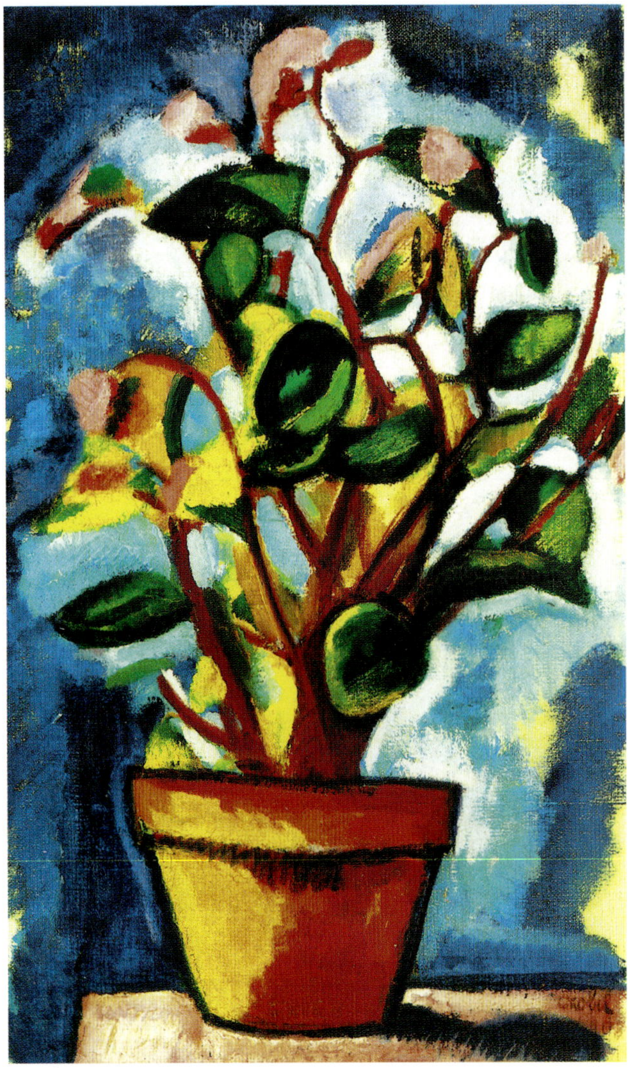

— Cat. 83
Béla Czóbel
Nature morte, 1908
Huile sur toile montée
sur contreplaqué, 81 × 50 cm
Monaco, collection particulière
Hajni & László Iván

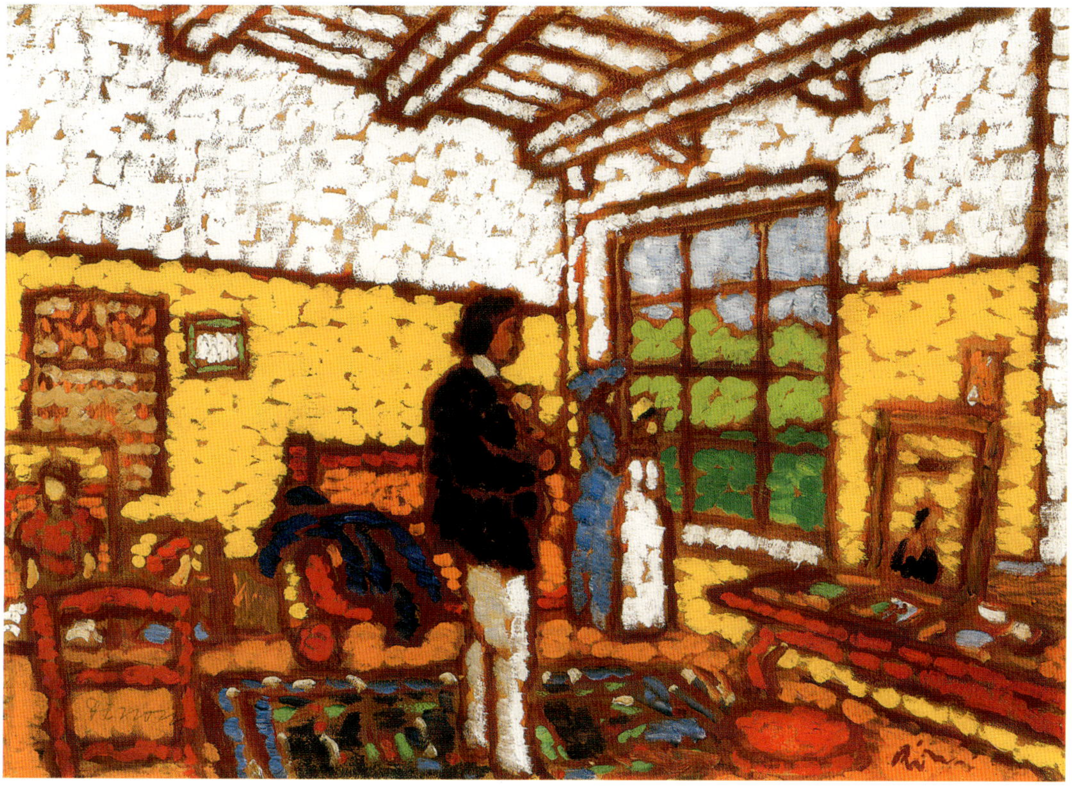

— Cat. 84
József Rippl-Rónai
L'Atelier de Kaposvár, 1911
Huile sur carton, 48 × 67,5 cm
Kaposvár, musée Rippl-Rónai

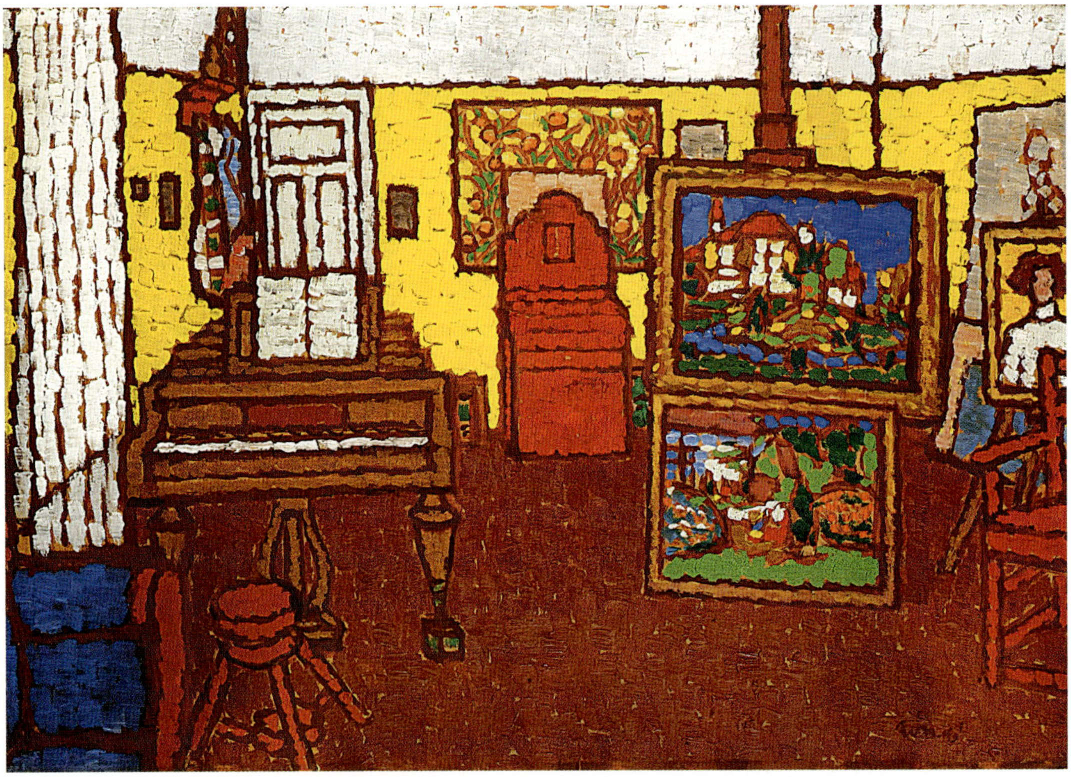

— Cat. 85
József Rippl-Rónai
Intérieur d'atelier, 1910
Huile sur carton, 68,5 × 101 cm
Collection particulière

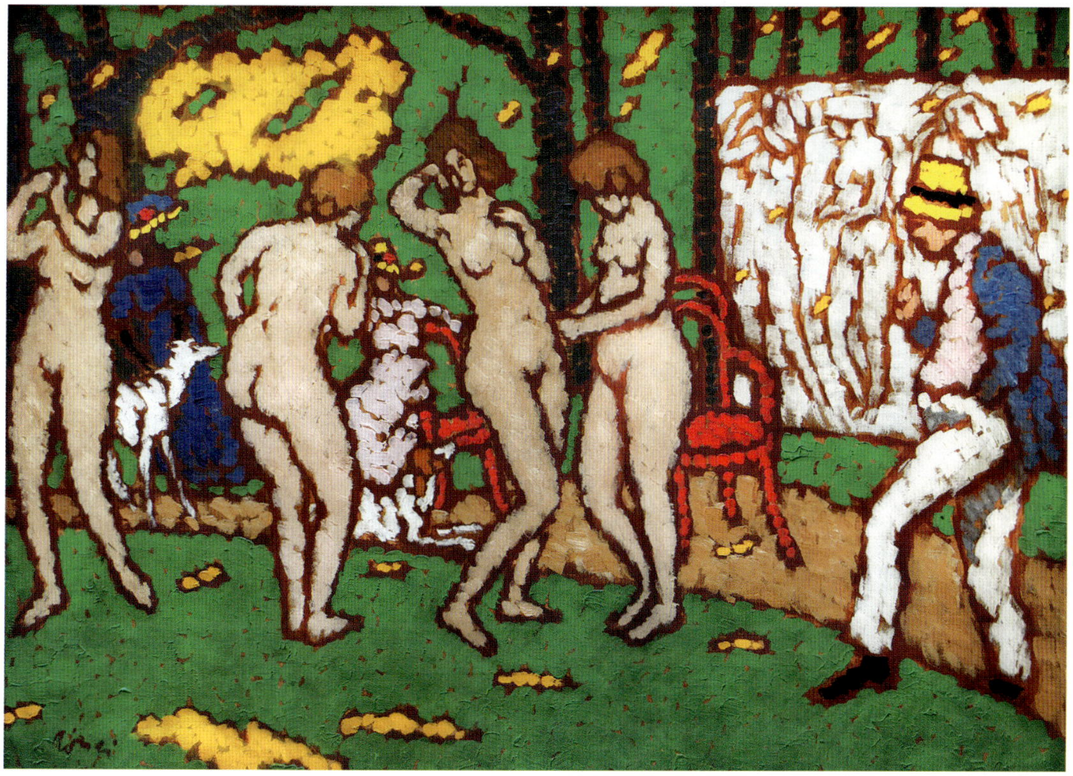

— Cat. 86
József Rippl-Rónai
Mes modèles dans mon jardin de Kaposvár, 1911
Huile sur carton, 70 × 100 cm
Kaposvár, musée Rippl-Rónai

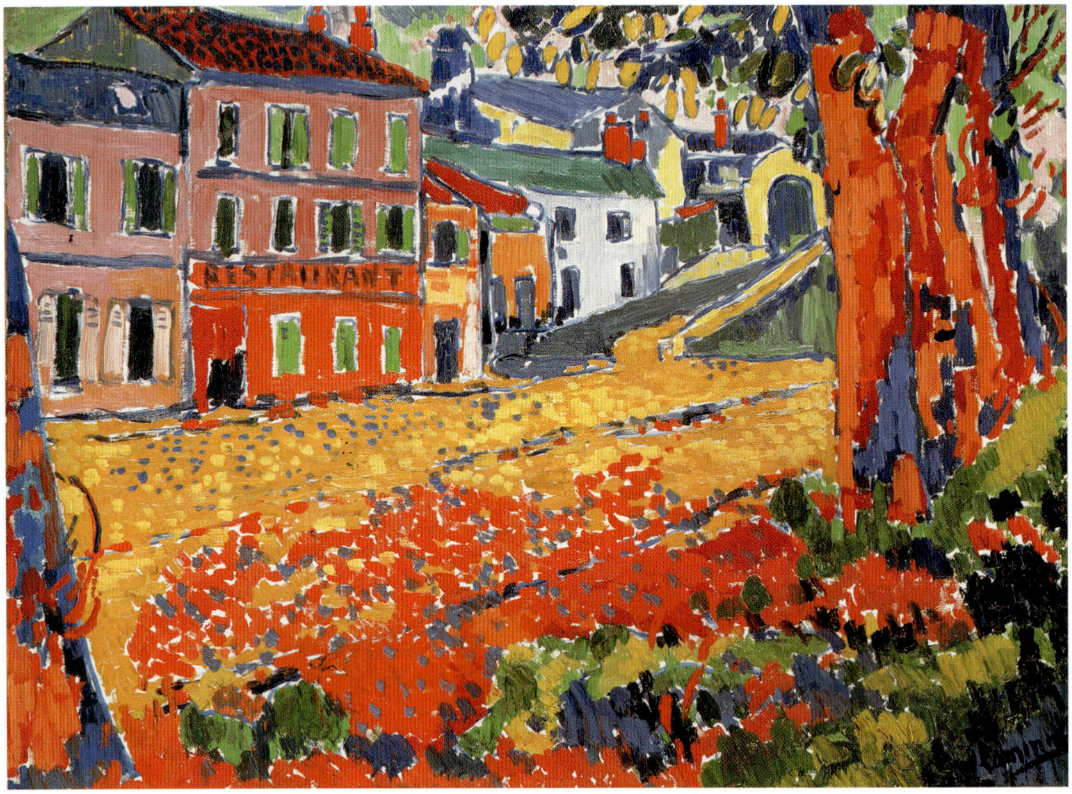

— Cat. 87
Maurice de Vlaminck
Restaurant de la Machine à Bougival, vers 1905
Huile sur toile, 60 × 81,5 cm
Paris, musée d'Orsay

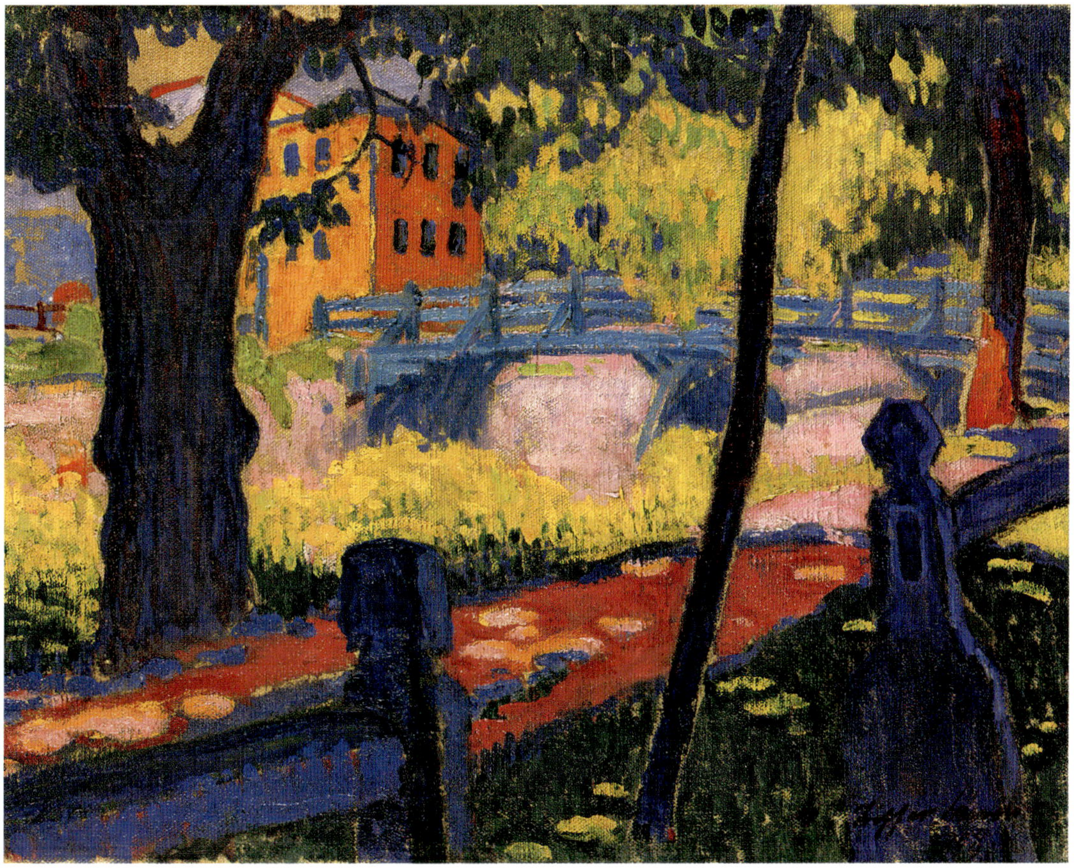

— Cat. 88
Sándor Ziffer
Vieux pont à Nagybánya, 1908
Huile sur toile, 50,5 × 65 cm
Allemagne, collection L. Czell

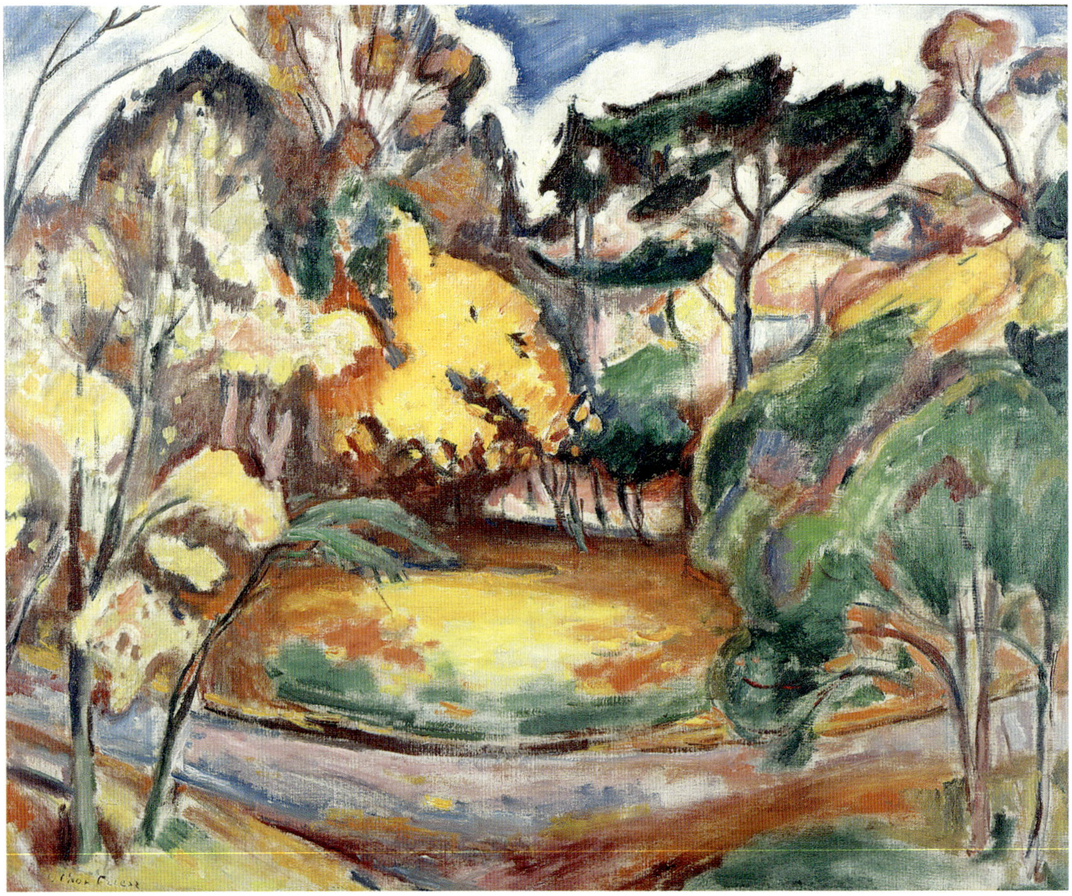

— Cat. 89
Émile Othon Friesz
Automne à Honfleur, 1906
Huile sur toile, 64 × 80 cm
Paris, musée d'Art moderne
de la Ville de Paris

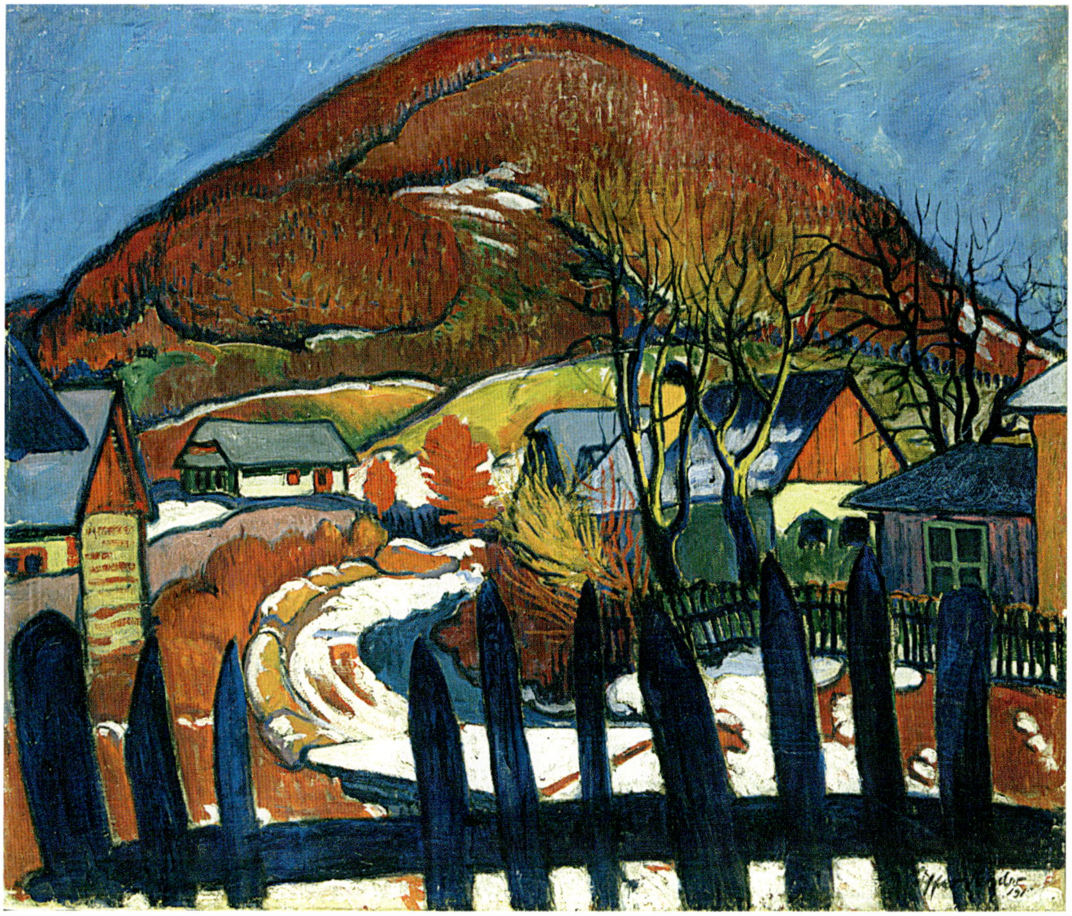

— Cat. 90
Sándor Ziffer
Paysage d'hiver à la barrière, vers 1910
Huile sur toile, 91 × 109 cm
Budapest, Szépművészeti Múzeum
– Galerie nationale hongroise

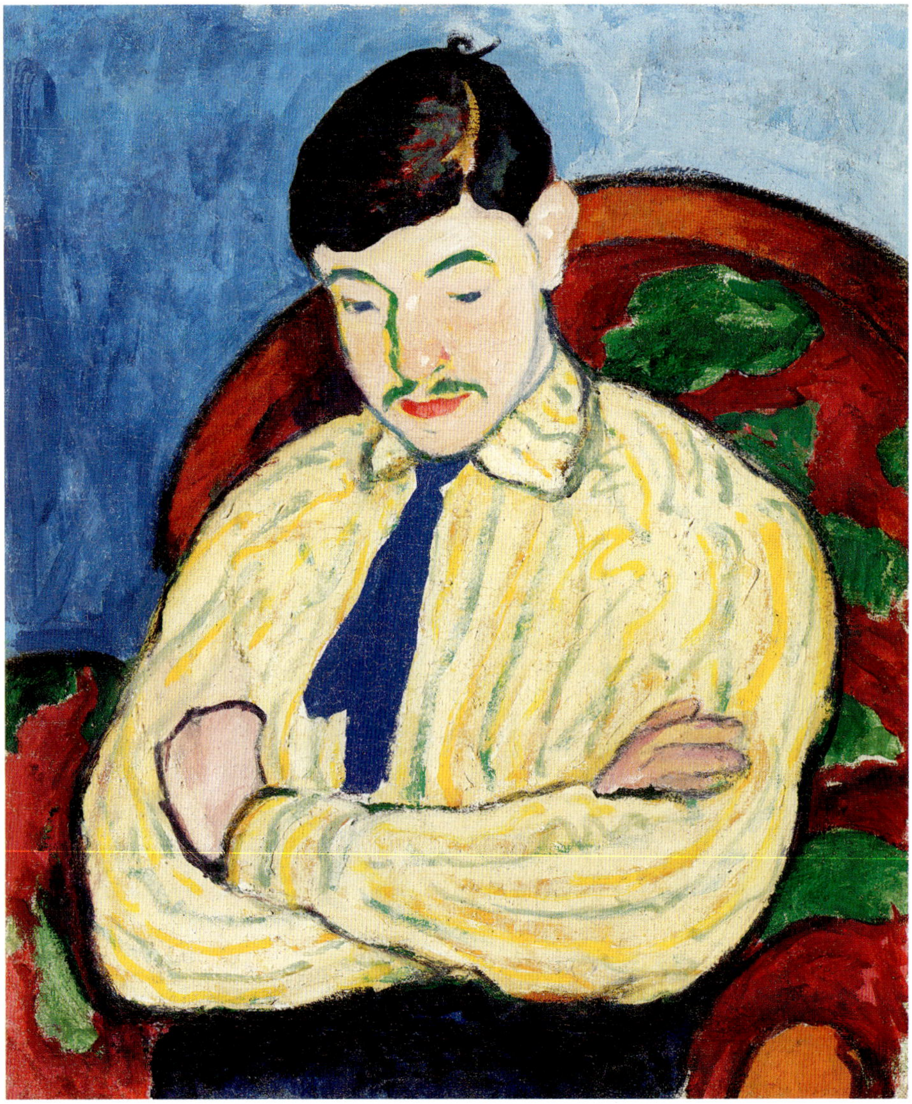

— Cat. 91 A
Sándor Ziffer
Portrait de Lajos Tihanyi
(au verso), vers 1908
Huile sur toile, 56 × 65,5 cm
Budapest, collection
Tamás Kieselbach

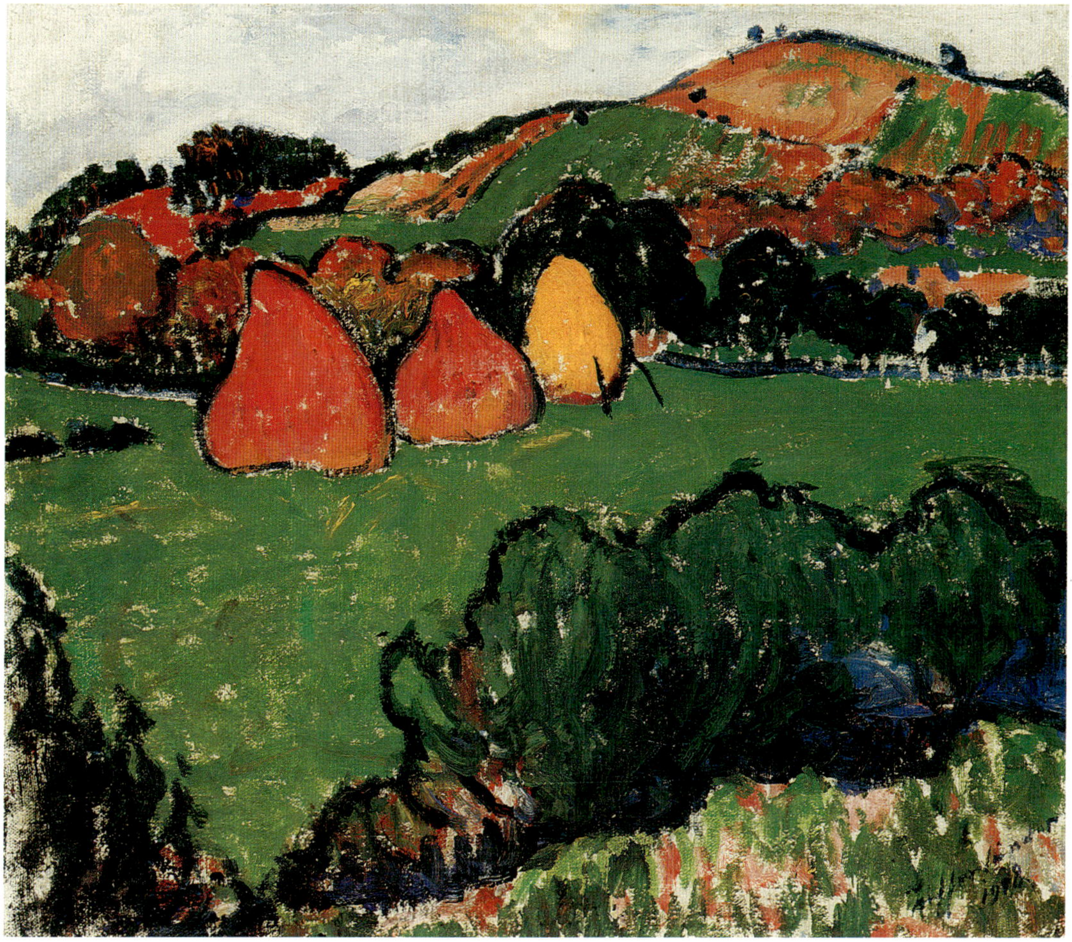

— Cat. 91 B
Sándor Ziffer
Paysage de Nagybánya
avec meules (au recto), 1908
Huile sur toile, 56 × 65,5 cm
Budapest, collection
Tamás Kieselbach

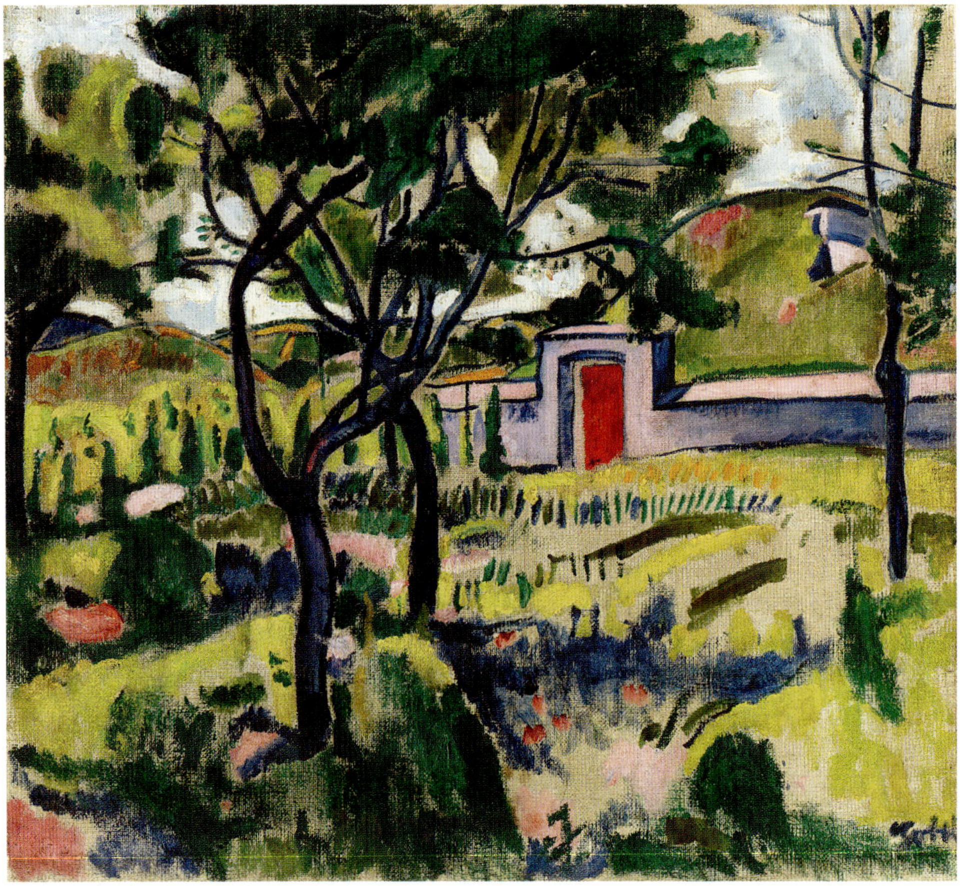

— Cat. 92
Béla Czóbel
Cour à Nyergesújfalu, 1907
Huile sur toile, 72 × 80 cm
Pécs, musée Janus Pannonius

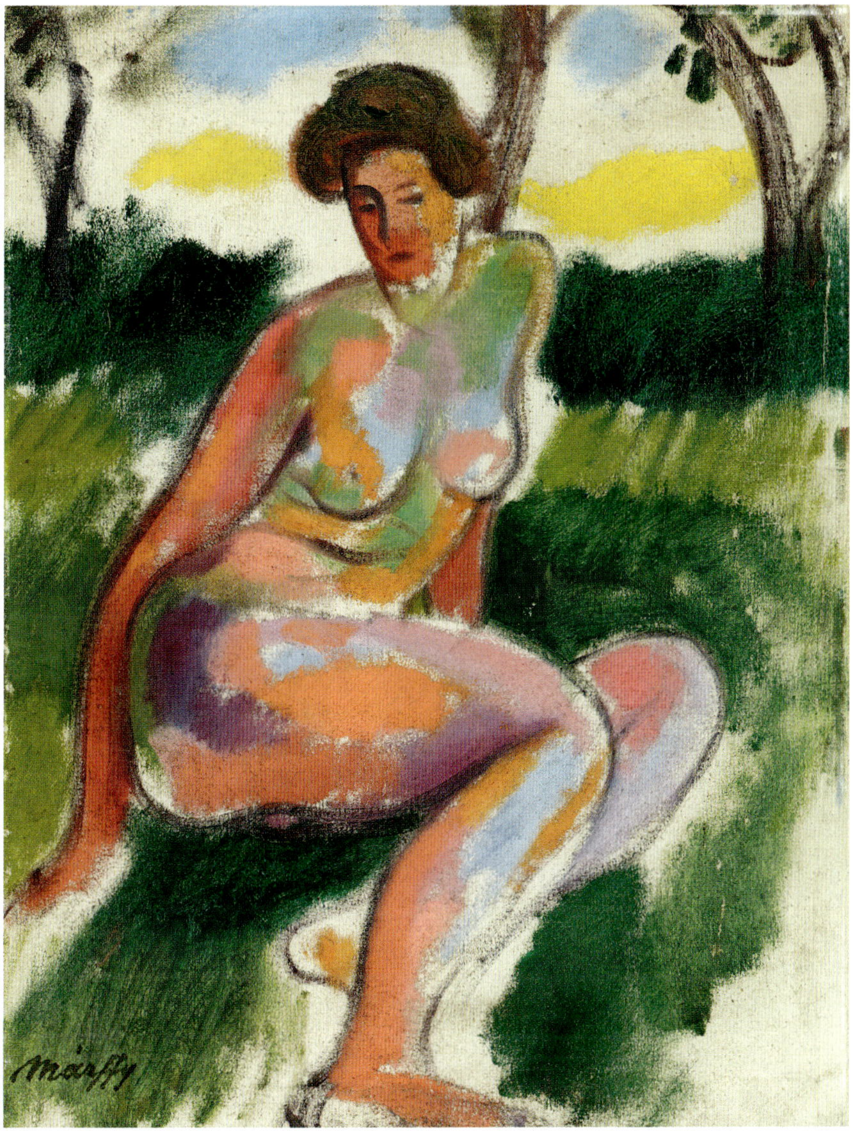

— Cat. 93
Ödön Márffy
Nu féminin, 1910
Huile sur toile, 64 × 49 cm
Kaposvár, musée Rippl-Rónai

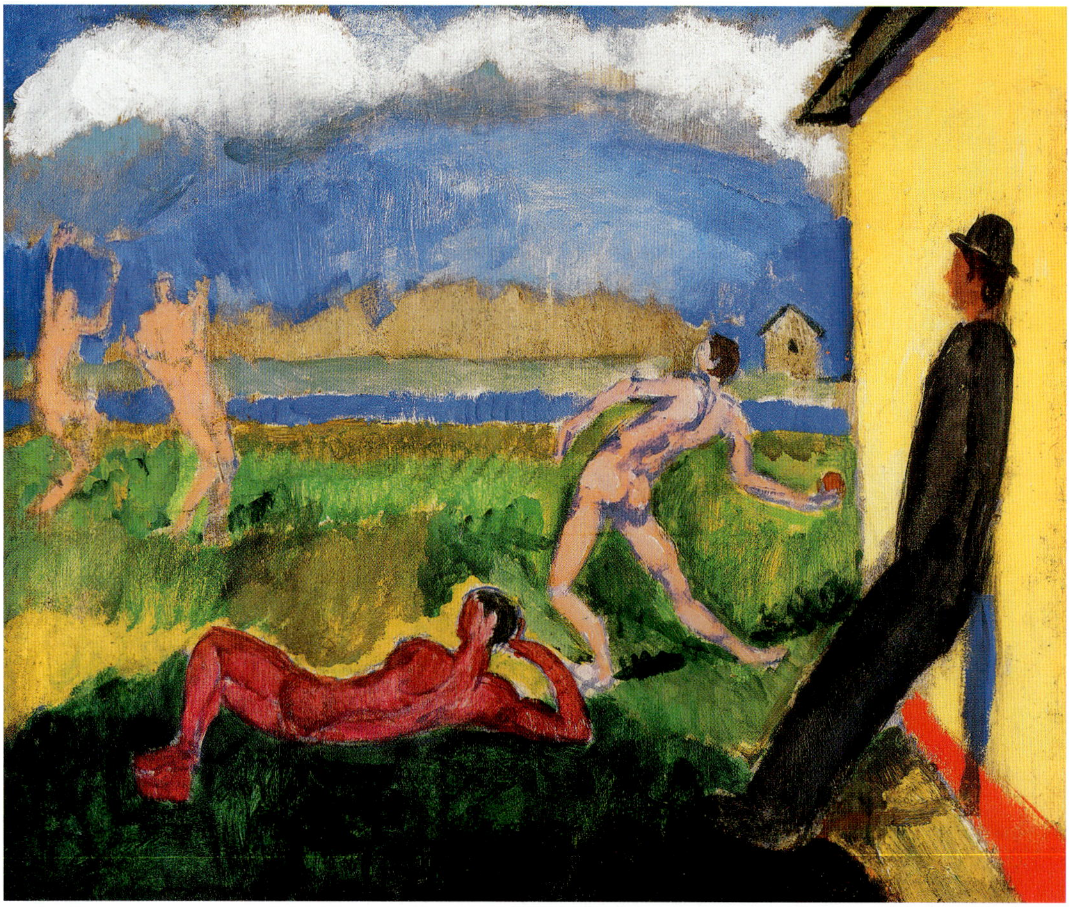

— Cat. 94
Róbert Berény
Les Joueurs à la balle,
vers 1907-1908
Huile sur carton, 50 × 61 cm
Collection particulière

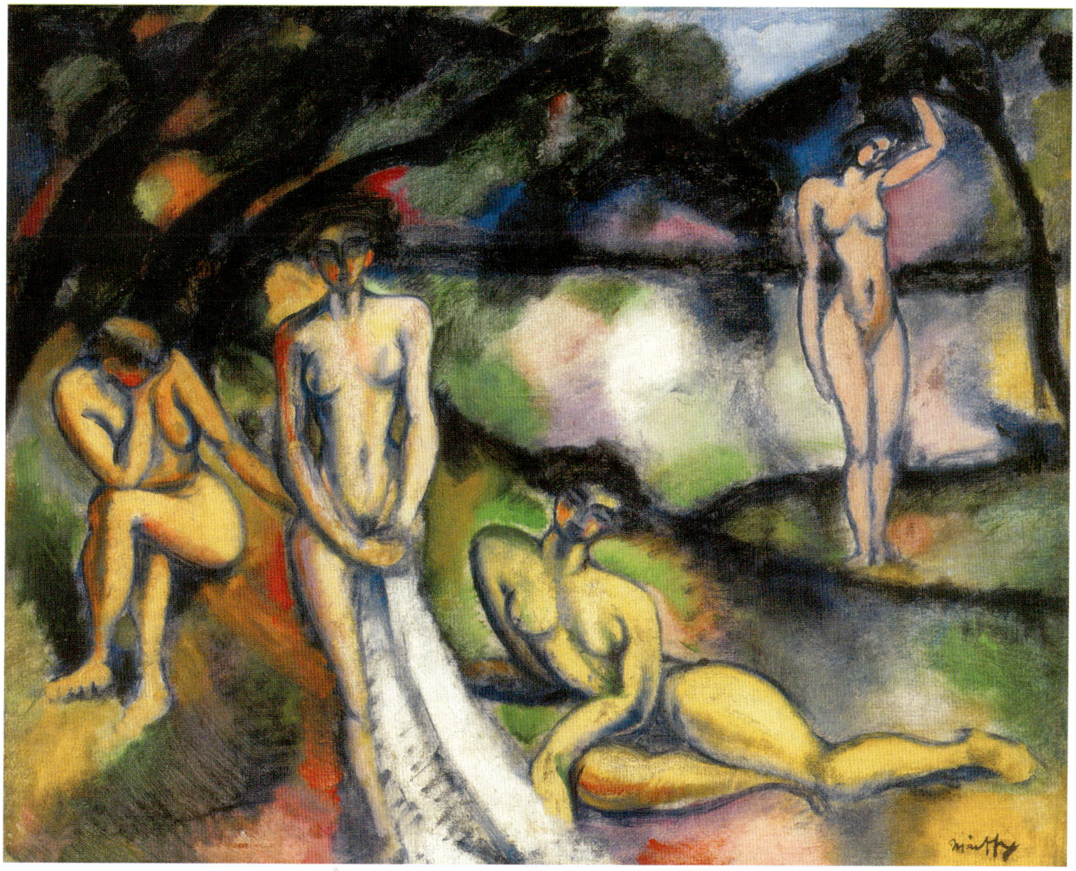

— Cat. 95
Ödön Márffy
Baigneuses, dit aussi
Composition aux nus, 1909
Huile sur toile, 79,5 × 98,5 cm
Pécs, musée Janus Pannonius

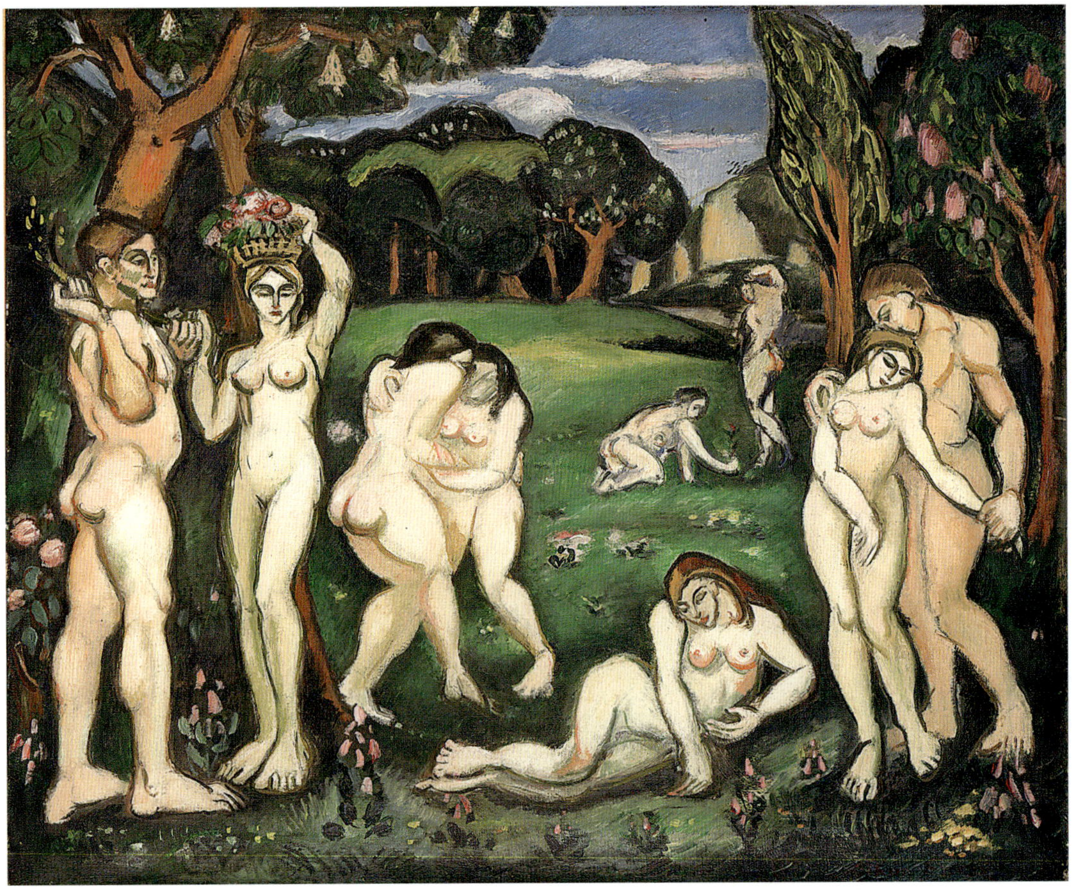

— Cat. 96
Émile Othon Friesz
Le Printemps, 1908
Huile sur toile, 81 × 100 cm
Paris, musée d'Art moderne
de la Ville de Paris

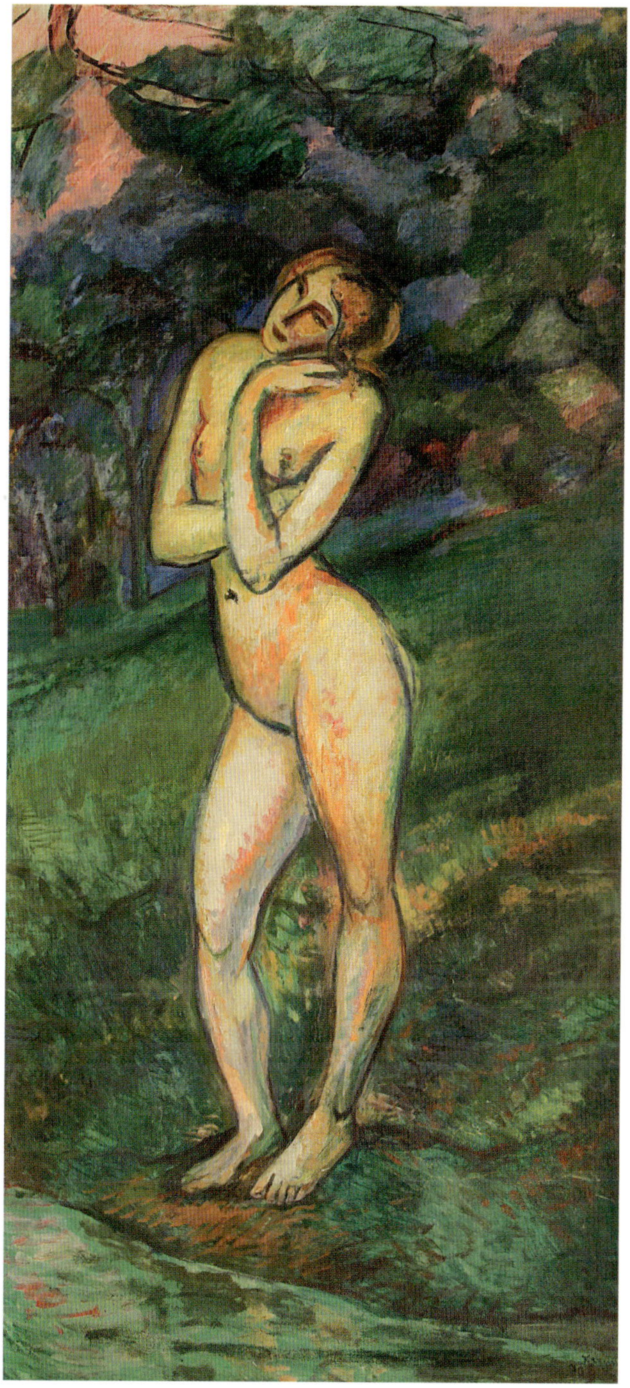

— Cat. 97
Károly Kernstok
Femme nue debout, 1908
Huile sur toile, 210 × 98 cm
Tata, Kuny Domokos Múzeum

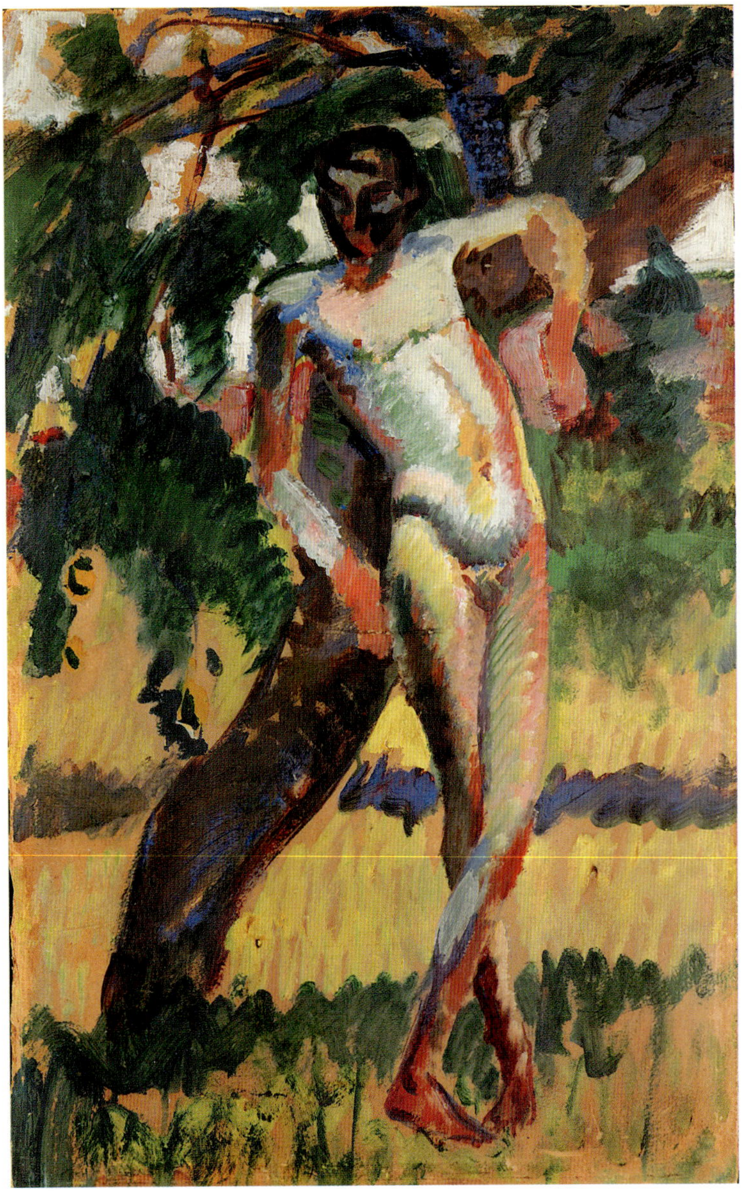

— Cat. 98
Károly Kernstok
Garçon nu appuyé contre un arbre, 1909
Huile sur carton, 67 × 42,5 cm
Budapest, Szépművészeti Múzeum
– Galerie nationale hongroise

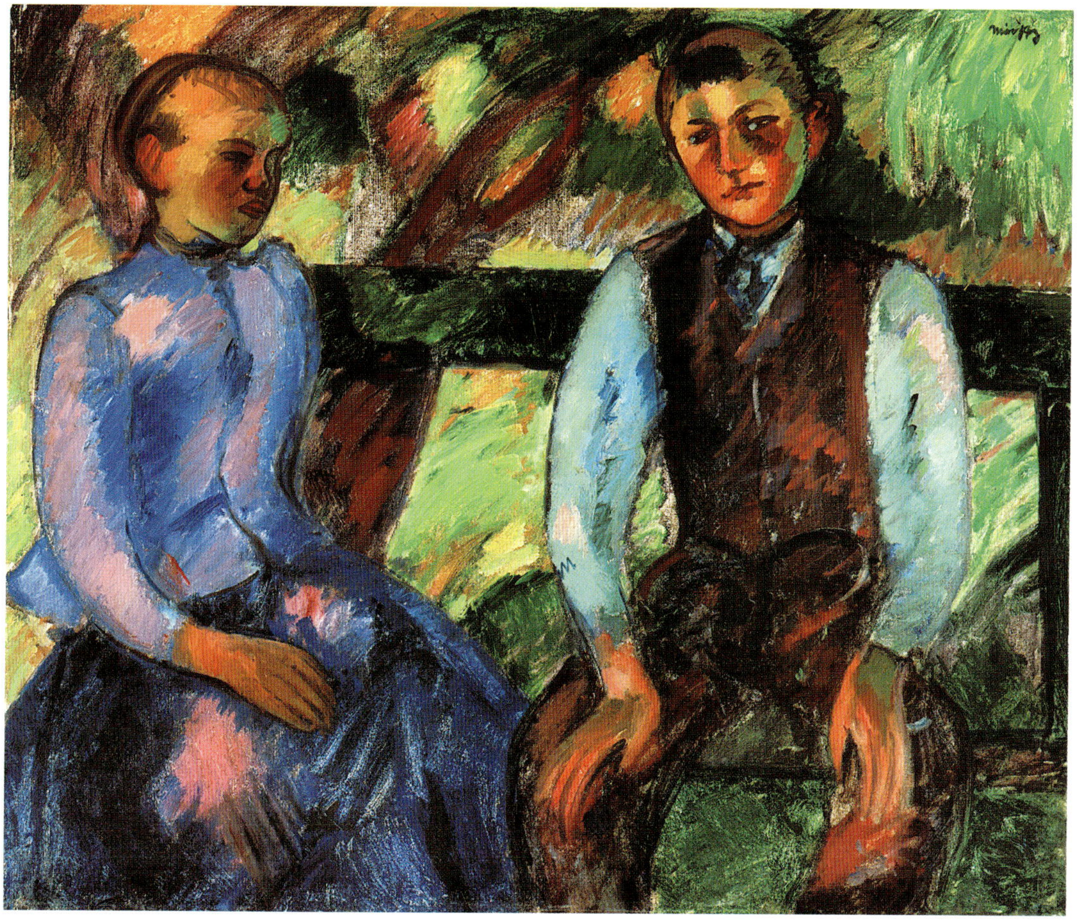

— Cat. 99
Ödön Márffy
Garçon et fille sur un banc vert, 1908
Huile sur toile, 95 × 115 cm
Collection particulière

István Csók
Enterrement sokác
dans le cimetière de Darázs, 1909

István Csók
Enterrement sokác dans le cimetière
de Darázs, 1910

István Csók est représentatif de ces artistes hongrois qui ont su, au début du xxe siècle, faire la synthèse des enseignements et des nouvelles démarches picturales découvertes au gré de leurs voyages. Formé à Budapest, Munich et Paris, où il suit les cours de Bouguereau et Robert-Fleury à l'académie Julian, il est fortement influencé, dans un premier temps, par la peinture naturaliste de Dagnan-Bouveret et Bastien-Lepage.

Installé à Paris, Csók expose régulièrement entre 1904 et 1914 au Salon des Artistes français et au Salon d'Automne dont il devient l'un des rares sociétaires étrangers. Toutefois, il continue à passer ses étés en Hongrie et présente au Salon d'Automne de 1909 une œuvre probablement peinte lors de son dernier séjour : *Enterrement sokác dans le cimetière de Darázs*. Depuis plusieurs années, il s'intéresse particulièrement à la représentation de scènes pittoresques et de costumes folkloriques chatoyants et multicolores, notamment ceux des *sokác*, cette population catholique du sud-est de la Hongrie (Darázs est l'actuelle Draž croate).

L'artiste propose deux versions de cet enterrement. Dans la version datée de 1910 (cat. 101), très stylisée, les formes et les différents plans sont délimités par des cernes de couleur à la manière cloisonniste. L'usage de tons purs et vifs rompt avec le style précédent de Csók : elle est une synthèse entre l'apprentissage du peintre auprès des pleinairistes de la colonie de Nagybánya et l'influence de l'art des Nabis. Si dans la version de 1909 (cat. 100) la structure déterminée par les lignes colorées est également présente, l'artiste a accordé plus d'attention à la représentation des visages et des tissus.

Cette œuvre est bien reçue par la critique dans un contexte où les commentaires xénophobes et conservateurs sont nombreux. Francis de Miomandre l'évoque comme l'une des « découvertes » de ce Salon et salue « des paysages hongrois d'une couleur tout à fait fraîche et séduisante [1] ». De même, *Le Cri de Paris* place « parmi les meilleures toiles [...] les savoureuses études hongroises de Csók [2] ».

Comme en témoignent les nombreux sujets hongrois présentés au Salon, Csók n'oppose pas culture populaire et modernité. Il le soulignera dans ses *Mémoires* : « La propriété la plus caractéristique de mes tableaux est que bien que la culture parisienne y soit clairement perceptible, leur auteur ne peut être que hongrois [3]. »

A. M.

1 — « Le Salon d'Automne », *L'Art et les Artistes*, n° 56, novembre 1909, p. 84.
2 — *Le Cri de Paris*, 3 octobre 1909, p. 10.
3 — István Csók, *Emlékezéseim* [*Mémoires*], Budapest, Akadémiai Kiadó, 1990, p. 169.

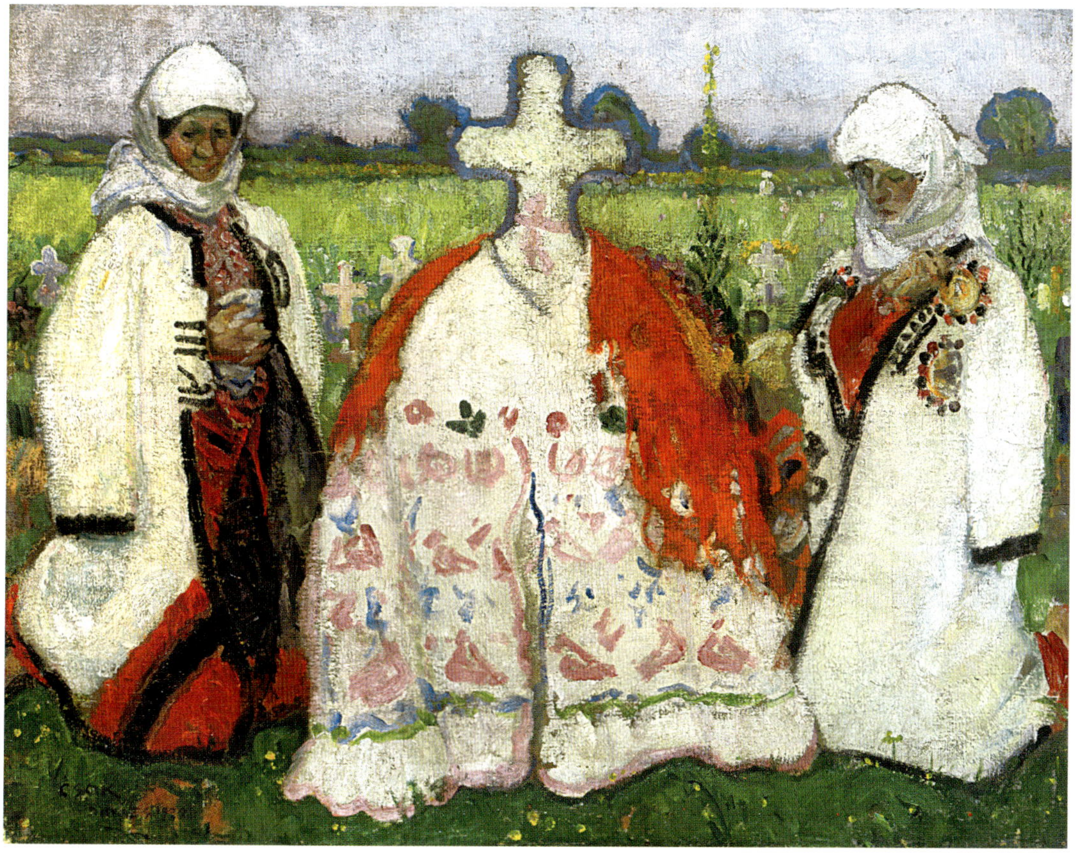

— Cat. 100
István Csók
Enterrement sokác dans le cimetière de Darázs, 1909
Huile sur toile, 66,5 × 86 cm
Pécs, musée Janus Pannonius

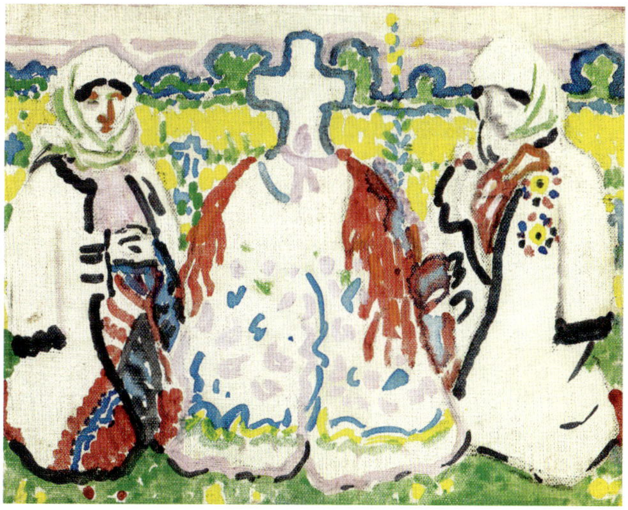

— Cat. 101
István Csók
Enterrement sokác dans le cimetière de Darázs, 1910
Huile sur toile, 22,5 × 28 cm
Collection particulière

Béla Czóbel
Peintres à la campagne,
dit aussi *Deux peintres*, 1906

Présentée sous le titre *Deux peintres* au Salon d'Automne de 1906 (sous le numéro 399), avec cinq autres œuvres de l'artiste, cette toile a sans doute été peinte durant l'été à Nagybánya. Par la mise en scène de deux hommes peignant sur le motif, elle constitue une sorte d'hommage à la pratique du plein air qui a fait la réputation de la colonie d'artistes de Nagybánya dans laquelle Béla Czóbel a étudié de 1902 à 1904. Si le cadre de cette composition est la campagne hongroise dans son versant domestiqué (l'on devine à l'arrière-plan l'avancée d'une terrasse), l'objet du travail des deux peintres est manifestement la figure humaine : on reconnaît sur leur chevalet les esquisses de portraits qui, étonnamment pour une session de travail collectif, ne semblent pas représenter le même modèle. Cependant, les couleurs intenses, les touches morcelées, le large cerne noir, loin de faire écho aux recherches impressionnistes de l'école de Nagybánya, évoquent les innovations du fauvisme découvert par l'artiste à Paris.

Ce même été 1906 en effet, de retour de la capitale française pour quelques mois, Béla Czóbel rapporte avec lui une douzaine de ses tableaux parisiens, dont la force et l'originalité ont provoqué une véritable révolution parmi les élèves de la colonie d'artistes. La plupart de ces œuvres peintes pendant les années parisiennes ont malheureusement disparu. Le témoignage d'István Réti, l'un des professeurs et fondateurs de l'école de Nagybánya, nous renseigne cependant sur la manière fondamentalement nouvelle que véhicule cette « série de portraits, de natures mortes et de compositions de nus – des peintures style affiche, avec des touches pointillées de couleurs vives, délimitées par des contours épais de toutes les couleurs [1] », qui sera le déclencheur, pour une génération de jeunes artistes hongrois bientôt rassemblés sous le nom de « néos », d'une nouvelle manière de peindre.

Peintres à la campagne est l'un des exemples les plus aboutis du traitement pleinement « fauve » d'un motif hongrois : cela en fait une des œuvres majeures de la peinture des jeunes années de l'artiste.

C. B.

1 — István Réti, *A Nagybányai művésztelep* [*La Colonie d'artistes de Nagybánya*], Budapest, Képzőművészeti Alap Kiadóvállalata, 1954, p. 69.

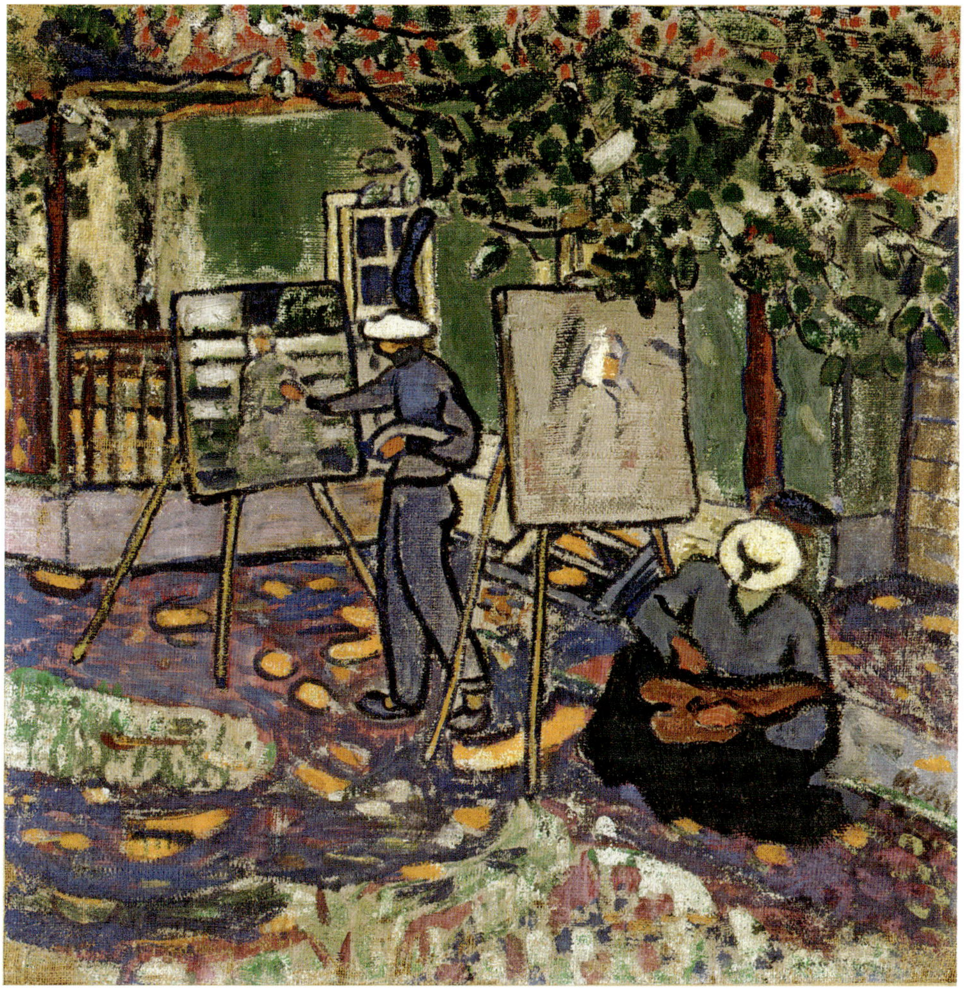

— Cat. 102
Béla Czóbel
Peintres à la campagne,
dit aussi *Deux peintres*, 1906
Huile sur toile, 79 × 79 cm
Paris, Centre Pompidou,
Musée national d'art moderne /
Centre de création industrielle

József Rippl-Rónai
Dans le jardin du comte Somssich,
vers 1912-1913

À partir de 1908, l'année de son installation dans la villa Róma à Kaposvár où il vécut jusqu'à sa mort, la peinture de Rippl-Rónai connaît un important renouvellement stylistique. Au contact de ses jeunes confrères hongrois, dont le style « fauve » est marqué par leurs années parisiennes, mais vraisemblablement aussi par l'art de Kandinsky ou de Jawlensky, dont il a pu découvrir les œuvres lors d'un voyage à Munich en 1910, il commence à peindre des huiles aux couleurs franches avec une touche « à grains de maïs » (*kukoricás*), comme il qualifie ce nouveau style, non sans humour. Le parc arboré aux multiples parterres fleuris qui entoure sa maison devient le théâtre de nombre de ses tableaux.

C'est un autre jardin, celui du comte Géza Somssich, que Rippl-Rónai a pris ici pour décor. Il est possible de retracer la relation d'amitié durable qui a lié l'artiste à la famille Somssich au travers des nombreux portraits qu'il en a réalisés. Durant l'été 1886 déjà, Rippl-Rónai avait portraituré la plus jeune fille d'Adolf Somssich (*Jeune fille à la raquette*, 1886, Kaposvár, musée Rippl-Rónai). Presque trente ans plus tard, en 1918, Zsiga et Laci sont les modèles d'un beau pastel, *Deux enfants Somssich* (Kaposvár, musée Rippl-Rónai). Mais c'est avec Géza Somssich, l'un des fils d'Adolf, que l'artiste a entretenu les relations les plus étroites.

Le groupe féminin représente vraisemblablement des membres de la famille Somssich, ainsi que la femme et la fille de l'artiste avec, au premier plan, l'un de leurs lévriers russes : on retrouve leurs silhouettes dans d'autres compositions prenant pour décor le jardin de la villa Róma. La toile est construite librement, en une succession de couleurs pures, des jaunes, des roses et des roux flamboyants, dans une manière décorative où les aplats forment une sorte de mosaïque ou de tapisserie peinte, laissant apparaître ça et là le fond du carton. La composition en frise des personnages, ainsi que l'arrière-plan scindé par deux allées qui se rejoignent, sont des motifs qui reviennent régulièrement dans l'œuvre de Rippl-Rónai à partir de la fin des années 1890.

L'aspect décoratif de la composition, son travail en surface, l'utilisation de lignes de contour marquées, la rapprochent des recherches du peintre dans le domaine des arts décoratifs. Une inscription manuscrite au revers du carton conduit à penser qu'il s'agit ici d'une étude préparatoire en vue d'un décor (qui ne sera pas réalisé) pour le palais des Somssich près de Kaposvár, que le comte, nouveau marié, commence à faire construire en 1913.

C. B.

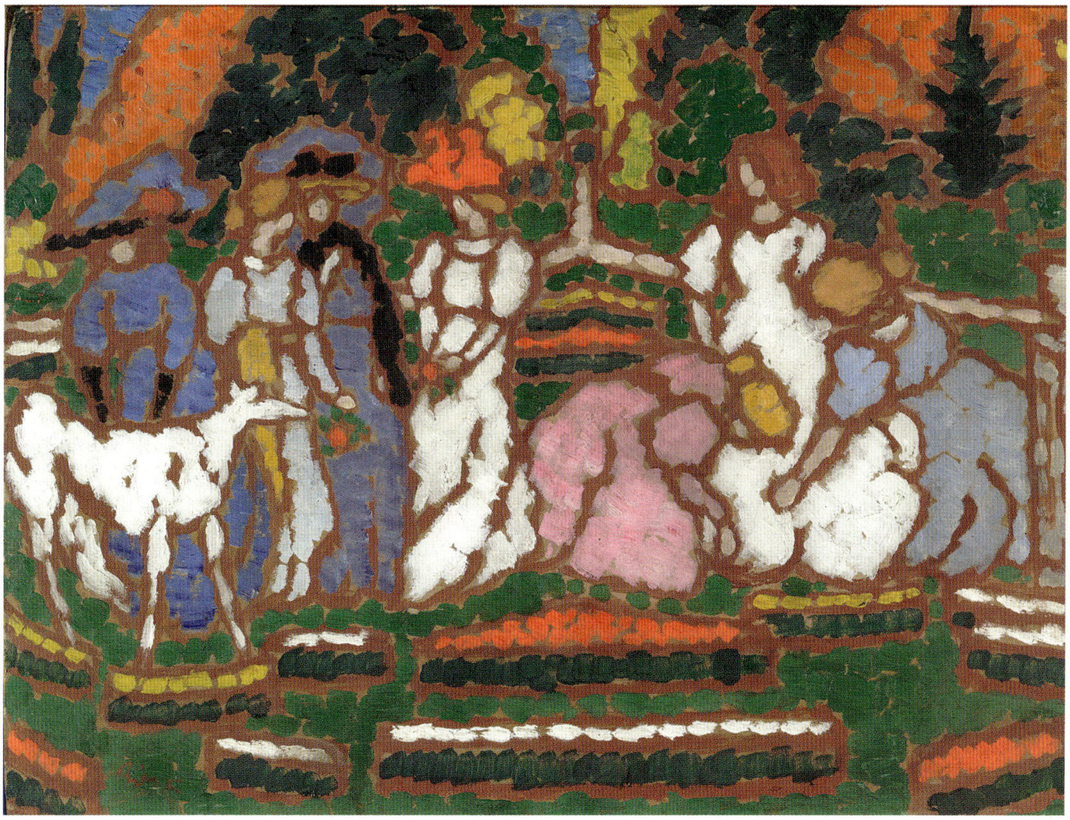

— Cat. 103
József Rippl-Rónai
Dans le jardin du comte Somssich,
vers 1912-1913
Huile sur carton, 50 × 68 cm
Paris, musée d'Orsay

Sándor Galimberti
L'Atelier de Rippl-Rónai à Kaposvár, 1909

Sándor Galimberti a étudié à Nagybánya, auprès d'István Réti, avant de partir pour Munich, puis à l'académie Julian à Paris. Son père était un ami de Rippl-Rónai dont la réputation était déjà bien établie. Ce dernier sut reconnaître le talent du jeune homme.

En 1908, Rippl-Rónai fait l'acquisition de la villa Róma à Kaposvár, qu'il aménage progressivement à son goût. La demeure fait une forte impression sur Galimberti qui y est fréquemment accueilli. Il peut y découvrir les œuvres de la collection personnelle de Rippl-Rónai, constituée au gré de ses rencontres parisiennes : Bonnard, Vuillard, Ranson, Pitcairn-Knowles, Gauguin, Maillol, Sérusier. Dans l'atelier, comme dans les autres pièces de la villa, le jaune de cadmium a envahi les murs. Rippl-Rónai explique ce choix dans ses *Mémoires* : « Les tons criards doivent être le résultat de mon état d'esprit actuel. [...] Ce sont les couleurs qui nous entourent dans ma nouvelle maison et dans mon jardin à Kaposvár. [...] Je suis en quête de ces couleurs, j'en fais une collection pour ainsi dire dans mon appartement, sur les objets, sur les murs. C'est ce jaune clair que je préfère pour les murs, j'en ai peint mon atelier, je dors même dans une pièce peinte de cette couleur. Bien évidemment ces tons reviennent sur mes tableaux[1]. »

Ici, l'atelier est représenté vide, exempt de toute trace de l'activité du peintre. Galimberti centre la composition sur la grande fenêtre donnant sur le parc. Rippl-Rónai avait fait percer deux grandes ouvertures dans son atelier afin de pouvoir peindre même les jours de pluie. Ainsi Galimberti met en avant les réflexions sur le traitement de la lumière de son maître, thématique qu'il avait déjà abordée lors de son séjour à Nagybánya. À l'intérieur, les couleurs primaires, pures, dominent. On y retrouve l'opposition du rouge et du jaune chère à Rippl-Rónai. Cependant, nous savons, grâce à des photographies ainsi qu'à une représentation de son atelier exécutée par Rippl-Rónai lui-même en 1911 (cat. 84, p. 173), que le plafond et les poutres étaient peints en blanc. Galimberti a choisi d'y ajouter du bleu pour accentuer le contraste, et peut-être aussi pour y faire entrer le ciel. On devine l'influence de Matisse et des Fauves découverts par Galimberti à Paris dans l'utilisation des couleurs intenses. Les nombreuses lignes horizontales et verticales structurant la composition renforcent l'aspect décoratif de la scène.

A. M.

1 — Extrait des *Mémoires* de Rippl-Rónai, 1911, publié dans Judit Szabadi, *József Rippl-Rónai*, Budapest, Corvina, 1978, p. 15.

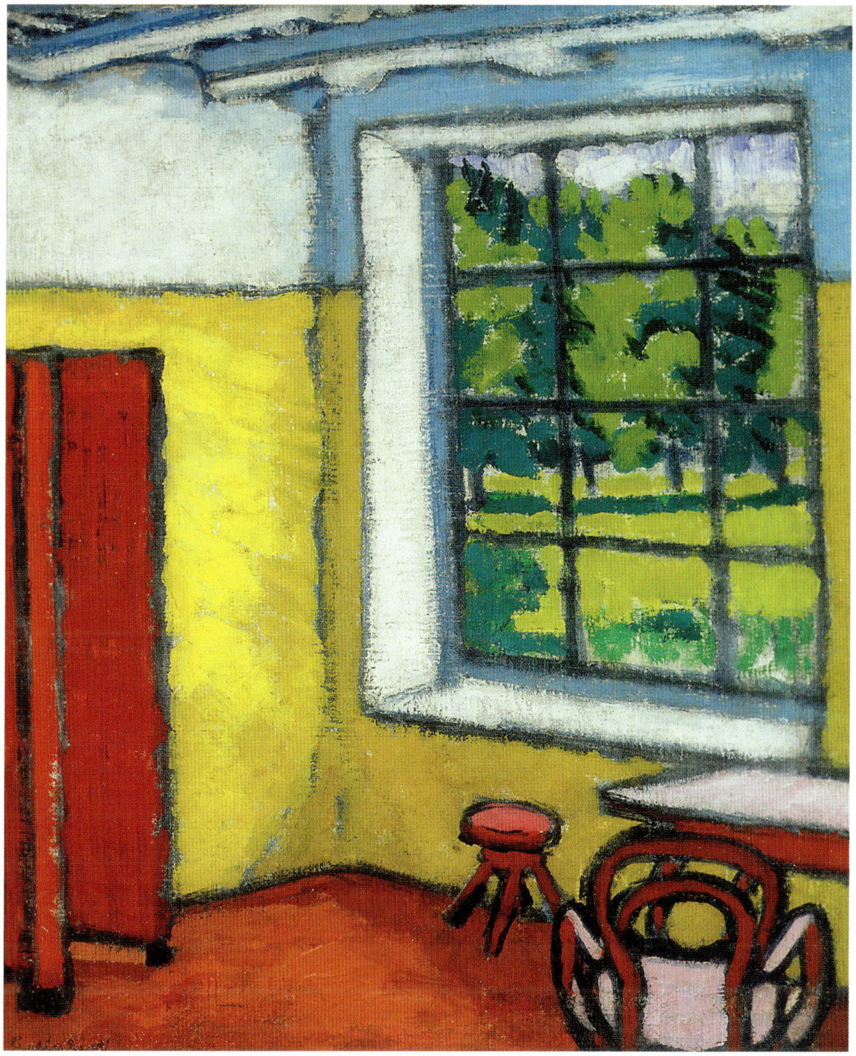

— Cat. 104
Sándor Galimberti
L'Atelier de Rippl-Rónai à Kaposvár, 1909
Huile sur toile, 80 × 60 cm
Collection particulière

Béla Czóbel
L'Homme au chapeau de paille,
vers 1907

Au début de sa carrière, Béla Czóbel a participé à de nombreuses reprises aux Salons parisiens en exposant des portraits, dont il ne reste pour certains, hélas, que des reproductions ou des descriptions. C'est le cas notamment d'un portrait de femme de 1907, dont on ignore la localisation actuelle, qui avait illustré l'article, resté célèbre, de l'écrivain américain Gelett Burgess, « The Wild Men of Paris[1] ». On a de même perdu la trace du portrait, probablement jugé trop audacieux, du fils d'un ami peintre Gyula Kosztolányi Kann, que le jury du Salon d'Automne de 1907 n'avait pas retenu. Quant à l'œuvre dont il est ici question, elle ne fut pas envoyée au Salon, échappant ainsi au risque d'essuyer elle aussi un refus. Elle trouva acquéreur quelques mois plus tard à l'occasion de l'exposition organisée au printemps 1908 à la galerie de Berthe Weill – la première exposition personnelle de Czóbel[2].

Le sujet de ce portrait a pu être identifié avec une quasi-certitude. Quelques photographies d'époque et plusieurs portraits peints ou dessinés d'Amedeo Modigliani, de Moïse Kisling et d'Isaac Grünewald laissent à penser qu'il s'agit du critique et marchand d'art polonais Adolphe Basler, que Czóbel avait sans doute rencontré dès 1906, au cercle qui se réunissait au café du Dôme à Paris.

De nombreuses sources font état de leurs relations : Basler mentionne souvent Czóbel dans ses écrits et ce dernier réalise plusieurs dessins du critique, exécutés probablement à la terrasse du café du Dôme. *L'Homme au chapeau de paille* ne date pas de la même époque, seule la ressemblance du modèle permet d'identifier ce portrait, peint vers 1907. On est ici face à l'une des œuvres les plus marquantes, les plus libres de la période fauve de Czóbel. Son style – sa touche rapide et spontanée, l'audace avec laquelle il laisse apparaître par endroit en réserve la toile, l'embrasement des couleurs – ne trouve son équivalent que dans une nature morte de 1907 (cat. 82, p. 171). Comparée à ses portraits datés de 1906, *Homme assis* (cat. 81, p. 169) et *Portrait d'homme* (Centre national des arts plastiques / Fonds national d'art contemporain, en dépôt au musée des Beaux-Arts de La Rochelle), ou à *Peintres à la campagne* (cat. 102, p. 193), cette toile indique une évolution nette vers le fauvisme ; ce qui nous laisse à penser que cette œuvre a été réalisée vers 1907, et non vers 1906, datation jusqu'ici admise.

G. B.

1 — Gelett Burgess, « The Wild Men of Paris », *The Architectural Record*, mai 1910, p. 400-414.
2 — Voir lettre inédite adressée par Jean-Pierre Moueix à Czóbel en 1967, collection Mimi Kratochwill. Jean-Pierre Moueix, deuxième acquéreur, n'a hélas pas révélé l'identité de son prédécesseur.

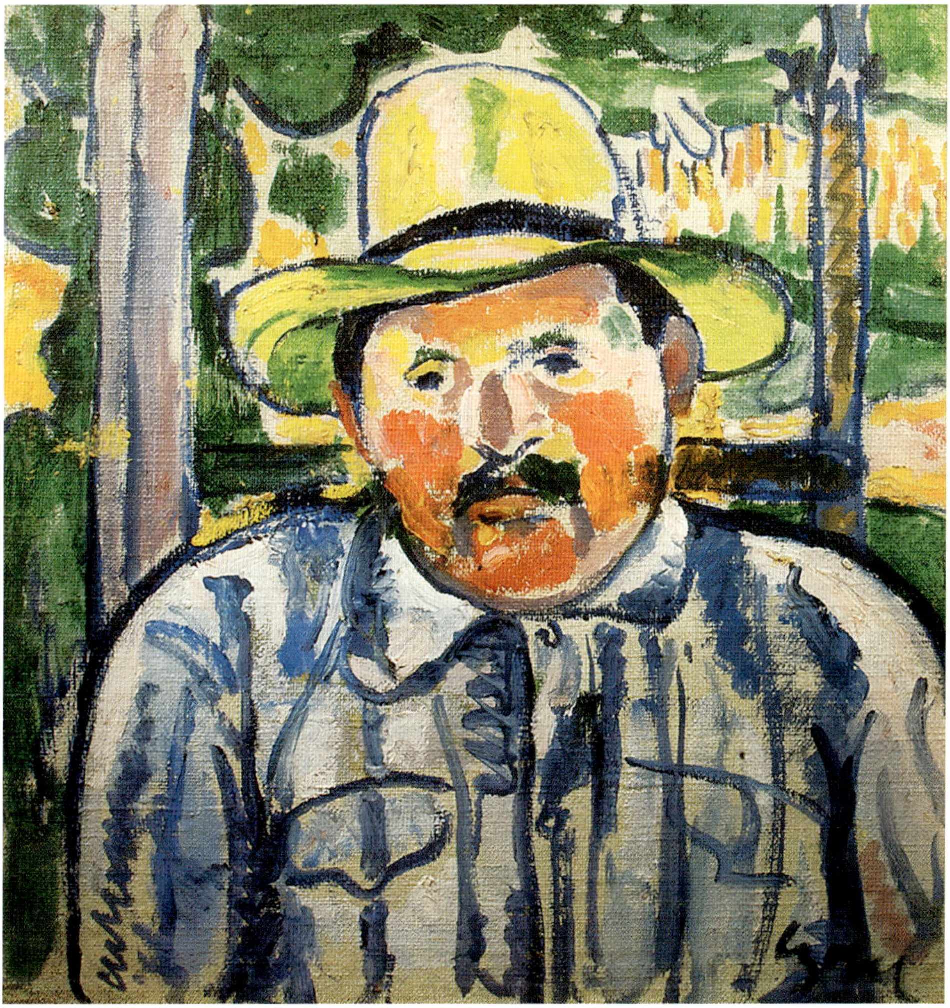

— Cat. 105
Béla Czóbel
L'Homme au chapeau de paille, vers 1907
Huile sur toile, 58 × 60 cm
Chicago, collection particulière

Béla Czóbel
Garçons assis, 1907

Béla Czóbel
Nus dans la forêt, non daté
(vers 1904 ou 1907)

Après plusieurs expositions collectives avec les Fauves, Czóbel expose seul pour la première fois en mars 1908 dans la galerie de Berthe Weill, qui joue alors un rôle de premier plan dans la promotion de l'art fauve. Il y présente trente huiles et une trentaine de dessins issus de ses recherches les plus récentes, dont la presse parisienne rendra compte en détail : « Son œuvre révèle un batailleur, un outrancier. Ses paysages sont écrits durement, violemment. Plus violemment encore et plus durement ses figures et ses nus. Il y a certainement de la force dans ses œuvres et le sens vrai de l'équilibre. Toutefois à les bien examiner, nous sommes pris d'un doute. Nous nous demandons si ce procédé de violence n'est pas une sorte d'habileté de tour de main comme le fignolage de naguère. Nous redoutons d'y voir une sorte de poncif nouveau, "le poncif du bâclage pour le bâclage" ! [...] M. Czobel [*sic*] a toutefois de réelles qualités de "peintre", et n'étaient certaines acidités regrettables nous reconnaîtrions en lui, au point de vue de la couleur, un des artistes doués de ce temps[1]. »

« Chez Weill, il n'y avait pas de catalogue, juste des invitations. En 1907, la galerie Weill était une petite galerie. J'y ai exposé pas mal de choses peintes à Nyerges. Stoki [Károly Kernstok] m'avait invité à Nyerges. J'ai exposé des paysages et des figures[2] », se souvient Czóbel, à l'occasion d'une interview ; souvenirs confirmés par un critique français de l'époque, qui, par-delà ses traits d'esprit, semble avoir compris le pouvoir d'attraction exercé par le village de Nyergesújfalu sur un jeune groupe de peintres modernes séduits par son exotisme, comme Gauguin fut séduit par Tahiti, peu de temps auparavant : « M. Czobel [*sic*] emploie le vocabulaire pseudo-tahitien à l'émission d'opinions sur l'espèce humaine, dont l'infortuné Darwin est communément rendu responsable. Il y aurait là de quoi s'inquiéter si M. Czobel [*sic*], sur la carte d'invitation qu'il nous adressa, ne mettait en avant l'excuse de sa jeunesse. C'est donc en pleine conscience de l'état inacceptable et provisoire de sa forme que M. Czobel [*sic*] tient à faire devant nous la preuve de ses vrais dons de peintre[3]. »

L'exposition chez Berthe Weill présentait sans aucun doute les œuvres aujourd'hui connues sous les titres *Garçons assis* et *Nus dans la forêt*, peintes dans le jardin de la propriété de Károly Kernstok à Nyergesújfalu – les modèles, recrutés sur place, sont d'ailleurs désignés par les appellations « *Nyergesi István* [Stéphane de Nyerges] » et « *Nyergesi János* [Jean de Nyerges] ». Sur la toile intitulée *Nus dans la forêt*, on perçoit même, semble-t-il, comme tronqués par le bord de la toile, les jambes de Kernstok et les trois pieds de son chevalet. La plupart des toiles de Czóbel peintes à Nyerges ont aujourd'hui disparu, tel un portrait de garçon qu'il avait pu exposer au Salon d'Automne de 1907, alors que deux autres de ses œuvres avaient été refusées par le jury.

Garçons assis et *Nus dans la forêt* ont déchaîné les passions en Hongrie et ont profondément influencé son hôte, Kernstok. Celui-ci, quelques années plus tard, traitera de thèmes analogues dans ses œuvres les plus emblématiques, comme *Jeunes gens* (collection particulière, en dépôt au Palais pontifical de Sümeg), ou *Au bord de la rivière*, œuvre aujourd'hui disparue.

G. B.

1 — Charles Malpel, « Quelques salons. Petites expositions », in *Notes sur l'art d'aujourd'hui et peut-être de demain*, Paris, Grasset, 1910, p. 180.
2 — Interview accordée par Béla Czóbel à Béla Horváth le 24 septembre 1961, legs Béla Horváth, MTA BTK, Művészettörténeti Intézet (Archives de l'Académie des Sciences de Hongrie, Centre de recherche en sciences humaines, Institut d'Histoire de l'art), inv. MDK-C-I-217.
3 — Pierre Hepp, « Expositions Louise Perman et Béla Czóbel (Galerie Henry Graves – Galerie B. Weill) », *La Chronique des Arts*, n° 14, 4 avril 1908, p. 128.

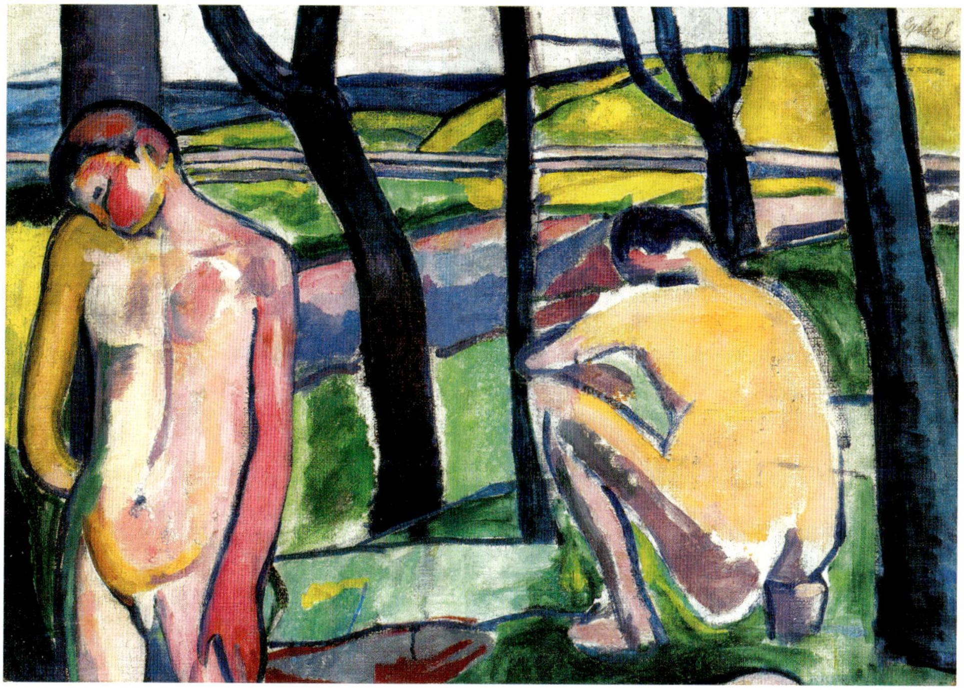

— Cat. 106
Béla Czóbel
Garçons assis, 1907
Huile sur toile sur carton, 67 × 97 cm
Pécs, musée Janus Pannonius

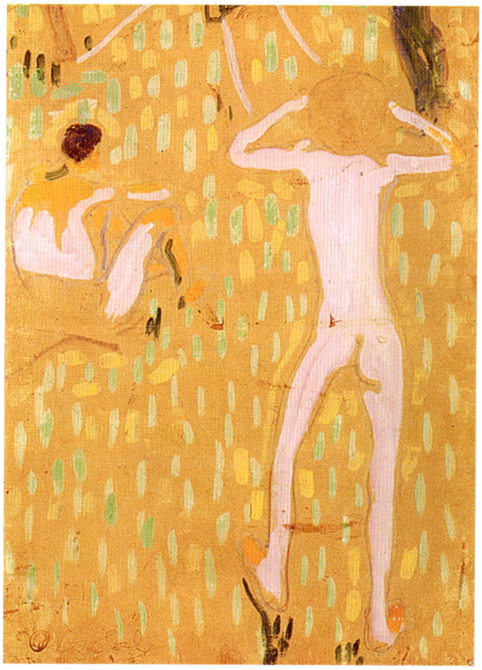

— Cat. 107
Béla Czóbel
Nus dans la forêt, non daté
(vers 1904 ou 1907)
Techniques mixtes
sur carton, 59 × 44,5 cm
Chicago, collection particulière

Ödön Márffy
Jeune fille de Nyerges, dit aussi
Jeune paysanne de Nyerges, 1908

Il peut paraître étrange que les toiles fauves les plus réussies d'Ödön Márffy n'aient pas été peintes à Paris, où il a pourtant passé de longues années d'étude, mais à Nyergesújfalu, petit village de Hongrie sur les bords du Danube. Károly Kernstok, qui y possédait une propriété viticole, y invitait souvent ses proches ou des artistes à y venir peindre ou simplement séjourner. C'est ici que s'est formé le groupe des Huit, et le cercle des intellectuels qui y étaient liés. Pendant l'été 1907, Czóbel vint y peindre, et cette visite d'un hôte déjà acquis au fauvisme marqua profondément Kernstok, dont la formation relevait plus du naturalisme. Mais ce n'est que l'été suivant, lorsque Ödön Márffy se rendit chez Kernstok, que, dans un rapport d'inspiration réciproque, les deux peintres entamèrent véritablement leur période fauve. Cependant, ce n'est pas, comme on pourrait le penser, le genre du paysage qu'ils cultivent alors : « À Nyergesújfalu, se souvient Márffy, le paysage de la région ne m'inspirait pas grand-chose. À l'époque, le paysage me préoccupait moins que les problèmes *par excellence*[1] de la peinture : forme, couleur et motifs lumineux. Le jardin de Kernstok se prêtait particulièrement bien à ce genre de travail en profondeur[2]. » Le portrait, en revanche, leur offre un terrain bien plus propice à l'épanouissement de cette nouvelle peinture. Certains des tableaux de Márffy datant de cette période présentent de nombreux points communs avec la manière de Kernstok. Du point de vue du rythme des lignes et des couleurs, *Garçon et fille sur un banc vert* (cat. 99, p. 189) de Márffy peut être rapproché de l'imposant *Femme nue debout* (cat. 97, p. 187) de Kernstok ; tandis que les solutions généreuses de la *Jeune paysanne de Nyerges* rappellent *Garçon nu appuyé contre un arbre* (cat. 98, p. 188), l'une des œuvres majeures réalisée par son hôte à la même époque.

Si Kernstok reste, par son choix des couleurs mélangées, beaucoup plus retenu que Czóbel ou Márffy, ces derniers se laissent littéralement enivrer par la lumière. Márffy, pour peindre les rayons aveuglants du soleil d'été, ne se contente d'ailleurs pas du seul recours aux couleurs intenses : dans *Jeune paysanne de Nyerges*, l'intensité de la lumière force la petite fille à cligner des yeux. Ici, à la liberté du coup de pinceau répond la virtuosité du peintre dans la construction graphique d'une œuvre artistiquement plus aboutie que toutes ses toiles antérieures. Autour de la fillette, qui se tient debout dans une pose pleine de gaucherie, le paysage rayonne de tous ses verts olive, de tous ses jaunes et de tous ses pourpres. Le contraste de ses cheveux blonds avec la rougeur de ses joues, les puissants reflets verts qui soulignent le dessous des yeux et le menton, la technique de peinture par stries rapides expriment toute la vivacité du style fauve. Le bleu-violet sombre de la jupe et le violet du gilet semblent embraser un peu plus le visage déjà couvert de taches rouges. La figure émue de la fillette, la main mal assurée qu'elle porte à son visage contrastent étrangement avec la dynamique créée par ces vigoureux écheveaux de peinture et ces couleurs éblouissantes.

Z. R.

1 — En français dans le texte (NdT).
2 — Entretien entre Ödön Márffy et Béla Horváth, après 1957. Legs Béla Horváth, Archives de l'Académie des Sciences de Hongrie, Institut de recherche en histoire de l'art, inv. MDK–C–I–217.

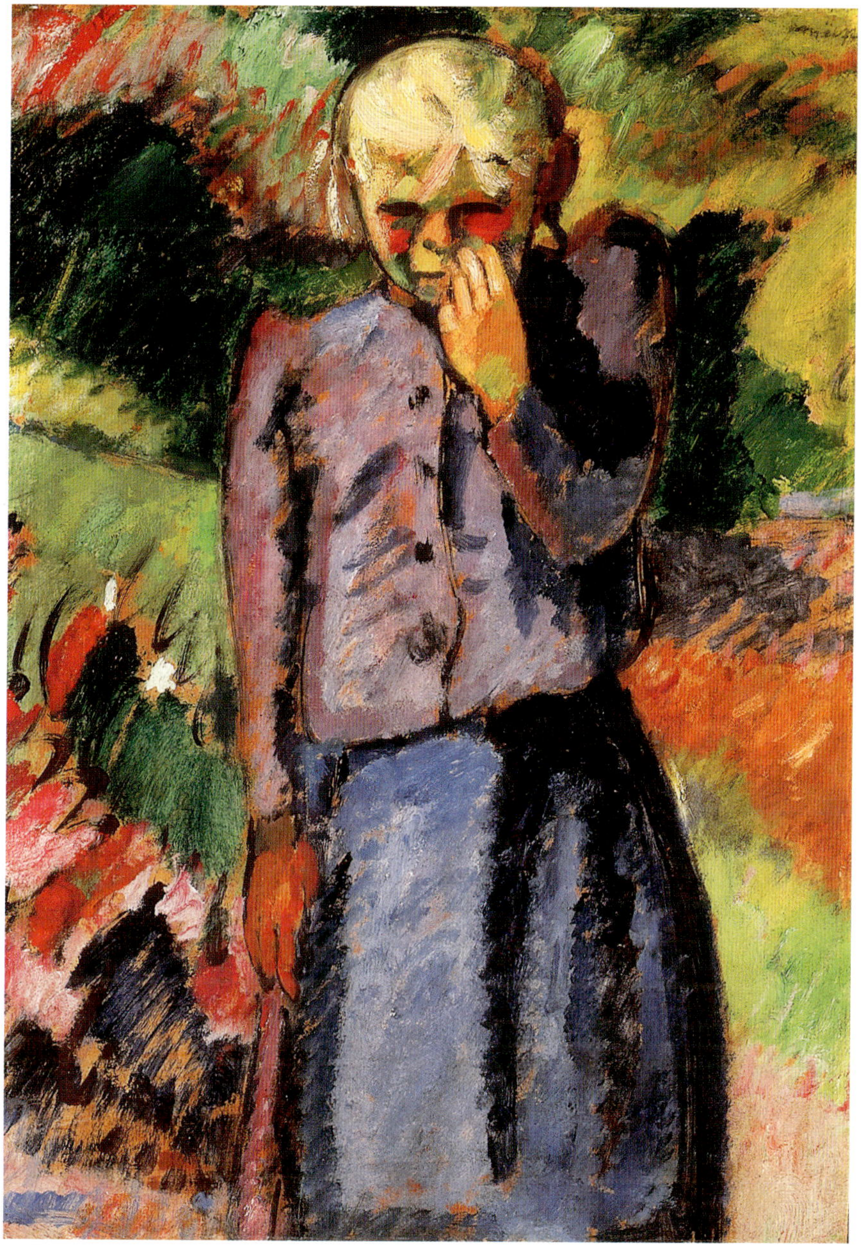

— Cat. 108
Ödön Márffy
Jeune fille de Nyerges, dit aussi
Jeune paysanne de Nyerges, 1908
Huile sur carton, 88,5 × 62 cm
Collection particulière

Károly Kernstok
Femme nue debout, 1908

Entre 1894 et 1896, Károly Kernstok étudie à l'académie Julian où il pratique le dessin de nu. En 1905, il fait la connaissance de Béla Czóbel à Paris, rencontre décisive pour Kernstok, dont le style deviendra, sous l'influence du second, plus décoratif, se rapprochant du fauvisme. À partir de 1906, à Nyergesújfalu, se forme autour de Kernstok une colonie d'artistes, où séjournent Ödön Márffy, Béla Czóbel, Dezső Czigány et Anna Lesznai. Ils se consacrent notamment aux études de nus, encouragés par la facilité à trouver leurs modèles dans les villages alentours.

Le corps féminin représenté par Kernstok, sur un fond coloré dépourvu de décor, est vigoureux, massif et robuste. L'artiste ne s'intéresse ni au portrait ni à la précision anatomique mais plutôt au dessin et à la ligne. La figure est cernée de noir, rappelant l'influence de Gauguin sur les artistes hongrois, suite notamment à l'exposition de ses œuvres à Budapest en 1907. La palette choisie par Kernstok se limite à des bruns, beiges et ocre. Il peint les ombres en couleur, trait caractéristique de l'enseignement de Matisse. S'il reste prudent dans le choix des couleurs, il fut plus audacieux avec le *Garçon nu appuyé contre un arbre* (cat. 98, p. 188), deux ans plus tard. La composition est équilibrée grâce à une pose en « contrapposto » qui compense la position plus anguleuse du haut du corps, position que l'on retrouve dans de nombreux nus de la même époque chez Kernstok (cat. 97, 98, p. 187-188), Berény (cat. 57, 58, p. 138-139), Czóbel (cat. 106, p. 201) ou le Français Marquet (cat. 54, p. 135). Le format et l'aspect décoratif du tableau renvoient à l'art du vitrail et à son nécessaire agencement des formes, dans lequel Kernstok s'illustre l'année suivante avec les vitraux de la villa Schiffer.

Enfin, les éléments du vocabulaire primitiviste que l'on retrouve dans cette œuvre pourraient s'expliquer par sa rencontre avec le sculpteur et marchand József Brummer en 1907, très sensible à l'art africain. Kernstok a également été invité dans le salon de Gertrude Stein où il a pu contempler des œuvres de Matisse et Picasso. La richesse des références montre qu'il a réussi à faire la synthèse entre de nombreuses recherches picturales de l'époque, se qualifiant lui-même tout au long de sa carrière de « chercheur ».

A. M.

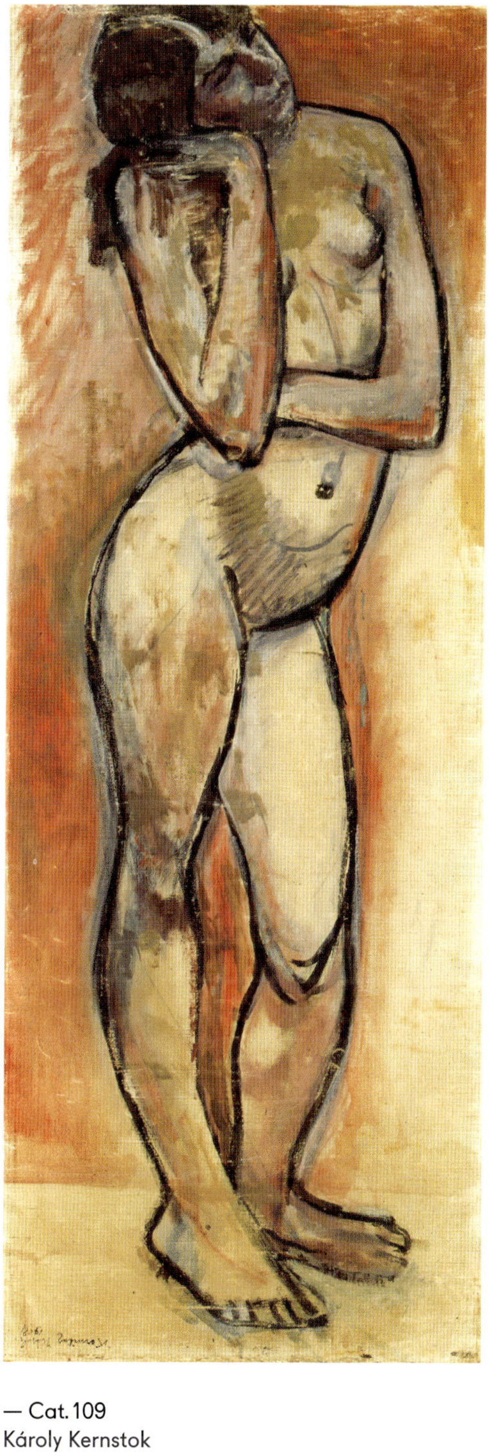

— Cat. 109
Károly Kernstok
Femme nue debout, 1908
Huile sur toile, 116 × 42 cm
Sümeg, Municipalité de la ville
de Sümeg, palais épiscopal

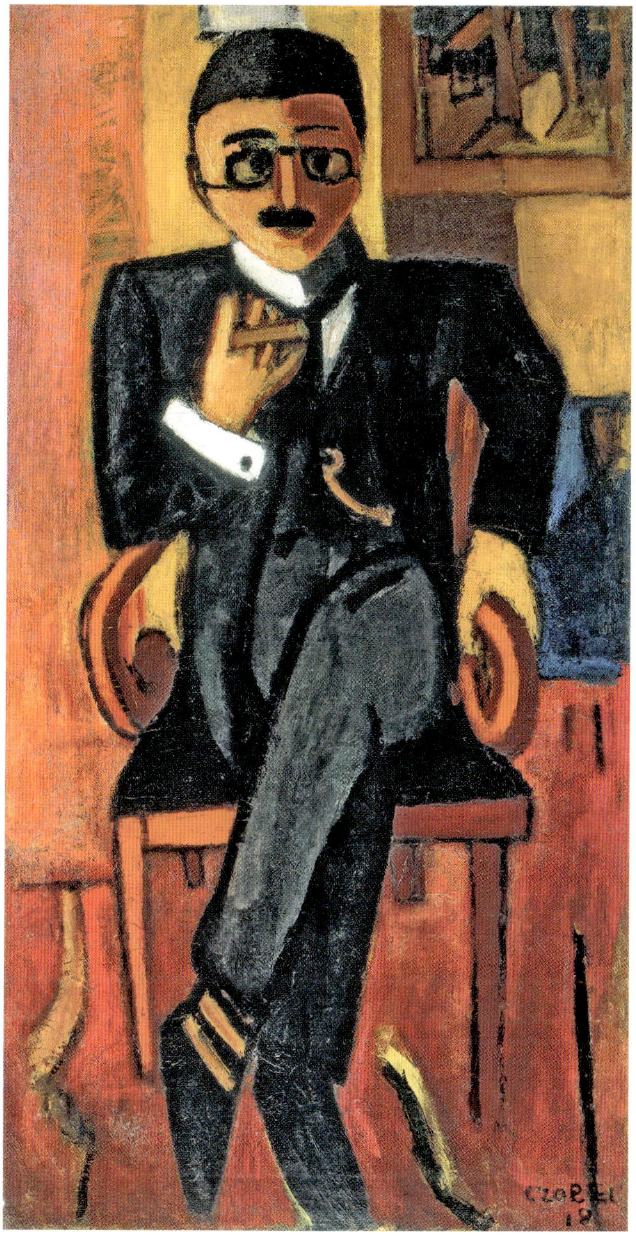

— Cat. 110
Béla Czóbel
Le Prêtre de Bergen, 1918
Huile sur toile, 147,6 × 78 cm
Collection particulière

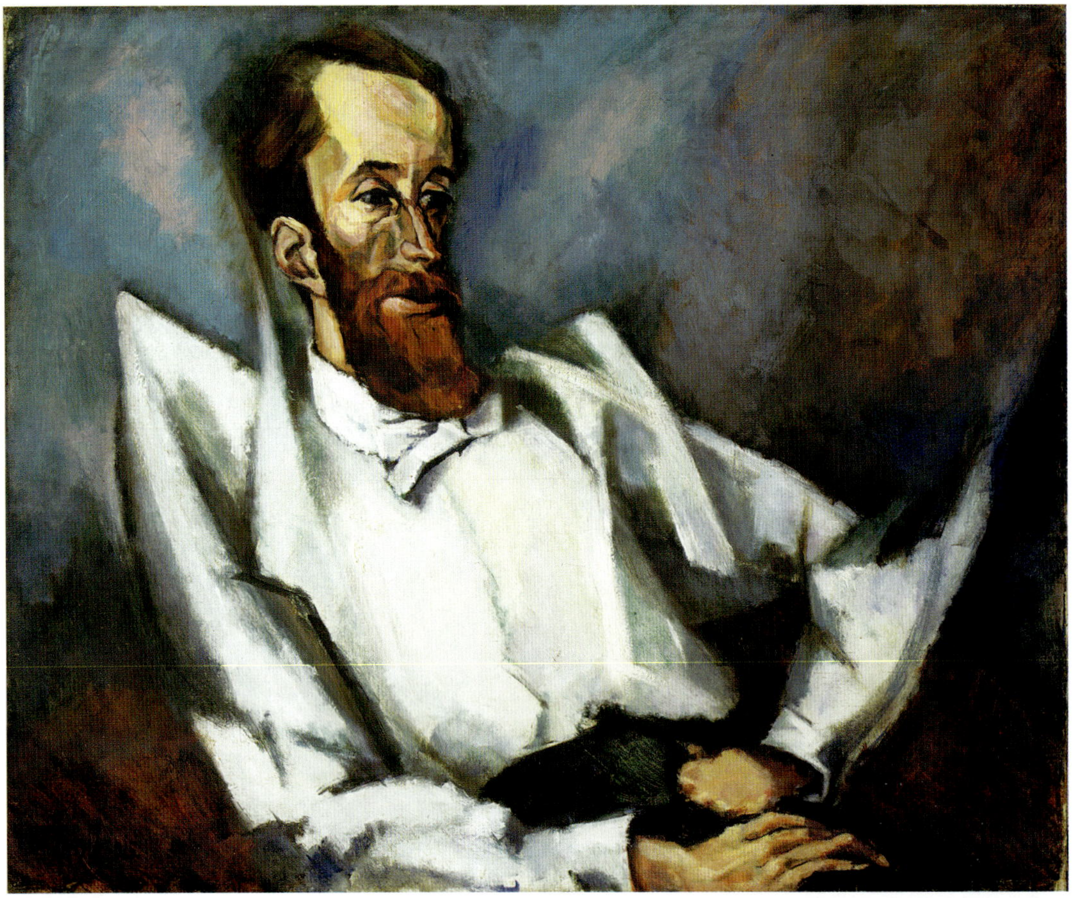

— Cat. 111
Lajos Tihanyi
Portrait de Lajos Fülep, 1915
Huile sur toile, 78 × 95 cm
Budapest, Szépművészeti Múzeum
– Galerie nationale hongroise

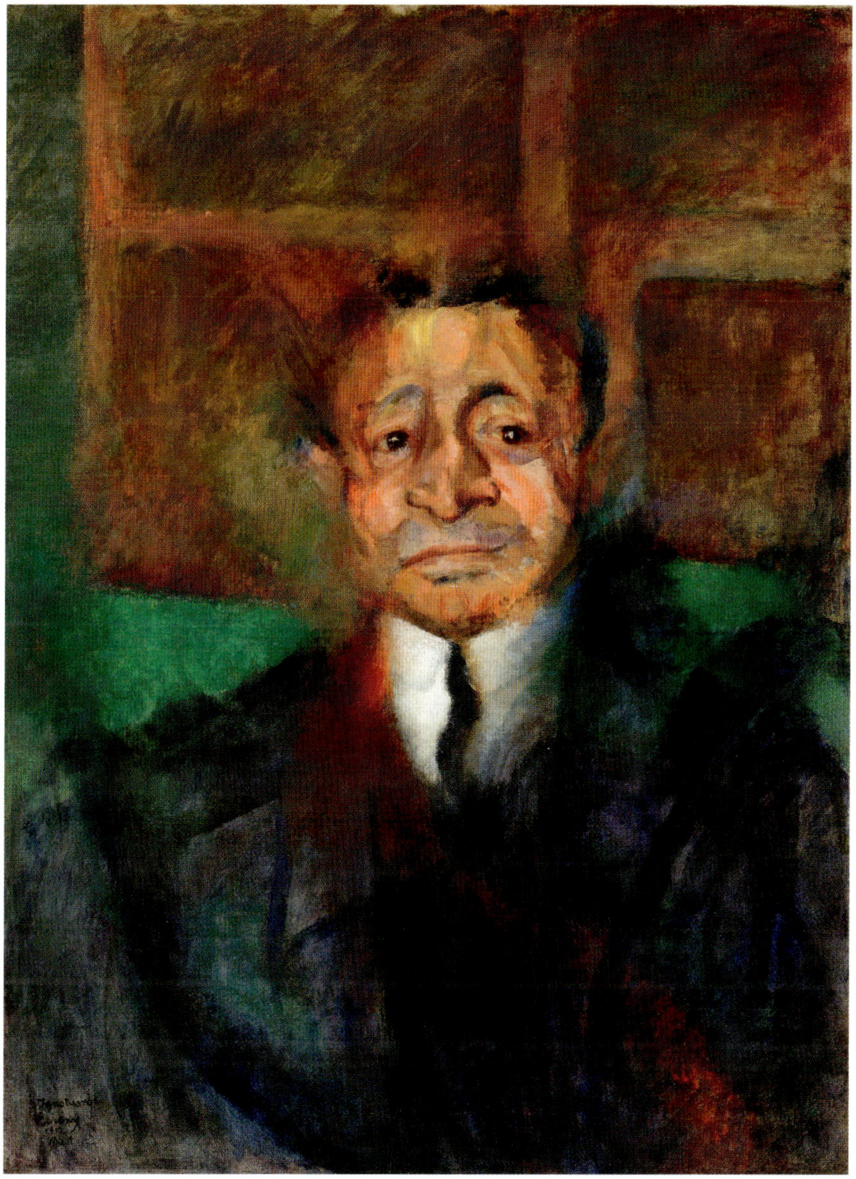

— Cat. 112
Róbert Berény
Portrait d'Ignotus, 1912
Huile sur toile, 69,8 × 52 cm
Budapest, galerie Kieselbach

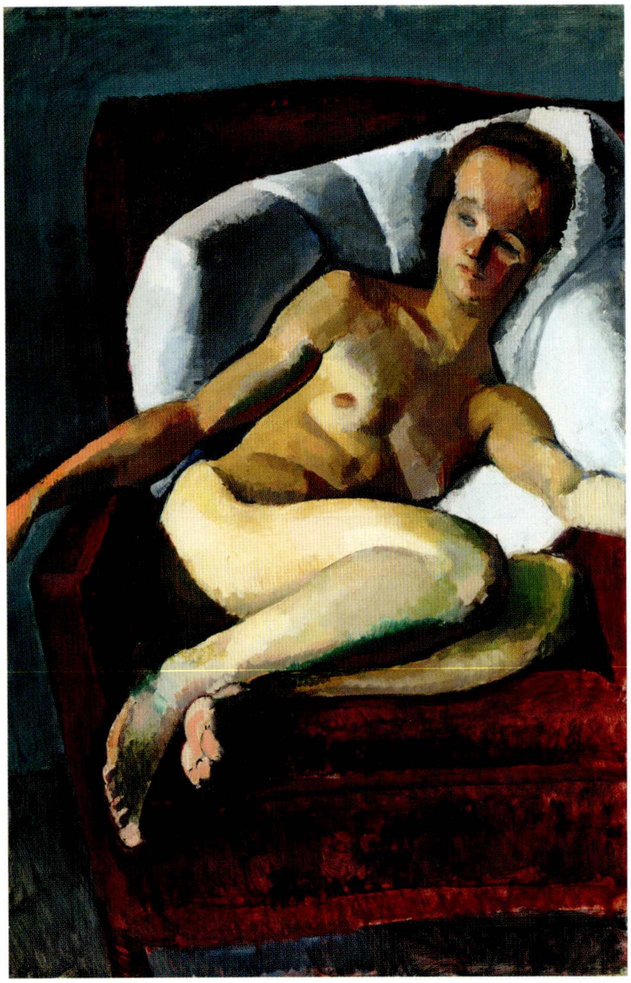

— Cat. 113
Róbert Berény
Nu assis dans un fauteuil, 1911
Huile sur toile, 128 × 80 cm
Budapest, collection Gyula Kemény

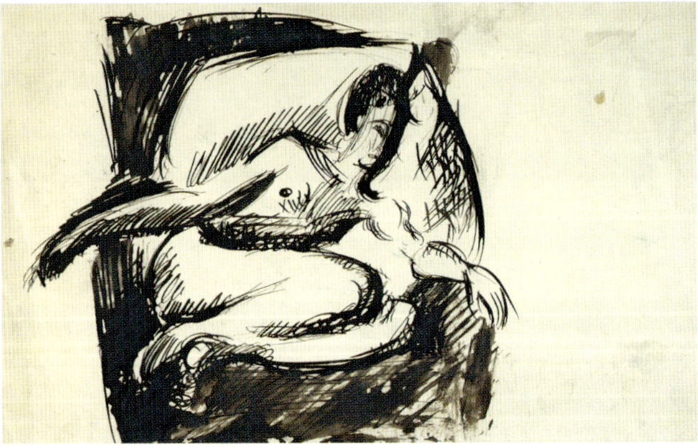

— Cat. 114
Róbert Berény
Nu assis dans un fauteuil, esquisse, 1911
Encre sur papier, 20,5 × 33,4 cm
New York, collection
Drs Thomas et Shelly Sos

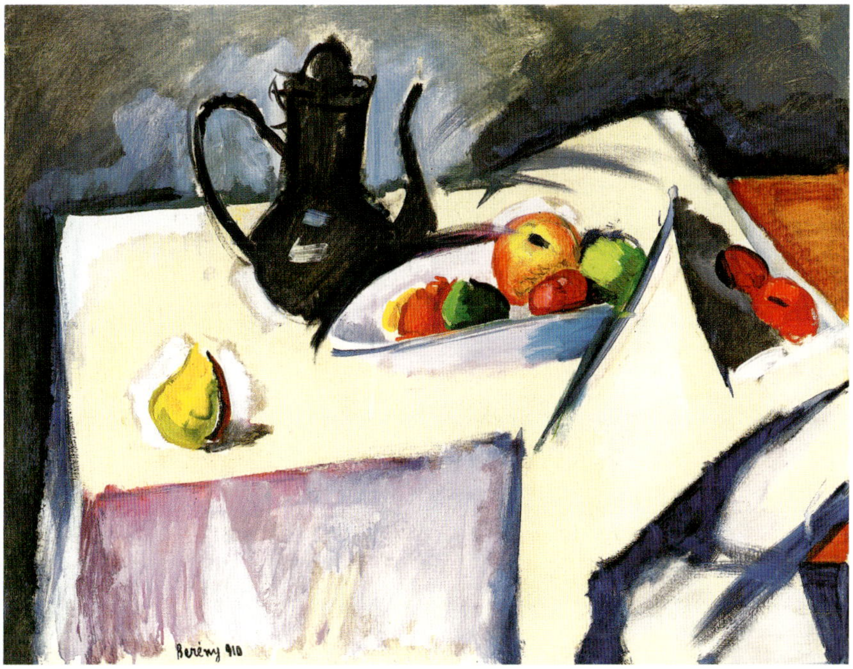

— Cat. 115
Róbert Berény
Nature morte avec bouilloire et fruits, dit aussi *Nature morte à la cruche noire*, 1910
Huile sur toile, 49 × 62 cm
Budapest, Sáránszki Art Solutions, collection particulière

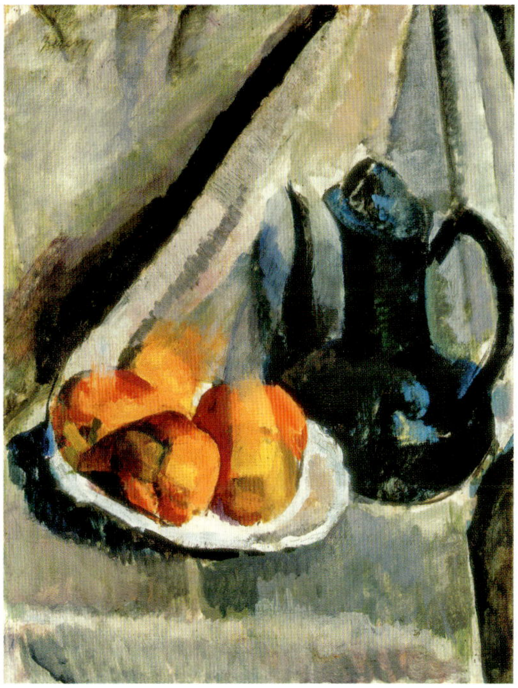

— Cat. 116
Róbert Berény
Nature morte à la cruche bleue, 1911
Huile sur toile montée sur carton, 63 × 48,5 cm
Palm Beach, collection de Mme l'Ambassadeur Nancy G. Brinker

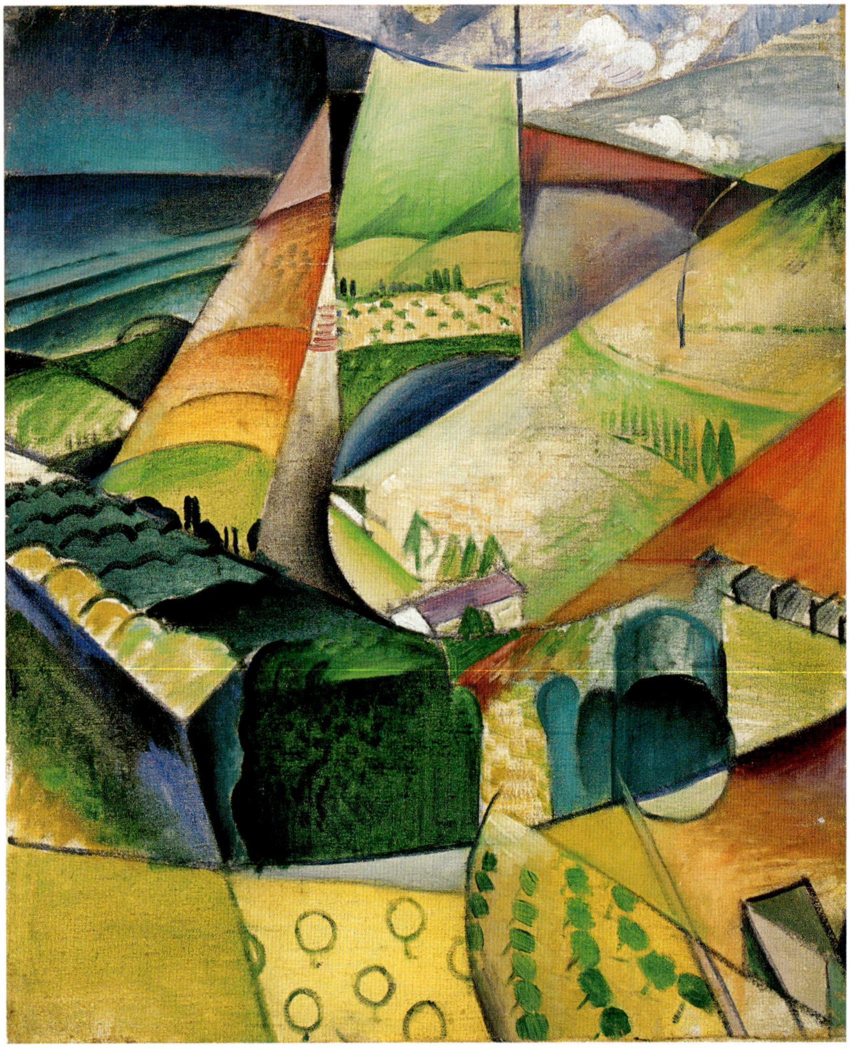

— Cat. 117
Imre Szobotka
Terrain de labour (vallée), vers 1914
Huile sur toile sur fibre de bois,
54,5 × 45,3 cm
Collection particulière

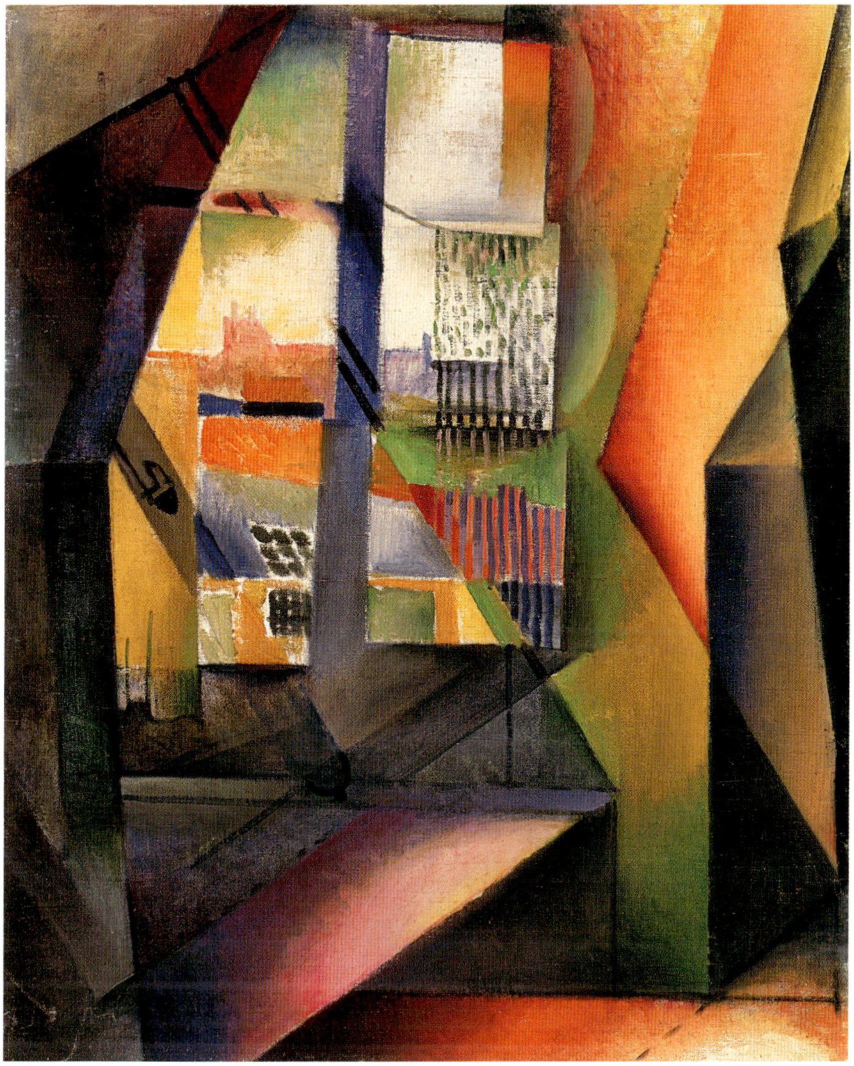

— Cat. 118
Imre Szobotka
Vue d'une fenêtre, 1913-1914
Huile sur toile sur fibre
de bois, 60 × 49 cm
Collection particulière

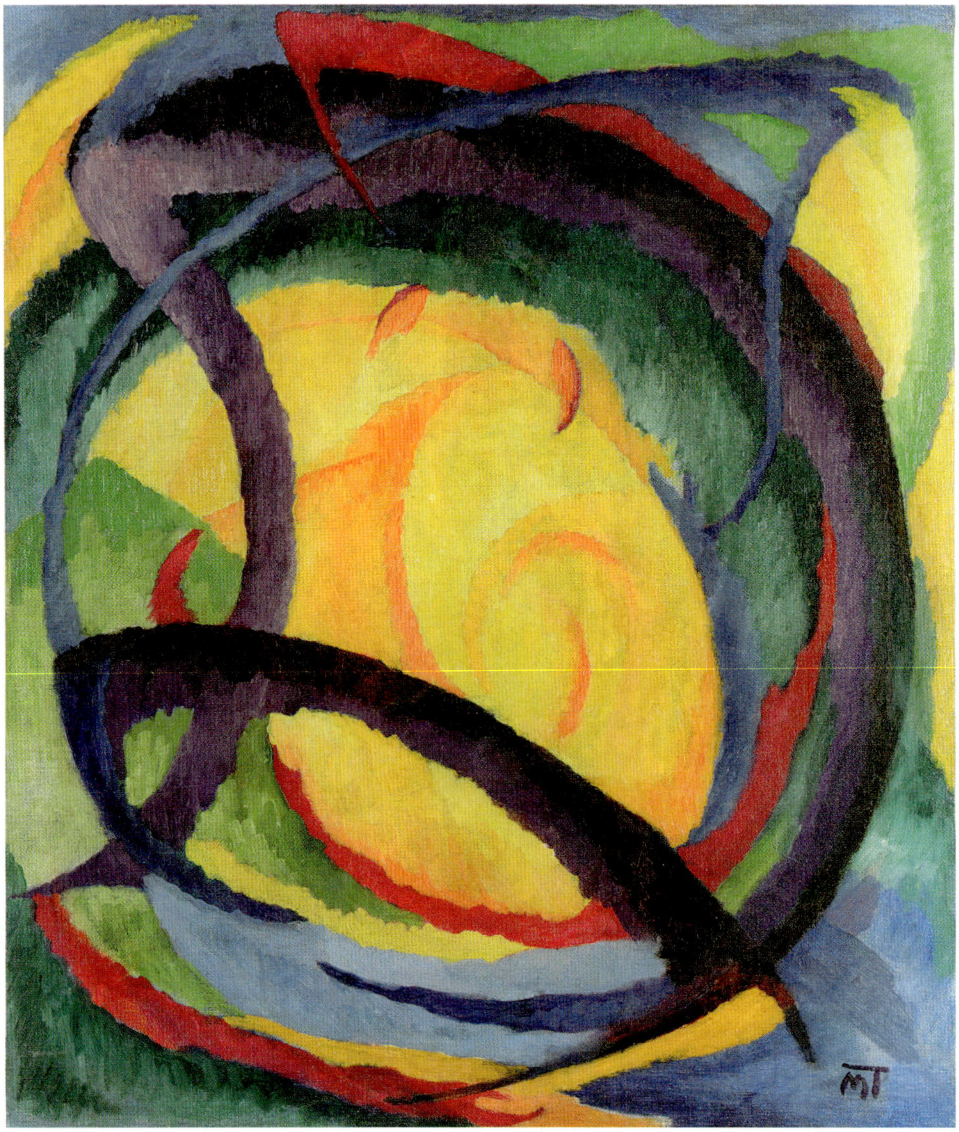

— Cat. 119
János Mattis Teutsch
Composition en couleurs, vers 1920
Huile sur toile, 79,5 × 69,5 cm
Allemagne, collection L. Czell

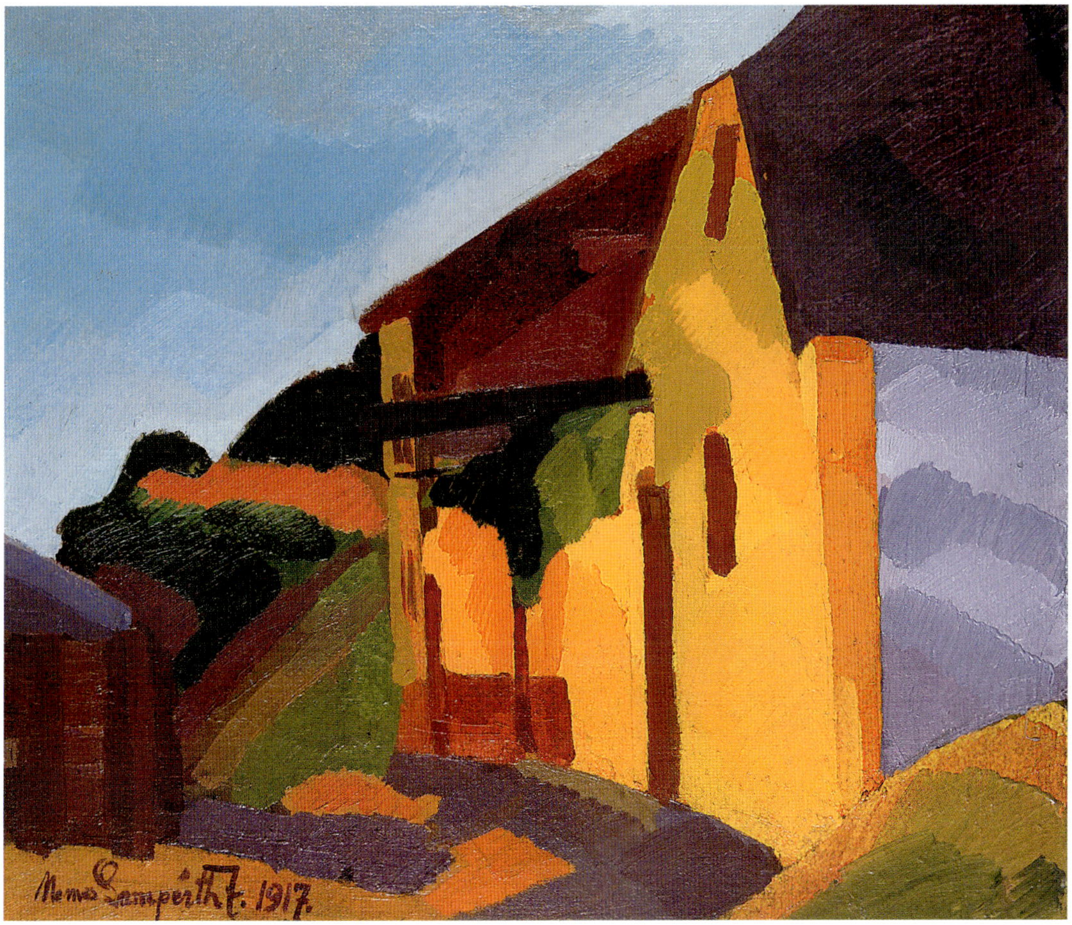

— Cat. 120
József Nemes Lampérth
Tabán (Flanc de la colline de Buda ; maisons), 1917
Huile sur toile, 59 × 69 cm
Palm Beach, collection de
Mme l'Ambassadeur Nancy G. Brinker

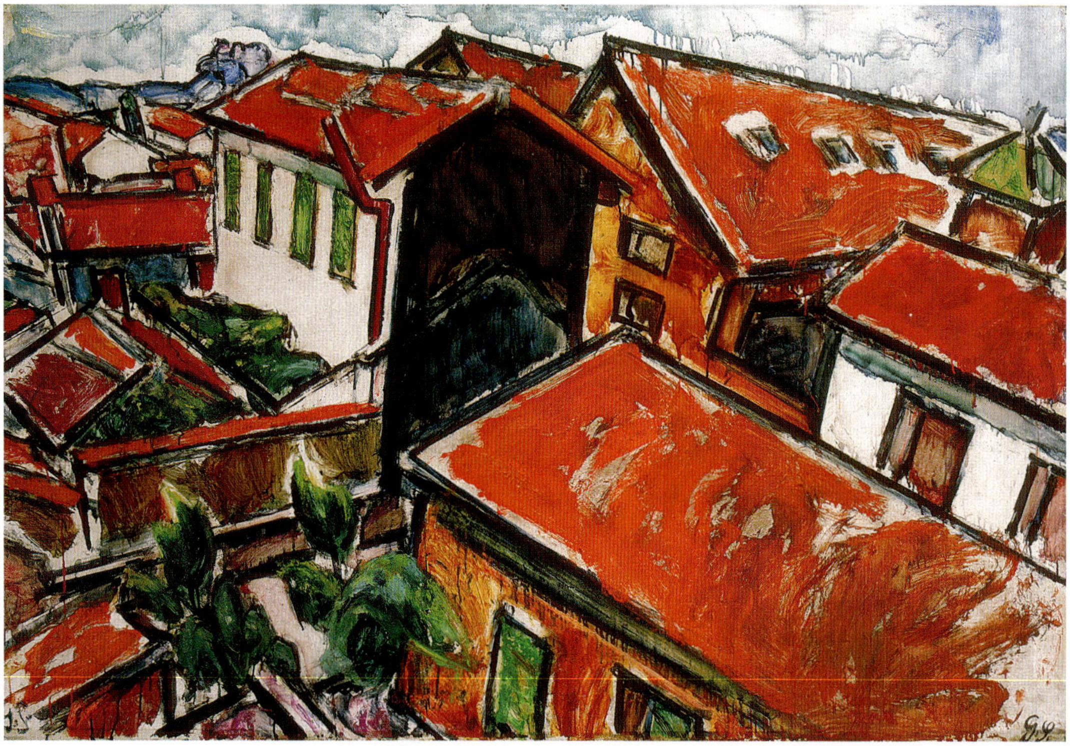

— Cat. 121
Sándor Galimberti
Saint-Raphaël, vers 1912
Huile sur toile, 104 × 153 cm
Collection particulière

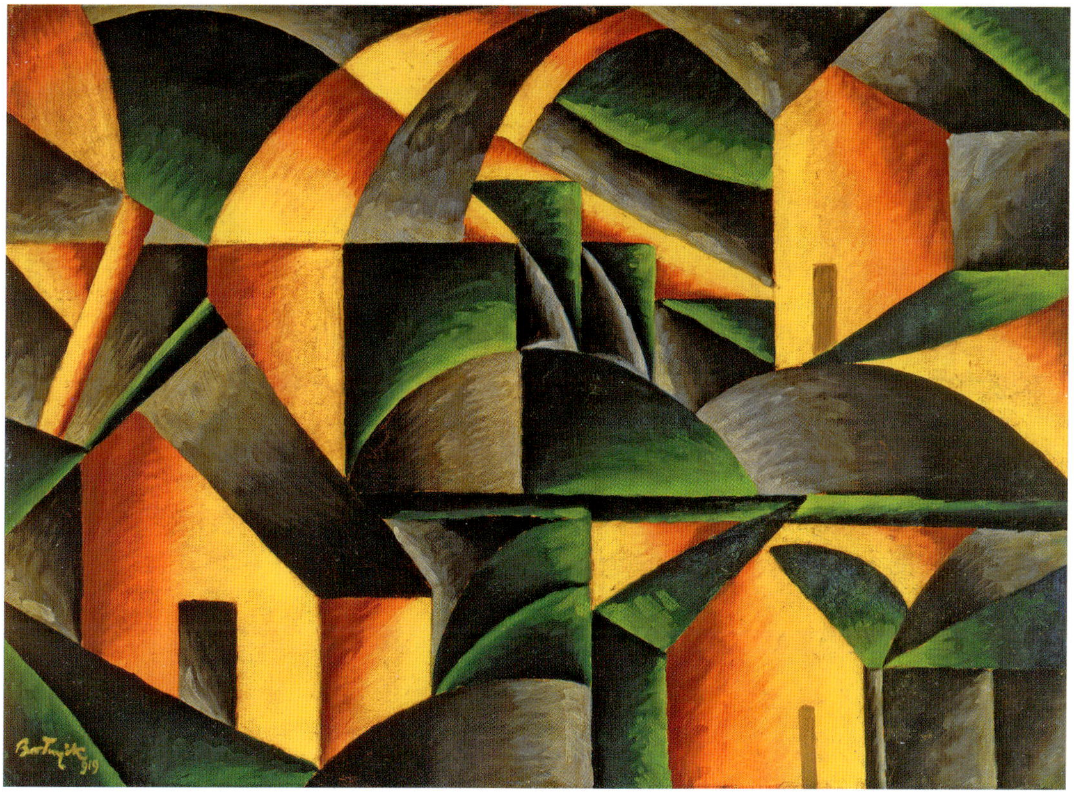

— Cat. 122
Sándor Bortnyik
Paysage jaune et vert, 1919
Huile sur carton, 70 × 99 cm
Pécs, musée Janus Pannonius

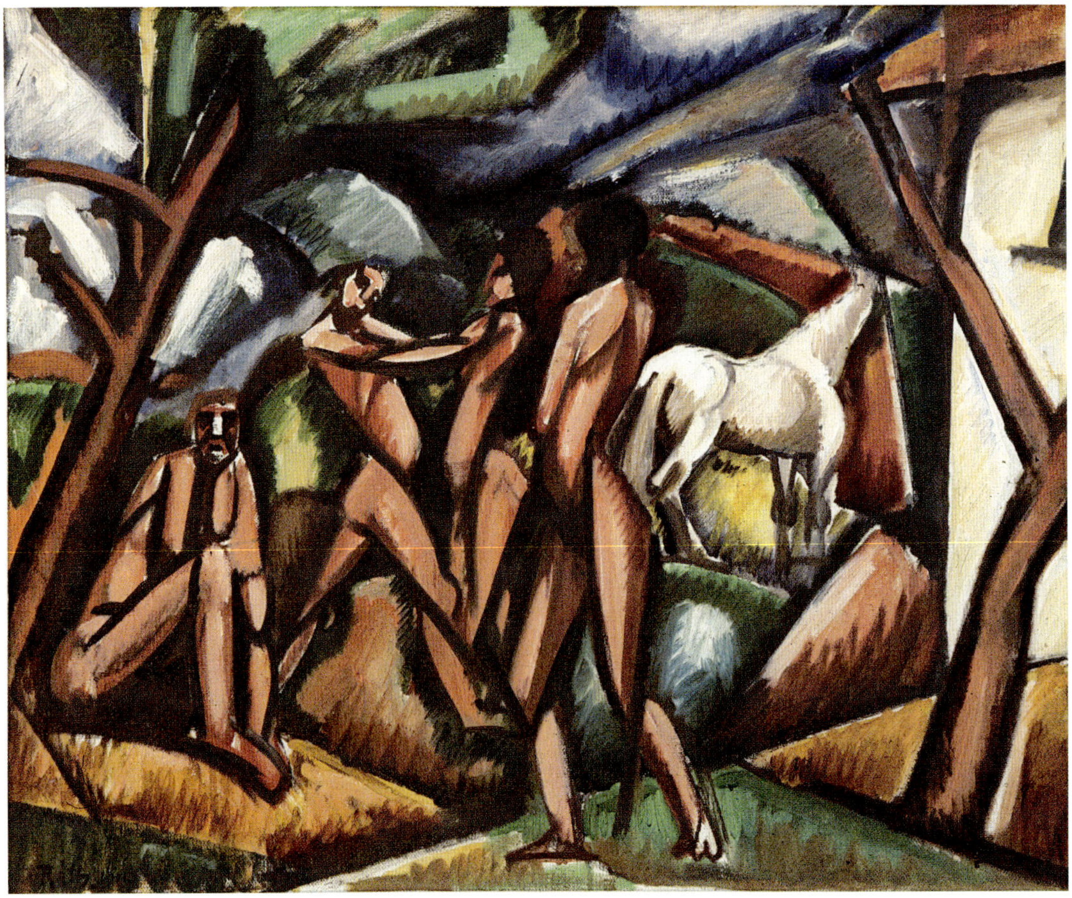

— Cat. 123
Alfréd Réth
Nus et cheval blanc dans la forêt, 1911
Huile sur toile, 60 × 73 cm
Échirolles, musée Géo-Charles

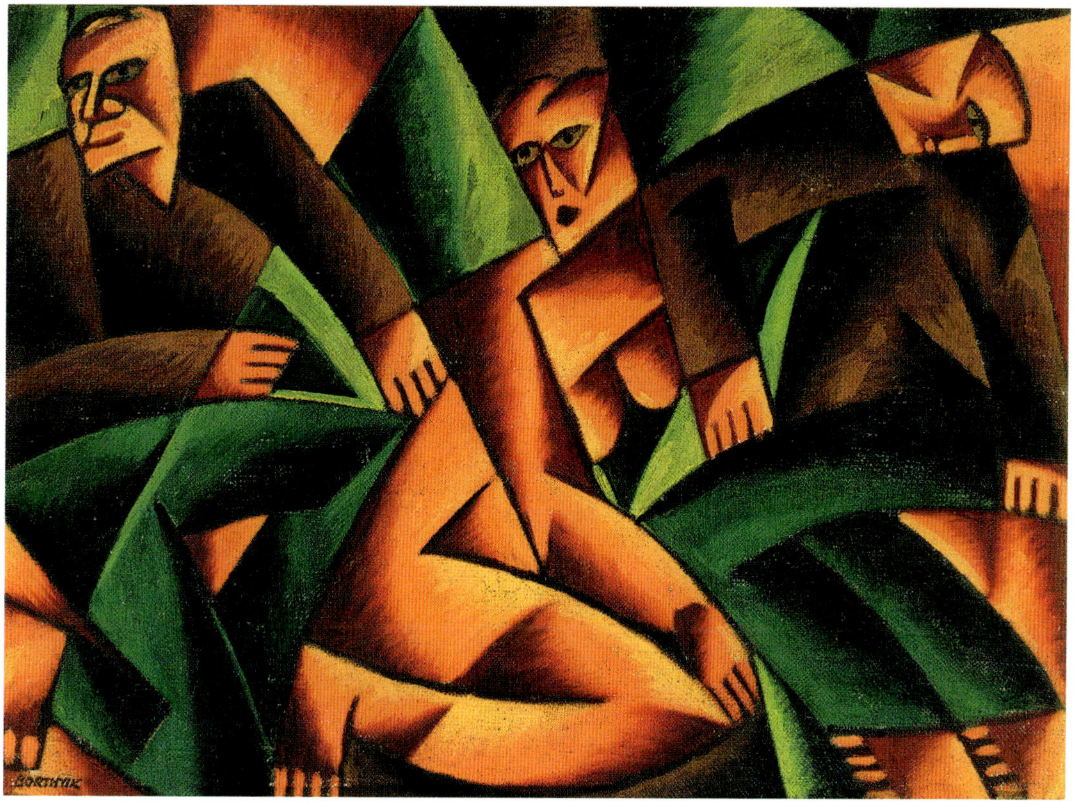

— Cat. 124
Sándor Bortnyik
Composition avec trois figures, 1919
Huile sur toile, 66 × 91 cm
Pécs, musée Janus Pannonius

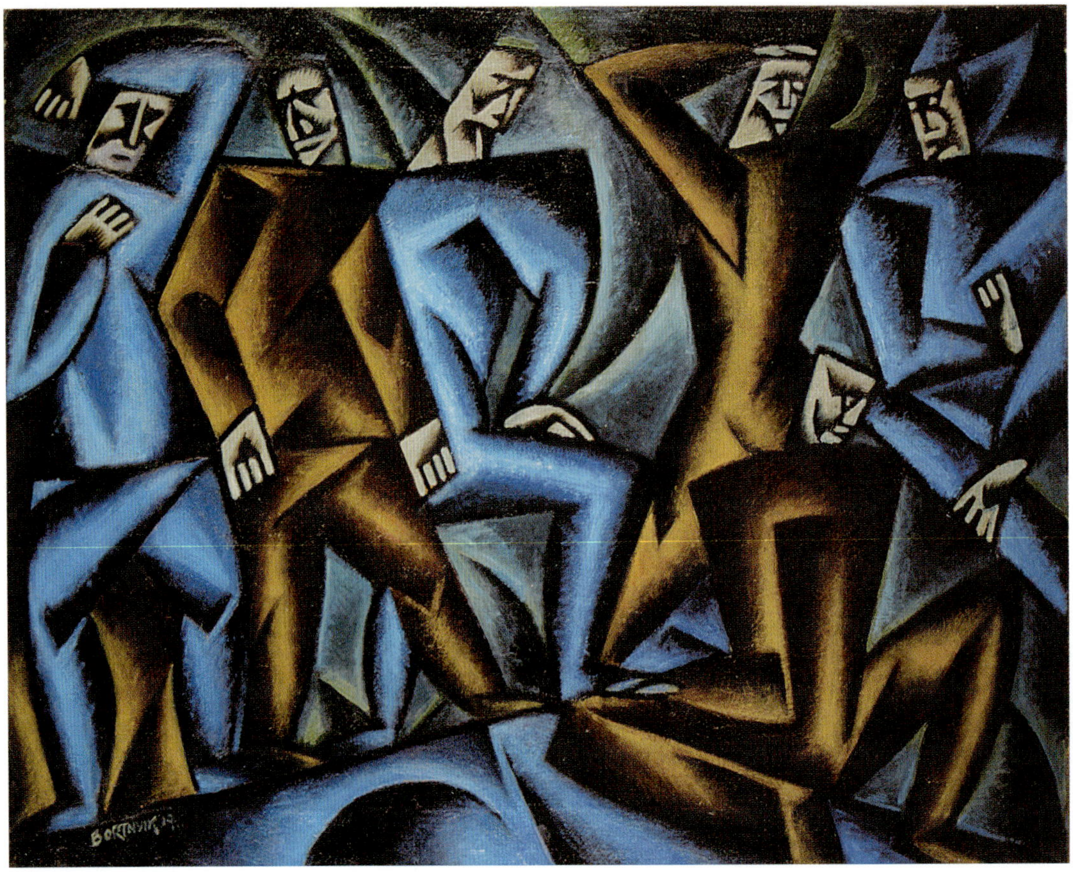

— Cat. 125
Sándor Bortnyik
Composition avec six figures, 1919
Huile sur toile, 76 × 95,5 cm
Budapest, Szépművészeti Múzeum
– Galerie nationale hongroise

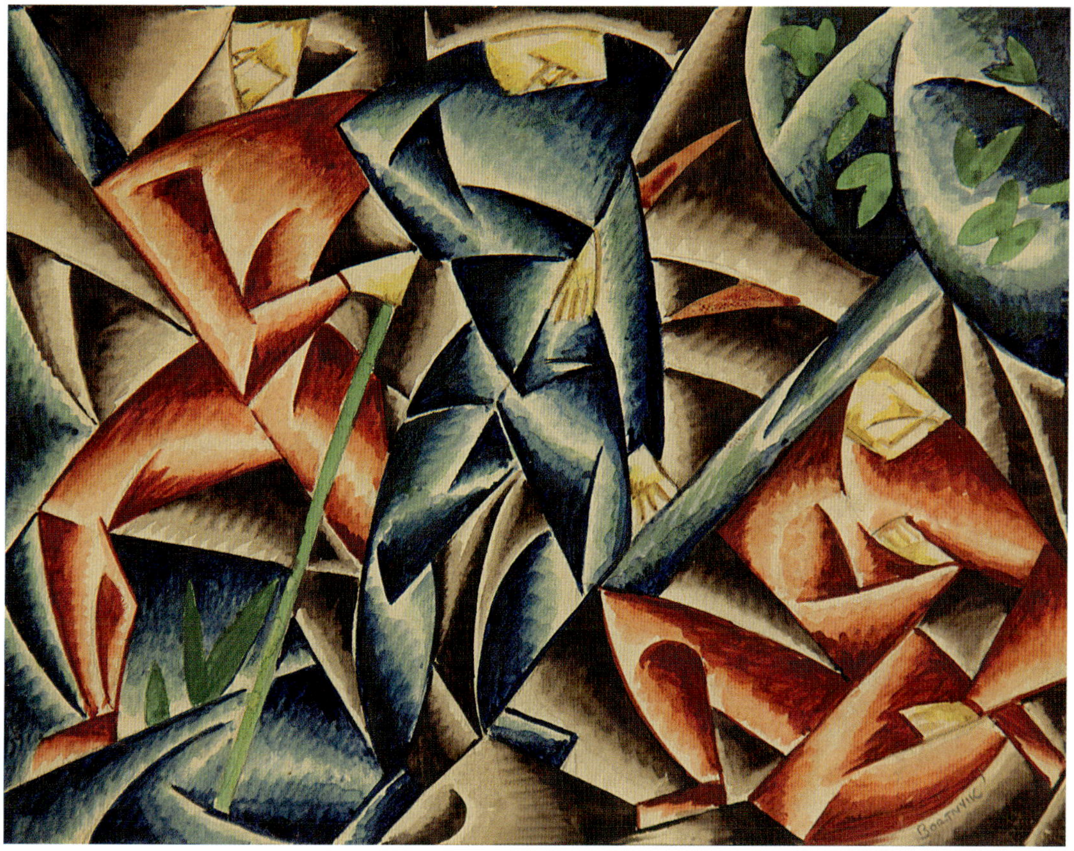

— Cat. 126
Sándor Bortnyik
Composition constructive, vers 1919
Aquarelle, 21,7 × 28 cm
Salgótarján, Dornyay Béla Múzeum

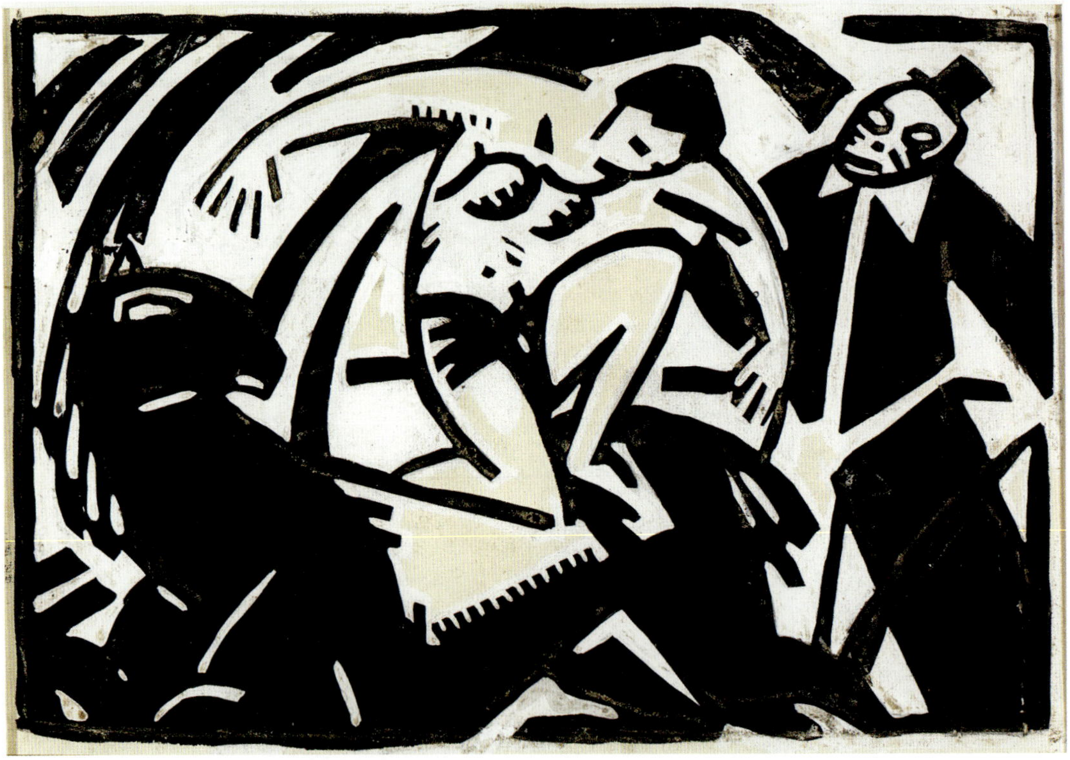

— Cat. 127
Sándor Bortnyik
Cirque, vers 1919-1920
Encre sur papier, 14 × 20 cm
Collection particulière

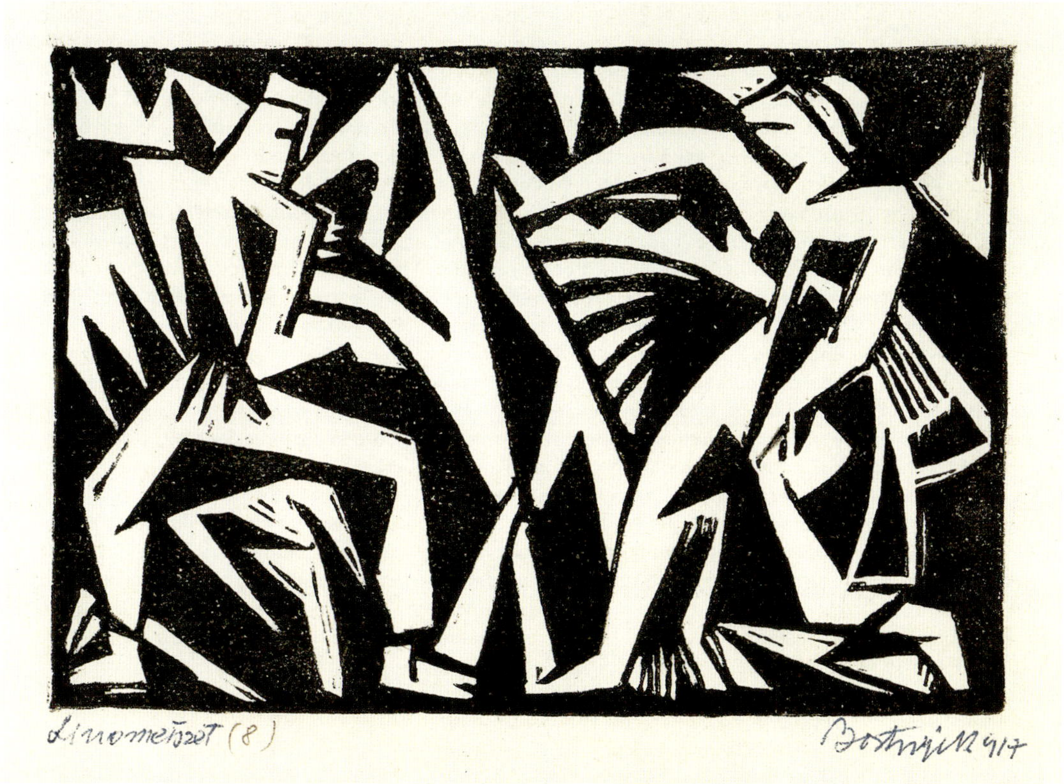

— Cat. 128
Sándor Bortnyik
Les Danseurs, 1917
Linogravure, 10,3 × 15 cm
Collection particulière
(Non exposée)

Róbert Berény
Portrait de Leó Weiner, 1911

Berény et le compositeur Leó Weiner furent dès leur enfance des amis très proches. Témoignent de cette longue relation déjà, un paysage de ville en hiver peint en 1905 à Monaco et dédié à Leó, et une caricature, probablement dessinée lors d'un concert de musique de chambre comme il s'en donnait souvent chez les Berény, où Weiner figure parmi d'autres en compagnie de Fritz Reiner. Par la suite, Berény suit l'enseignement de composition musicale de son ami à l'Académie de Musique de Budapest ; et dans la revue *Nyugat*, plusieurs de ses critiques musicales sont consacrées à Weiner.

Avec ce portrait, Berény bouscule les conventions du genre : Weiner semble assoupi dans une pose négligée le col de sa chemise ouvert laissant apercevoir la pilosité de sa poitrine. Il est installé dans ce même fauteuil rouge bordeaux où avait posé, quelques mois plus tôt, une fillette, au corps fébrile, que le sort semblait avoir affligé d'une sorte de dégénérescence cérébrale (cat. 113, p. 210). Ce nu de grande taille, qui avait alors fait scandale, fut présenté dans le cadre de la deuxième exposition des Huit, en avril 1911. Le portrait de Weiner, lui, lors de leur troisième exposition en novembre 1912, figurait comme la première des toiles qu'il avait réalisées ; il s'est donc probablement écoulé un temps très court entre la réalisation des deux œuvres.

Dans les deux cas, la présence du fauteuil rouge est particulièrement significative. À en croire sa famille, Berény y faisait asseoir ses amis et connaissances pour les analyser ; en effet, son intérêt pour la psychanalyse allait bien au-delà de la simple curiosité. Il s'était familiarisé avec l'enseignement de Freud par l'intermédiaire de Sándor Ferenczi, alors un intime. Par la suite, il fit la connaissance de Freud à l'occasion d'une visite de son atelier. Son futur beau-frère, Ignotus, rédacteur en chef de la revue *Nyugat*, se souvient de cette époque : « Après la publication des premiers écrits de Ferenczi, lui, le freudien, et moi, le "nyugatien", on se retrouvait quotidiennement, à Városmajor, dans l'atelier ou le jardin de Róbert Berény, qui fut remarqué comme peintre à la même époque à l'exposition des Huit, en compagnie du docteur Halle, un chimiste et industriel viennois, et du jeune docteur Radó, qui était alors juriste avant de devenir médecin, considéré aujourd'hui comme l'un des premiers analystes américains. À longueur d'après-midi et de soirées, c'est là que nous débattions jusqu'au petit matin des observations fascinantes de Ferenczi et de ses conclusions, mais aussi de la relativité d'Einstein, dont la main venait, à la même époque, de gifler le monde au visage [1]. »

Dans ses mémoires, Ferenczi témoigne également de son amitié avec le peintre : « De ce fait, toi [Ignotus] et un jeune peintre de nos amis, Róbert Berény, représentiez pour moi une véritable institution, qui rendait plus facilement supportable pour moi le fait d'être exclu de toute société universitaire, académique ou scientifique [2]. » D'autres témoignages, ainsi qu'un carnet de notes récemment découvert [3], nous apprennent que Berény et Ferenczi pratiquaient ensemble l'association libre et des expériences télépathiques [4], et que Berény pratiquait aussi l'analyse [5]. En peignant ce visage plongé dans le sommeil, il n'a pas voulu fixer une impression instantanée du compositeur qui vient subreptcement de s'endormir, mais plutôt toutes les nuances de la psyché de son modèle. Il analyse, au sens le plus strict, son modèle, et, paradoxalement rend l'invisible visible (paradoxe souligné par le fait qu'il se prive d'en peindre les yeux). Par le vide béant qui remplace la partie droite du visage, il réussit à produire une représentation visuelle du monde subconscient. De même, par de simples moyens picturaux, il arrive à suggérer le processus de l'endormissement, qui devient presque palpable dans la tache floue où va se perdre l'arc du front.

Ses réflexions sur le freudisme ont affecté son évolution artistique. En étudiant ses œuvres exposées lors de la dernière exposition des Huit, on observe une mutation stylistique vers une plus grande expressivité. Ses tableaux deviennent progressivement des révélations visionnaires, tel le *Portrait d'Ignotus* (cat. 112, p. 209), ou encore, quoiqu'il l'ait peint seulement après l'exposition, le portrait énigmatique et diabolique de Bartók (ill. 12, p. 46).

G. B.

1 — Ignotus, « Búcsúztató » [« Oraison funèbre »], *Magyar Hírlap*, 28 mai 1933.
2 — Sándor Ferenczi, « Ignotus – a megértő » [« Le bienveillant Ignotus »], *Nyugat*, 17, 1924, II, p. 713-714.
3 — Déposé au Freud Museum de Londres.
4 — Voir Stanley Krippner et *al.*, *Extraordinary Dreams and How to Work with them*, Albany, State University of New York Press, 2002, p. 97.
5 — Voir György Péter Hárs, « AZ F1-G-F2 háromszög. A Ferenczi – Groddeck – Füst Milán háromszög » [« Le triangle AZ F1-G-F2. Le triangle Ferenczi – Groddeck – Milán Füst »], *Thalassa*, 2004/2, p. 53.

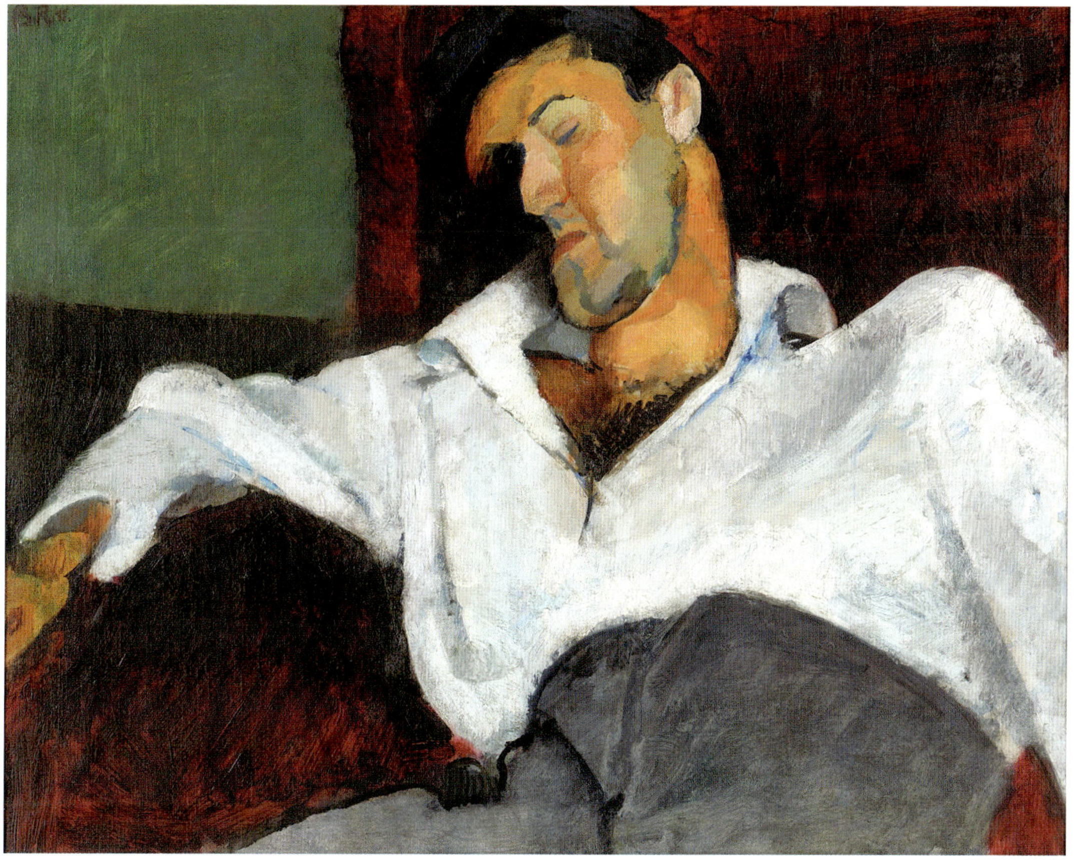

— Cat. 129
Róbert Berény
Portrait de Leó Weiner, 1911
Huile sur toile, 63 × 78,5 cm
Budapest, Fondation Milán Füst
pour les traducteurs de
l'Académie de sciences de Hongrie

Róbert Berény
Femme assise dans un fauteuil, 1912

« À ma connaissance, pour rendre sensible l'espace, nous sommes trois à procéder quasiment de la même manière, de façon indépendante : Kokoschka, le Français Delaunay et moi. Kokoschka par des lignes directrices, Delaunay en éclatant dans différentes directions les éléments peints, moi par l'emploi de couleurs, qui, en fonction des directions, tranchent ou se fondent[1]. » Ces lignes d'un Berény hautement conscient de son art pourraient être lues comme un commentaire de son tableau, *Femme assise dans un fauteuil*, résultat d'un processus d'expérimentation ininterrompu depuis sa période fauve, qui se traduit notamment par une attention toute particulière à la visualisation de l'espace. L'accumulation de couches de peinture transparente dans les parties de la composition qu'il souhaite mettre en avant lui permet d'obtenir un effet de mouvement, comparable à celui des photographies longue pose surprenant le spectateur par des effets de lumière inhabituels. Dans la préface qu'il écrit pour le catalogue de la troisième exposition des Huit, Berény exprime ses préoccupations métaphysiques, abordant notamment les problèmes de la temporalité et de l'espace-temps : « Le sentiment d'embrasser le cosmos, de le tenir dans mes bras, "tout ensemble et d'un seul coup", tel a toujours été le sentiment qui me pousse à me mettre au travail. C'est ce sentiment que je cherche continuellement à exprimer. [...] Tout se tient, toutes choses ne sont, en réalité, qu'une seule, la totalité en moi est unité[2]. »

Si cette déclaration sonne comme un écho aux textes futuristes, d'autres écrits de Berény montrent cependant qu'il était fort critique à l'égard de ce courant, comme vis-à-vis des cubistes d'ailleurs. Bien qu'il ne se soit jamais affilié à aucun de ces mouvements, c'est au croisement du cubisme, du futurisme et de l'orphisme que son style si personnel, auquel se mêle une attitude expressionniste et symboliste, finit par se cristalliser aux alentours de 1912.

Le tableau est présenté pour la première fois au printemps 1912 à Cologne, dans le cadre de l'exposition « Sonderbund » où il choquera le public allemand. Un visiteur laissera dans le livre d'or la note suivante, en face du titre du tableau : « *Unglaublich! Ziege i. d. Luft* [Incroyable ! Une chèvre volante][3]. » Même si le motif paraît simple, la composition est néanmoins fondée sur un système symbolique d'une grande richesse. Berény pousse chaque élément du tableau aux limites du visible et de l'invisible dans cette œuvre qui est, tout à la fois, un portrait – celui de sa future épouse dans le jardin de leur maison – et ne l'est pas. À la frontière du rêve et de la réalité apparaît leur animal de compagnie, le saint-bernard Pluto, ici symbole de la fidélité, tandis que, au-dessus de la tête de la femme, une chèvre symbolise la sexualité virile. Ce tableau de fiançailles a été peint peu avant le mariage du peintre et de sa compagne, alors tous deux férus de psychanalyse.

G. B.

1 — Róbert Berény, « Oesterreichische Künstler » [« Artistes autrichiens »], *Nyugat*, 16 mars 1913.
2 — Róbert Berény, préface introduisant ses propres œuvres dans le catalogue de la troisième exposition des Huit, 15 novembre 1912.
3 — Rapporté par Barbara Shaefer, « 1912-Mission Moderne », in *1912-Mission Moderne. Der Jahrhundertschau des Sonderbundes*, Cologne, Wallraf-Richartz-Museum & Fondation Corboud, 2012, p. 22.

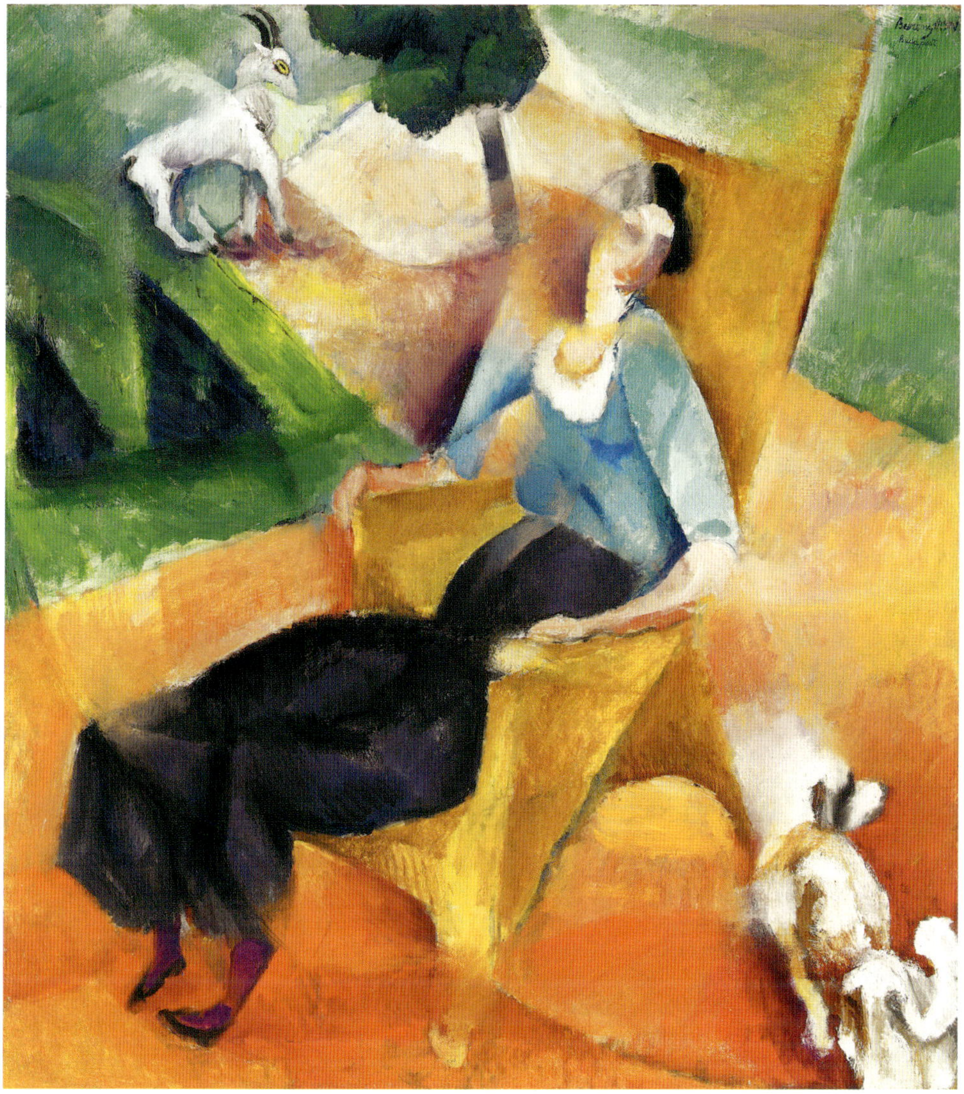

— Cat. 130
Róbert Berény
Femme assise dans un fauteuil, 1912
Huile sur toile montée
sur contreplaqué, 74 × 67 cm
Monaco, collection particulière
Hajni & László Iván

Róbert Berény
Idylle (Composition), 1911

Róbert Berény
Idylle, esquisse, 1911

Avant même l'ouverture de l'exposition du groupe des Huit organisée en 1911, cette composition de Berény, l'une des plus originales et des plus énigmatiques qu'il ait peintes, avait été reproduite par la presse conservatrice, dans l'intention de railler son auteur, et de tourner en dérision le groupe par la même occasion.

En dépit de ses dimensions modestes, l'œuvre donne une impression de monumentalité et fait la synthèse entre les traditions iconographiques et stylistiques héritées par Berény et ses dernières recherches picturales.

La présence, dans ses compositions de nu, d'un individu masculin habillé posant systématiquement aux côtés d'un personnage féminin dénudé – référence à la *Pastorale* (*Idylle*) (musée d'Orsay) et à *Une moderne Olympia* de Cézanne (musée d'Orsay), ou au *Déjeuner sur l'herbe* de Manet (musée d'Orsay) – est caractéristique de la peinture de Berény. Son tableau est une métaphore construite à partir de multiples sources iconographiques, par la réappropriation de nombreux motifs visuels et historico-culturels. Des « formules du pathos » (Aby Warburg) remontant à l'Antiquité aux citations stylistiques des œuvres futuristes et cubistes les plus récentes, c'est une superposition de multiples strates sémantiques en attente d'interprétation.

Ainsi, dans cette scène figurant métaphoriquement « le peintre et son modèle », l'homme, tout en reproduisant la posture d'un antique dieu fluvial, devient un Adam biblique dont la côte donne naissance à la femme ; celle-ci, tout en caricaturant la pose de la *Femme japonaise* de Bertalan Székely (Budapest, Szépművészeti Múzeum – Galerie nationale hongroise) – une œuvre qui, peu avant l'exposition des Huit, avait précisément fait l'objet d'un regain d'attention –, parodie la naissance d'une nouvelle Vénus, en rupture avec l'idéal de beauté classique. Le torse du personnage féminin à demi-nu, d'une épaisseur presque dérangeante, paraît surdimensionné, tout comme le personnage allongé, déformé par une posture contorsionnée. Au contour angulaire de ce dernier, posant à l'horizontal, noir et plat, telle une silhouette, répond la tridimensionnalité du personnage féminin, dominant par sa verticalité, masse compacte dans la blancheur de ses arrondis. L'individu aux tonalités sombres représenté de dos est sans aucun doute le peintre lui-même.

Ce motif, fréquent dans les tableaux de Berény à partir de cette période, peut être interprété comme une vision érotique d'érection. Habité de la pulsation de sa propre excitation, il crée ainsi une sorte d'autoportrait narcissique. Le clair-obscur du tableau, illuminé d'étincelles annonciatrices d'une tempête imminente, son ambiance abstraite, métaphysique, loin de l'atmosphère suggérée par le titre, tout comme le contraste créé entre la planéité du corps du personnage masculin et la forme tridimensionnelle de la femme, conçue pour susciter une excitation éminemment tactile, sont une métaphore picturale de la création et des douleurs de parturiente qui l'accompagnent sur le plan spirituel.

Dans une esquisse moins audacieuse (cat. 132), la composition, encore harmonieuse, créait une ambiance réellement idyllique. C'est lors du passage à la peinture que Berény la transforme jusqu'à obliger le spectateur à danser, entre harmonie et disharmonie, sur le fil du couteau.

Cette œuvre intrigante, volontairement énigmatique, suggérant d'innombrables interprétations, n'est pas seulement un chef-d'œuvre du groupe des Huit : elle compte aussi parmi les réalisations les plus éminentes et les plus autonomes de la peinture hongroise moderne.

G. B.

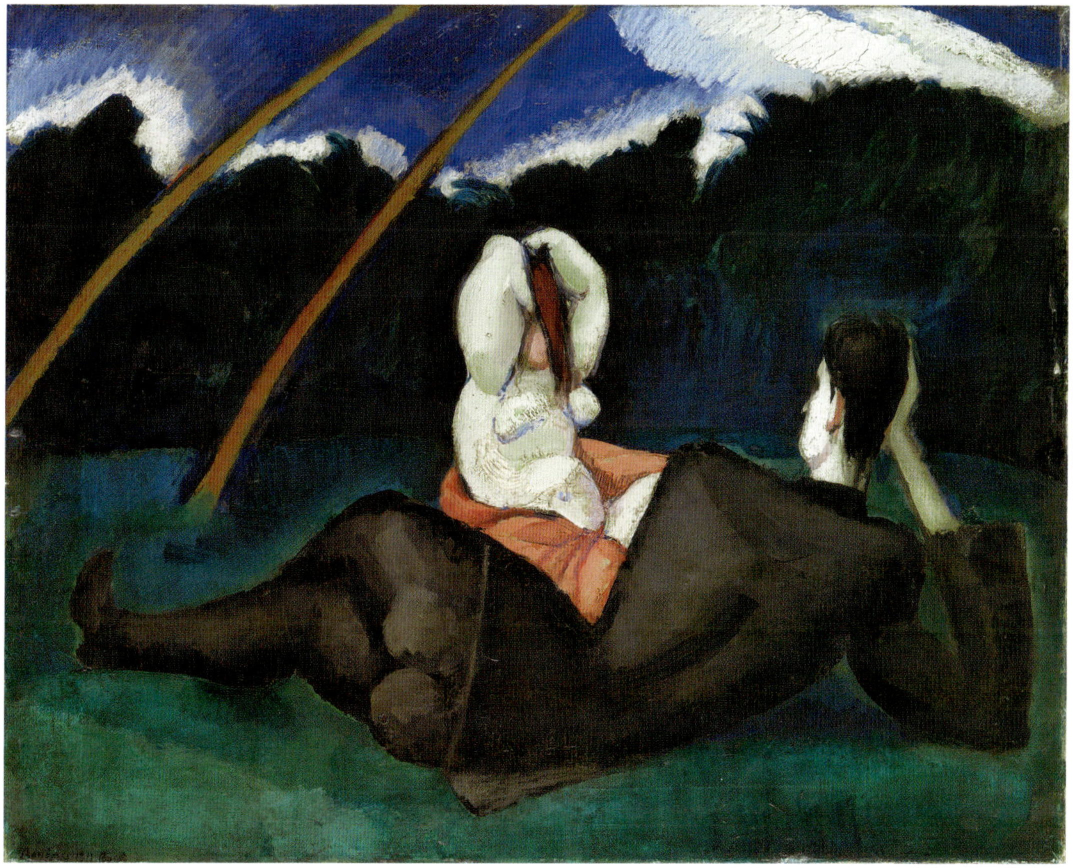

— Cat. 131
Róbert Berény
Idylle (Composition), 1911
Huile sur toile, 49 × 62 cm
Budapest, Szépművészeti Múzeum
– Galerie nationale hongroise

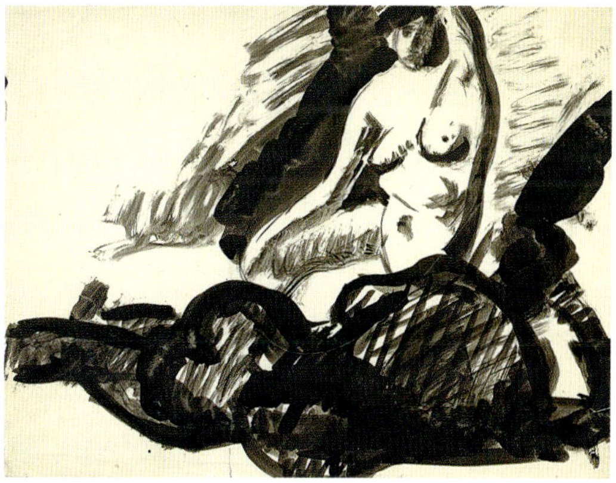

— Cat. 132
Róbert Berény
Idylle, esquisse, 1911
Encre sur papier, 26,4 × 35 cm
New York, collection Drs Thomas
et Shelly Sos

János Mattis Teutsch
Paysage, vers 1917

Il revient à Lajos Kassák d'avoir découvert l'œuvre de Mattis Teutsch : il lui consacre la première exposition qu'il organise et publie régulièrement ses linogravures dans la revue *MA* entre 1917 et 1919. Dans cette première période déjà, le style de Mattis Teutsch diffère totalement de l'esprit constructiviste ou cubiste dans lequel s'expriment ses camarades activistes : ses attaches expressionnistes, déjà sensibles, seront déterminantes dans l'évolution ultérieure de son œuvre.

Paysage (vers 1917) s'inscrit dans ce moment où son art, devenu de plus en plus expressif, navigue aux frontières de l'abstraction et de la figuration. Les lignes qui en structurent la composition créent une harmonie toute musicale : les deux arbres, dont les branches s'embrassent sous l'effet du vent, rythment ce paysage dont les courbes montagneuses sont transfigurées par le lyrisme des couleurs lumineuses. Faut-il voir dans cet usage presque véhément de la couleur une influence de l'expressionnisme allemand ? Le rapprochement de sa peinture avec l'art du Blaue Reiter, et plus particulièrement de Franz Marc, dont il a pu découvrir les œuvres lors de son premier séjour à Berlin en 1907, est fécond. On a pu ainsi comparer le rôle des arbres chez Mattis Teutsch à celui des chevaux chez Marc : seuls motifs reconnaissables dans une composition abstraite qui repose sur l'ordonnancement des plans colorés, ils agissent comme un point de repère[1]. Comme la crinière du *Cheval dans un paysage* de Marc (1910, Essen, Folkwang Museum) se dresse devant un champ coloré, les arbres de Mattis Teutsch s'ancrent dans un paysage construit en plans successifs de vagues horizontales.

Mattis Teutsch, dans un écrit théorique plus tardif (*Kunstideologie*, 1931), souligne l'importance dans son œuvre de l'opposition entre le vertical et l'horizontal, le repos et l'activité : c'est dans son intérêt pour les philosophies orientales et notamment le bouddhisme qu'il puise sa conception du paysage, indice visible d'un monde caché.

C. B.

1 — Voir Krisztina Passuth, « Œuvres de János Mattis Teutsch au musée des Beaux-Arts », *Bulletin du musée hongrois des Beaux-Arts*, n° 46-47, 1976, p. 108.

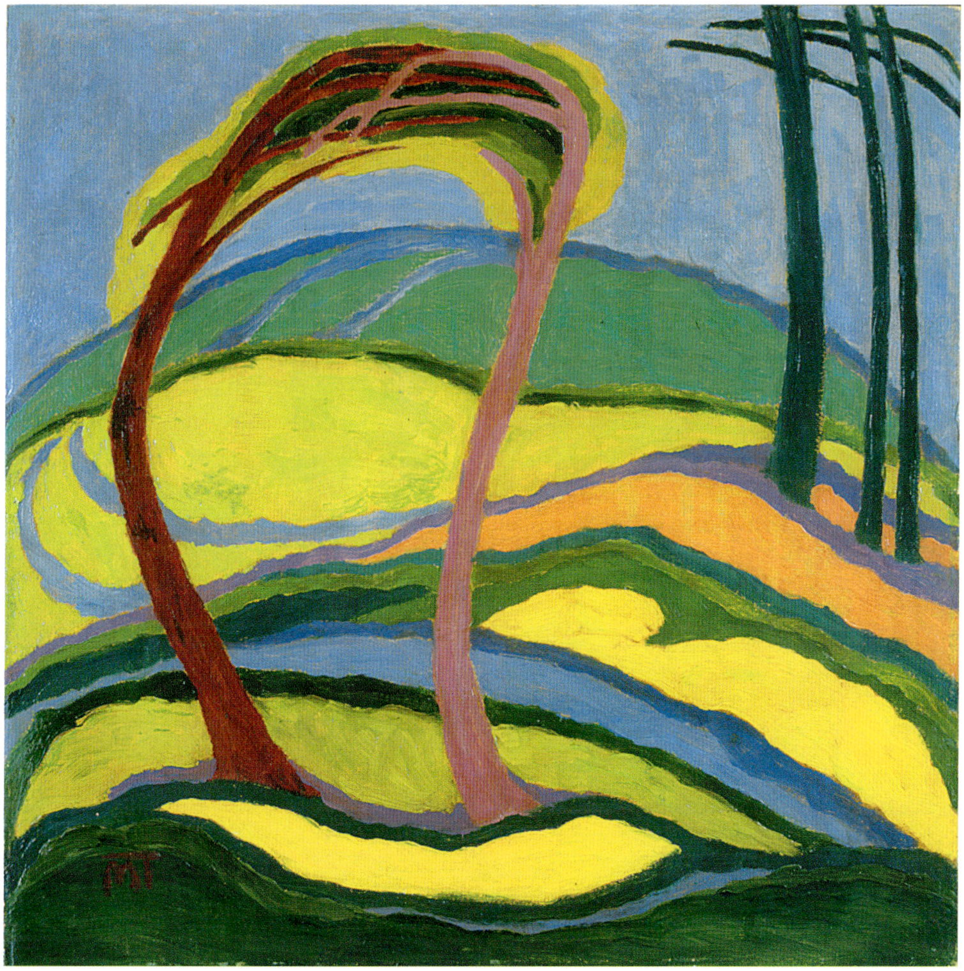

— Cat. 133
János Mattis Teutsch
Paysage, vers 1917
Huile sur carton, 50 × 50 cm
Budapest, Szépművészeti Múzeum
– Galerie nationale hongroise

László Moholy-Nagy
Champs hongrois, 1919-1920

László Moholy-Nagy
Paysage hongrois, 1919

Né en 1895, László Moholy-Nagy quitte la Hongrie en 1919. Après un bref passage à Vienne, il s'établit à Berlin, puis rejoint le Bauhaus à Weimar, en 1923, en tant que professeur. C'est un tournant capital pour l'artiste. Jusque-là, l'œuvre de cet apprenti poète transformé par la guerre en dessinateur puis en peintre, reflétait l'influence de ses compagnons activistes. À partir de 1920, ses paysages industriels où les éléments architecturaux sont réduits à des formes géométriques abstraites annoncent ce qui sera sa conception personnelle du constructivisme (*La Grande Voie ferrée*, 1920-1921, Madrid, musée Thyssen-Bornemisza ; *Pont*, 1920, Saarbrück, Saarland Museum).

Champs hongrois fait partie d'un corpus d'œuvres réduit mais cohérent, dont le motif est la campagne. Moholy-Nagy évoque les vacances durant lesquelles il a peint le paysage qui se déroulait sous ses yeux depuis le sommet des montagnes [1]. Des indices concordants conduisent à dater cet ensemble d'œuvres de l'été 1920 (*F dans un champ* est daté de la main de l'artiste). Mais la localisation reste incertaine : s'agit-il d'un paysage hongrois comme le suggèrent les titres posthumes ou, comme le suppose Oliver Botar, de la région allemande de Fulda où Moholy-Nagy et sa compagne ont résidé à cette époque [2] ?

Cette œuvre, par la radicalisation du processus d'abstraction, est l'aboutissement d'une recherche. Alors que l'on reconnaît encore la ligne d'horizon de paysages montagneux dans *Composition aux bandes colorées* (gouache sur papier, vers 1920, La Hague, Gemeentemuseum), et des parcelles de champ vues du ciel dans les lignes de couleur encastrées de *Paysage hongrois* (cat. 135), le motif de *Champs hongrois* n'est plus que le point de départ d'une composition abstraite fondée sur l'alternance dynamique de diagonales de couleurs primaires, peintes en réserve sur une toile non préparée dont le tissage lui-même renvoie à la terre.

L'adoption de la vue aérienne lie cette œuvre aux travaux photographiques réalisés par Moholy-Nagy, à partir de 1922, dans lesquels la perspective plongeante est à la base de sa pratique [3] : « J'ai moi-même enrichi mon activité de peintre grâce à mes travaux photographiques, cependant qu'à l'inverse les problèmes que je m'étais posés en peinture stimulèrent mes expériences photographiques [4]. »

Pourtant, si Moholy-Nagy privilégie la ligne, les couleurs jouent un rôle tout aussi essentiel dans son œuvre de peintre. Le critique hongrois Ernő Kállai s'étonnait dès 1924, devant ces champs colorés, de « la joie de leur mouvement dynamique, de leurs couleurs vives, qui flottent dans l'espace comme des drapeaux gais, décoratifs [5] ».

C. B.

1 — László Moholy-Nagy, *The New Vision and Abstract of an Artist*, New York, Wittenborn, 1946, p. 72.
2 — Voir Oliver Botar, *Technical Detours: the Early Moholy-Nagy Reconsidered*, cat. exp., New York, Art Gallery of the Graduate Center of the City University of New York, 2006, p. 96-99.
3 — Voir Oliver Botar, « László Moholy-Nagy et la vue aérienne », in *Vues d'en haut*, cat. exp., Metz, Centre Pompidou Metz, 2013, p. 138-140.
4 — László Moholy-Nagy, *Peinture, photographie, film, et autres essais sur la photographie*, trad. C. Wermester, Paris, Gallimard, « Folio-Essais », 2007, p. 111.
5 — Ernő Kállai, *Új magyar piktúra* [*Nouvelle Peinture hongroise*], *1900-1925*, Budapest, Amicus, 1925, p. 185.

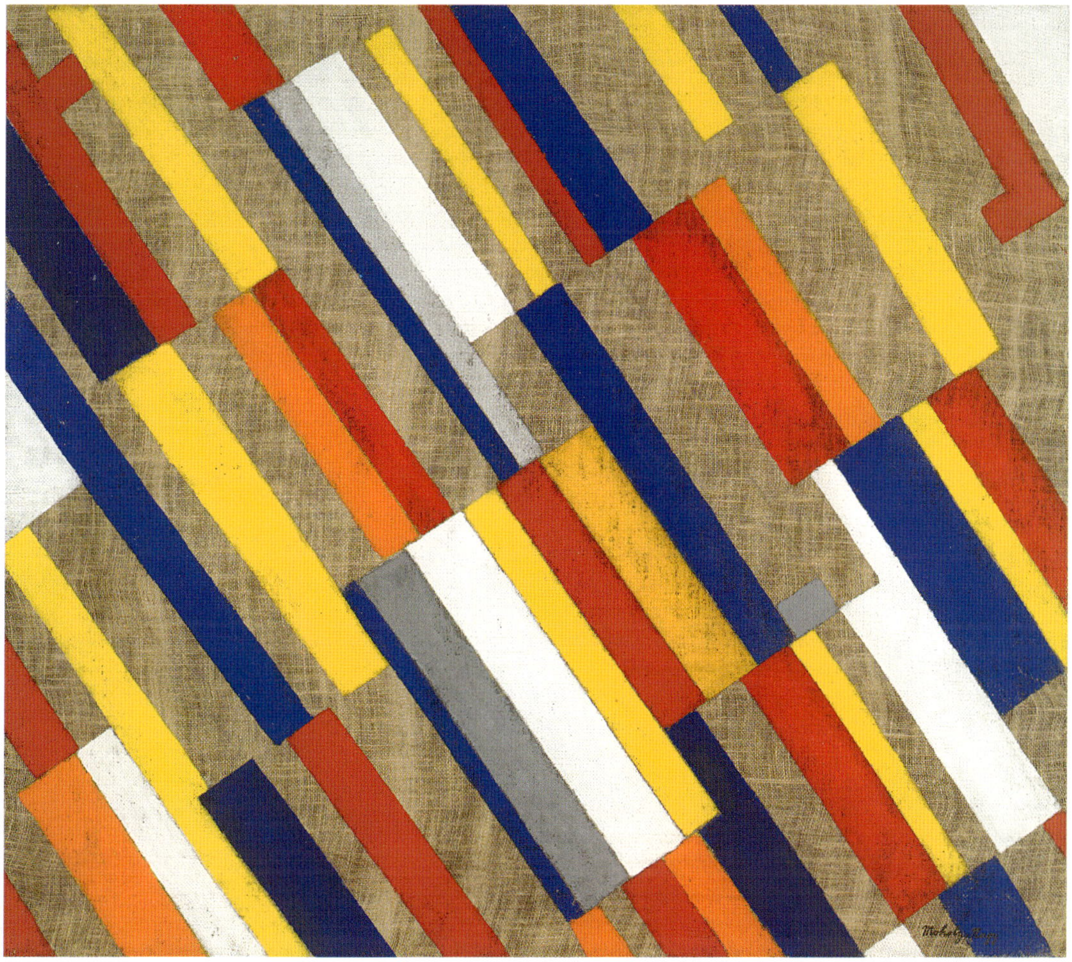

— Cat. 134
László Moholy-Nagy
Champs hongrois, 1919-1920
Huile sur toile, 64,5 × 75,5 cm
Vienne, Albertina Museum,
dépôt de la collection Forberg

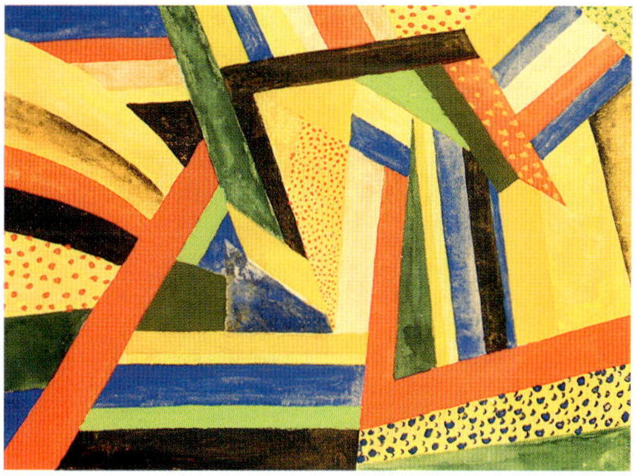

— Cat. 135
László Moholy-Nagy
Paysage hongrois, 1919
Gouache sur papier, 21,5 × 29 cm
Collection particulière

Róbert Berény
Aux armes ! Aux armes !, 1919

La République des Conseils reste jusqu'à nos jours une des périodes les plus controversées de l'histoire hongroise ; les affiches d'agit-prop qui furent alors créées font cependant sans conteste partie des œuvres les plus remarquables de l'art hongrois.

Parmi celles-ci, il faut accorder une place toute particulière à la proposition emblématique de Róbert Berény intitulée « *Fegyverbe! Fegyverbe!* » [« *Aux armes ! Aux armes !* »], qui, sous les régimes communistes consécutifs à la Seconde Guerre mondiale, est devenue le symbole de cet épisode révolutionnaire.

Berény qui, comme nombre de ses pairs, a soutenu la cause de la dictature du prolétariat à ses débuts, se voit confier le département peinture du Directoire des beaux-arts ; il se retourne cependant très vite contre le nouveau pouvoir et refuse de continuer à servir son système pseudo-démocratique. Comme Bartók au même moment, il démissionne de ses fonctions officielles. L'école de peinture qu'il a ouverte un an plus tôt – et où il a eu notamment pour élève László Moholy-Nagy – est nationalisée, tandis qu'il se voit assigner diverses missions artistiques. Outre son affiche, il travaille alors notamment à la décoration de la bibliothèque d'un foyer pour enfants, qu'il ne put terminer en raison de la chute de la république.

Selon ses propres dires [1], Berény voit dans son affiche une mission purement artistique. De ce point de vue, il dispose de précédents picturaux comme les très suggestives têtes d'hommes hurlant de Léonard de Vinci [2] qu'il admire particulièrement à l'époque, ou encore *Le Génie de la Liberté* de François Rude, à l'élan invincible. On peut aussi penser qu'il a emprunté la figure centrale d'une peinture à l'huile d'Honoré Daumier connue sous le titre *Le Soulèvement* (Washington, The Phillips Collection), dont le marin de Berény constitue assez précisément le pendant. Le nom de Daumier étant étroitement lié à l'esprit révolutionnaire, il était alors devenu une sorte de symbole. Ainsi, à peine une semaine après la parution d'un article consacré à l'affiche de Berény,l'un des quotidiens phares de l'époque lance, sous le titre « La révolution dans l'art », une série d'articles dont le premier est un essai de vulgarisation portant sur l'art de Daumier [3].

Mais Berény n'était pas non plus insensible à des influences qu'on aurait pu supposer – du fait de leur banalité – moins inspirantes. S'intéressant à la musique, son regard a probablement souvent croisé la publicité « Wágner : magasin d'instruments de musique et de machines parlantes » (ill. 26), sur laquelle un personnage en maillot rayé de marin, brandissant un drapeau, court dans la rue en criant.

Comme l'écrit Ernő Kállai, « Berény lui-même, à l'exception d'une bonne affiche révolutionnaire, n'a plus contribué à cet activisme [4] », et, bien que cette œuvre soit celle qui l'a contraint de s'exiler à Berlin, c'est en tant que principal rénovateur de l'art de l'affiche qu'il reviendra en Hongrie à la fin des années 1920.

G. B.

1 — Document n° 614 f. 1/1919-11657 des archives d'histoire du Parti socialiste ouvrier hongrois (MSzMP), cité par Sándor Kontha, « Két művész a Tanácsköztársaságban » [« Deux artistes sous la République des Conseils »], *Ars Hungarica*, 1979/1, p. 95-96.
2 — Le musée des Beaux-Arts de Budapest conserve d'ailleurs deux esquisses de Léonard de Vinci consacrées à ce thème.
3 — Zoltán Farkas, « A forradalom a művészetben » [« La révolution dans l'art »], *Vasárnapi Újság* [*Le Journal du dimanche*], n° 22, 1919, p. 250-251.
4 — Ernő Kállai, *Neue Malerei in Ungarn* [*La Nouvelle Peinture en Hongrie*], Leipzig, Klinkhardt & Biermann, 1925, p. 56.

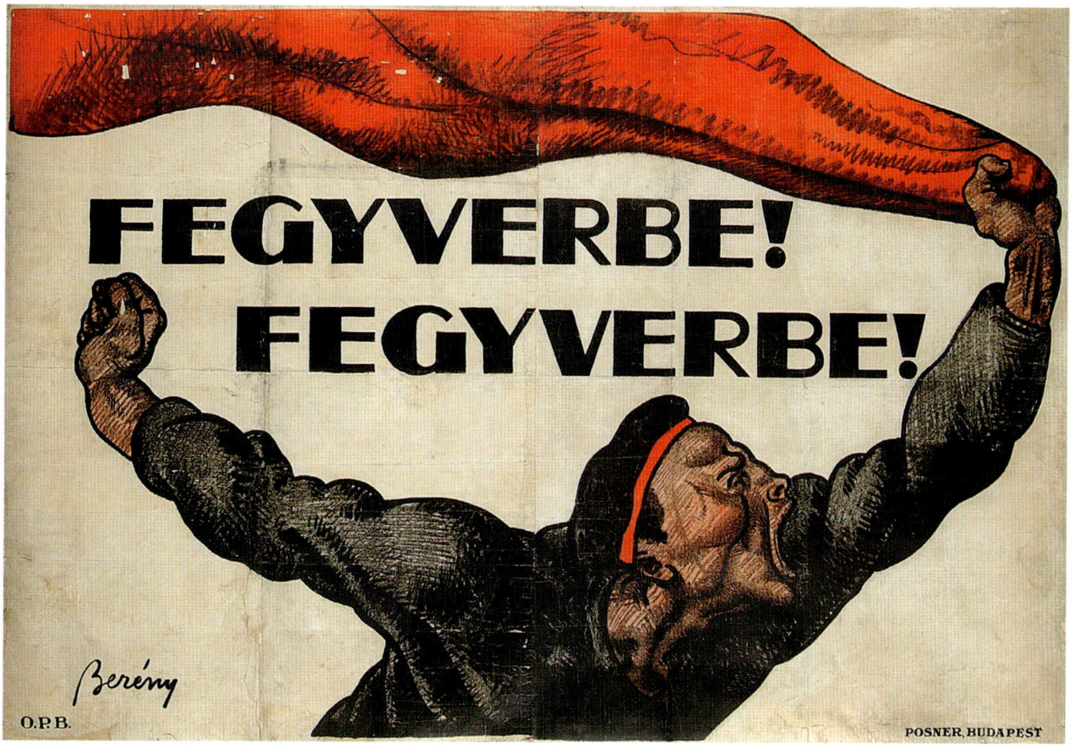

— Cat. 136
Róbert Berény
Aux armes ! Aux armes !, 1919
Lithographie sur papier, 126 × 188 cm
Allemagne, collection L. Czell

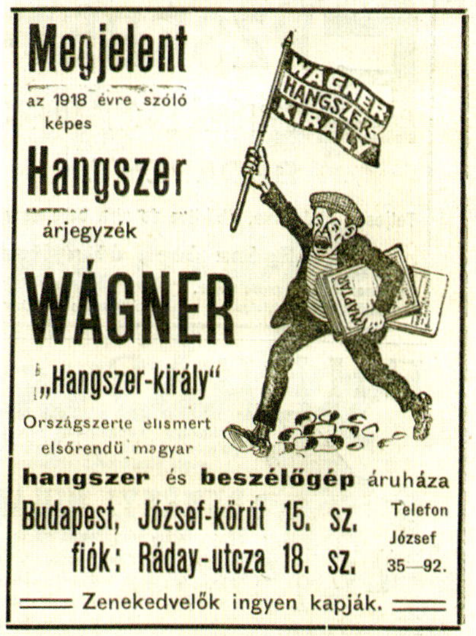

Megjelent
az 1918 évre szóló
képes
Hangszer
árjegyzék
WÁGNER
„Hangszer-király"
Országszerte elismert
elsőrendű magyar
hangszer és beszélőgép áruháza
Budapest, József-körút 15. sz.
fiók: Ráday-utcza 18. sz.
Telefon József 35—92.
Zenekedvelők ingyen kapják.

— Ill. 26
Revue *Vasárnapi Újság*, publicité « Wágner : magasin d'instruments de musique et de machines parlantes », p. 572, n° 40 (65e année), 6 octobre 1918
Ouvrage imprimé, 40 × 28 cm
Budapest, Országos Széchényi Könyvtár

Sándor Bortnyik
Le Prince de bois, 1919

Sándor Bortnyik
Le Prince de bois, 1920

Originaire de Marosvásárhely (ville de Transylvanie aujourd'hui aussi connue sous le nom roumain de Târgu-Mureș), Sándor Bortnyik débarque dans le tourbillon de Budapest en 1910, à l'âge de 17 ans. Il commence par suivre une formation à l'école privée du passage Haris, alors dirigée par József Rippl-Rónai et Károly Kernstok. Il se lie alors d'amitié avec son compatriote transylvain János Mattis Teutsch, qui le présentera à Kassák en 1916. Parmi les artistes activistes de son temps, Bortnyik trouve rapidement son style propre : à la différence de Mattis Teutsch, porté sur les formes souples et légères, il préfère les lignes nettes, au tracé rigoureux, particulièrement adaptées au dessin et à la gravure – ce n'est pas un hasard s'il fait ses débuts dans la revue de Kassák, *MA*, en tant que graveur. Par la suite, ses œuvres figureront régulièrement dans les expositions organisées par la revue. Ses créations aux compositions puissantes, dynamiques, d'influence à la fois cubiste, futuriste et expressionniste, restent figuratives tout en tendant à l'abstraction. Ses scènes de groupe aux figures primitives peintes en aplat sont disposées dans des paysages structurés par des lignes de force construites sur les variations de figures et sur la répétition des motifs. Le rythme qui s'en dégage confère une atmosphère musicale à ses tableaux, dont certains d'ailleurs traitent du thème de la danse.

Comme la plupart des artistes de la mouvance activiste, Bortnyik avait été profondément marqué par le *Prince de bois*, ballet présenté par Béla Bartók en 1917. Cette œuvre ne cessera de l'inspirer tout au long de sa carrière. En 1919, il conçoit une création murale sur ce thème, qui n'a cependant jamais vu le jour en raison de la chute de la République des Conseils. Une aquarelle prépatoire (cat. 1) a cependant été conservée par Iván Hevesy, l'un des théoriciens du mouvement des activistes. En revanche, toute trace a été perdue de la peinture à l'huile peinte d'après ce projet de fresque par l'auteur, alors déjà en exil à Vienne. Dans les années soixante-dix, une huile sur toile intitulée *Le Prince de bois*[1] sera présentée au cours d'une exposition rétrospective consacrée à Bortnyik, mais il s'agit là d'une version plus tardive, exécutée en 1920, sur le même thème. Ce ballet en effet inspire à Bortnyik de nombreuses gravures sur linoléum, notamment une de 1920 (cat. 137) la version la plus ancienne, *Les Danseurs* (cat. 128, p. 223), datant de 1917.

Ce projet de fresque montre parfaitement l'esprit dans lequel le jeune Sándor Bortnyik a interprété l'œuvre de Bartók – évoquant librement la musicalité du ballet plus que son sujet. Tandis que la puissance des couleurs domine ses compositions à l'huile de l'époque, cette œuvre sur papier souligne les contours noirs des personnages et des animaux pâturant entre les arbres, et le rythme *staccato* de la composition.

Z. R.

1 — Voir László Borbély, *Bortnyik*, Budapest, Corvina, 1971, p. 10.

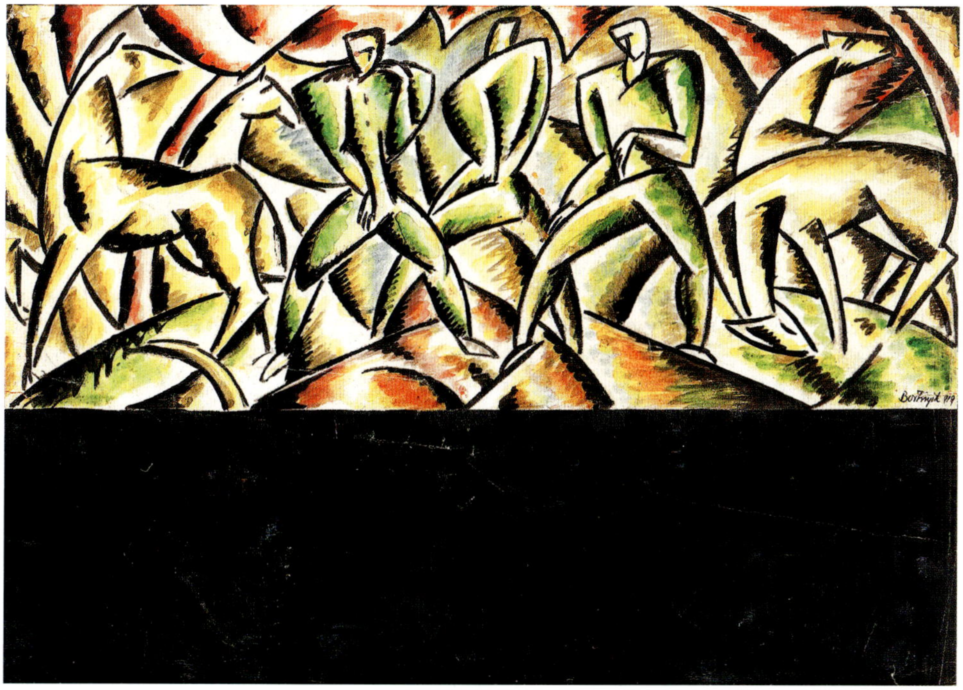

— Cat. 1
Sándor Bortnyik
Le Prince de bois, 1919
Techniques mixtes sur papier,
27 × 38,5 cm
Collection particulière

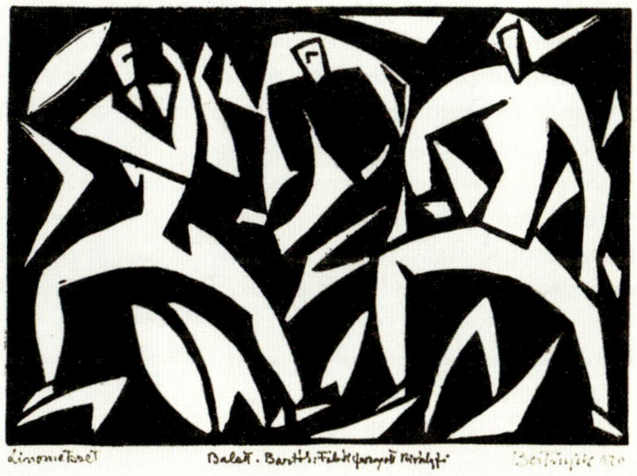

— Cat. 137
Sándor Bortnyik
Le Prince de bois, 1920
Linogravure, 16 × 21 cm
Collection particulière

Alfréd Réth
Le Restaurant Hubin, 1913

Alfréd Réth, après un bref passage par la colonie d'artistes de Nagybánya, s'installe définitivement en France en 1905. Il y poursuit ses études en fréquentant les académies parisiennes, mais s'affranchit rapidement des leçons de ses maîtres. Fasciné par la culture extrême-orientale et plus particulièrement l'hindouisme, Réth oriente dès 1909 ses recherches en direction d'un cubisme aux résonances primitivistes. À cette première phase, où les thèmes arcadiens dominent (*Nus et cheval blanc dans la forêt*, cat. 123, p. 218), succèdent bientôt des compositions où se manifeste une tentative de synthèse entre tendances analytique et synthétique du cubisme parisien.

Le Restaurant Hubin, exposé au Salon des Indépendants en 1913, est, aussi bien par ses dimensions imposantes que par son ambition monumentale, une œuvre majeure de la période cubiste de l'artiste. Les nombreuses esquisses préparatoires qui l'ont précédé témoignent de l'importance que le peintre accorde à cette composition, dont il réalisera deux variantes [1]. Waldemar-George, l'un des premiers admirateurs de sa peinture, souligne la complexité structurelle de cette composition traitée en vue cavalière : « Des gros plans, des plans qui se chevauchent, une perspective mouvante, des procédés de synthèse visuelle montrant les objets dans leur totalité, multipliant les angles de prises de vue et les synchronisant [2] » en constituent les caractères distinctifs.

L'artiste a lui-même souligné, à l'occasion de son exposition personnelle à la galerie Der Sturm en 1913, l'importance du temps dans son œuvre [3]. Mais c'est peut-être plus encore par l'introduction d'un rythme interne à la composition que Réth parvient ici à la synthèse visuelle qu'il appelait de ses vœux : parmi les couleurs sourdes, dans une harmonie de tons bruns qui dominent la composition, le blanc d'une nappe au drapé marqué, auquel répond une masse blanche dans la partie supérieure, appelle le regard dans un clair-obscur réinventé.

Après son exposition à Berlin, *Le Restaurant Hubin* figurera à nouveau, parmi trente-six de ses œuvres, aux côtés de celles de cubistes parisiens dans une exposition organisée en 1913 à Budapest par la Maison des artistes : ce sera pour Réth un retour temporaire mais remarqué dans son pays natal [4].

C. B.

1 — L'autre version de la toile, de format horizontal, est antérieure. *Le Restaurant Hubin*, 1912, collection particulière.
2 — Waldemar George, *Alfred Reth : ce méconnu*, Paris, Éditions de la Galerie de l'Institut, 1955, p. 13.
3 — Revue *Der Sturm*, 27 février 1913, page de couverture. Repris dans : *Alfred Reth*, Bruxelles, Galerie Withofs, 1969, non paginé.
4 — « Mes œuvres de Berlin, à la demande du Dr Rozsa, directeur d'une salle d'exposition à Budapest, La Maison des artistes, sont parties de Munich et ont été exposées avec tous les cubistes de Paris : Léger, Metzinger, Delaunay, Le Fauconnier et Kandinsky. » Alfréd Réth, 17 décembre 1948, « Autobiographie manuscrite », publiée dans *Alfred Reth, commémoration du centenaire de A. Reth. Rétrospective en cent œuvres de 1900 à 1964*, Albi, musée Toulouse-Lautrec, 1964, p. 6-7. Merci à M. András Zwickl de m'avoir signalé que le catalogue de l'exposition de mai 1913, dite « postimpressionniste », indique sous le titre « Restaurant » deux œuvres correspondant aux deux variantes sous les n° 159 et 181.

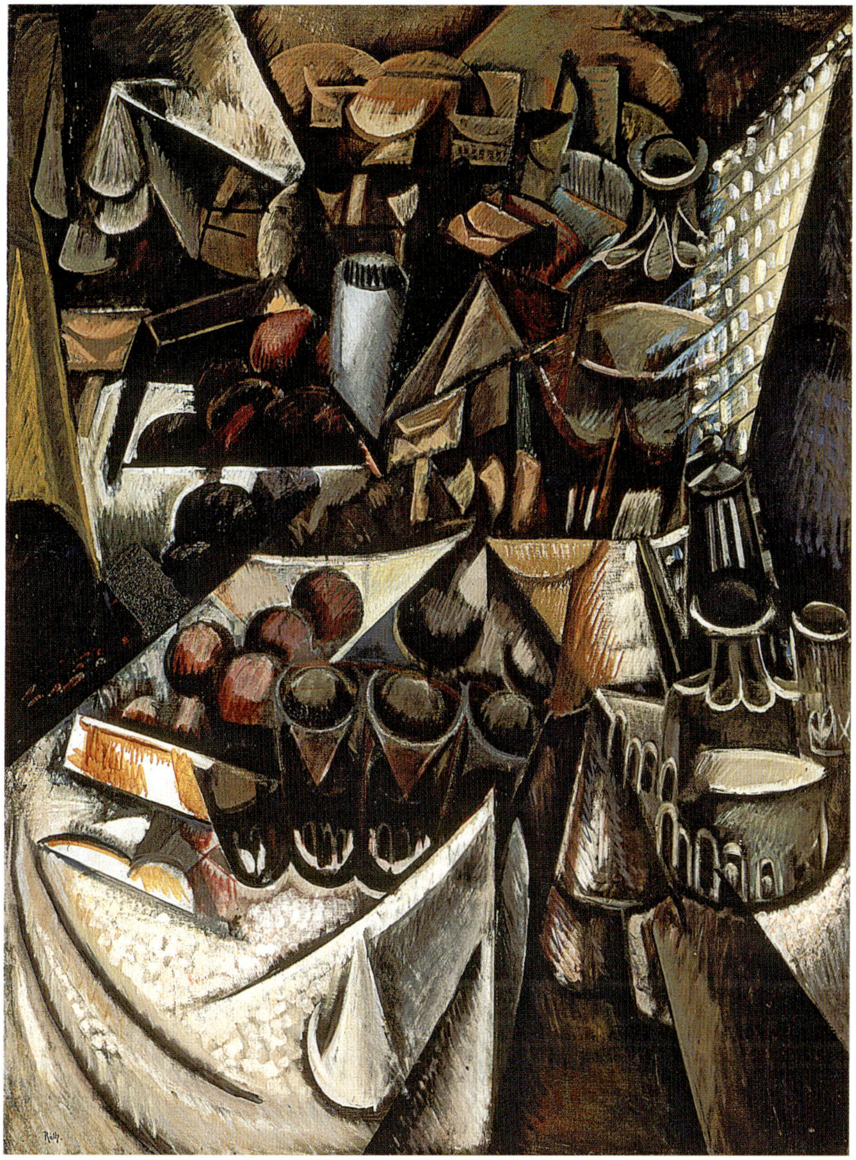

— Cat. 138
Alfréd Réth
Le Restaurant Hubin, 1913
Huile sur toile, 130 × 97 cm
Paris, Centre Pompidou,
Musée national d'art moderne /
Centre de création industrielle

ABÉCÉDAIRE

ACADÉMIE COLAROSSI

Fondée en 1870 par le sculpteur italien Filippo Colarossi au 10, rue de la Grande-Chaumière à Paris, l'académie Colarossi est aussi en vogue au début du XXe siècle que l'académie Julian. Bernard Naudin, Charles Picart Le Doux et Charles Guérin y enseignent ainsi que des peintres étrangers tels que Paul Bartlett, Richard Edward Miller ou Christian Krohg. L'académie accueille relativement peu de peintres hongrois : Vilmos Perlrott-Csaba et Tibor Boromisza font partie des rares à y avoir étudié, en suivant parallèlement d'autres cours privés.

ACADÉMIE DE LA GRANDE-CHAUMIÈRE

Installée à côté de l'académie Colarossi, au 14, rue de la Grande-Chaumière, cette académie est dirigée par le sculpteur espagnol Claudio Castelucho et les peintres Martha Stettler et Alice Dannenberg. Lucien Simon et Théophile Steinlen y enseignent, tandis que Henri Matisse y fait quelques apparitions dans les années 1906-1907 lors de séances de croquis de nu organisées en soirée. Elle accueille de nombreux artistes hongrois dont Bornemisza, Berény, Czóbel, Csáktornyai, Körmendi, Mikola, Perlrott-Csaba et brièvement Kernstok. Certains indiquent même l'adresse de l'école dans les livrets de Salons (« chez M. Castelucho »).

ACADÉMIE HUMBERT

Fondée en 1900, boulevard de Clichy, à Paris, par le peintre Ferdinand Humbert. Moins connue que d'autres académies, elle est fréquentée autour de 1906-1907 par les deux Fauves hongrois les plus progressistes : Czóbel et Berény. Braque, Derain, Marquet et Manguin y travaillent à la même période.

ACADÉMIE JULIAN

Fondée en 1868 par le peintre Rodolphe Julian, elle devient rapidement l'école libre la plus populaire de Paris. On y dispense des cours de préparation au concours d'entrée à l'École des beaux-arts, dont l'académie deviendra une concurrente. Son siège principal est le passage des Panoramas à Paris mais elle dispose également d'autres ateliers dans la ville. L'enseignement, encore traditionnel, est pratiqué par des professeurs exerçant également à l'École des beaux-arts, mais dans un esprit plus moderne et libéral. Au début du XXe siècle, les étrangers constituent la moitié des étudiants. Csók est le premier artiste hongrois à y entrer en 1887, pour assister aux cours de William Bouguereau, suivi de Rippl-Rónai, qui y obtient une bourse. La majeure partie du futur groupe des Huit appartient à la classe de Jean-Paul Laurens, qui leur enseigne notamment l'étude du nu d'après modèle vivant. S'inscrivant dès leur arrivée à Paris, bon nombre d'artistes comme Orbán et Berény ne suivront néanmoins que quelques mois les cours de l'académie, relativement onéreux. Rippl-Rónai ouvrira en 1913, à Budapest, une école libre sur le même modèle.
— Voir aussi École des beaux-arts.

ACADÉMIE MATISSE

Ouverte par Henri Matisse le 6 janvier 1908 au 86, rue de Sèvres à Paris, l'académie déménage rapidement 33, boulevard des Invalides. L'enseignement est fondé sur l'étude des maîtres anciens, la copie et le dessin d'après modèle vivant, Matisse prenant exemple sur les cours qu'il a lui-même reçus de Gustave Moreau. Très exigeant avec ses élèves, il corrige les travaux chaque semaine. Fréquentée principalement par des artistes étrangers, l'académie connaît un succès rapide, accueillant jusqu'à cent vingt élèves de multiples nationalités, comptant seulement quatre Français. Bornemisza et Perlrott-Csaba y étudient dès sa création. Parmi les artistes hongrois figurent également Valéria Dénes, Erzsi Fejérváry, Márta Ferentzy, et peut-être Berény et Czóbel ainsi que le sculpteur József Brummer. L'académie ferme ses portes au printemps 1912.

ACTIVISTES (1915-1925)

Mouvement d'artistes d'avant-garde politiquement engagés à gauche, l'activisme se forme au début de la Première Guerre mondiale en Europe centrale. Le cercle des activistes hongrois s'organise autour de Lajos Kassák, son chef de file, et de ses revues : *A Tett*, d'abord, puis *MA*. Les précurseurs de ce cercle artistico-intellectuel professant des propos radicaux, voire anarchistes, se situent en Allemagne, groupés autour de la revue *Die Aktion* (1911-1932) dirigée par Franz Pfemfert. Initialement marqué par des aspirations littéraires et politiques, le groupe se transforme en 1917 en un mouvement artistique partageant une philosophie commune, formé de plusieurs courants progressistes (expressionnisme, cubisme, constructivisme), mais ne s'attachant pas à un style en particulier. Opposés à l'art pour l'art et à l'esthétisme gratuit, ils considèrent l'art, envisagé sous des formes expressives et constructives, comme un outil au service du progrès et de l'action sociale. À cet égard, l'art graphique et, en particulier, les affiches occupent à leurs yeux une place essentielle. Antimilitaristes, critiquant violemment la société, ils vont soutenir une révolution sociopolitique radicale dans le but de rompre définitivement avec le passé et de bâtir une nouvelle culture. Écrivains et artistes (dont Tihanyi, Uitz et Nemes Lampérth) se réunissent autour de cet objectif politique commun. Le groupe rédige en 1919 un appel intitulé « A világ új művészeihez ! » [Aux nouveaux artistes du monde !] (*MA*, 1er mai 1920). Après la chute de la République des Conseils, Kassák et le cercle *MA* sont forcés d'émigrer, mais le mouvement activiste hongrois subsiste à l'étranger après 1920. Dès lors, le mouvement rompt avec les formes d'expressions cubiste, futuriste et expressionniste et privilégie le dadaïsme, puis le constructivisme.
— Voir aussi *A Tett*, Kassák, *MA*.

ADY, ENDRE
(Érmindszent [Ady Endre], Hongrie [actuelle Roumanie], 1877 — Budapest, Hongrie, 1919)

Poète et journaliste, Ady est considéré comme le rénovateur le plus influent de la poésie moderne hongroise. Entre 1904 et 1911, il séjourne fréquemment à Paris où il découvre les poètes symbolistes français qui exerceront une forte influence sur son œuvre. Publié au début de l'année 1906, son recueil *Poèmes nouveaux* s'impose comme une véritable révélation dans la vie culturelle hongroise. Comptant parmi les principaux collaborateurs de la revue *Nyugat* depuis sa fondation, Ady est aussi un critique d'art prolifique. Les peintres du groupe des Huit, avec qui il entretient des relations particulièrement amicales, l'immortalisent par de nombreux portraits : Dezső Czigány, avec plusieurs peintures à l'huile, mais aussi Ödön Márffy, Bertalan Pór, Lajos Tihanyi et Rippl-Rónai dans des œuvres graphiques.

A TETT
[Action] (1915-1916)

Revue littéraire, artistique et sociale bimensuelle, *A Tett* a été créée par son éditeur et rédacteur en chef Lajos Kassák, s'inspirant des revues allemandes *Der Sturm* et *Die Aktion*. Se voulant plus novatrice et politiquement engagée que la revue *Nyugat*, elle promeut les mouvements d'avant-garde les plus récents et devient le point de départ de l'activisme hongrois qui s'épanouit quelques années plus tard au sein de la revue *MA*. En raison de son cosmopolitisme et de son opposition déclarée à la guerre, la revue est interdite en 1916 après le 17e numéro.
— Voir aussi Kassák, *MA*.

BALÁZS, BÉLA
(Szeged, Hongrie, 1884 — Budapest, Hongrie, 1949)

Écrivain, poète, théoricien du cinéma, Béla Balázs, de son vrai nom Herbert Bauer, est l'auteur des livrets de deux œuvres scéniques de Béla Bartók : *Le Château de Barbe-Bleue* et *Le Prince de bois*.

BÁNFFY, MIKLÓS
(Kolozsvár [Cluj-Napoca], Hongrie [actuelle Roumanie], 1873 — Budapest, Hongrie, 1950)

Les fonctions remplies par Bánffy dans la vie publique et politique sont multiples. Homme politique, écrivain, dramaturge, peintre, dessinateur, metteur en scène, il crée des costumes de scène et des décors, notamment ceux des premières des œuvres de Béla Bartók (*Le Prince de bois* en 1917, *Le Château de Barbe-Bleue* en 1918). Entre 1912 et 1917, il est surintendant des théâtres nationaux de Budapest, puis directeur général de musique des théâtres nationaux jusqu'en 1918. En 1921, il est nommé ministre des Affaires étrangères, puis devient, entre 1923 et 1927, président du Conseil des beaux-arts. Il est également auteur de textes théoriques sur les arts du théâtre. Issu d'une grande famille noble de Transylvanie, il rédige de 1934 à 1940 la *Trilogie transylvaine*, dans laquelle il décrit la chute du monde aristocratique hongrois à partir des années précédant la Première Guerre mondiale.

BARTÓK, BÉLA
(Nagyszentmiklós [Sânnicolau Mare], Hongrie [actuelle Roumanie], 1881 — New York, États-Unis, 1945)

Compositeur, pianiste et ethnomusicologue, Béla Bartók est influencé d'abord par Franz Liszt et les romantiques allemands, en premier lieu Richard Strauss et Max Reger, puis il se tourne temporairement, à partir de 1907, vers Debussy et la musique française contemporaine à l'instigation de son ami Zoltán Kodály. Il commence à collecter la musique folklorique selon une méthodologie scientifique. Au-delà du folklore hongrois et de celui des peuples voisins, son intérêt s'étend à la musique de cultures ethniques plus éloignées, notamment arabes et turques. S'inspirant de la musique paysanne, son style de composition se transforme ; ses œuvres novatrices, considérées comme dissonantes, provoquent de vifs débats à la fois parmi les critiques et dans les rangs du public. Convaincu que l'essor de la musique contemporaine est inconcevable sans l'existence d'ensembles professionnels, il encourage en 1911 la création de l'UMZE [Új Magyar Zene-Egyesület, Nouvelle Société hongroise de musique]. Aspirant à associer les arts modernes, il met notamment en musique les poèmes d'Ady, et contribue aux programmes accompagnant l'exposition des Huit, celle de József Rippl-Rónai, puis celles des activistes. Róbert Berény réalise en 1913 un portrait de lui. Découragé par l'échec de l'UMZE, qui disparaît rapidement, et par l'impossibilité de présenter sa première œuvre scénique, *Le Château de Barbe-Bleue*, Bartók se retire, à partir du printemps 1913 et pour plusieurs années, de la vie publique musicale. La représentation du *Prince de bois*, son ballet-pantomime, en 1917 à l'Opéra royal de Hongrie, signe son retour avec succès. L'année suivante, *Le Château de Barbe-Bleue* y est monté à son tour. Les deux œuvres ont été créées et dirigées sous l'autorité de l'Italien Egisto Tango, directeur musical de l'Opéra. Sous la République des Conseils, Bartók participe au travail du Directoire de musique sans pour autant jouer un rôle politique actif. De ce fait, il n'est pas contraint de quitter le pays après la chute de la Commune hongroise. Durant l'entre-deux-guerres, il donne de nombreux concerts et écrit des œuvres majeures dans le domaine des concertos et de la musique de chambre. L'installation d'un régime fasciste le pousse à s'exiler en 1940 aux États-Unis, où il décède des suites d'une leucémie en 1945.
— Voir aussi Tango, UMZE.

BERÉNY, RÓBERT
(Budapest, Hongrie, 1887-1953)

Peintre et dessinateur, Róbert Berény fait partie des membres fondateurs du groupe des Huit. Au début de l'année 1905, âgé de dix-huit ans, Berény se rend à Paris, où il suit d'abord des cours à l'académie Julian pendant quelques mois. Ses premiers tableaux d'inspiration fauve datent de cette période. Au printemps 1906, il loue un atelier dans le quartier du Montparnasse et expose pour la première fois au Salon d'Automne. Les deux années suivantes, on peut voir ses œuvres au côté de celles des Fauves au Salon des Indépendants, attirant non seulement l'attention de Vauxcelles mais aussi celle de Maurice Denis. Alors qu'à l'exposition « Œuvres nouvelles » (1909), sa participation est réduite à un seul tableau, la deuxième exposition des Huit, en 1911, présente sa rétrospective, composée de quarante-neuf toiles et de plusieurs douzaines d'œuvres graphiques, constituant à elle seule plus de la moitié des œuvres exposées. Artiste aux multiples talents, Berény pratique également la musique : il joue de plusieurs instruments, et se livre même à la composition. Outre des critiques d'art et de musique – dont un essai sur Bartók paru dans la revue *Nyugat* –, il publie également des écrits théoriques sur la peinture. Par l'intermédiaire de son ami, le docteur Sándor Ferenczi, il s'initie à la psychanalyse. Après la Première Guerre mondiale, il ouvre une école de peinture dont l'élève le plus talentueux est László Moholy-Nagy. Pendant la Commune de 1919, il est invité à jouer un rôle dans la politique cultu-

relle, ce qui le contraindra, après la chute du régime, à s'exiler à Berlin où il demeurera pendant sept ans.
— Voir aussi les Huit, « néos ».

BÖLÖNI, GYÖRGY
(Szilágysomlyó [Şimleu Silvaniei], Hongrie [actuelle Roumanie], 1882 — Budapest, Hongrie 1959)

Écrivain et journaliste ayant passé des années d'études à Paris, Bölöni est l'un des principaux défenseurs de la peinture moderne hongroise, en particulier du mouvement des Huit. Róbert Berény, Lajos Tihanyi et Bertalan Pór ont chacun réalisé son portrait. Ami d'Endre Ady, il rédige sa biographie, *Le Véritable Ady* (Paris, 1934).

BORNEMISZA, GÉZA
(Nábrád, Hongrie, 1884 — Vác, Hongrie, 1966)

De 1902 à 1909, entre Budapest, Paris et Nagybánya, Bornemisza acquiert une éducation artistique riche et variée. Il suit des cours à l'École des beaux-arts de Budapest et passe sept étés à la colonie de Nagybánya, dont cinq à l'école libre de peinture. À partir de 1903, il passe de longs séjours à Paris et fréquente plusieurs académies : Julian (où il est l'élève de Jean-Paul Laurens et de Steinlen), Delécluse, puis la Grande-Chaumière. À Paris, il côtoie Leo et Gertrude Stein et rencontre Matisse qui devient son maître en 1908. En 1909, il intègre le groupe d'artistes qui, guidé par Béla Iványi Grünwald, va quitter Nagybánya pour fonder une colonie à Kecskemét. Deux ans plus tard, il s'installe à Budapest. Peintre « néo » par excellence, il s'inspire de la peinture fauve, dont il apprécie l'aspect décoratif et la richesse des couleurs. Après 1920, il continue à travailler dans un style postimpressionniste.
— Voir aussi « néos ».

BORTNYIK, SÁNDOR
(Marosvásárhely [Târgu Mureş], Hongrie [actuelle Roumanie], 1893 — Budapest, Hongrie, 1976)

Peintre, dessinateur et artiste activiste, Bortnyik est originaire de Marosvásárhely. À l'âge de dix-sept ans, ayant déjà connu un premier succès avec un projet d'affiche, il s'installe à Budapest. Entre 1913 et 1915, il acquiert une formation dans les écoles libres de Károly Kernstok, de János Vaszary et de József Rippl-Rónai. En 1917, après avoir fait la connaissance de Lajos Kassák, il rejoint le cercle de *MA*, revue qui publiera régulièrement ses dessins et ses linogravures, et participe aux salons activistes. À partir des formes d'expression du futurisme, du cubisme et de l'expressionnisme, il élabore un style propre, graphique et pictural. Le ballet-pantomime de Bartók, *Le Prince de bois*, inspire plusieurs de ses œuvres. En 1920, après la chute de la République des Conseils, il fuit à Vienne où il continue de participer à la rédaction de la revue *MA*, elle-même en « exil ». En 1922, il entre en contact avec la revue *Der Sturm*, dirigée par Herwarth Walden, ainsi qu'avec le Bauhaus à Weimar. De retour en Hongrie, il poursuit son activité de peintre dans un style constructiviste et exerce une activité importante dans le domaine du graphisme publicitaire.
— Voir aussi *MA*.

CAFÉ JAPÁN
[Japán kávéház]

Inauguré dans les années 1890 au 45, avenue Andrássy à Budapest, le café Japán accueille des personnalités du monde artistique et littéraire budapestois (poètes, écrivains, peintres, caricaturistes, architectes, acteurs, journalistes, danseurs...). La « table d'artistes du café Japán » réunit des personnalités d'horizons et de générations divers, dont, dans les années 1910, l'architecte Ödön Lechner et les fondateurs du MIÉNK : Pál Szinyei Merse, Károly Ferenczy, József Rippl-Rónai et Károly Kernstok. Le nom du lieu est dû à ses carrelages muraux ornés de décors végétaux en porcelaine polychrome. Les vitraux style Art Nouveau de sa cabine téléphonique, réalisés vers 1904, ont été attribués à József Rippl-Rónai. Le café connaîtra son heure de gloire pendant l'entre-deux-guerres, mais sera définitivement fermé en 1949 dans le cadre des nationalisations du régime communiste.
— Voir aussi MIÉNK.

CERCLE GALILÉE
[Galilei kör] (1908-1919)

Fondé à Budapest en 1908 autour du juriste Gyula Pikler, ce cercle rassemble des étudiants et de jeunes intellectuels progressistes, issus majoritairement de couches sociales défavorisées. Cette organisation apolitique a pour objectif la libre recherche scientifique, le développement des sciences humaines, l'apport d'une aide sociale aux étudiants démunis, et diffuse ses idées par le biais de la revue *Szabad gondolat* [*Pensée libre*]. De toutes les associations, elle est, vers 1910, la plus fréquentée par les étudiants. Elle organise alors jusqu'à deux mille conférences par an, dont deux portent, en 1910, sur le groupe des Huit : celle de Károly Kernstok, intitulée « A kutató művészet » [« L'art chercheur »], et, en réponse, celle de György Lukács, intitulée « Az utak elváltak » [« Les chemins se sont séparés »], toutes deux publiées dans la revue *Nyugat*, les 16 janvier et 1er février 1910. Le poète Endre Ady participe à quelques soirées organisées par le cercle. En raison de son caractère pacifiste et de sa propagande anti-guerre, le cercle est contraint de cesser ses activités en janvier 1918 et se dissout définitivement en 1919.

CSÓK, ISTVÁN
(Sáregres, Hongrie, 1865 — Budapest, Hongrie, 1961)

Après des études à Budapest, puis à l'Académie de Munich, Csók séjourne entre 1887 et 1889 à Paris, où il suit les cours de Bouguereau et de Robert-Fleury à l'académie Julian. À cette époque, il est surtout influencé par la peinture de Jules Bastien-Lepage. À partir de 1897, il travaille à la colonie d'artistes de Nagybánya, berceau des aspirations de plein air en Hongrie, où il se distingue par son style, le « naturalisme fin ». De 1903 à 1910, il s'installe à Paris où il perfectionne son style, alors proche de l'impressionnisme, et enrichit sa palette de couleurs. Cette dernière s'est par ailleurs nourrie de l'expérience d'un voyage que Csók entreprend, en été 1907, en compagnie d'Ödön Márffy, parmi les Croates de la Hongrie méridionale connus sous le nom de « Sokác ». Inspiré par leurs costumes populaires aux couleurs vives, Csók tendra à rapprocher son art du postimpressionnisme. Il ne s'associera cependant jamais à un quelconque groupe d'artistes modernes. Médaillé à plusieurs reprises, reconnu au niveau national comme international, il est nommé professeur à l'École supérieure des

beaux-arts et reste jusqu'à la fin de sa vie un peintre célébré et populaire.
— Voir aussi naturalisme, « néos ».

CZIGÁNY, DEZSŐ
(Budapest, Hongrie, 1883-1937)

Après avoir étudié à Budapest, à Munich et à la colonie d'artistes de Nagybánya auprès de Simon Hollósy, Czigány poursuit sa formation artistique à Paris, où il se rend pour la première fois en 1904 et où il sera pendant une courte période l'élève de Jean-Paul Laurens. Parmi les peintres français, ce sont principalement Cézanne, Carrière, Matisse et Vallotton qui ont influencé son art. Au printemps 1906, il expose au Salon des Indépendants et sera par la suite élu membre d'honneur de la Société des artistes indépendants. Il rentre à Budapest la même année. Étroitement lié à Endre Ady, il réalise son portrait à plusieurs reprises. Membre fondateur du groupe de Huit, il présente à l'exposition « Œuvres nouvelles » son autoportrait peint à la manière des Fauves. Ce dernier, surnommé « le monstre aux cheveux verts », suscite une vive aversion du public et d'une partie de la critique. Au tournant de la décennie, sa peinture est de plus en plus influencée par Cézanne ; ses paysages et ses natures mortes suivent dès lors l'ordre de composition rigoureux du maître d'Aix-en-Provence alors que ses autoportraits le présentant sous diverses identités sont imprégnés d'une force psychologique terrifiante, ou teintés d'autodérision. À partir de la seconde moitié des années vingt, il séjourne pendant une longue période à Paris et à Nice avant de retourner définitivement à Budapest. C'est au cours du réveillon de la Saint-Sylvestre de l'année 1937 que, pris de désespoir, il se suicide après avoir abattu sa fille, sa petite-fille et sa femme.
— Voir aussi les Huit, « néos ».

CZÓBEL, BÉLA
(Budapest, Hongrie, 1883-1976)

Membre fondateur des Huit, Czóbel commence sa carrière en 1902 comme élève de Béla Iványi Grünwald à Nagybánya où il retourne régulièrement jusqu'en 1906, alors qu'il vit à Munich et à Paris. Lors de son dernier été passé dans cette colonie d'artistes, il lance une révolution parmi les jeunes peintres avec ses tableaux d'inspiration fauve rapportés de Paris. C'est sous son influence que naît le mouvement des « néos ». À partir de 1905, il présente des œuvres au Salon d'Automne, puis rejoignant Matisse et les Fauves, expose l'année suivante au même Salon et dans la salle des Fauves du Salon des Indépendants. Il fréquente régulièrement les soirées données par Gertrude Stein dont Matisse et Picasso sont des habitués et se lie d'amitié avec Braque et Modigliani à la même époque. Sa première exposition personnelle a lieu en mars 1908 à la galerie Berthe Weill où il présente surtout ses toiles fauves peintes dans la propriété de Kernstok à Nyergesújfalu. À l'exposition « Œuvres nouvelles » inaugurée fin 1909, il présente trois de ses tableaux mais ne participe pas aux deux dernières expositions des Huit. Installé à Montmorency, Czóbel doit fuir la France après le début de la Première Guerre mondiale. Il rejoint le groupe de peintres de Bergen en Hollande, puis à partir de 1919 le groupe Die Brücke à Berlin. Plus tard, il devient membre de la Freie Secession. En 1925, il s'installe définitivement en France mais retourne fréquemment en Hongrie où il est reconnu comme membre de l'École de Paris. À partir de 1940, il passe ses étés à Szentendre, où un musée portant son nom a été inauguré de son vivant, en 1975.
— Voir aussi les Huit, « néos », Nyergesújfalu.

ÉCOLE DES BEAUX-ARTS

À partir de 1867, les artistes étrangers sont acceptés dans les ateliers de l'École des beaux-arts de Paris. En revanche, ils n'ont pas l'autorisation de concourir pour le prix de Rome. Mais l'enseignement traditionnel qui y est pratiqué, proche de celui reçu à l'Académie de Budapest, intéresse peu les artistes hongrois, choisissant plutôt de s'inscrire dans des académies privées dispensant un enseignement plus libre et varié. Márffy décidera toutefois d'intégrer la classe de Fernand Cormon après quelques mois passés à l'académie Julian.
— Voir aussi académies.

FIDIBUSZ
(1905-1927)

Hebdomadaire humoristique littéraire, prenant pour principale cible la vie sociale bourgeoise, *Fidibusz* est l'un des nombreux journaux satiriques du début du XXe siècle en Hongrie. Dans son premier numéro, il s'engage à « mettre de côté toute pruderie et hypocrisie pour rire sur les fautes lamentables d'une société devenue perfide ». Il publie des articles et des critiques traitant de l'actualité, sur un ton comique et ironique, mais aussi des poèmes, des histoires amusantes, des dessins et des caricatures. Dans le domaine des beaux-arts, il s'intéresse aux expositions et groupes d'artistes modernes, suscitant les réactions du public, comme les « néos » ou les Huit.
— Voir aussi les Huit, « néos ».

FÜLEP, LAJOS
(Budapest, Hongrie, 1885-1970)

Historien d'art, professeur d'université, membre de l'Académie des sciences de Hongrie, Fülep est l'un des théoriciens d'art hongrois les plus marquants du XXe siècle. Lors de ses deux voyages à Paris (1904, 1906), il est profondément marqué par l'art de Cézanne et de Gauguin. En 1906, il est parmi les premiers à reconnaître l'importance d'Endre Ady. Le portrait de Fülep peint par Lajos Tihanyi témoigne des relations qu'il entretient avec les peintres des Huit. En même temps que Kodály et Bartók, il s'emploie à définir les traits spécifiques de l'art hongrois.

GALIMBERTI, SÁNDOR
(Kaposvár, Hongrie, 1883 — Budapest, Hongrie, 1915)

Le talent de Galimberti est découvert à Kaposvár par József Rippl-Rónai qui devient son premier maître. Après deux années passées à l'École des arts décoratifs de Budapest, Galimberti étudie avec István Réti à Nagybánya (1903), puis Simon Hollósy à Munich et en Hongrie, avant de partir pour Paris en 1904, où il suit des cours à l'académie Julian. Par la suite, il s'inspire de trois conceptions artistiques pour développer un style propre : le fauvisme, la peinture décorative de Gauguin et la composition analytique structurale de l'espace de Cézanne. Il peint surtout des natures mortes et des paysages urbains aux vues plongeantes, avec des couleurs intenses, un effet décoratif et une forte conception géométrique des formes. À partir de 1908, il expose à plusieurs reprises au Salon d'Automne et au Salon des Indépendants.

En 1911, il épouse Valéria Dénes à qui il lie étroitement son art. Ils font partie des peintres « néos », puis des premiers peintres cubistes hongrois à Paris. La vie du couple s'achève de façon tragique avec le suicide de Galimberti suite à la mort de sa femme.
— Voir aussi Kaposvár, « néos ».

LES HUIT
[Nyolcak]

Groupe d'artistes le plus influent de l'art hongrois moderne du début du xxe siècle, formé par les peintres Róbert Berény, Dezső Czigány, Béla Czóbel, Károly Kernstok, Ödön Márffy, Dezső Orbán, Bertalan Pór et Lajos Tihanyi. Trois artistes sont invités à exposer avec le groupe : les sculpteurs Vilmos Fémes Beck et Márk Vedres, ainsi que Anna Lesznai, écrivaine et artiste décoratrice. Durant les premières années du siècle, ils séjournent tous à Paris pour y étudier, à l'académie Julian principalement. La plupart d'entre eux exposent au Salon d'Automne et au Salon des Indépendants. Ce sont avant tout le postimpressionnisme, le fauvisme et la peinture de Paul Cézanne qui influencent leur art. À l'exception de Berény, ils sont tous membres du MIÉNK, qu'ils quittent cependant sous la direction de Károly Kernstok, en décembre 1909, afin de créer un groupe indépendant. Leur première exposition, intitulée « Œuvres nouvelles », s'ouvre le dernier jour de la même année au Salon Könyves Kálmán et déclenche un tollé général à Budapest. En avril 1911, ils adoptent le nom de « Huit » à l'occasion de leur deuxième exposition qui fait plus grand bruit encore grâce à la campagne de presse orchestrée avec l'appui de György Bölöni et aux programmes s'y rattachant. Les écrivains et poètes de la revue *Nyugat* animent des soirées littéraires, Béla Bartók, Zoltán Kodály, Leó Weiner et le quatuor Waldbauer-Kerpely donnent des concerts dans la salle de l'exposition. À leur troisième et dernière exposition, fin 1912, ils ne sont plus que quatre parmi les membres fondateurs à exposer. Bien que les Huit n'aient jamais annoncé leur dissolution et que leurs membres aient continué à exposer ensemble lors d'expositions collectives, le groupe en tant que tel cesse d'exister pendant la Première Guerre mondiale et ne s'est jamais reformé par la suite malgré quelques initiatives.
— Voir aussi Bölöni, MIÉNK, *Nyugat*, Salon Könyves Kálmán.

IGNOTUS, NÉ VEIGELSBERG, HUGÓ
(Pest, Hongrie, 1869 — Budapest, Hongrie, 1949)

Ignotus est d'abord le pseudonyme usuel puis, dès 1907, le patronyme légal de Hugó Veigelsberg, journaliste influent du début du xxe siècle, critique, écrivain et poète. Juriste de formation, Ignotus est chroniqueur et critique de plusieurs revues importantes avant de devenir en 1908 l'un des fondateurs de la revue bimensuelle *Nyugat*, dont il sera le rédacteur en chef jusqu'en 1929. Il est l'un des premiers à soutenir, entre autres, le poète Endre Ady et le groupe des Huit.
— Voir aussi *Nyugat*.

KAPOSVÁR

Située au sud de la Hongrie, dans le comitat de Somogy, Kaposvár est bâtie, comme la Rome antique, sur sept collines, dont une porte d'ailleurs le nom de cette dernière. Ville de peintres, elle est surtout connue comme ville natale et, pendant plusieurs décennies, de résidence de József Rippl-Rónai qui s'y installe définitivement en 1902, après un long séjour en France. Il y achète, dans la rue principale, une maison paysanne dont l'intérieur, avec son atmosphère intime, ses meubles Biedermeier et ses murs peints en couleur, deviendra le thème principal de la seconde période de son œuvre. En 1908, il achète une villa sur la colline Róma où il réside jusqu'à la fin de sa vie. Depuis 1978, la villa abrite le musée Rippl-Rónai, fondé grâce à la collection léguée par le frère de l'artiste.
— Voir aussi Galimberti, Rippl-Rónai.

KASSÁK, LAJOS
(Érsekújvár [Nové Zámky], Hongrie [actuelle Slovaquie], 1887 — Budapest, Hongrie, 1967)

Poète, écrivain, peintre, typographe, Kassák est la personnalité la plus marquante de l'avant-garde hongroise pendant trois décennies et une figure importante du modernisme international. Son long voyage en Europe occidentale (1909), lors duquel il gagne Paris à pied, a exercé une influence décisive sur son évolution d'écrivain. En 1915, il fonde sa propre revue *A Tett*. Il attribue à l'art d'avant-garde un rôle d'agitateur dans les changements sociaux. Suite à l'interdiction de *A Tett* en 1916, il lance la revue activiste *MA*. À côté d'extraits littéraires et d'essais sur l'art futuriste, expressionniste, plus tard dadaïste, il accorde une place significative à l'art d'avant-garde. Il publie régulièrement dans sa revue les œuvres de Béla Uitz, Sándor Bortnyik, János Mattis Teutsch, Lajos Tihanyi, József Nemes Lampérth et de bien d'autres artistes, pour lesquels il organise également des expositions. Kassák fait la connaissance de Bartók en 1915. À partir de 1917, on peut fréquemment entendre la musique du compositeur aux manifestations de la revue *MA*, qui lui consacre un numéro spécial en février 1918. Après la chute de la République des Conseils, Kassák continue d'éditer la revue à Vienne en entretenant une correspondance étendue avec les mouvements avant-gardistes européens. À partir de 1920, il commence lui-même à créer des œuvres constructivistes. C'est alors qu'il conçoit sa théorie de Bildarchitektur, rejoignant ainsi les courants les plus novateurs de l'époque. Dans la seconde moitié des années vingt, après son retour d'exil, il est rédacteur de nouvelles revues (*Dokumentum*, *Munka*) et poursuit ses activités artistiques et journalistiques.
— Voir aussi activistes, *A Tett*, *MA*.

KERNSTOK, KÁROLY
(Budapest, Hongrie, 1873-1940)

Après des études à Budapest, Kernstok devient l'élève de Simon Hollósy à Munich, puis, à partir de 1893, suit des cours à Paris pendant trois ans, à l'académie Julian notamment. Ses séjours plus tardifs à Paris, au cours desquels il fera la connaissance de Matisse par l'intermédiaire de Czóbel, marquent un tournant dans sa peinture de jeunesse, vers le style naturaliste d'abord, puis vers l'impressionnisme de plein air. Ces différentes influences se ressentent à partir de 1907, alors qu'il est rentré en Hongrie. Considéré comme chef de file, il n'en est pas moins fortement influencé par ses jeunes amis, qui lui rendent visite dans sa maison de Nyergesújfalu, en particulier Béla Czóbel et Ödön Márffy. Durant cette période, son travail est imprégné par le fauvisme. Membre fondateur du MIÉNK, il quitte le cercle fin 1909, accompagné par les jeunes artistes qui ont étudié à Paris et se sont regroupés autour de lui pour créer le groupe de peintres bientôt connu sous le nom des Huit. Kernstok participe aux deux premières expositions

du groupe, mais sera absent de la dernière. Dès lors, il s'oriente vers des œuvres monumentales et classicisantes. Le 9 janvier 1910, il donne, au cercle Galilée, une conférence intitulée « L'art chercheur » (publiée une semaine plus tard dans la revue *Nyugat*), au cours de laquelle il résume le programme des Huit. Sa palette de couleurs perd progressivement de son intensité au profit de tons ocres. Toutefois Kernstok se montre peu réceptif au cubisme. Son inspiration lui vient plutôt de la peinture de vases grecs et des dessins au trait de Luca Signorelli ou de Hans von Marées. Dans la lignée de ses projets monumentaux, il conçoit des œuvres murales et des vitraux. Ayant joué un rôle politique pendant la période révolutionnaire qui a suivi la Première Guerre mondiale en Hongrie, il est contraint d'émigrer en 1919. Il retourne vivre dans son pays natal en 1926, mais n'aura plus jamais la même influence sur la vie artistique.
— Voir aussi Cercle Galilée, les Huit, MIÉNK, « néos », Nyergesújfalu.

KERPELY, JENŐ
(Budapest, Hongrie, 1885 — Los Angeles, États-Unis, 1954)

En 1910, le violoncelliste Kerpely fonde avec Imre Waldbauer un quatuor à cordes qui deviendra mondialement célèbre. Il fait partie des interprètes hongrois les plus éminents. Ödön Márffy a peint son portrait à plusieurs reprises.
— Voir aussi Walbauer-Kerpely (quatuor).

KODÁLY, ZOLTÁN
(Kecskemét, Hongrie, 1882 — Budapest, Hongrie, 1967)

Compositeur, musicologue, ethnomusicologue, enseignant de renommée mondiale, Kodály a commencé, avec Béla Bartók, à collecter la musique populaire hongroise avec un souci scientifique. C'est également ensemble qu'ils prirent l'initiative de créer l'UMZE en 1911. Comparé à celui de Bartók, l'art de Kodály est plus traditionnel, davantage lié au folklore ; l'avant-gardisme de Bartók lui est étranger. On doit à Kodály des œuvres d'une qualité exceptionnelle dans le domaine de l'art choral. Il élabore une méthode d'enseignement musical reconnue dans le monde entier, qui porte toujours son nom.
— Voir aussi UMZE.

KOSZTOLÁNYI, DEZSŐ
(Szabadka [Subotica], Hongrie [actuelle Serbie], 1885 — Budapest, Hongrie, 1936)

Poète, écrivain, traducteur littéraire, journaliste, Kosztolányi est une figure éminente de la première génération de la revue *Nyugat*. Il est l'un des écrivains hongrois les plus connus à l'étranger grâce aux nombreuses traductions de ses poèmes, nouvelles et romans.
— Voir aussi *Nyugat*.

LAVOTTA, REZSŐ (RUDOLF)
(Budapest, Hongrie, 1876-1962)

Chef d'orchestre et compositeur, Lavotta a étudié à l'école du compositeur Vincent d'Indy à Paris pendant huit ans. C'est à cette époque qu'il se lie d'amitié avec Lajos Fülep et Ödön Márffy.

LESZNAI, ANNA, NÉE MOSCOVITZ, AMÁLIA
(Budapest, Hongrie, 1885 — New York, États-Unis, 1966)

La poétesse et artiste décoratrice, Lesznai a rejoint le groupe des Huit en tant que « membre associé ». Artiste invitée à l'exposition du groupe en 1911, elle y expose des textiles aux motifs inspirés de l'art populaire. Róbert Berény et Dezső Orbán séjournent souvent dans le château de sa famille à Körtvélyes, Orbán réalisant même un nu d'elle. En tant qu'écrivaine, elle fait partie du cercle de la revue *Nyugat* et compte Endre Ady parmi ses amis proches. Elle réalise la couverture de plusieurs recueils d'Ady et celle de la partition de Béla Bartók *Quatre Nénies*. Après la chute de la République des Conseils, elle s'exile à Vienne. En 1930, elle rentre en Hongrie et, neuf ans plus tard, elle part s'installer définitivement aux États-Unis où elle se consacre à l'enseignement artistique et à la littérature.
— Voir aussi les Huit, *Nyugat*.

LUKÁCS, GYÖRGY
(Budapest, Hongrie, 1885-1971)

Philosophe, professeur d'esthétique et personnalité de la politique culturelle, Lukács est proche des radicaux bourgeois à ses débuts, puis adhère ensuite à l'idéologie communiste et devient un philosophe marxiste mondialement reconnu. En 1910, à l'occasion de l'exposition du futur groupe des Huit, il lira son essai « Az utak elváltak » [« Les chemins se sont séparés »], une critique de l'impressionnisme, publiée par la suite dans la revue *Nyugat*. En 1919, sous la République des Conseils, il favorise, en tant que commissaire adjoint à l'Éducation, la nomination de certains artistes modernes à des postes dans la culture. Sa réputation se ternit quand, devenu commissaire politique de l'Armée rouge, il fait exécuter huit soldats suite à une défaite. Après la chute de la Commune, il s'exile à Vienne puis à Moscou et ne retourne vivre à Budapest qu'en 1945.
— Voir aussi Cercle Galilée, *Nyugat*.

MA
[Aujourd'hui] (1916-1925)

Revue littéraire et artistique, *MA* est fondée par Lajos Kassák en 1916 afin de succéder à *A Tett*, interdite par les autorités. Tout en s'intéressant aux mouvements d'avant-garde internationaux, cette revue devient l'organe principal de l'activisme hongrois. À ses débuts, elle organise également des expositions dont les plus importantes sont celles de János Mattis Teutsch (1917), de Lajos Tihanyi (1918) et du couple Galimberti-Dénes. Un numéro spécial est consacré à Béla Bartók en 1917. En raison de sa vocation révolutionnaire et de l'émigration contrainte de Kassák, son rédacteur en chef, après la chute de la République des Conseils, la revue reparaît à Vienne à partir de 1920.
— Voir aussi *A Tett*, Kassák.

MÁRFFY, ÖDÖN
(Budapest, Hongrie, 1878-1959)

Après une courte formation en Hongrie, Márffy se rend en 1902 à Paris où il fréquente l'académie Julian puis l'École des beaux-arts pendant quatre ans, tandis qu'il passe ses étés à peindre à Pont-Aven et à Bruges. Cézanne et Bonnard ont exercé une grande influence sur son œuvre, et Matisse et les Fauves davantage encore. C'est à Paris qu'il se lie d'amitié avec Béla Czóbel, Róbert Berény et Bertalan Pór, et qu'il fait la connaissance d'Endre Ady et de Béla Bartók. En 1906, il expose pour la première fois au Salon d'Automne, puis est élu membre de l'Union internationale des beaux-arts et des lettres. Rentré à Budapest, à l'issue de sa première exposition couron-

née de succès, József Rippl-Rónai l'invite à rejoindre, au titre de membre fondateur, le MIÉNK alors en train de se constituer. À partir de 1908, il passe plusieurs étés chez Károly Kernstok à Nyergesújfalu où les deux artistes, s'inspirant mutuellement, vont développer leur style fauve. La toile intitulée *Baigneuses*, probablement peinte sur place, provoqua le scandale à la première exposition des futurs Huit « Œuvres nouvelles ». Entre 1909 et 1914, sous l'influence de Cézanne, son style fauve laisse progressivement place à des compositions plus strictes. Pendant la guerre, il dirige une école de peintres de guerre. Membre fondateur du KÚT, société regroupant les peintres hongrois aux aspirations modernes, il en devient président en 1927 durant dix ans. En 1945, il rejoint le courant Európai Iskola [l'École européenne], mais ne peut que très rarement exposer durant les années de la dictature communiste. Il meurt en 1959, un an après la rétrospective que le musée Ernst lui consacre, réhabilitant ainsi son œuvre.
— Voir aussi les Huit, MIÉNK, « néos », Nyergesújfalu.

MATTIS TEUTSCH, JÁNOS
(Brassó [Braşov], Hongrie [actuelle Roumanie], 1884-1960)

Peintre, sculpteur et graphiste expressionniste, Mattis Teutsch commence sa formation artistique à Budapest et à Munich afin de devenir sculpteur. Entre 1905 et 1908, il séjourne plusieurs fois à Paris et se rend à Berlin. Il fait la connaissance de Gabriele Münter et Wassily Kandinsky et découvre l'art d'avant-garde. À Paris, le coloris éclatant des paysages fauves l'influence particulièrement. En 1916, il expose deux fois au Salon national, mais c'est la rencontre avec le cercle de la revue *MA*, qui lui consacre deux expositions en 1917, ainsi que plusieurs articles et la publication de ses gravures sur linoléum, qui lui apporte la notoriété. Après le décès de sa femme en 1916, ses paysages deviennent de plus en plus dynamiques. Certains motifs, surtout les arbres, se chargent d'un contenu symbolique, celui de la solitude, du chagrin, de la douleur, de l'abandon. Au début des années vingt, il peint une série de tableaux abstraits : « Les Fleurs de l'âme ». Son art s'apparente aux aspirations spirituelles du groupe munichois Der Blaue Reiter.
— Voir aussi *MA*.

MIÉNK
[Magyar Impresszionisták és Naturalisták Köre = Cercle des impressionnistes et naturalistes hongrois] (1907-1910)

Première association artistique moderne en Hongrie, le MIÉNK est créé en 1907 à l'initiative des peintres Pál Szinyei Merse, Károly Ferenczy et József Rippl-Rónai, dans le but de s'affranchir du conservatisme du Műcsarnok, le « Salon » officiel hongrois, en organisant des expositions indépendantes. Malgré sa courte existence et seulement trois expositions, tenues dans les locaux du Salon national, il a néanmoins réussi à rallier pour la première fois, en une seule entité, les représentants des mouvements artistiques modernes – dont certains peintres des première et seconde générations de Nagybánya, des naturalistes, des « néos » et quelques-uns des futurs Huit. Mais l'hétérogénéité du groupe et l'absence de programme esthétique commun conduisent à sa dissolution en 1910.
— Voir aussi les Huit, « néos », Salon national.

MOHOLY-NAGY, LÁSZLÓ NÉ WEISZ, LÁSZLÓ
(Bácsborsód, Hongrie, 1895 — Chicago, États-Unis, 1946)

Peintre, dessinateur et photographe, László Moholy-Nagy est une figure déterminante de l'avant-garde européenne. Après des études de droit, il décide, à 22 ans, de se consacrer à l'art et expose dès 1918 au Nemzeti Szalon [Salon national]. Après la chute de la République des Conseils, il part à Vienne où il rejoint le cercle de la revue *MA*, lui aussi en exil, puis à Berlin où il devient son correspondant. C'est dans cette ville que la galerie Der Sturm organise sa première exposition personnelle en 1922. La même année, il représente le groupe *MA* au premier « Congrès des artistes progressistes » à Düsseldorf et rencontre El Lissitzky et Theo van Doesburg. Professeur du Bauhaus entre 1923 et 1928, il travaille au côté de Walter Gropius et d'autres artistes et théoriciens importants du constructivisme. Expérimentateur radical, il pratique également la photographie (surtout les photogrammes), le cinéma, le design, la scénographie, la publicité et les étudie dans ses écrits théoriques. En 1934, il fuit le régime nazi pour les Pays-Bas et l'Angleterre avant de s'établir aux États-Unis en 1937.
— Voir aussi activistes, *MA*.

MÓRICZ, ZSIGMOND
(Tiszacsécse, Hongrie, 1879 — Budapest, Hongrie, 1942)

Écrivain, journaliste et rédacteur, Móricz est une figure marquante de la littérature réaliste hongroise du XXe siècle. Appartenant à la première génération de *Nyugat*, il est un collaborateur permanent de la revue.
— Voir aussi *Nyugat*.

NAGYBÁNYA
(Baia Mare, actuelle Roumanie)

Ville minière médiévale de Transylvanie, Nagybánya a abrité pendant un demi-siècle une colonie d'artistes considérée comme le berceau de la peinture moderne hongroise. À partir de 1896, Simon Hollósy y installe, aux périodes estivales, les élèves de son école privée de Munich. Ce « Barbizon hongrois » à portée internationale s'établit comme École libre de peinture en 1902, dirigée par les peintres Károly Ferenczy, István Réti, János Thorma et Béla Iványi Grünwald. En 1909, ce dernier quitte la colonie, entraînant avec lui plusieurs artistes, pour créer celle de Kecskemét. Dès 1911, la Société des peintres de Nagybánya est chargée de diriger l'école et la vie artistique de la ville. Le paysage pittoresque, les professeurs renommés et l'absence de frais d'études attirent de nombreux jeunes peintres. Plusieurs courants stylistiques se succèdent au sein de la colonie : le « naturalisme en plein air » et les tendances impressionnistes caractéristiques des premières années, suivis par le fauvisme ou style « néo » (1906-1911). Suite à l'initiative réussie de Nagybánya, les colonies d'artistes se multiplient en Hongrie au début du XXe siècle : Gödöllő, la colonie de l'« Art Nouveau hongrois » (1901), Szolnok (1902), Kecskemét (1909) et, plus tard, Szentendre (1929). Après la Première Guerre mondiale, pour des raisons politiques, et notamment le rattachement de la ville à la Roumanie, la colonie se détache du milieu de l'art hongrois.
— Voir aussi naturalisme, « néos ».

NATURALISME

À la fin du XIXe et au début du XXe siècle en Hongrie, le terme « naturalisme » s'emploie de manière plus large que dans la terminologie française. En réaction à l'historicisme et à la peinture académique, il recouvre toutes les aspirations réalistes et naturalistes. C'est dans ce sens que le terme apparaît dans le sigle MIÉNK (abréviation pour Cercle des impressionnistes et naturalistes hongrois). Les écrits théoriques artistiques de l'époque inventent des termes spécifiques pour caractériser certains courants hongrois. Le « naturalisme de plein air » [plein air naturalizmus] se réfère aux œuvres créées en plein air par les peintres de la colonie d'artistes de Nagybánya. Le terme « naturalisme fin » [finom naturalizmus] aurait été inventé par Károly Ferenczy pour désigner le style inspiré par les œuvres de Jules Bastien-Lepage, artiste de référence de la première génération de peintres de Nagybánya. Ce style consistait en une peinture descriptive précise, avec des teintes grisâtres et un glacis nacré couvrant la composition, tel un film translucide.
— Voir aussi MIÉNK, Nagybánya.

NEMES LAMPÉRTH, JÓZSEF
(Budapest, Hongrie, 1891 — Sátoraljaújhely, Hongrie, 1924)

Après des formations de courte durée à l'École des arts décoratifs, à l'École libre de Nagybánya et à l'École des beaux-arts de Budapest, Nemes Lampérth abandonne ses études en 1912 et passe une année à Paris. Fasciné par la ville, il en réalise plusieurs lavis remarquables. En 1914, il est contraint de retourner en Hongrie. En 1916, il expose au Salon national puis, remarqué par Kassák, avec les activistes en 1917. La revue *MA* publie plusieurs de ses lavis. Pendant la République des Conseils, il est nommé professeur de peinture. Après la chute du régime, il émigre à Berlin puis passe quelques temps à Stockholm en réponse à l'invitation d'un collectionneur suédois. Psychologiquement fragile, il meurt dans un hôpital psychiatrique en 1924. Les structures « architectoniques » construites à partir de stries colorées sont caractéristiques de sa peinture.
— Voir aussi activistes, « néos ».

NEMZETI SZALON

— Voir Salon national

« NÉOS »

Le terme « néos », dérivé de néo-impressionnistes, désigne les jeunes peintres de Nagybánya qui, vers 1906-1908, derrière leur chef de file Béla Czóbel, ont assimilé les influences françaises les plus récentes, surtout la manière fauve, à Paris même ou bien par le biais de leurs compatriotes y ayant séjourné. Cette appellation, reprise par les critiques de l'époque, désigne moins une peinture strictement néo-impressionniste qu'une approche plus globalement postimpressionniste et antinaturaliste.
— Voir aussi Nagybánya.

NYERGESÚJFALU

La renommée de cette commune située au bord du Danube, à une cinquantaine de kilomètres de Budapest, est liée à l'activité de Károly Kernstok. Y résidant à temps partiel à partir de 1905, il accueille sur sa propriété des intellectuels (Endre Ady, György Lukács, Károly Lyka, Marcell Nemes...) et des artistes aux styles divers (Dezső Czigány, Béla Czóbel, Árpád Feszty, Gyula Kosztolányi-Kann, Anna Lesznai, Ödön Márffy, Lajos Márk, Dezső Orbán, Bertalan Pór, János Vaszary ou Márk Vedres...), parmi lesquels plusieurs membres du futur groupe des Huit. Kernstok y crée, en été 1919, une colonie d'artistes officielle avec le soutien de la République des Conseils. Elle sera aussi éphémère que le gouvernement qui l'a mise en place.

NYOLCAK

— Voir les Huit

NYUGAT
[Occident] (1908-1941)

Revue littéraire bimensuelle, dirigée jusqu'en 1919 par Ignotus, *Nyugat* a joué un rôle influent dans la littérature hongroise. Opposé à tout conservatisme, son titre annonce son programme : élever la littérature hongroise vers la modernité, sur le modèle des tendances littéraires nouvelles de l'Occident. Anti-académiste, la revue n'hésite pas à prendre position dans les luttes artistiques avec des critiques positives sur les expositions modernes du Salon national. Dès 1912, elle publie une œuvre graphique contemporaine dans chaque numéro, notamment celles des artistes des Huit et, exceptionnellement, la partition intégrale de l'*Allegro barbaro* de Bartók. Considérant le groupe des Huit comme un allié intellectuel, *Nyugat* fait paraître des textes en relation directe avec leur art.
— Voir aussi Bartók, les Huit, Ignotus, Salon national.

ORBÁN, DEZSŐ
(Győr, Hongrie, 1884 — Sydney, Australie, 1985)

Peintre, dessinateur, professeur d'art, Orbán suit les cours de l'académie Julian à Paris pendant une courte période. En 1909, il participe à la deuxième exposition du MIÉNK et, la même année, c'est dans son atelier que le groupe des Huit se constitue, présentant par la suite l'exposition « Œuvres nouvelles ». Il collabore aux trois expositions des Huit ; à cette époque, ses nus et ses natures mortes inspirées de la peinture de Cézanne dominent sa création. Sa première exposition personnelle a lieu au Salon Könyves Kálmán en 1917 ; il se rapproche alors pour une courte période du cercle activiste de Lajos Kassák. Après 1920, il fait de longs voyages ; de 1925 à 1926, il séjourne surtout à Paris, peignant essentiellement des paysages et des vues urbaines. Après avoir fondé en 1931 une école d'art à Budapest, appelée « Atelier », Orbán émigre vers la fin de la décennie en Australie, avec sa femme et son fils. Il y connaît le succès en tant qu'artiste exposant et comme professeur, jusqu'à sa mort à l'âge de 102 ans.
— Voir aussi activistes, les Huit, MIÉNK, « néos », Salon Könyves Kálman.

PERLROTT-CSABA, VILMOS
(Békéscsaba, Hongrie, 1880 — Budapest, Hongrie, 1955)

Après trois ans d'études à Nagybánya, Perlrott-Csaba obtient une bourse lui permettant de se rendre à Paris, fin 1906. Profitant de la richesse de cette ville en matière de formations artistiques, il y fréquente d'abord l'académie Julian, où il est l'élève de Jean-Paul Laurens, puis celles

de la Grande-Chaumière et de Colarossi, avant de devenir l'élève de Matisse dans son académie. En 1907, il se présente pour la première fois au Salon d'Automne, au côté des Fauves, où il exposera désormais régulièrement. Aux hivers passés à Paris succèdent des étés «fauves» à Nagybánya jusqu'en 1909, date à laquelle Perlrott-Csaba quitte la colonie pour fonder celle de Kecskemét avec le peintre Béla Iványi Grünwald. La même année, la galerie Berthe Weill présente ses œuvres à Paris et il expose avec le groupe MIÉNK à Budapest. Les toiles de cette période s'inspirent aussi bien du fauvisme et du cubisme que de Cézanne, puis de l'art du Greco à partir de 1911, suite à ses voyages d'études en Espagne.
— Voir aussi MIÉNK, «néos».

PÓR, BERTALAN
(Bátaszék, Hongrie, 1880 — Budapest, Hongrie, 1964)

Après avoir suivi des études à Budapest puis à Munich, Pór devient, à partir de l'automne 1901, l'élève de Jean-Paul Laurens à l'académie Julian à Paris. C'est dans la capitale française qu'il se lie d'amitié avec Béla Czóbel et Ödön Márffy. Il entretient des relations amicales depuis son enfance avec Róbert Berény et Lajos Tihanyi : il leur a en effet enseigné le dessin à tous deux. En 1906, il fréquente le salon des Stein ; c'est à cette époque qu'il découvre l'art de Gauguin, Cézanne et Matisse. Le style naturaliste de ses débuts évolue progressivement vers le postimpressionnisme, ses autoportraits déploient l'empreinte d'un expressionnisme puissant. Il participe à la première exposition organisée par le MIÉNK en tant qu'artiste invité. Sa toile de grand format intitulée *La Famille* compte parmi les tableaux centraux de l'exposition «Œuvres nouvelles». À l'instar de Kernstok, son œuvre est de plus en plus dominé par des compositions allégoriques monumentales. Lors de la troisième exposition des Huit en 1912, il présente les esquisses de sa peinture murale destinée à l'Opéra populaire de Budapest. Doué d'un sens musical remarquable, il s'était initialement destiné à la carrière de violoniste. S'il connaît bien Béla Bartók, seules des ébauches d'un portrait du compositeur ont été dessinées. À cause du rôle politique qu'il a joué pendant la République des Conseils et de ses affiches révolutionnaires, il est contraint de s'exiler après la chute de la Commune. Après avoir longtemps vécu dans l'est de la Tchécoslovaquie – l'actuelle Slovaquie –, il s'installe à Paris en 1938. En raison de ses convictions communistes, il retourne vivre en Hongrie en 1948. Ses œuvres de vieillesse ont été conçues dans l'esprit du réalisme socialiste.
— Voir aussi les Huit, MIÉNK, «néos».

REINER, FRITZ
(Budapest, Hongrie, 1888 — New York, États-Unis, 1963)

Chef d'orchestre d'origine hongroise mondialement connu, Reiner dirige l'orchestre à l'Opéra populaire de Budapest, puis l'Orchestre symphonique de Cincinnati, l'Orchestre symphonique de Pittsburgh, l'orchestre du Metropolitan Opera de New York et l'Orchestre symphonique de Chicago. Il est l'un des grands interprètes des œuvres de Béla Bartók.

RÉTH, ALFRÉD
(Budapest, Hongrie, 1884 — Paris, France, 1966)

Peintre cubiste hongrois, Réth s'installe définitivement à Paris en 1905 où il fréquente d'abord l'académie Julian, puis celle de Jacques-Émile Blanche. Il finit par abandonner les écoles, préférant les collections orientales des musées Guimet et Cernuschi où il est influencé par les arts primitifs indien, et l'art africain. Après des débuts «pré-cubistes», développés aux côtés de Galimberti, Dénes et Perlrott-Csaba, il s'associe bientôt au cercle artistico-intellectuel parisien. Après sa rencontre avec Guillaume Apollinaire, Blaise Cendrars et Sonia Delaunay, il rejoint vers 1911-1912 le mouvement cubiste parisien, et réalise des natures mortes et des collages. Il expose au Salon d'Automne et au Salon des Indépendants (dès 1910), avec le groupe Der Sturm à Berlin (1913), à la galerie Berthe Weill (1914), mais aussi à Budapest, notamment à la Maison des artistes [Művészház] où il apparaît auprès des cubistes et orphistes français (1913). Après la guerre, il se tourne vers l'abstraction géométrique sans rompre complètement avec la figuration et intègre, en 1933, le groupe Abstraction-Création. Il francise son nom en supprimant les accents.

RIPPL-RÓNAI, JÓZSEF
(Kaposvár, Hongrie, 1861-1927)

Figure phare de l'art moderne hongrois, peintre, graphiste et artiste décorateur, Rippl-Rónai entame sa carrière après trois ans d'études à l'Académie de Munich, en tant qu'apprenti dans l'atelier parisien de Mihály Munkácsy de 1887 à 1889. Se détachant peu à peu de celui de son maître, son style s'apparente d'abord à l'Art Nouveau et à celui de Whistler. En 1892, il s'installe à Neuilly avec le peintre écossais James Pitcairn-Knowles. C'est l'époque des tableaux «noirs» qu'il qualifie d'«œuvres graphiques peintes». Liant amitié avec les peintres nabis, il expose avec eux dès 1893, devenant le «Nabi hongrois» et intègre le cercle de *La Revue blanche* qui lui consacre un article en 1897. En 1900, sa première exposition en Hongrie produit un certain écho et pousse de jeunes peintres, tels Czóbel ou Márffy, à se rendre à Paris. À partir de 1902, Rippl-Rónai s'installe dans sa ville natale et développe une nouvelle approche picturale, plus colorée, autour de la vie citadine et des intérieurs provinciaux. Son exposition à Budapest en 1906 est couronnée de succès. Vers 1910, un nouveau style très particulier s'affirme, «moucheté», ou bien «en grains de maïs» selon la terminologie hongroise. À cette époque, ses œuvres d'art décoratif (tapisseries, vitraux...) sont parmi les plus appréciées et sont présentées aux côtés des ouvrages les plus progressistes.
— Voir aussi Kaposvár, MIÉNK et Salons.

SALON D'AUTOMNE

Fondé en 1903 et dirigé par Eugène Carrière et Frantz Jourdain, ce Salon parisien dispose d'un jury renouvelé chaque année par tirage au sort. C'est le seul Salon permettant aux artistes étrangers non seulement d'exposer mais aussi de participer au jury. Organisé à l'automne comme son nom l'indique, il permet aux artistes hongrois d'exposer les œuvres peintes dans leur pays pendant l'été. Czóbel et Berény participent au Salon d'Automne de 1905 qui crée l'événement avec sa «cage aux Fauves». Csók et Perlrott-Csaba font même partie des rares artistes étrangers élus sociétaires, respectivement en 1909 et 1912. Le Salon est également l'occasion de manifestations littéraires ou musicales et de rétrospectives, celle consacrée à l'œuvre de Cézanne en 1907 ayant considérablement marqué les futurs Huit.

SALON DE LA SOCIÉTÉ DES ARTISTES FRANÇAIS

Organisé au mois de mai à Paris, il comporte dans chaque discipline une section dévolue aux artistes étrangers. Lieu d'exposition de l'art officiel et académique, il accueille néanmoins quelques artistes de l'avant-garde hongroise tels que Rippl-Rónai à partir de 1889 ou Csók à partir de 1904.

SALON DE LA SOCIÉTÉ NATIONALE DES BEAUX-ARTS

Fondé en 1890 par Puvis de Chavannes, Carolus-Durand, Dalou, Rodin, sous la présidence de Meissonier, ce Salon est très modérément novateur. Organisé au mois d'avril à Paris, il accueille de nombreux artistes étrangers dont, parmi les Hongrois, Czóbel et Rippl-Rónai. Ce dernier en devient sociétaire en 1899.

SALON DES INDÉPENDANTS

Fondé en 1884, ce Salon est le plus libre et le plus accessible. Organisé au printemps à Paris, sans jury ni récompense, il accueille à la fois de jeunes artistes étrangers tout juste sortis des académies comme des artistes renommés. Czigány, Czóbel, Berény, Ziffer, Galimberti, Dénes, Réth et Szobotka figurent parmi les artistes hongrois qui y ont exposé. L'absence de sélection confronte progressivement les organisateurs à des problèmes de présentation des œuvres et au déclin du Salon dans les années 1920.

SALON KÖNYVES KÁLMÁN (1906-1926)

Fondé en 1906 par les Éditions d'art hongroises Könyves Kálmán (établies en 1903), le Salon de la rue Nagymező à Budapest est un lieu d'exposition important pour les peintres modernes hongrois mais aussi internationaux. Il accueille notamment, en 1906, l'exposition couronnée de succès de József Rippl-Rónai ainsi qu'à la fin de l'année 1909 la première exposition du futur groupe des Huit, intitulée « Œuvres nouvelles ». Pendant ses vingt ans d'existence, la maison d'édition et son Salon jouent un rôle considérable dans la popularisation et la propagation de l'art hongrois contemporain. Outre l'organisation d'expositions et de ventes aux enchères, la maison publie aussi des catalogues et une série de lithographies originales signées par des artistes renommés de l'époque tels que János Vaszary, Adolf Fényes ou Károly Ferenczy et édite sa propre revue sous le titre *Művészeti Krónika* [*Chronique artistique*].
— Voir aussi les Huit.

SALON NATIONAL [Nemzeti Szalon] (1894-1960)

Association artistique, le Salon national est fondé en 1894 par les artistes insatisfaits de la politique artistique officielle et du jury du Műcsarnok, le « Salon » officiel hongrois. Son local d'exposition permanent, bâti en 1907 sur la place Erzsébet de Budapest dans un style Art Nouveau (démoli en 1960), permettait des conditions modernes d'exposition (cinq salles rectangulaires avec des verrières donnant une lumière zénithale). Dirigé par le comte Gyula Andrássy (président) et Lajos Ernst (directeur des expositions) sa politique d'exposition présente un certain éclectisme. Son plus grand mérite a consisté à organiser, après 1900, des expositions présentant la peinture contemporaine européenne (« Gauguin et les impressionnistes français », 1907 ; « Futuristes et expressionnistes », 1912 ; « Die Brücke », 1913), à abriter les expositions de différentes associations artistiques (dont le MIÉNK) et à permettre aux artistes novateurs, souvent exclus du Műcsarnok, de présenter leur œuvre au public. Ainsi en 1911 et 1912, s'y tiendront les expositions des Huit.
— Voir aussi les Huit, MIÉNK.

SZÉKELY, ALADÁR, NÉ BLEYER, ALADÁR (Gyula, Hongrie, 1870 — Budapest, Hongrie, 1940)

Photographe, Székely réalise les portraits des grandes personnalités de la vie artistique hongroise du début du xxe siècle, tels que certains auteurs de la revue *Nyugat*, le peintre Rippl-Rónai, ou le compositeur Béla Bartók, dont il a publié les portraits dans son album *Írók és művészek* [*Écrivains et artistes*] (Budapest, 1915, préface d'Endre Ady et Ignotus). Sa série de sept portraits photographiques originaux dédiée à Ady paraît en album après la mort du poète, avec une préface de Zsigmond Móricz.
— Voir aussi les Huit.

SZOBOTKA, IMRE (Zalaegerszeg, Hongrie, 1890 — Budapest, Hongrie, 1961)

Après une formation de peintre à l'École des arts décoratifs de Budapest (1905-1910) et des séjours d'études à Rome et à Venise, Szobotka se rend à Paris en 1910, où il loge chez le sculpteur cubiste hongrois József Csáky. Fasciné par la salle des cubistes au Salon des Indépendants (1911), il s'inscrit en 1912 à l'académie de La Palette où enseignent Jean Metzinger et Le Fauconnier. Il expose deux fois au Salon des Indépendants avant d'être, pendant la guerre, interné en Bretagne en tant que citoyen d'un pays ennemi. Les tableaux de cette période reflètent ses inspirations cubistes. En 1919, il retourne vivre en Hongrie où il devient membre fondateur et exposant constant du KÚT (Képzőművészek Új Társasága [Société nouvelle des artistes], 1924-1949), groupe d'artistes affiliés à l'art moderne et à ses différents courants, tels que le postimpressionnisme, le cubisme et l'expressionnisme, et se considérant comme les successeurs des Huit.

TANGO, EGISTO (Rome, Italie, 1873 — Copenhague, Danemark, 1951)

Chef d'orchestre d'origine italienne, il travaille dans les plus grands opéras du monde, à La Scala de Milan et au Metropolitan Opera de New York notamment, ainsi que dans de nombreux théâtres lyriques, en Allemagne, en Autriche et en Italie. De 1913 à 1919, il est le directeur musical de l'Opéra de Budapest. Il assure la création de deux œuvres scéniques de Béla Bartók : *Le Prince de bois* et *Le Château de Barbe-Bleue*. En 1918, le peintre Ödön Márffy réalise son portrait.
— Voir aussi Bartók, Márffy.

TIHANYI, LAJOS (Budapest, Hongrie, 1885 — Paris, France, 1938)

Devenu sourd à l'âge de onze ans, Tihanyi, peintre autodidacte, n'a pas bénéficié de formation artistique régulière, en dehors

de courtes études à l'École des beaux-arts. À partir de 1907, il travaille pendant trois ans à Nagybánya, en dehors de l'école de peinture. Dès ses débuts, il fait partie des peintres « néos » à l'esprit novateur. Durant la même période, il fait plusieurs voyages à Paris où il peint surtout des paysages et des natures mortes inspirés des postimpressionnistes et des Fauves. Ses toiles sont exposées pour la première fois en 1909 à la deuxième exposition du MIÉNK. Sa grande composition de nus intitulée *Lutteurs* fait sensation à l'exposition « Œuvres nouvelles ». Il est l'extravagant des Huit, attirant l'attention avec ses portraits expressifs, influencés par le cubisme et le futurisme, et ses peintures de groupe de nus déformés. Ses portraits à l'huile d'analyse psychologique ainsi que sa série de lithographies représentent également un certain nombre de personnages importants du cercle de *Nyugat*. Il participe aux trois expositions des Huit. Tihanyi relie de manière exceptionnelle les « néos » et les Huit en passant par le MIÉNK et les activistes, cercle qu'il rejoint à la fin de la Première Guerre mondiale. Bien qu'il n'ait jamais joué de rôle politique actif, il s'exile après la chute de la Commune de 1919 à Vienne puis à Berlin peu après. En 1924, il s'installe à Paris, où il intègre le groupe Abstraction-Création en 1933 et peint des tableaux non-figuratifs. Il ne retournera jamais en Hongrie.
— Voir aussi activistes, les Huit, MIÉNK, Nagybánya, « néos ».

UITZ, BÉLA
(Mehala, Hongrie
[actuelle Roumanie] 1887 —
Budapest, Hongrie,
1972)

Peintre et dessinateur, Uitz appartient à la colonie d'artistes de Kecskemét. Dans les années 1910, il rejoint les activistes et accepte de se charger de la co-rédaction de la revue *MA*. Après la chute de la République des Conseils, il s'exile à Vienne où il continue à travailler dans le cercle de *MA* qui s'y est reformé. De 1926 à 1970, il vit en Union soviétique. Il rejoint le groupe d'artistes Oktyabr [Octobre]. À partir de la seconde moitié des années 1930, il réalise ses œuvres sous le signe du réalisme socialiste.
— Voir aussi activistes, *MA*.

UMZE
[Új Magyar Zene-Egyesület
= Nouvelle Société hongroise
de musique]

La société a été créée à l'initiative de Bartók et de Kodály en 1911 avec la mission de diffuser les tendances musicales hongroises modernes et d'organiser des concerts. Leó Weiner et les membres du quatuor Waldbauer-Kerpely y ont également participé. Afin de faire connaître au grand public le travail de la société, Róbert Berény a rédigé des comptes rendus de concerts publiés dans la revue *Nyugat*. Toutefois, en l'absence d'appui effectif et à cause du manque d'intérêt du public, seuls quelques concerts de musique de chambre ont pu être organisés. L'échec de l'UMZE est une des raisons du retrait temporaire de la vie publique musicale de Béla Bartók. La société s'est reformée sous la même appellation à plusieurs reprises au fil de son histoire et existe encore aujourd'hui.
— Voir aussi Bartók, Kodály, Waldbauer-Kerpely (quatuor), Weiner.

VÉSZI, MARGIT
(Budapest, Hongrie, 1885 — Palma di Mallorca, Espagne, 1961)

Peintre, graphiste, écrivain et journaliste, Margit Vészi est la muse d'Endre Ady, qui fait d'elle, à l'âge de dix-sept ans, la protagoniste de son cycle de poèmes *Margita élni akar* [*Margita veut vivre*], puis celle de l'écrivain Ferenc Molnár, son époux. Entourée toute sa vie d'artistes, elle pratique plusieurs formes d'art avant de devenir journaliste, soutenue dans ses études d'art et de musique, à Budapest comme à Paris, par son père, rédacteur en chef de la revue *Pester Lloyd* et personnalité influente de la vie littéraire hongroise. Elle passe plusieurs séjours à Paris où elle côtoie les cercles artistico-littéraires de la communauté hongroise, et notamment Róbert Berény.
— Voir aussi Ady.

VOIT, ERVIN
(Csorvás, Hongrie, 1882 —
Budapest, Hongrie, 1932)

Après des études à l'École des beaux-arts de Budapest, Voit exerce en tant que peintre et créateur d'affiches avant de devenir professeur de dessin de costumes de théâtre à l'École d'arts appliqués. Cousin et ami proche de Béla Bartók, il réalise son portrait sculpté et peint. Suivant les directives du compositeur, il conçoit de nombreuses illustrations pour les couvertures de ses partitions en employant des éléments stylistiques issus de l'art populaire.

WALDBAUER-KERPELY
(quatuor)

Quatuor à cordes fondé par le violoniste Imre Waldbauer, le violoncelliste Jenő Kerpely, le deuxième violon János Temesváry et l'altiste Antal Molnár en 1909. Les 17 et 19 mars 1910, ils se produisent aux premiers concerts de Kodály, puis de Bartók, dans l'Hôtel royal de Budapest. L'événement fera date. Le quatuor a également joué à l'exposition des Huit en 1911 et a participé à la création de l'UMZE. Au fil du temps, il est devenu l'un des quatuors à cordes de musique contemporaine les plus brillants au monde.
— Voir aussi UMZE.

WEINER, LEÓ
(Budapest, Hongrie,
1885-1960)

Compositeur et professeur à l'Académie de Musique de Budapest en musique de chambre de 1908 à 1957, appartenant à la génération de Bartók et de Kodály, Weiner est une figure importante de la nouvelle musique hongroise. Son style s'apparente pourtant à l'une des branches les plus conservatrices, à savoir celle de la musique romantique tardive inspirée du verbunkos, les airs de danse de recrutement militaire hongrois. Ami d'enfance de Róbert Berény, il a soutenu les Huit : son quatuor à cordes a participé au concert donné à l'exposition du groupe en 1911. Berény a peint son portrait à plusieurs reprises.
— Voir aussi les Huit.

ZIFFER, SÁNDOR
(Eger, Hongrie, 1880 — Nagybánya
[Baia Mare], Hongrie
[actuelle Roumanie], 1962)

Après une formation académique à Budapest et à Munich, suivie d'études à l'école privée d'Anton Ažbè et de Simon Hollósy dans la capitale bavaroise, le

peintre Ziffer rencontre en 1906 – année déterminante pour son évolution artistique – Béla Czóbel, qui l'initie au fauvisme et l'incite à se rendre à Paris. Là, il visite des expositions qui le marquent profondément : la peinture fauve au Salon d'Automne, ainsi que la rétrospective de Gauguin et l'exposition de Matisse à la galerie Druet. À partir de 1906, il travaille à Nagybánya, faisant partie des peintres « néos » avec ses tableaux aux couleurs intenses et éclatantes, au caractère décoratif et expressif. Son coloris fauve, qualifié de « zifferiade », s'épanouit en 1908. Participant actif des expositions du Salon national, du groupe MIÉNK et de celles de la Maison des artistes [Művészház], il expose aussi au Műcsarnok, le « Salon officiel » hongrois et à Paris, au Salon des Indépendants et au Salon d'Automne, ainsi qu'à Munich et Berlin. Marié à une Berlinoise, il y passe les années de guerre, puis s'installe à Nagybánya où il vivra jusqu'à sa mort, jouant un rôle important dans les mouvements roumains d'art moderne.
— Voir aussi Nagybánya, « néos ».

CHRONOLOGIE

— 1867
Fin de l'Empire des Habsbourg et signature du Compromis austro-hongrois instituant la double monarchie de l'Autriche-Hongrie. Le royaume de Hongrie dispose de sa propre constitution et de son propre parlement.

— 25 mars 1881
Naissance de Béla Bartók à Nagyszentmiklós (actuelle Sânnicolau Mare, Roumanie).

— 1887
Arrivée en France de József Rippl-Rónai ; il s'inscrit à l'académie Julian l'année suivante.

— 1887-1889
István Csók séjourne à Paris et suit les cours de l'académie Julian.

— Octobre 1888
Gustav Mahler est nommé chef d'orchestre à l'opéra de Budapest.

— 1893
Károly Kernstok arrive à Paris et suit pendant trois ans les cours de l'académie Julian.

— 1894
Rippl-Rónai rejoint le groupe des peintres nabis.

— 1896
Fondation de la colonie de peintres de Nagybánya (actuelle Baia Mare, Roumanie) par Simon Hollósy.

— 4 mai 1896
Inauguration du Műcsarnok [Palais des expositions] dans le cadre des festivités du Millénaire de la fondation de la Hongrie. À cette occasion, une grande exposition de beaux-arts est organisée.

— 1900
Première exposition de Rippl-Rónai à Budapest encourageant de jeunes artistes à se rendre à Paris (Ödön Márffy et Béla Czóbel notamment). István Csók, Adolf Fényes, Károly Ferenczy, Simon Hollósy, Károly Kernstok, István Réti, József Rippl-Rónai et Pál Szinyei Merse exposent dans la section hongroise de l'Exposition universelle à Paris.

— 1902
Établissement d'une école libre de peinture à Nagybánya dirigée par Károly Ferenczy, István Réti, János Thorma et Béla Iványi Grünwald. De retour en Hongrie, Rippl-Rónai s'installe à Kaposvár, sa ville natale. Inscription d'Ödön Márffy à l'académie Julian, puis quelques mois plus tard, à l'École des beaux-arts, où il étudie jusqu'en 1906.

— À partir de 1904
Le poète Endre Ady se rend à Paris. Le théoricien d'art Lajos Fülep découvre à Paris l'art de Cézanne et de Gauguin.

— 1904
Sándor Galimberti arrive à Paris pour la première fois. Inscription de Béla Czóbel et Sándor Galimberti à l'académie Julian.

— 13 janvier 1904
Première de la symphonie *Kossuth* de Bartók, à la redoute de Pest (Pesti Vigadó), poème symphonique à la mémoire de Lajos Kossuth, héros de la lutte d'indépendance de la Hongrie contre la domination des Habsbourg en 1848-1849.

— À partir de 1905
Les peintres hongrois modernes exposent régulièrement au Salon d'Automne et au Salon des Indépendants.

— 1905
Alfréd Réth emménage à Paris. Dezső Czigány et Róbert Berény s'inscrivent à l'académie Julian.

— 1er août-5 octobre 1905
Premier séjour de Bartók à Paris, où il visite le musée du Luxembourg. C'est probablement au cours de ce séjour qu'il fait la connaissance de Márffy. Czóbel expose au Salon d'Automne qui crée l'événement avec sa « cage aux fauves ».

— À partir de 1906
Le salon de Gertrude Stein est fréquenté par certains peintres hongrois de passage à Paris (Czóbel, Berény, Vilmos Perlrott-Csaba, Bornemisza…).

— 1906
À Bruges, Ödön Márffy fait la connaissance du chef d'orchestre Egisto Tango.

— Février 1906
Publication du recueil d'Endre Ady, *Poèmes nouveaux* [*Új versek*]. Exposition de Rippl-Rónai au Salon Könyves Kálmán (dans les locaux des éditions d'art du même nom) à Budapest. Ödön Márffy présente des tableaux réalisés lors de ses séjours à Paris et à Bruges à l'exposition de printemps du Műcsarnok [Palais des expositions]. Critiques de Lajos Fülep consacrées aux volumes d'Ady, à l'exposition de Rippl-Rónai et à la peinture de Cézanne.

— 20 mars-30 avril 1906
Dezső Czigány et Béla Czóbel exposent au Salon des Indépendants à Paris.

— Avril-mai 1906
Élections en Hongrie : pour la première fois depuis 1867, l'opposition dont la force majeure est le Parti de l'indépendance de 1848 gagne les élections et forme un gouvernement. Beaucoup espèrent une remise en question du statu quo, émanant du Compromis de 1867.

— À partir de l'été 1906
Revenant en Hongrie avec ses peintures réalisées à Paris, Czóbel déclenche à Nagybánya la révolution picturale dite des « néos ».

— Été 1906
Suivant les méthodes mises en place par son ami Zoltán Kodály, Bartók commence sa collecte de chansons populaires dans des villages hongrois et slovaques.

— 1er juillet 1906
Publication du poème d'Endre Ady en hommage à Paris : *Paris est mon maquis*.

— 6 octobre-15 novembre 1906
Róbert Berény, Ödön Márffy, Béla Czóbel exposent au Salon d'Automne. Le dernier d'entre eux présente

Deux peintres (cat. 102), peint au cours de l'été, dans la salle fauve du Salon aux côtés de Matisse, Marquet, Manguin, Derain, Vlaminck, Camoin, Van Dongen et Friesz.

— De l'automne 1906 à l'été 1907
Grâce à une bourse d'études, Zoltán Kodály et Béla Balázs séjournent quelques mois à Berlin. Au mois d'avril 1907, ils s'installent pour quatre mois à Paris. Kodály fréquente la bibliothèque du Conservatoire et la Bibliothèque nationale où il découvre la musique de Debussy. Il écrit une pièce pour piano inspirée par le thème du *Quatuor à cordes*, la *Méditation sur un motif de Claude Debussy*. Il partage sa découverte avec Bartók à son retour en Hongrie. À Paris, au Salon des Indépendants, la *Femme nue couchée* (ill. 22) de Czóbel est exposée près du *Nu bleu (Souvenir de Biskra)* de Matisse.

— À partir du printemps 1907
Le domaine de Károly Kernstok à Nyergesújfalu est le berceau du fauvisme hongrois. Czóbel y travaille à l'été 1907 et Márffy un an plus tard. Il devient le lieu de rencontre de la plupart des futurs membres des Huit et des intellectuels proches de ces derniers (Endre Ady, György Lukács, Károly Lyka...).

— Printemps 1907
Berény, Czóbel, Perlrott-Csaba, Ziffer exposent au Salon des Indépendants. Louis Vauxcelles qualifie Czóbel de « fauve inculte », et Berény d'« apprenti fauve » (*Gil Blas*, 20 mars 1907).

— Mai 1907
Exposition pour la première fois en Hongrie d'œuvres de Cézanne, Gauguin, Matisse et d'autres artistes postimpressionnistes au Salon national [Nemzeti Szalon] de Budapest. Béla Iványi Grünwald quitte la colonie de Nagybánya dont il était l'un des directeurs pour fonder à Kecskemét une colonie d'artistes « néos ».

— 10 mai 1907
Zoltán Kodály et Béla Balázs assistent, à l'Opéra-Comique de Paris, à la création d'*Ariane et Barbe-Bleue* de Paul Dukas sur un livret de Maurice Maeterlinck.

— Octobre 1907
Création du MIÉNK [Magyar Impresszionisták és Naturalisták Köre], le Cercle des impressionnistes et naturalistes hongrois. Czóbel, Galimberti, Márffy, Perlrott-Csaba exposent au Salon d'Automne à Paris. La rétrospective de Cézanne qui y est présentée aura un impact fondamental sur les Fauves hongrois.

— 1908
Bartók : *Quatorze Bagatelles*, *Pour les enfants*, *Quatuor à cordes n° 1*. Endre Ady fonde le cercle littéraire *A Holnap* [*Demain*] (avec Gyula Juhász, Mihály Babits, Béla Balázs). Création à Budapest de la revue *Nyugat* [*Occident*] consacrée à la littérature moderne hongroise ainsi que *A Ház* [*La Maison*] dédiée à l'architecture et à l'art moderne hongrois. Création du Cercle Galilée [Galilei Kör].

— À partir de janvier 1908
Vilmos Perlrott-Csaba et Géza Bornemisza étudient à l'académie Matisse.

— 11 janvier 1908
Première exposition du MIÉNK au Salon national [Nemzeti Szalon] de Budapest.

— Mars 1908
Béla Czóbel expose à la galerie Berthe Weill à Paris environ trente huiles sur toile dont *L'Homme au chapeau de paille* (cat. 105) et trente à quarante dessins. Il prendra part à deux autres expositions collectives de la galerie en mars 1909 et décembre 1913.

— Printemps 1908
Berény, Czóbel, Galimberti exposent au Salon des Indépendants à Paris.

— 1er mai 1908
Le monde musical de Bartók est comparé à l'art d'Ady dans la revue *Nyugat*.

— Octobre 1908
Csók, Galimberti, Kernstok, Márffy, Perlrott-Csaba exposent au Salon d'Automne à Paris.

— 1909
Lajos Kassák quitte Budapest pour Paris, traversant l'Autriche, l'Allemagne et la Belgique, en grande partie à pied. Il y côtoie Apollinaire, Cendrars, Picasso, Modigliani. Second séjour à Paris de Sándor Galimberti.

— 20 février 1909
Publication du « Manifeste du futurisme » de Marinetti dans *Le Figaro*.

— Juin-juillet 1909
Le critique d'art György Bölöni organise une exposition itinérante en Transylvanie présentant notamment des œuvres de Rippl-Rónai, Berény, Czóbel, Kernstok, Márffy, Tihanyi, Ziffer, Bornemisza, Mikola et Perlrott-Csaba. Des matinées littéraires au cours desquelles Endre Ady et d'autres poètes tels que Gyula Juhász et Ákos Dutka lisent leurs poésies, accompagnent les expositions.

— Octobre 1909
Csók, Perlrott-Csaba exposent au Salon d'Automne à Paris.

— 22 novembre 1909
Création de la *Suite n° 2* pour orchestre (op. 4) de Bartók à la société philharmonique de Budapest.

— Décembre 1909
Fondation de l'association de la Maison des artistes [Művészház], premier Salon d'exposition indépendant de Hongrie, dirigé par Miklós Rózsa. József Nemes Lampérth figure parmi les membres fondateurs.

— 18 décembre 1909-5 janvier 1910
Bartók et son épouse, Márta Ziegler, passent leur voyage de noces à Paris. Ils fêtent Noël en compagnie de Róbert Berény. À l'occasion de ce séjour, Bartók rencontre le compositeur Vincent d'Indy, et espère être présenté à Claude Debussy mais n'y parvient pas.

— 19 décembre 1909
Sous la direction de Károly Kernstok, les futurs membres des Huit font scission au sein du MIÉNK en annonçant une future exposition commune de leurs œuvres.

— 30 décembre 1909-janvier 1910
Première exposition, intitulée « Œuvres nouvelles » [« Új képek »], du groupe des peintres bientôt nommé les Huit au Salon Könyves Kálmán.

— 1910
Bartók : *Quatre nénies*, œuvre influencée par le travail de Debussy ; création du quatuor Waldbauer-Kerpely dans le but de faire connaître la nouvelle musique hongroise et les répertoires peu accessibles.

— 9 janvier 1910
Conférence de Károly Kernstok, « L'art chercheur », donnée au cercle Galilée. Elle résume le programme des Huit et paraîtra plus tard dans la revue *Nyugat*.

— 16 janvier 1910
Le philosophe György Lukács prononce une conférence sur le thème « Les chemins se sont séparés », en réaction à celle de Kernstok, qui sera également publiée dans la revue *Nyugat*.

— 5 février-5 mars 1910
Première présentation de la peinture hongroise moderne lors d'une exposition de la Sécession berlinoise sous le titre « Ungarische Maler » à Berlin. Une salle est consacrée au futur groupe des Huit.

— 3 mars 1910
Au même moment, publication à Berlin du premier numéro de la revue *Der Sturm* consacrée à l'expressionnisme.

— 12 mars 1910
Bartók participe au Festival hongrois de Paris à l'invitation du pianiste hongrois Sándor Kovács (Hôtel des modes, 15, rue de la Ville-l'Évêque, 8e arrondissement). Il interprète au piano cinq *Aphorismes* d'Árpád Szendy, la sonate pour violoncelle et piano de Kodály avec Jenő Kerpely et ses propres compositions.

— 17 et 19 mars 1910
Premières soirées musicales organisées à l'Hôtel royal de Budapest consacrées successivement aux œuvres de Kodály et Bartók, interprétées par le quatuor Waldbauer-Kerpely et Bartók.

— Avril-mai 1910
L'exposition internationale des impressionnistes, à la Maison des Artistes [Művészház] de Budapest, présente notamment cinq œuvres cubistes de Picasso.

— 20 avril-28 mai 1910
Vilmos Perlrott-Csaba expose à la galerie Berthe Weill à Paris. Au même moment (15 mai), à Berlin, première exposition de la Nouvelle Sécession [Neue Secession], présidée par Max Pechstein.

— Juin 1910
Élections en Hongrie, l'ancien Parti libéral recomposé sous le nom de Nemzeti Munkapárt [Parti national du travail] revient au pouvoir.

— 3 juin 1910
Dans le cadre d'une soirée culturelle de la Maison des artistes organisée à l'occasion de l'Exposition impressionniste internationale, exposé de Béla Balázs sur la musique moderne, Imre Balabán interprète au piano des œuvres de Debussy, tandis que Béla Bartók exécute ses propres compositions ainsi que celles de Kodály.

— Octobre 1910
Valéria Dénes, Galimberti, Perlrott-Csaba et Réth exposent au Salon d'Automne à Paris.

— 5 décembre 1910
Bartók assiste au récital donné par Claude Debussy à la redoute de Pest [Pesti Vigadó]. Lors de ce concert, le quatuor Waldbauer-Kerpely joue le *Quatuor à cordes* de Debussy.

— 1910
Imre Szobotka termine ses études à l'Académie des Arts appliqués à Budapest et emménage à Paris. Valéria Dénes s'installe également à Paris où elle étudie à l'académie Matisse.

— À partir de 1911
Róbert Berény et Dezső Orbán rédigent des critiques musicales.

— 1911
Bartók : *Le Château de Barbe-Bleue*, *Allegro barbaro* ; Berény peint le *Portrait de Leó Weiner* (cat. 129) ; Dezső Czigány celui de Pablo Casals. Création de la Société des peintres de Nagybánya chargée de diriger l'école et la vie artistique de la ville.

— Printemps 1911
Dénes, Réth, Ziffer exposent au Salon des Indépendants à Paris.

— Avril-mai 1911
Deuxième exposition des Huit – qui portent désormais ce nom – accompagnée de soirées-débats et de matinées littéraires en collaboration avec les écrivains de la revue *Nyugat*.

— 15 avril 1911
À l'initiative de Bartók, création de l'UMZE [Új Magyar Zene-Egyesület], la Nouvelle Société de musique hongroise. Zoltán Kodály, Leó Weiner et Dezső Demény participent à sa création. Dans la revue *Nyugat*, Róbert Berény consacrera des critiques musicales aux concerts donnés par l'UMZE.

— 18 mai 1911
Au Salon national [Nemzeti Szalon], devant les œuvres des Huit, Béla Bartók et le quatuor Waldbauer-Kerpely jouent des compositions de Bartók, Kodály et Weiner.

— Octobre 1911
Dénes, Galimberti, Perlrott-Csaba, Réth et Ziffer exposent au Salon d'Automne à Paris.

— 27 novembre 1911
Premier concert de l'UMZE : Bartók présente des arrangements de chants populaires réalisés avec Kodály. Il joue également Beethoven, Scarlatti, Couperin et Rameau.

— Novembre-décembre 1911
Exposition rétrospective de Károly Kernstok à la Maison des artistes. Il devient bientôt l'un des membres de son comité de direction.

— 12 décembre 1911
Deuxième concert de l'UMZE : Bartók joue des œuvres de Ravel, Debussy et Weiner.

— 19 décembre 1911
Première exposition du groupe Der Blaue Reiter [Le Cavalier bleu] à Munich.

— 1912
À Paris, Sándor Galimberti, Valéria Dénes, Alfréd Réth et Imre Szobotka sont influencés par le cubisme. Róbert Berény expose des œuvres d'art décoratif à Berlin.

— 1912
Manifestations en Hongrie en faveur du suffrage universel. Le pouvoir central tente d'étouffer les mouvements sociaux progressistes.

— Printemps 1912
Dénes, Galimberti et Réth exposent au Salon des Indépendants à Paris.

— Mai-septembre 1912
Rippl-Rónai et certains membres des Huit (Kernstok, Márffy, Orbán, Tihanyi,

Czigány, Berény) et des « néos » (Perlrott-Csaba, Bornemisza) participent à l'exposition « Sonderbund » de Cologne.

— Octobre 1912
Dénes, Csók et Perlrott-Csaba exposent au Salon d'Automne à Paris.

— 15 novembre 1912
Troisième exposition des Huit, à laquelle ne participent que quatre des membres fondateurs (Berény, Orbán, Pór et Tihanyi).

— Décembre 1912
Béla Balázs publie l'argument du *Prince de bois* dans *Nyugat*.

— 1913-1914
Des œuvres du groupe des Huit sont exposées à l'« Exposition internationale d'art graphique contemporain en Hongrie, Bohème et Autriche » dans cinq villes américaines : New York, Buffalo, Chicago, Saint Louis et Boston.

— 1913
Berény : *Portrait de Béla Bartók* (ill. 12) ; Márffy : *Portrait de Jenő Kerpely* (cat. 10). Matinée du *Nyugat* avec la participation de Béla Bartók. Exposition des futuristes et des expressionnistes au Salon national à Budapest (Carrà, Boccioni, Severini, Kandinsky, Kokoschka, Kubišta). Nemes Lampérth se rend à Paris.

— Janvier 1913
Publication dans la revue *Nyugat* de la partition de l'*Allegro barbaro* (1911).

— Février 1913
Alfréd Réth est invité à participer à une exposition consacrée au cubisme à Berlin par la galerie Der Sturm, où il représente l'art contemporain français avec quatre-vingts tableaux et dessins.

— Printemps 1913
Lajos Kassák entend pour la première fois la musique de Bartók ; il est particulièrement fasciné par son *Allegro barbaro*. Dénes, Galimberti, Réth et Szobotka exposent au Salon des Indépendants à Paris.

— Avril-mai 1913
À l'« Exposition postimpressionniste » de la Maison des artistes, Róbert Berény expose son portrait de Bartók, devant lequel Ödön Márffy présente Bartók à Ady. Kernstok et Márffy se mettent au service du Parti social-démocrate.

— 31 mai 1913
Bartók part en voyage afin de collecter de la musique populaire en Afrique du Nord.

— Septembre 1913
Berény publie dans la revue *Nyugat* un article intitulé « Festői Közlés » [« La communication picturale »]. Création par Rippl-Rónai, Kernstok et János Vaszary d'une école libre dans la Maison des artistes organisée sur le modèle de l'académie Julian. Sándor Bortnyik y étudie pendant deux ans.

— 15 octobre 1913
L'article de Géza Vilmos Zágon « Kubizmus a zenében » [« Le cubisme dans la musique »] paru dans la revue *Zeneközlöny* établit un parallèle entre les tendances picturales de l'époque et l'univers de Bartók.

— Décembre 1913-février 1914
Exposition d'Alfréd Réth à la galerie Berthe Weill à Paris.

— Février 1914
À Budapest, grande exposition de la Maison des artistes avec plusieurs œuvres de Berény, Czigány, Czóbel, Kernstok, Márffy, Orbán, Tihanyi. Valéria Dénes et Sándor Galimberti présentent leurs œuvres cubistes au Salon national.

— Mars 1914
Le Künstlerhaus [Maison des artistes] de Vienne invite la Maison des artistes de Budapest. Czigány, Kernstok, Orbán et Márffy y participent, mais le jury refuse des tableaux de Berény et Tihanyi. Les peintres refusés et Bertalan Pór exposent dans la galerie Brüko de Vienne.

— Printemps 1914
Czóbel, Réth, Szobotka exposent au Salon des Indépendants à Paris.

— Mai 1914
Valéria Dénes et Sándor Galimberti exposent à la galerie Berthe Weill à Paris.

— 28 juin 1914
Assassinat de François-Ferdinand, héritier du trône de Serbie.

— Juillet-août 1914
Début de la Première Guerre mondiale. L'Empire austro-hongrois et la France deviennent des pays ennemis. De passage à Paris, Béla Bartók comme Béla Czóbel, Nemes Lampérth ou les époux Galimberti parviennent encore à quitter la France, mais plusieurs artistes hongrois, dont József Rippl-Rónai, Imre Szobotka, Alfréd Réth, seront internés.

— 1915
Bartók : *Danses populaires roumaines*. János Mattis Teutsch s'oriente vers l'expressionnisme, influencé par les œuvres de Franz Marc et Vassily Kandinsky.

— 1915-1916
Bartók mène des recherches dans des villages de Haute-Hongrie (actuelle Slovaquie), recueille des chants populaires et photographie la population qu'il rencontre.

— À partir de l'été 1915
À l'Exposition universelle de San Francisco, dite « Panama-Pacific International Exposition », dans le cadre d'une participation hongroise massive, les Huit exposent dans une salle séparée. C'est à cette occasion que le *Portrait de Bartók* par Berény est exposé pour la dernière fois.

— Juillet 1915
Après le décès de son épouse, Valéria Dénes, consécutif à une pneumonie, Sándor Galimberti se suicide.

— 17 octobre 1915
Rompant un silence de deux ans, Bartók se produit au musée Ernst de Budapest, à l'occasion du vernissage de l'exposition de József Rippl-Rónai, qui, ce même jour, dessine son portrait au crayon.

— 1916
Kassák entre en contact direct avec Bartók. Le 5 février, il publie dans sa revue *A Tett* [*Action*] un poème de Mátyás György Seiber dédié à Bartók. Mattis Teutsch présente Bortnyik à Kassák.

— Avril 1916
Bartók : *Cinq Mélodies sur des poèmes d'Endre Ady*. Ouverture de la première exposition « Fiatalok » [« Les Jeunes »] au Salon national avec des œuvres

de Lajos Gulácsy, János Kmetty, Nemes Lampérth, Béla Uitz.

— Novembre 1916
Suite à l'interdiction de *A Tett* en septembre, le premier numéro de la revue *MA* [*Aujourd'hui*] voit le jour.

— 1917
Bartók : *Quatuor à cordes n° 2*. Au même moment, fondation du groupe De Stijl aux Pays-Bas.

— 1er mai 1917
Cent mille personnes défilent à Budapest, réclamant la paix, le suffrage universel et le soutien à la révolution russe.

— 12 mai 1917
Première mondiale du *Prince de bois* (1914-1916) à l'Opéra royal hongrois, sous la direction d'Egisto Tango.

— 15 juin 1917
Publication dans la revue de Kassák, *MA*, d'une partition manuscrite de Bartók mettant en musique le poème « Je ne puis aller à toi » [« Nem mehetek hozzád »] d'Endre Ady.

— 14 octobre 1917
Le programme d'exposition de la revue *MA* débute avec la rétrospective de János Mattis Teutsch, première exposition d'art abstrait en Hongrie.

— 18 novembre 1917
À Budapest, Béla Bartók réalise avec Jenő Kerpely la création hongroise de la *Sonate pour violoncelle et piano* de Debussy.

— 9 décembre 1917
Première matinée de la revue *MA*, au cours de laquelle on entend notamment des poèmes de Kassák et des pièces pour piano de Bartók, Schœnberg et Busoni interprétées par Piroska Hevesi, disciple de Bartók.

— 1er février 1918
MA publie un numéro dédié à Bartók, avec une de ses partitions en couverture. Le numéro contient un poème de Lajos Kassák à la gloire du compositeur, « Salutation au soleil (pour Béla Bartók) » [« Napraköszöntés (Bartók Bélának) »], la reproduction du portrait du compositeur par Berény ainsi que des partitions.

— 1918
Márffy : *Portrait d'Egisto Tango* (ill. 14). László Moholy-Nagy expose des dessins au Salon national. Sándor Ferenczi obtient, à Budapest, la première chaire de psychanalyse au monde. Ouverture d'une école d'art privée par Róbert Berény où étudie László Moholy-Nagy.

— 16 avril 1918
Kodály rédige la nécrologie de Claude Debussy dans *Nyugat*.

— 24 mai 1918
La première représentation du *Château de Barbe-Bleue* (1911) a lieu à l'Opéra royal hongrois, sous la direction d'Egisto Tango.

— Juillet 1918
Moholy-Nagy se rend dans l'atelier de Béla Uitz à Budapest. Bortnyik et Iván Hevesy rejoignent le groupe *MA*. Exposition « Mattis Teutsch » à la galerie Der Sturm de Berlin.

— Septembre 1918
Exposition des peintres hongrois à Belgrade, dans une salle de la résidence royale, avec la participation active des Huit, des « néos » et de József Rippl-Rónai. L'exposition est organisée par Egon Kornstein, l'altiste du quatuor Waldbauer-Kerpely.

— Octobre 1918
Première exposition de Lajos Tihanyi à la galerie de la revue *MA*.

— 28-31 octobre 1918
La révolution des Chrysanthèmes éclate à Budapest. L'Empire austro-hongrois s'effondre, un gouvernement bourgeois est constitué. Károly Kernstok assume un rôle dans l'activité politique et culturelle du Conseil national.

— 16 novembre 1918
Proclamation de la République à Budapest.

— 29 décembre 1918
À Szeged, deuxième matinée de la revue *MA*, avec la participation de Gyula Juhász et Kassák. Le programme musical inclut des œuvres de Debussy, Ravel, Fichtner, Fidelius, Bartók et Kodály.

— 1919
Bartók : *Le Mandarin merveilleux* (la première mondiale aura lieu en 1926). Bortnyik conçoit le projet d'une peinture murale inspirée par *Le Prince de bois*.

— 27 janvier 1919
Décès d'Endre Ady. Deux jours plus tard, un vibrant hommage lui est rendu à Budapest lors de ses funérailles.

— Février 1919
Une conférence de Kassák annonce la création du groupe des activistes (nouvelle appellation du groupe *MA*). Son texte sera publié dans la revue, le 10 avril. Szobotka, de retour de Paris, se joint à eux.

— 26 février 1919
Kassák publie dans la revue *MA* « Le cubisme » de Guillaume Apollinaire, traduit par Valéria Dénes.

— Mars 1919
MA publie une étude d'Hevesy traitant du futurisme, de l'expressionnisme et du cubisme comme faisant partie des nouvelles tendances de l'art hongrois.

— 21 mars 1919
Les communistes prennent le pouvoir, instaurant la République hongroise des Conseils. Dans les premiers temps, les peintres constituant jadis le groupe des Huit, les activistes, Bartók, Kodály, Balázs et plusieurs des écrivains de la revue *Nyugat* jouent un rôle important dans la vie artistique de cette Commune éphémère.

— Mars-juillet 1919
Le philosophe György Lukács devient commissaire du peuple pour la Culture et l'Éducation. Mise en place du Directoire de l'art et des musées : Berény en est membre. Il décide de l'acquisition pour le musée des Beaux-Arts d'œuvres de Czigány, Gulácsy, Anna Lesznai, Moholy-Nagy, Orbán, Nemes Lampérth, Perlrott-Csaba, Pór, Tihanyi, Uitz. Pór et Berény enseignent à l'École des beaux-arts de Budapest. Uitz dirige un atelier prolétaire des Beaux-Arts et Nemes Lampérth y donne des cours. Kernstok crée à Nyergesújfalu une école pour les artistes d'origine modeste. Dans la colonie d'artistes organisée

en été à Balatonfüred, l'enseignement est assuré par Márffy, Pór, Czigány, Orbán et Tihanyi.

— Avril 1919
Intervention armée des États de l'Entente et de la Petite-Entente contre la République des Conseils. Berény, Pór, Uitz, Nemes Lampérth et Kmetty créent des affiches pour la mobilisation de l'armée.

— Avril-juin 1919
Discussion dans la presse sur la place de la revue *MA* dans la vie artistique de la République des Conseils et sur l'aspect progressiste ou régressif de ses moyens artistiques. Béla Kun, l'un des chefs de la République des Conseils, qualifie l'art du cercle *MA* de décadent et de bourgeois.

— 8 avril 1919
Dans le cadre du premier spectacle de « propagande » de la revue *MA*, sont joués, entre autres, des morceaux pour piano de Bartók. Le même programme est ensuite repris lors de deux soirées, les 15 et 18 avril.

— 21 avril 1919
Soirée musicale à l'Académie de Musique de Budapest, au cours de laquelle sont créées les *Mélodies d'après Ady* [*Ady-dalok*] et la *Première Élégie*.

— Mai 1919
Exposition de *MA* consacrée à Bortnyik. Exposition des œuvres d'art nationalisées parmi lesquelles des toiles de Manet, Monet et Cézanne.

— 13 mai 1919
Soirée de « propagande » de la revue *MA*, reprise le lendemain en présence de Bartók. Etelka Freund interprète ses œuvres au piano, tandis que le quatuor Waldbauer-Kerpely joue une pièce pour cordes de Kodály.

— 31 mai 1919
Kaposvár : dernière soirée de « propagande » de la revue *MA*, au cours de laquelle est joué l'*Allegro barbaro* de Bartók.

— Juin-juillet 1919
Kassák et le groupe de la revue *MA* s'opposent aux dirigeants du régime communiste, la revue est interdite le 14 juillet.

— 1er août 1919
La République des Conseils tombe sous l'offensive de l'armée roumaine. Les responsables politiques et les intellectuels sont contraints d'émigrer. Les activistes et plusieurs peintres des Huit se rendent à Vienne.

— 16 novembre 1919
L'amiral Horthy entre à Budapest. Élu régent en mars 1920, il restera chef d'État d'une Hongrie autoritaire jusqu'en 1944.

— Novembre-décembre 1919
Après plusieurs semaines passées à Vienne, Moholy-Nagy et Nemes Lampérth quittent la ville pour Berlin.

— Mars 1920
Exposition personnelle de Tihanyi (cinquante œuvres) à la Moderne Galerie Kunst und Wohnung, Vienne.

— 1er mai 1920
Kassák relance la publication de la revue *MA* depuis Vienne.

— 4 juin 1920
Traité de paix du Trianon traçant les nouvelles frontières de la Hongrie qui perd les deux tiers de son territoire (de 282 000 km^2 à 93 000 km^2 environ) et plus de la moitié de sa population.

— Octobre 1920
À Berlin, premières expositions à l'étranger pour Moholy-Nagy et Nemes Lampérth.

— Novembre 1920
Première « matinée » viennoise des Activistes. Des poèmes de Kassák, Kurt Schwitters et Apollinaire sont lus et des pièces pour piano de Bartók et Debussy sont jouées.

— À partir d'avril 1921
Moholy-Nagy devient le correspondant de la revue *MA* à Berlin.

— 8 avril 1922
Concert de Bartók au théâtre du Vieux-Colombier à Paris. En présence de Ravel et Stravinsky, il joue trois pièces de Kodály, des mélodies de Ravel et plusieurs de ses compositions dont la *Première Sonate pour violon et piano* (avec Jelly d'Arányi), *Élégie n° 1*, deux des *Trois Burlesques* et des arrangements de chansons populaires.

— À partir de 1923
Moholy-Nagy enseigne au Bauhaus à Weimar.

— 27 novembre 1926
Création du *Mandarin merveilleux* à l'opéra de Cologne sous la direction de Jenő Szenkár.

— 1940
Hostile au régime politique hongrois allié à l'Allemagne nazie, Bartók choisit d'émigrer aux États-Unis.

— 27 juin 1941
La Hongrie, alliée de l'Allemagne nazie, déclare la guerre à l'URSS.

— 26 septembre 1945
Décès de Bartók à New York.

LISTE DES ŒUVRES

— Cat. 5 (p. 22)
BÁNFFY Miklós (1873-1950)
Décor pour la première présentation du Prince de bois, 1917
Pastel sur papier, 38 × 56 cm
Budapest, Archives Bartók, Institut de musicologie, Centre de recherche en sciences humaines de l'Académie des sciences de Hongrie, inv. BA-N : 2156/b

— Cat. 42 (p. 117)
BERÉNY Róbert (1887-1953)
Autoportrait [*Önarckép*], 1912
Stylo et encre de Chine sur papier, 33 × 26,5 cm
S.D. et localisé b.d. : *Bpest 912. szept. 30 Berény*
Budapest, Szépművészeti Múzeum – Galerie nationale hongroise, inv. F 63.3

— Cat. 41 (p. 116)
BERÉNY Róbert
Autoportrait à l'humeur maussade [*Morcos önarckép*], 1907
Aquarelle sur papier, 21,7 × 18,6 cm
Budapest, collection Júlia Kohonóczki

— Cat. 44 (p. 119)
BERÉNY Róbert
Autoportrait au chapeau de paille [*Szalmakalapos önarckép*], 1906
Huile sur toile, 58,5 × 44 cm
S.b.g. : *B. R.* ; D. et localisé au dos : *1906. 15. X. Paris*
Budapest, Szépművészeti Múzeum – Galerie nationale hongroise, inv. 56.208 T

— Cat. 47 (p. 122)
BERÉNY Róbert
Autoportrait en haut-de-forme [*Cilinderes önarckép*], 1907
Fusain sur papier, 32 × 24 cm
Budapest, collection Júlia Kohonóczki

— Cat. 53 (p. 133)
BERÉNY Róbert
Autoportrait en haut-de-forme [*Cilinderes önarckép*], 1907
Huile sur toile, 79 × 60 cm
S.D. et localisé b.g. : *Berény Paris 907*
Pécs, musée Janus Pannonius, inv. 87.8

— Cat. 136 (p. 235)
BERÉNY Róbert
Aux armes ! Aux armes ! [*Fegyverbe ! Fegyverbe !*], 1919
Lithographie sur papier, 126 × 188 cm
S.b.g. : *Berény*
Allemagne, collection L. Czell

— Cat. 71 (p. 155)
BERÉNY Róbert
Dans la rue [*Utcán*], 1906
Huile sur toile, 80 × 139 cm
S.D.b.g. : *Berény 906. VII.*
Budapest, Sáránszki Art Solutions, collection particulière

— Cat. 130 (p. 227)
BERÉNY Róbert
Femme assise dans un fauteuil [*Karosszékben ülő nő*], 1912
Huile sur toile montée sur contreplaqué, 74 × 67 cm
S.D. et localisé h.d. : *Berény 1912. IV. Budapest*
Monaco, collection particulière Hajni & László Iván

— Cat. 62 (p. 143)
BERÉNY Róbert
Femme au verre [*Nő pohárral*], 1905
Huile sur toile, 61 × 46 cm
S.D.b.g. : *Berény 1906*
Budapest, collection Tamás Kieselbach

— Cat. 61 (p. 142)
BERÉNY Róbert
Femme nue devant une glace, 1907
Huile sur carton, 105,5 × 72,4 cm
S.D. et localisé h.d. : *Berény 907 Paris* ; signature et titre au dos : *6 Femme nue devant une glace Berény*
Collection particulière

— Cat. 131 (p. 229)
BERÉNY Róbert
Idylle (Composition) [*Idill (Kompozíció)*], 1911
Huile sur toile, 49 × 62 cm
S.D. et localisé b.g. : *Berény 1911. Bpest*
Budapest, Szépművészeti Múzeum – Galerie nationale hongroise, inv. 60.115 T

— Cat. 132 (p. 229)
BERÉNY Róbert
Idylle, esquisse [*Idill, vázlat*], 1911
Encre sur papier, 26,4 × 35 cm
Inscription au dos : *VERA 21*
New York, collection Drs Thomas et Shelly Sos

— Cat. 94 (p. 184)
BERÉNY Róbert
Les Joueurs à la balle, vers 1907-1908
Huile sur carton, 50 × 61 cm
Signature et titre au dos : *(3.) R. Berény Les jouers à la ball* [*sic*]
Collection particulière

— Cat. 79 (p. 167)
BERÉNY Róbert
Nature morte, 1906
Huile sur carton, 58 × 50 cm
S.D. et localisé h.g. : *Berény 06 Paris*
Collection particulière

— Cat. 116 (p. 211)
BERÉNY Róbert
Nature morte à la cruche bleue [*Kékkancsós csendélet*], 1911
Huile sur toile montée sur carton, 63 × 48,5 cm
S.h.g. : *Berény*
Palm Beach, collection de Mme l'Ambassadeur Nancy G. Brinker

— Cat. 115 (p. 211)
BERÉNY Róbert
Nature morte avec bouilloire et fruits, dit aussi *Nature morte à la cruche noire* [*Csendélet kancsóval és gyümölcsökkel / Feketekancsós csendélet*], 1910
Huile sur toile, 49 × 62 cm
S.D.b.g. : *Berény 910*
Budapest, Sáránszki Art Solutions, collection particulière

— Cat. 113 (p. 210)
BERÉNY Róbert
Nu assis dans un fauteuil [*Fotelben ülő akt*], 1911
Huile sur toile, 128 × 80 cm
S.D. et localisé h.g. : *Berény 1911. Bpest*
Budapest, collection Gyula Kemény

— Cat. 114 (p. 210)
BERÉNY Róbert
Nu assis dans un fauteuil, esquisse [*Fotelben ülő akt*, vázlat], 1911
Encre sur papier, 20,5 × 33,4 cm
Inscription au dos : *VERA 65*
New York, collection Drs Thomas et Shelly Sos

— Cat. 57 (p. 138)
BERÉNY Róbert
Nu de Montparnasse [*Montparnasse-akt*], 1907
Huile sur toile, 78,5 × 38,5 cm
New York, collection Drs Thomas et Shelly Sos

— Cat. 58 (p. 139)
BERÉNY Róbert
Nu d'une jeune Italienne [*Olasz lány aktja*], 1907
Huile sur toile, 81 × 44 cm
S.D. et localisé b.g. : *R Berény Paris 1907*
Collection particulière

— Cat. 59 (p. 140)
BERÉNY Róbert
Nu féminin couché
[*Fekvő akt*], vers 1907
Huile sur toile, 33,5 × 44 cm
S. au dos : *Berény*
Budapest, Szépművészeti Múzeum – Galerie nationale hongroise, inv. 61.39 T

— Cat. 112 (p. 209)
BERÉNY Róbert
Portrait d'Ignotus
[*Ignotus portréja*], 1912
Huile sur toile, 69,8 × 52 cm
S.D. identifié et localisé b.g. :
Ignotusról [*Sur Ignotus*]
Berény 1912 Bpest
Budapest, galerie Kieselbach

— Cat. 129 (p. 225)
BERÉNY Róbert
Portrait de Leó Weiner
[*Weiner Leó arcképe*], 1911
Huile sur toile, 63 × 78,5 cm
S.D.h.g. : *B. R. 11*
Budapest, Fondation Milán Füst pour les traducteurs de l'Académie des sciences de Hongrie

— Cat. 60 (p. 141)
BORNEMISZA Géza (1884-1966)
Nu couché [*Fekvő akt*], 1913
Huile sur toile, 70,8 × 94,5 cm
S.D.b.d. : *Bornemisza Géza 1913*
Pécs, musée Janus Pannonius, inv. 76.103

— Cat. 127 (p. 222)
BORTNYIK Sándor (1893-1976)
Cirque [*Cirkusz*], vers 1919-1920
Encre sur papier, 14 × 20 cm
S.b.d. : *B.*
Collection particulière

— Cat. 125 (p. 220)
BORTNYIK Sándor
Composition avec six figures [*Hatalakos kompozíció*], 1919
Huile sur toile, 76 × 95,5 cm
S.D.b.g. : *Bortnyik 1919*
Budapest, Szépművészeti Múzeum – Galerie nationale hongroise, inv. 75.103 T

— Cat. 124 (p. 219)
BORTNYIK Sándor
Composition avec trois figures [*Háromalakos kompozíció*], 1919
Huile sur toile, 66 × 91 cm
Pécs, musée Janus Pannonius, inv. 79.363

— Cat. 126 (p. 221)
BORTNYIK Sándor
Composition constructive
[*Konstruktív kompozíció*], vers 1919
Aquarelle, 21,7 × 28 cm
Salgótarján, Dornyay Béla Múzeum, inv. 81.503

— Cat. 122 (p. 217)
BORTNYIK Sándor
Paysage jaune et vert
[*Sárga-zöld tájkép*], 1919
Huile sur carton, 70 × 99 cm
S.D.b.g. : *Bortnyik 919*
Pécs, musée Janus Pannonius, inv. 73.80

— Cat. 1 (p. 12)
BORTNYIK Sándor
Le Prince de bois
[*A fából faragott királyfi*], 1919
Techniques mixtes sur papier, 27 × 38,5 cm
Collection particulière

— Cat. 137 (p. 237)
BORTNYIK Sándor
Le Prince de bois
[*A fából faragott királyfi*], 1920
Linogravure, 16 × 21 cm
Collection particulière

— Cat. 77 (p. 165)
CSÓK István (1865-1961)
Coffre aux tulipes
[*Tulipános láda*], 1910
Huile sur toile, 121 × 93,5 cm
S.D. et localisé b.g. :
Csók Paris 1910
Budapest, Szépművészeti Múzeum – Galerie nationale hongroise, inv. 62.45 T

— Cat. 100 (p. 191)
CSÓK István
Enterrement sokác dans le cimetière de Darázs
[*Sokác temetés (Darázs)*], 1909
Huile sur toile, 66,5 × 86 cm
S.D. et localisé b.g. :
Csók Darázs 1909
Pécs, musée Janus Pannonius, inv. 52.58.1

— Cat. 101 (p. 191)
CSÓK István
Enterrement sokác dans le cimetière de Darázs
[*Sokác temetés (Darázs)*], 1910
Huile sur toile, 22,5 × 28 cm
Collection particulière

— Cat. 49 (p. 125)
CZIGÁNY Dezső (1883-1937)
Autoportrait [*Önarckép*], 1909
Huile sur carton, 52 × 39 cm
S.h.d. : *Czigány*
Collection particulière

— Cat. 73 (p. 157)
CZÓBEL Béla (1883-1976)
Coin du marché, dit aussi *Place Edgar-Quinet*, 1905
Huile sur toile, 47 × 56,5 cm
Collection particulière

— Cat. 92 (p. 182)
CZÓBEL Béla
Cour à Nyergesújfalu
[*Nyergesújfalui udvar*], 1907
Huile sur toile, 72 × 80 cm
S.b.d. : *Czóbel*
Pécs, musée Janus Pannonius, inv. 62.6

— Cat. 106 (p. 201)
CZÓBEL Béla
Garçons assis [*Ülő fiúk / Fiúaktok*], 1907
Huile sur toile, 67 × 97 cm
S.h.d. : *Czóbel*
Pécs, musée Janus Pannonius, inv. 78.150

— Cat. 81 (p. 169)
CZÓBEL Béla
Homme assis [*Ülő férfi*], 1906
Huile sur toile, 169,5 × 79,5 cm
S.D.b.g. : *Czóbel 906*
Budapest, Szépművészeti Múzeum – Galerie nationale hongroise, inv. 55.752

— Cat. 105 (p. 199)
CZÓBEL Béla
L'Homme au chapeau de paille [*Szalmakalapos férfi*], vers 1907
Huile sur toile, 58 × 60 cm
S.b.d. : *Czobel*
Chicago, collection particulière

— Cat. 72 (p. 157)
CZÓBEL Béla
Jeune fille au bord du lit
[*Kislány ágy előtt*], 1905
Huile sur toile, 80 × 105 cm
S.D.h.d. : *Czóbel 905*
Collection particulière

— Cat. 82 (p. 170-171)
CZÓBEL Béla
Nature morte [*Csendélet*] (au recto) ; *Scène de cabaret* [*Kabaré jelenet*] (au verso), 1907
Huile sur carton, 60 × 48 cm
Budapest, Ernst Galéria

— Cat. 83 (p. 172)
CZÓBEL Béla
Nature morte
[*Csendélet*], 1908
Huile sur toile montée sur contreplaqué, 81 × 50 cm
Monaco, collection particulière Hajni & László Iván

— Cat. 107 (p. 201)
CZÓBEL Béla
Nus dans la forêt
[*Aktok a szabadban*], non daté (vers 1904 ou 1907)
Techniques mixtes sur carton, 59 × 44,5 cm
S.b.g. et monogramme : *Czobel*
Chicago, collection particulière

— Cat. 102 (p. 41 et 193)
CZÓBEL Béla
Peintres à la campagne, dit aussi *Deux peintres*
[*Festők a szabadban*], 1906
Huile sur toile, 79 × 79 cm

S.D.b.d. : *Czobel 906*
Paris, Centre Pompidou, Musée national d'art moderne / Centre de création industrielle, JP 940 P

— Cat. 110 (p. 207)
CZÓBEL Béla
Le Prêtre de Bergen [*A bergeni lelkész*], 1918
Huile sur toile, 147,6 × 78 cm
S.D.b.d. : *Czobel 18*
Collection particulière

— Cat. 63 (p. 144)
CZÓBEL Béla
Rue à Paris [*Párizsi utca*], 1905
Huile sur toile, 70 × 100 cm
S.b.g. : *Czóbel*
Vienne, collection Dr Barbara Czapolai-König

— Cat. 66 (p. 147)
CZÓBEL Béla
Scène dans un parc, dit aussi *Détail d'un parc* [*Parkrészlet*], 1906
Huile sur toile, 70 × 90 cm
Budapest, collection Tamás Kieselbach

— Cat. 76 (p. 163)
CZÓBEL Béla
Sur une place [*Téren*], 1905-1906
Huile sur toile, 56,8 × 50,4 cm
S.h.d. : *Czóbel*
Allemagne, collection L. Czell

— Cat. 64 (p. 145)
CZÓBEL Béla (attribué à)
Rue à Paris [*Párizsi utca*] (au recto), vers 1906
MIKOLA András (1884-1970)
Nature morte avec des plantes [*Csendélet növényekkel*] (au verso), 1906
Huile sur carton, 58 × 50,8 cm
S.D.b.d. au dos : *MIKOLA 906*
Budapest, Ernst Galéria

— Cat. 89 (p. 178)
FRIESZ Émile Othon (1879-1949)
Automne à Honfleur, 1906
Huile sur toile, 64 × 80 cm
S.b.g. : *Othon Friesz*
Paris, musée d'Art moderne de la Ville de Paris, inv. AMVP 2579

— Cat. 96 (p. 186)
FRIESZ Émile Othon
Le Printemps, 1908
Huile sur toile, 81 × 100 cm
S.b.d. : *Othon Friesz*
Paris, musée d'Art moderne de la Ville de Paris, inv. AMVP 475

— Cat. 104 (p. 197)
GALIMBERTI Sándor (1883-1915)
L'Atelier de Rippl-Rónai à Kaposvár [*Rippl-Rónai műterme*], 1909
Huile sur toile, 80 × 60 cm
S.b.g. : *Galimberti*
Collection particulière

— Cat. 121 (p. 216)
GALIMBERTI Sándor
Saint-Raphaël, vers 1912
Huile sur toile, 104 × 153 cm
Collection particulière

— Cat. 43 (p. 118)
GAUGUIN Paul (1848-1903)
Portrait de l'artiste, entre 1893 et 1894
Huile sur toile, 46 × 38 cm
S.h.g. au dos : *P. Go*
Paris, musée d'Orsay, RF 1966-7

— Cat. 109 (p. 205)
KERNSTOK Károly (1873-1940)
Femme nue debout [*Álló női akt*], 1908
Huile sur toile, 116 × 42 cm
S.D.b.g. (à l'envers) : *Kernstok Károly 1908*
Sümeg, Municipalité de la ville de Sümeg, palais épiscopal, inv. 2005/381

— Cat. 97 (p. 187)
KERNSTOK Károly
Femme nue debout [*Álló női akt*], 1908
Huile sur toile, 210 × 98 cm
S.D.b.d. : *Kernstok 908 Károly*
Tata, Kuny Domokos Múzeum, inv. 64.1.8

— Cat. 98 (p. 188)
KERNSTOK Károly
Garçon nu appuyé contre un arbre [*Fához támaszkodó fiúakt*], 1909
Huile sur carton, 67 × 42,5 cm
S.D.b.g. en partie effacé : *Kernstok Károly 909*
Budapest, Szépművészeti Múzeum – Galerie nationale hongroise, inv. 9035

— Cat. 80 (p. 168)
LESZNAI Anna (1885-1966)
Coussin Ady [*Ady-párna*], 1912
Broderie, 65 × 60 cm
Collection particulière

— Cat. 45 (p. 120)
MÁRFFY Ödön (1878-1959)
Autoportrait [*Önarckép*], vers 1910
Huile sur toile, 29,3 × 24,3 cm
S.b.g. : *Márffy*
Collection particulière

— Cat. 52 (p. 131)
MÁRFFY Ödön
Autoportrait constructif [*Konstruktív önarckép*], 1914
Huile sur toile, 92 × 69,5 cm
S.b.d. : *Márffy Ödön*
Budapest, Szépművészeti Múzeum – Galerie nationale hongroise, inv. 4659

— Cat. 95 (p. 185)
MÁRFFY Ödön
Baigneuses, dit aussi *Composition aux nus* [*Fürdő nők / Aktos kompozíció*], 1909
Huile sur toile, 79,5 × 98,5 cm
S.b.d. : *Márffy*
Pécs, musée Janus Pannonius, inv. 74.453

— Cat. 99 (p. 189)
MÁRFFY Ödön
Garçon et fille sur un banc vert [*Fiú és leány zöld padon*], 1908
Huile sur toile, 95 × 115 cm
S.b.d. : *Márffy*
Collection particulière

— Cat. 108 (p. 203)
MÁRFFY Ödön
Jeune fille de Nyerges, dit aussi *Jeune paysanne de Nyerges* [*Nyergesi lány / Nyergesi parasztlány*], 1908
Huile sur carton, 88,5 × 62 cm
S.h.d. : *Márffy*
Collection particulière

— Cat. 93 (p. 183)
MÁRFFY Ödön
Nu féminin [*Női akt*], 1910
Huile sur toile, 64 × 49 cm
S.b.g. : *Márffy*
Kaposvár, musée Rippl-Rónai, inv. 55.367

— Cat. 9 (p. 47)
MÁRFFY Ödön
Portrait de Jenő Kerpely [*Kerpely Jenő portréja*], 1913
Huile sur toile, 127 × 97,5 cm
Budapest, Sáránszki Art Solutions, collection particulière

— Cat. 54 (p. 135)
MARQUET Albert (1875-1947)
Matisse dans l'atelier de Manguin, dit aussi *Nu dans l'atelier*, 1905
Huile sur carton, 100 × 73 cm
S.b.g. : *marquet*
Paris, Centre Pompidou, musée national d'Art moderne / Centre de création industrielle, AM 3488 P

— Cat. 119 (p. 214)
MATTIS TEUTSCH János (1884-1960)
Composition en couleurs [*Színes kompozíció*], vers 1920
Huile sur toile, 79,5 × 69,5 cm
S.b.d. : *MT*
Allemagne, collection L. Czell

— Cat. 133 (p. 231)
MATTIS TEUTSCH János
Paysage [*Tájkép*], vers 1917
Huile sur carton, 50 × 50 cm
S.b.g. : *MT*
Budapest, Szépművészeti Múzeum – Galerie nationale hongroise, inv. FK 772

— Cat. 134 (p. 233)
MOHOLY-NAGY László (1895-1946)
Champs hongrois, 1919-1920
Huile sur toile, 64,5 × 75,5 cm
S.b.d. : *Moholy-Nagy*
Vienne, Albertina Museum, dépôt de la collection Forberg, inv. GE152DL

— Cat. 135 (p. 233)
MOHOLY-NAGY László
Paysage hongrois [*Földek*], 1919
Gouache sur papier, 21,5 × 29 cm
S.D.b.d. : *Moholy-Nagy 1919*
Collection particulière

— Cat. 51 (p. 129)
NEMES LAMPÉRTH József (1891-1924)
Autoportrait [*Önarckép*], 1911
Huile sur toile, 75 × 60 cm
S.b.g. : *Nemes Lampérth József*
Budapest, Szépművészeti Múzeum – Galerie nationale hongroise, inv. 65.28 T

— Cat. 120 (p. 215)
NEMES LAMPÉRTH József
Tabán (Flanc de la colline de Buda ; maisons) [*Tabán (Budai hegyoldal ; házak)*], 1917
Huile sur toile, 59 × 69 cm
S.D.b.g. : *Nemes Lampérth J. 1917.*
Palm Beach, collection de Mme l'Ambassadeur Nancy G. Brinker

— Cat. 70 (p. 153)
PERLROTT-CSABA Vilmos (1880-1955)
Autoportrait avec statue [*Önarckép szoborral*], vers 1910
Huile sur toile, 76,5 × 64 cm
Budapest, collection Tamás Kieselbach

— Cat. 69 (p. 151)
PERLROTT-CSABA Vilmos
École de peintres [*Festők iskolája*], 1907
Huile sur toile, 66 × 80 cm
S.D.b.d. : *Paris 1907*
Perlrott Csaba
Ministère des Affaires étrangères de Hongrie

— Cat. 55 (p. 136)
PERLROTT-CSABA Vilmos
Nu féminin [*Női akt*], 1910
Huile sur toile marouflée sur carton, 52 × 41 cm
S.b.d. : *Perlót-Cs.*
Kaposvár, musée Rippl-Rónai, inv. 55.403

— Cat. 56 (p. 137)
PERLROTT-CSABA Vilmos
Nu féminin debout [*Álló akt*], 1910
Huile sur toile, 64 × 48 cm
S.D.b.d. : *Perlrott Csaba 910*
Pécs, musée Janus Pannonius, inv. 69.144

— Cat. 46 (p. 121)
PÓR Bertalan (1880-1964)
Autoportrait [*Önarckép*], 1906
Huile sur carton, 42 × 34 cm
S.D.b.d. : *Pór 906*
Kaposvár, musée Rippl-Rónai, inv. 55.548

— Cat. 123 (p. 218)
RÉTH Alfréd (1884-1966)
Nus et cheval blanc dans la forêt, 1911
Huile sur toile, 60 × 73 cm
S.D.b.g. : *Réth 1911.*
Échirolles, musée Géo-Charles, inv. 994.2.3

— Cat. 138 (p. 239)
RÉTH Alfréd
Le Restaurant Hubin, 1913
Huile sur toile, 130 × 97 cm
S.b.g. : *Reth.*
Paris, Centre Pompidou, Musée national d'art moderne / Centre de création industrielle, AM 3358 P

— Cat. 84 (p. 173)
RIPPL-RÓNAI József (1861-1927)
L'Atelier de Kaposvár [*Kaposvári műterem*], 1911
Huile sur carton, 48 × 67,5 cm
S.b.d. : *Rónai* ; inscrit au dos : *Kaposvári műtermem 1911* [Mon atelier de Kaposvár 1911]
Kaposvár, musée Rippl-Rónai, inv. 82.7.1

— Cat. 103 (p. 195)
RIPPL-RÓNAI József
Dans le jardin du comte Somssich [*Jelenet gróf Somssichék kertjében*], vers 1912-1913
Huile sur carton, 50 × 68 cm
S.b.g. : *Rónai* ; inscrit au dos : *Somssichék kertjében* [dans le jardin des Somssich]
Paris, musée d'Orsay, RF 2012-21

— Cat. 74 (p. 159)
RIPPL-RÓNAI József
Filles en train de s'habiller (meuble rouge et mur jaune) [*Öltözködő lányok (piros bútor és sárga fal)*], 1912-1913
Huile sur carton, 68 × 96,5 cm
S.b.d. : *Rónai* ; titre au dos : *Öltözködő lányok (piros bútor és sárga fal)*
Budapest, Szépművészeti Múzeum – Galerie nationale hongroise, inv. FK 5929

— Cat. 85 (p. 174)
RIPPL-RÓNAI József
Intérieur d'atelier [*Műterem interieur*], 1910
Huile sur carton, 68,5 × 101 cm
S.b.d. : *Rónai*
Collection particulière

— Cat. 68 (p. 149)
RIPPL-RÓNAI József
Intérieur parisien [*Párizsi interieur*], 1910
Huile sur toile, 75,5 × 104,5 cm
S.D.b.d. : *Rónai 1910* ; inscrit au dos du tableau : *Rippl-Rónai 1910 Paris*
Budapest, collection Tamás Kieselbach

— Cat. 86 (p. 175)
RIPPL-RÓNAI József
Mes modèles dans mon jardin de Kaposvár [*Modelljeim kaposvári kertemben*], 1911
Huile sur carton, 70 × 100 cm
S.b.g. : *Rónai*
Kaposvár, musée Rippl-Rónai, inv. 81.8.1

— Cat. 75 (p. 161)
RIPPL-RÓNAI József
Place de l'Observatoire, 1914
Huile sur carton, 74,7 × 105 cm
S.b.g. : *Rónai*
Budapest, Szépművészeti Múzeum – Galerie nationale hongroise, inv. FK 8946

— Cat. 67 (p. 148)
RIPPL-RÓNAI József
Soldats français en marche [*Menetelő francia katonák*], 1914
Huile sur carton, 69 × 96,5 cm
S.D. et localisé b.d. : *Rónai 1914 Macon*
Budapest, Ernst Galéria

— Cat. 117 (p. 212)
SZOBOTKA Imre (1890-1961)
Terrain de labour (vallée), vers 1914
Huile sur toile sur fibre de bois, 54,5 × 45,3 cm
Collection particulière

— Cat. 118 (p. 213)
SZOBOTKA Imre
Vue d'une fenêtre, 1913-1914
Huile sur toile sur fibre de bois, 60 × 49 cm
Collection particulière

— Cat. 48 (p. 123)
TIHANYI Lajos (1885-1938)
Autoportrait [*Önarckép*], 1914
Huile sur toile, 55,5 × 45 cm
S.b.g. : *Tihanyi Lajos*
Budapest, Szépművészeti Múzeum – Galerie nationale hongroise, inv. 62.31 T

— Cat. 111 (p. 208)
TIHANYI Lajos
Portrait de Lajos Fülep [*Fülep Lajos portréja*], 1915
Huile sur toile, 78 × 95 cm
S.D.b.g. : *Tihanyi L. 915*
Budapest, Szépművészeti Múzeum – Galerie nationale hongroise, inv. 70.152 T

— Cat. 29 (p. 98)
TIHANYI Lajos
Portrait de Lajos Kassák [*Kassák Lajos portréja*], 1918
Huile sur toile, 86 × 70 cm
S.D.b.g. : *Tihanyi L. 918*
Budapest, Szépművészeti Múzeum – Galerie nationale hongroise, inv. 70.134 T

— Cat. 87 (p. 176)
VLAMINCK (de) Maurice (1876-1958)
Restaurant de la Machine à Bougival, vers 1905
Huile sur toile, 60 × 81,5 cm
S.b.d. : *Vlaminck*
Paris, musée d'Orsay, donation Max et Rosy Kaganovitch, RF 1973-26

— Cat. 40 (p. 115)
ZIFFER Sándor (1880-1962)
Autoportrait [*Önarckép*], 1906
Huile sur toile, 79 × 64,5 cm
S.D.b.d. : *Ziffer Sándor 1906.*
Allemagne, collection L. Czell

— Cat. 50 (p. 127)
ZIFFER Sándor
Autoportrait [*Önarckép*], vers 1908
Huile sur toile, 41 × 30 cm
S.b.g. : *Ziffer*
Pécs, musée Janus Pannonius, inv. 73.205

— Cat. 78 (p. 166)
ZIFFER Sándor
Nature morte [*Csendélet*], 1906 ou 1908
Huile sur toile, 41,8 × 51 cm
S.D.b.g. : *Ziffer Sandor 1906 ou 1908* (indéchiffrable)
Collection particulière

— Cat. 91 (p. 180-181)
ZIFFER Sándor
Paysage de Nagybánya avec meules [*Nagybányai táj boglyákkal*] (au recto), 1908 ; *Portrait de Lajos Tihanyi* [*Tihanyi Lajos portréja*] (au verso), vers 1908
Huile sur toile, 56 × 65,5 cm
S.D.b.d. : *Ziffer Sándor 1908*
Budapest, collection Tamás Kieselbach

— Cat. 90 (p. 179)
ZIFFER Sándor
Paysage d'hiver à la barrière [*Tájrészlet kerítéssel*], vers 1910
Huile sur toile, 91 × 109 cm
S.D.b.d. : *Ziffer Sándor 191*[?]
Budapest, Szépművészeti Múzeum – Galerie nationale hongroise, inv. 60.26 T

— Cat. 65 (p. 146)
ZIFFER Sándor
Place Baross [*Baross tér*], 1908
Huile sur toile, 88 × 89 cm
Allemagne, collection L. Czell

— Cat. 88 (p. 177)
ZIFFER Sándor
Vieux pont à Nagybánya [*Régi nagybányai híd*], 1908
Huile sur toile, 50,5 × 65 cm
S.D.b.d. : *Ziffer Sándor 1908*
Allemagne, collection L. Czell

DOCUMENTS

— Cat. 139 (Non reproduit)
ADY Endre (1877-1919)
Poèmes nouveaux [*Új versek*], *2*[e] *édition, illustrée par Sándor Nagy, provenant de la bibliothèque de Béla Bartók*, 1906
Ouvrage imprimé, 18,2 × 12,4 cm
Budapest, Archives Bartók, Institut de musicologie, Centre de recherche en sciences humaines de l'Académie des sciences de Hongrie, inv. BA-N : 837 (A-196/1963)

— Cat. 12 (p. 54)
ADY Endre
Sang et Or [*Vér és arany*], *illustré par Dezső Czigány*, 1908
Ouvrage illustré, 19,5 × 14 cm
Budapest, Petőfi Irodalmi Múzeum, inv. PIM kt B.2.839.

— Cat. 140 (Non reproduit)
BALÁZS Béla (1884-1949)
Livret du Château de Barbe-Bleue [*Misztériumok*], *dédicacé à Bartók par l'auteur*, 1912
Ouvrage imprimé, 21 × 13,4 cm
Budapest, Archives Bartók, Institut de musicologie, Centre de recherche en sciences humaines de l'Académie des sciences de Hongrie, inv. BA-N : 853 (A-213/1963)

— Cat. 4 (p. 21)
BALÁZS Béla
Livret du Prince de bois [*A fából faragott királyfi. Táncjáték*], *illustré par Miklós Bánffy*, 1917
Ouvrage imprimé, 17 × 12,3 cm
Budapest, collection Ferenc Kiss

— Cat. 6 (p. 24)
BALÁZS Béla
Livret du Prince de bois [*A fából faragott királyfi. Táncjáték*], *illustré par Miklós Bánffy*, 1917
Ouvrage imprimé, 17 × 12,3 cm
Budapest, Bibliothèque du Centre de recherche en sciences humaines de l'Académie des sciences de Hongrie, inv. Ma 3068 (I-6085/69)

— Cat. 38 (p. 108)
BARTÓK Béla
Jeunes filles slovaques à Hédel [*Hiadel, actuelle Slovaquie*], 1916
Photographie, 14 × 8,5 cm
Budapest, Archives Bartók, Institut de musicologie, Centre de recherche en sciences humaines de l'Académie des sciences de Hongrie, inv. BA Etn. Alb. 52/b

— Cat. 34 (p. 103)
BARTÓK Béla
Jeunes filles slovaques assises à Hédel [*Hiadel, actuelle Slovaquie*], 1916
Photographie, 14 × 8,4 cm
Budapest, Archives Bartók, Institut de musicologie, Centre de recherche en sciences humaines de l'Académie des sciences de Hongrie, inv. BA Etn. Alb. 54/b

— Cat. 32 (p. 102)
BARTÓK Béla
Mère et enfant slovaques à Pónik [*Poniki, actuelle Slovaquie*], 1916
Photographie, 14 × 8,5 cm
Budapest, Archives Bartók, Institut de musicologie, Centre de recherche en sciences humaines de l'Académie des sciences de Hongrie, inv. BA Etn. Alb. 28/b

— Cat. 141 (Non reproduit)
BARTÓK Béla
*Partition de l'*Allegro barbaro *(Sz.49), première page du manuscrit autographe*, 1911
Encre sur papier, 34,6 × 26,4 cm
Budapest, Archives Bartók, Institut de musicologie, Centre de recherche en sciences humaines de l'Académie des sciences de Hongrie, inv. BA-N : 176 (A-1075/66)
© 1918, Universal Edition, Vienne

— Cat. 142 (Non reproduit)
BARTÓK Béla
*Partition de l'*Allegro barbaro *publiée par les éditions Universal*, 1918
Ouvrage imprimé, 31 × 23,6 cm
Budapest, collection Ferenc Kiss

— Cat. 143 (Non reproduit)
BARTÓK Béla
*Partition de l'*Allegro barbaro *publiée par les éditions Universal avec corrections manuscrites de Béla Bartók*, 1918
Ouvrage imprimé, 31 × 23,6 cm
Budapest, collection Ferenc Kiss

— Cat. 144 (Non reproduit)
BARTÓK Béla
Partition de Deux élégies [*Két elégia*], *1*[re] *édition,*

illustrée par Ervin Voit, 1911
Ouvrage imprimé,
35,8 × 27,75 cm
Budapest, Archives Bartók, Institut de musicologie, Centre de recherche en sciences humaines de l'Académie des sciences de Hongrie, inv. BA-N : 254 (A-11/62), Z. 36

— Cat. 145 (Non reproduit)
BARTÓK Béla
Partition des Trois Burlesques [Három burleszk], *1re édition, illustrée par Ervin Voit*, 1911
Ouvrage imprimé,
34,7 × 27,9 cm
Budapest, Archives Bartók, Institut de musicologie, Centre de recherche en sciences humaines de l'Académie des sciences de Hongrie, inv. BA-N : 224 (A-5/61), Z. 33

— Cat. 35 (p. 103)
BARTÓK Béla
Paysanne slovaque à Hédel [Hiadel, actuelle Slovaquie], 1916
Photographie, 14 × 8,5 cm
Budapest, Archives Bartók, Institut de musicologie, Centre de recherche en sciences humaines de l'Académie des sciences de Hongrie, inv. BA Etn. Alb. 50/b

— Cat. 37 (p. 107)
BARTÓK Béla
Paysannes slovaques à Cserpatak [Osrblie, actuelle Slovaquie], 1916
Photographie, 8,5 × 14 cm
Budapest, Archives Bartók, Institut de musicologie, Centre de recherche en sciences humaines de l'Académie des sciences de Hongrie, inv. BA Etn. Alb. 26/b

— Cat. 146 (Non reproduit)
BARTÓK Béla
*Première édition de l'*Allegro Barbaro, Nyugat, *n° 1*, 1913
Ouvrage imprimé, 31 × 23,6 cm
Budapest, collection Ferenc Kiss

— Cat. 147 (Non reproduit)
BARTÓK Béla, KODÁLY Zoltán
Arrangements de chansons populaires hongroises [Magyar népdalok], 1re édition, 1906
Ouvrage imprimé,
30,8 × 23,5 cm
Budapest, Archives Bartók, Institut de musicologie, Centre de recherche en sciences humaines de l'Académie des sciences de Hongrie, inv. BA-N : 2963 (A-46/62), Z. 145

— Cat. 20 (p. 81)
GÜNSCHER
L'Exposition des Huit, journal satirique Fidibusz, vol. VII, couverture du 5 mai 1911
Impression, encre sur papier,
28 × 24 cm
Budapest, Országos Széchényi Könyvtár

— Cat. 28 (p. 95)
KASSÁK Lajos (1887-1967)
Tragédiás figurák [Figures de tragédie], reproduction du portrait de Lajos Kassák par Sándor Bortnyik, 1919
Ouvrage imprimé, gravure sur linoléum,
21,5 × 13,2 cm
Budapest, Petőfi Irodalmi Múzeum, inv. PIM kt B.3.390

— Cat. 3 (p. 18)
KÓSA Gyula
Béla Bartók avec des paysans à Zobordarázs [actuelle Dražovce, Slovaquie] pendant un enregistrement avec son phonographe, 1907
Tirage moderne, 19,4 × 29,3 cm
Budapest, Archives Bartók, Institut de musicologie, Centre de recherche en sciences humaines de l'Académie des sciences de Hongrie, inv. BA Ft 32

— Cat. 36 (p. 105)
KOVÁTS István (1881-1942)
Béla Bartók à Gyergyószentmiklós [Gheorgheni, actuelle Roumanie] en Transylvanie, 1907
Photographie, 16 × 10,5 cm
Budapest, Archives Bartók, Institut de musicologie, Centre de recherche en sciences humaines de l'Académie des sciences de Hongrie, inv. BPD-H : B/3/05012/2006 (BA Ft 28)

— Cat. 148 (Non reproduit)
LESZNAI Anna
Projet de couverture pour la partition des Quatre Nénies [Négy siratóének] *de Béla Bartók*, vers 1910
Techniques mixtes sur papier, 29 × 22 cm
Budapest, collection Zoltán Földvári

— Cat. 10 (p. 51)
SZÉKELY Aladár (1870-1940)
Béla Bartók et Zoltán Kodály avec le Quatuor Waldbauer-Kerpely, 1910
Photographie, 15,2 × 20,2 cm
Budapest, Archives Bartók, Institut de musicologie, Centre de recherche en sciences humaines de l'Académie des sciences de Hongrie, inv. BPD-H : B/2/0001

— Cat. 14 (p. 65)
WOLLEMANN Viktor
Hongrois à Paris [Magyarok Párisban (sic)] paru dans le magazine *Üstökös*, 26 septembre 1909
Ouvrage imprimé, 31 × 25,5 cm
Budapest, Országos Széchényi Könyvtár

— Cat. 31 (p. 102)
Anonyme
Béla Bartók chez lui avec des tentures au mur, 1915
Photographie, 13,8 × 9 cm
Budapest, Archives Bartók, Institut de musicologie, Centre de recherche en sciences humaines de l'Académie des sciences de Hongrie, Fonds Ditta Pásztory, inv. BPD-H : B/2/01023/2006

— Cat. 30 (p. 102)
Anonyme
Béla Bartók et Zoltán Kodály travaillant ensemble, 1908
Photographie issue d'un album, 15 × 20 cm
Budapest, Archives Bartók, Institut de musicologie, Centre de recherche en sciences humaines de l'Académie des sciences de Hongrie, inv. BAN Ft 39a,b

— Cat. 2 (p. 14)
Anonyme
Béla Bartók transcrivant des chansons folkloriques, 1910-1920
Photographie, 7,8 × 10,6 cm
Budapest, Archives Bartók, Institut de musicologie, Centre de recherche en sciences humaines de l'Académie des sciences de Hongrie, inv. BA-N : 1608, 12

— Cat. 7 (p. 46)
Anonyme
Miklós Bánffy, Dezső Zádor, Márta Ziegler, Jenő Kéméndy, Béla Bartók, Egisto Tango à la première du Château de Barbe-Bleue *à l'opéra de Budapest*, 1918
Photographie, 13 × 18 cm
Budapest, Országos Széchényi Könyvtár

— Cat. 21 (p. 82)
Carte d'entrée gratuite dans les musées et monuments italiens pour l'année 1912 appartenant à Ödön Márffy, 1912
Photographie sur papier,
9 × 11,6 cm
Collection particulière

— Cat. 19 (p. 79)
Carte postale avec photographie de Bertalan Pór et Róbert Berény à Nice, 1907
Ferrotype contrecollé sur carton, 13,8 × 9,1 cm
Collection particulière

— Cat. 33 (p. 103)
Carte postale d'Ödön Hendell à Béla Bartók : Bartók chez lui avec des meubles transylvaniens jouant de la vielle en juin 1908, 12 mars 1911
Photographie contrecollée sur carton, 9 × 14 cm
Budapest, Archives Bartók, Institut de musicologie, Centre de recherche en sciences humaines de l'Académie des sciences de Hongrie, inv. BPD-H : A/3/0002/2006

— Cat. 149 (Non reproduit)
Carte postale d'Ödön Hendell à Béla Bartók : Bartók chez lui en 1908 en costume traditionnel avec des meubles transylvaniens, 20 mars 1911
Photographie contrecollée sur carton, 9 × 14 cm
Budapest, Archives Bartók, Institut de musicologie, Centre de recherche en sciences humaines de l'Académie des sciences de Hongrie, inv. BPD-H:A/3/0001/2006

— Cat. 18 (p. 70)
Carte postale éditée par la revue MA *adressée à János Schadl, reproduction d'un tableau de Pablo Picasso,* Le Bock (1909, huile sur toile, aujourd'hui au musée d'Art moderne de Villeneuve d'Ascq), entre 1919 et 1921
Impression, encre sur carton, 15 × 10 cm
Budapest, collection Ferenc Kiss

— Cat. 17 (p. 69)
Carte postale éditée par la revue MA*, reproduction d'un tableau de Robert Delaunay,* Tour Eiffel (1910, huile sur toile, détruite en 1945), entre 1919 et 1921
Impression, encre sur carton, 15 × 10 cm
Budapest, collection Ferenc Kiss

— Cat. 27 (p. 92)
Carte postale éditée par la revue MA*, reproduction d'un dessin de Béla Uitz,* entre 1919 et 1921
Impression, encre sur carton, 15 × 10 cm
Budapest, collection Ferenc Kiss

— Cat. 26 (p. 91)
Carte postale éditée par la revue MA*, reproduction d'une œuvre de Sándor Galimberti (attribué par erreur au revers de la carte à Sándor Bortnyik),* entre 1919 et 1921
Impression, encre sur carton, 15 × 10 cm
Budapest, collection Ferenc Kiss

— Cat. 16 (p. 67)
Carte postale éditée par la revue MA*, reproduction d'une œuvre de Vassily Kandinsky,* Chemin des cavaliers (1911, gravure sur bois, aujourd'hui en collection particulière), entre 1919 et 1921
Impression, encre sur carton, 10 × 15 cm
Budapest, collection Ferenc Kiss

— Cat. 150 (Non reproduit)
Catalogue de luxe of the Department of Fine Arts Panama-Pacific International Exposition : édité par John E. D. Trask et J. Nilsen Laurvik, San Francisco, Paul Elder and Company, volume I (reproduction du Portrait de Bartók *par Berény),* 1915
Ouvrage imprimé, 28 × 22 cm
Paris, Bibliothèque centrale des Musées nationaux

— Cat. 11 (p. 52)
Invitation au concert donné pendant l'exposition des Huit du 18 mai 1911
Impression, encre sur carton, 12 × 18 cm
Budapest, Petőfi Irodalmi Múzeum, inv. PIM Ktt V.4330/167/8

— Cat. 151 (Non reproduit)
Programme d'un concert du UMZE du 27 novembre 1911, illustré par Ervin Voit
Impression, encre sur papier, 23,8 × 15,4 cm
Budapest, Archives Bartók, Institut de musicologie, Centre de recherche en sciences humaines de l'Académie des sciences de Hongrie, inv. BA-N : 2049/64, BB-Pr. 1911.XI.27.

— Cat. 152 (Non reproduit)
Programme d'un concert du UMZE du 12 décembre 1911, illustré par Ervin Voit
Impression, encre sur papier, 22,6 × 10,1 cm
Budapest, Archives Bartók, Institut de musicologie, Centre de recherche en sciences humaines de l'Académie des sciences de Hongrie, inv. BA-N : 2049/64/a, BB-Pr. 1911.XII.12.

— Cat. 39 (p. 110)
Programme du festival hongrois à l'Hôtel des Modes du 12 mars 1910
Impression, encre sur papier, 20 × 12,8 cm
Budapest, Archives Bartók, Institut de musicologie, Centre de recherche en sciences humaines de l'Académie des sciences de Hongrie, inv. BA-N : 2049/, Pr. 1910.III.12.

— Cat. 13 (p. 57)
Programme de la première matinée MA, 9 décembre 1917 (interprétation de pièces musicales de Bartók, Schoenberg et Busoni par Piroska Hevesi), avec couverture illustrée par János Mattis Teutsch, 1917
Impression, encre sur papier, 15,6 × 21,7 cm
Budapest, Kassák Múzeum, inv. KM-1641

— Cat. 8 (p. 46)
Programme de la matinée MA *de Szeged, 29 décembre 1918 (interprétation de pièces musicales de Ravel, Debussy, Bartók),* 1918
Impression, encre sur papier, 22 × 15 cm
Budapest, Kassák Múzeum, inv. KM-1642

— Cat. 153 (Non reproduit)
Revue MA*, n° II, 8, reproduction du manuscrit d'une partition de Bartók inspirée du poème d'Endre Ady, « Nem mehetek hozzád »* [*« Je ne puis aller à toi »*], 15 juin 1917
Ouvrage imprimé, 30 × 23,4 cm
Allemagne, collection L. Czell

— Cat. 154 (Non reproduit)
Revue MA*, n° III, 2, numéro spécial consacré à Béla Bartók, reproduction du* Portrait de Béla Bartók *par Róbert Berény,* 1er février 1918 (daté par erreur sur le numéro 1er février 1917)
Ouvrage imprimé, 30 × 23,4 cm
Allemagne, collection L. Czell

— Cat. 22 (p. 86)
Revue MA*, n° III, 12, couverture illustrée par Sándor Bortnyik,* 20 décembre 1918
Ouvrage imprimé, 30 × 23,4 cm
Allemagne, collection L. Czell

— Cat. 23 (p. 86)
Revue MA*, n° IV, 5, couverture illustrée par Sándor Bortnyik,* 15 mai 1919
Ouvrage imprimé, 30 × 23,4 cm
Allemagne, collection L. Czell

— Cat. 155 (Non reproduit)
Revue MA*, numéro spécial, couverture illustrée par Sándor Bortnyik,* mai 1919
Ouvrage imprimé, 30 × 23,4 cm
Budapest, collection Ferenc Kiss

— Cat. 24 (p. 87)
Revue MA, *n° IV, 7, couverture illustrée par Sándor Bortnyik,* 15 juin 1919
Ouvrage imprimé, 30 × 23,4 cm
Allemagne, collection L. Czell

— Cat. 25 (p. 87)
Revue MA, *n° IV, 8, couverture illustrée par János Mattis Teutsch,* 1er juillet 1919
Ouvrage imprimé, 30 × 23,4 cm
Allemagne, collection L. Czell

MUSIQUE

Les numéros [BB] mentionnés après les titres d'œuvres de Béla Bartók se réfèrent au classement établi par László Somfai (*Béla Bartók: Composition, Concepts and Autograph Sources*, Berkeley et Los Angeles, University of California Press, 1996, p. 297-320) et mis à jour sur le site des Archives Bartók de Budapest : http://www.zti.hu/bartok.

Chants populaires traditionnels
Ha bemegyek, ha bemegyek a dobozi csárdába [*En entrant, en entrant dans l'auberge de Doboz*], enregistré par Béla Bartók en 1906
Angoli Borbála [*Barbara Angoli*], enregistré en 1968
Hungaroton HCD 18252

BARTÓK Béla
Allegro barbaro, Sz 49, 1911 [BB 63]
Bartók Béla (piano), 1929
Hungaroton HCD 12326-31

BARTÓK Béla
« *Allegro giocoso* » extrait de *Quatorze bagatelles*, op. 6, Sz 38, 1908 [BB 50]
Zoltán Kocsis (piano), 1991
Hungaroton HCD 32525

BARTÓK Béla
Danses populaires roumaines (pour orchestre), Sz 68, 1917 [BB 76]
Nemzeti Filharmonikus Zenekar [Orchestre national philharmonique de Hongrie] dirigé par Zoltán Kocsis, 2008
Hungaroton HCD 32506

BARTÓK Béla
Danses populaires roumaines (pour piano), Sz 56, 1915, [BB 68]
Béla Bartók (piano), entre 1928 et 1945
The Orchard UPC 885686143544

BARTÓK Béla
« *Un grotesque* », extrait de *Deux portraits pour violon et orchestre*, op. 5, Sz 37, 1911 [BB 48b]
London Symphony Orchestra dirigé par Claudio Abbado, 1977
Deutsche Grammophon 477 6353

BARTÓK Béla
« *La poursuite* », extrait du *Mandarin merveilleux*, op. 19, Sz 73, 1918-1919, orchestré en 1924 [BB 82]
London Symphony Orchestra dirigé par Claudio Abbado, 1982
Deutsche Grammophon 410 598

BARTÓK Béla
« *Danse de la princesse avec la poupée de bois* », extrait du *Le Prince de bois*, op. 13, Sz 60, 1914-1917 [BB 74]
Chicago Symphony Orchestra dirigé par Pierre Boulez, 1992
Deutsche Grammophon 477 8125

BARTÓK Béla
« *Soirée chez les Sicules* » et « *Danse de l'ours* », extraits de *Dix pièces faciles pour piano*, Sz 39, 1908 [BB 51]
Zoltán Kocsis (piano), 1998
Hungaroton HCD 32525

BARTÓK Béla
Trois Burlesques, op. 8c, Sz 47, 1908-1911 [BB 55]
Zoltán Kocsis (piano), 1998
Hungaroton HCD 32525

BARTÓK Béla
« *Dix-neuvième chant*, arrangement du chant populaire traditionnel *Ha bemegyek, ha bemegyek a dobozi csárdába* [*En entrant, en entrant dans l'auberge de Doboz*] », extrait de *Pour les enfants*, vol. I, Sz 42, 1908-1910 [BB 53/19]
Péter Frankl (piano), György Pauk (violon), 2002
Hungaroton HCD 18252

BARTÓK Béla
« *Sixième chant*, arrangement du chant populaire *Angoli Borbála* [*Barbara Angoli*] », extrait de *Quinze chants paysans hongrois*, Sz 71, 1914-1918 [BB 79/6]
Lajos Kertész (piano), 2002
Hungaroton HCD 18252

DEBUSSY Claude
« *Finale* », extrait de *Sonate pour violon et piano*, 1917
Béla Bartók (piano), József Szigeti (violon), 1928
Hungaroton HCD 12330

FILMS

*Bartók jouant l'*Allegro barbaro *à New York*, 26 septembre 1942
Film muet, réalisateur Tibor Serly (1901-1978)

« *Budapest. Quête pour les pauvres* », *actualités Gaumont*, 1er janvier 1912
Film muet
Saint-Ouen, Gaumont Pathé archives, réf. 1219GJ 00006

Le Château de Barbe-Bleue, opéra en un acte de Béla Bartók, livret de Béla Balázs
London Symphony Orchestra dirigé par Adam Fischer, mise en scène Bruce Macadie avec Robert Lloyd (Barbe-Bleue) et Elizabeth Laurence (Judith)
BBC TV, Réalisation Leslie Megahey, 1992

Funérailles d'Endre Ady, 29 janvier 1919
Film muet
Budapest, Magyar Digitális Archívum és Filmintézet

« *Sur le Danube* », *documentaire Gaumont (série rouge)*, vers 1910
Film muet
Saint-Ouen, Gaumont Pathé archives, réf. 0000GR 10051

BIBLIOGRAPHIE

Sauf exception, nous n'avons gardé que les ouvrages accessibles au public français, et de l'abondante bibliographie hongroise, uniquement les ouvrages ayant été traduits.

BIBLIOGRAPHIE RELATIVE À BARTÓK

— ALBÈRA Philippe, SZENDY Péter, *Béla Bartók – Écrits*, Genève, Éditions Contrechamps, 2006.
— ALBERT Richard (sous la direction de), « Béla Bartók, l'homme et l'œuvre 1881-1945 », *La Revue musicale*, n° 224, Éditions Richard-Massé, 1955.
— AUTEXIER Philippe A., *Musique de la vie. Autobiographie, lettres et autres écrits choisis de Béla Bartók*, Paris, Stock, 1981.
— BOUKOBZA Jean-François, *Bartók et le folklore imaginaire*, Paris, Cité de la Musique, 2005.
— CITRON Pierre, *Bartók*, Paris, Éditions du Seuil, 1963.
— DELAMARCHE Claire, *Béla Bartók*, Paris, Fayard, 2012.
— DEMÉNY János (sous la direction de), *Béla Bartók Letters*, traduit par Péter Balabán et István Farkas, Budapest, Corvina, 1971.
— DILLE Denijs, *Béla Bartók : regard sur le passé*, Namur, Louvain-La-Neuve, Presses universitaires de Namur, Institut supérieur d'archéologie et d'histoire de l'art, 1990.
— FLEURET Maurice, « Bartók et la France », *France-Hongrie*, n° 86, 1965.
— GERGELY Jean, « Béla Bartók, compositeur hongrois », *La Revue musicale*, n° 328-329, 330-332, 333-335, Paris, Éditions Richard-Massé, 1980.
— GERGELY Jean (sous la direction de), *Béla Bartók vivant : souvenirs, études et témoignages* Paris, Publications orientalistes de France / Adéfo, 1985.
— LAMPERT Vera, *Folk Music in Bartók's Composition – A Source Catalog (Arab, Hungarian, Romanian, Ruthenian, Serbian and Slovak Melodies)*, Budapest, Helikon Kiadó, 2008.
— MOREUX Serge, *Béla Bartók*, Paris, Editions Richard-Massé, 1955.
— SURRANS Alain, *Bartók és Franciaország* [*Bartók et la France*], Budapest, Institut français en Hongrie, 1993.
— SZABOLCSI Bence, *Bartók, sa vie et son œuvre*, Budapest, Corvina, 1956.
— WILLIMANN Joseph, « Béla Bartók, la décennie 1915-1925 », actes du colloque organisé à Genève et Lausanne, 1er et 2 décembre 2006, *Annales suisses de musicologie*, n° 27, 2007.

OUVRAGES ET ARTICLES GÉNÉRAUX

— ANDRÁSI Gábor, PATAKI Gábor, SZÜCS György, ZWICKL András, *The History of Hungarian Art in the Twentieth Century*, Budapest, Corvina, 1999.
— BARKI Gergely, « The Hungarian fauves and Matisse », *Artmagazin*, Budapest, 2005, p. 22-25.
— BARKI Gergely, « The Panama-Pacific International Exposition : Hungarian Art's American Debut or Its Bermuda Triangle ? », *Centropa*, vol. 10, n° 3, 2010, p. 259-271.
— BARKI Gergely, « A Steinék és a magyarok » [« The Steins and the Hungarians »], *Ars Hungarica*, n° 2, 2012, p. 131-158.
— BOKANOWSKI Thierry, *Sándor Ferenczi*, Paris, Presses universitaires de France, 2011.
— BRABANT-GÉRÖ Eva, *Ferenczi et l'école hongroise de psychanalyse*, Paris, L'Harmattan, 2000.
— BURGESS Gelett, « The Wild Men of Paris », *Architectural Record*, mai 1910.
— CLARISSE Philippe, « Les œuvres du jeune Béla Czóbel », *Bulletin de la galerie nationale hongroise*, n° 4, 1963, p. 31-44.
— CSERBA Júlia, *Magyar képzőművészek Franciaországban 1903-2005* [*Les Artistes hongrois en France 1903-2005*], Budapest, Vince Kiadó, 2006.
— DESNOS Robert, *Tihanyi. Peintures 1905-1922*, Paris, Ars, 1936.
— GLUCK Mary, *Georg Lukacs and his Generation 1900-1918*, Cambridge-Londres, Harvard University Press, 1991.
— GOLDWATER Robert, *Le Primitivisme dans l'art moderne*, Paris, Presses universitaires de France, 1988.
— GORDON Donald E., *Modern Art Exhibitions 1900-1916. Selected Catalogue Documentation I-II*, Munich, Prestel Verlag, 1974.
— HANÁK Péter, *The Garden and the Workshop. Essays on the Cultural History of Vienna and Budapest*, Princeton, Princeton University Press, 1998.
— HORVÁTH Zoltán, *Die Jahrhundertwende in Ungarn. Geschichte der zweiten Reformgeneration 1896-1914*, Budapest, Corvina 1966.
— KÁLLAI Ernst, *Neue Malerei in Ungarn 1900-1925*, Leipzig, Klinkhardt & Bierman, 1925. 2e édition annotée par Csilla Markója : *Gesammelte Werke 2*, Budapest, Argumentum-MTA MKI, 1999.
— KASSÁK Lajos, *Vallomás tizenöt művészről* [*Confession sur quinze artistes*], Budapest, Pantheon, 1942.
— KASSÁK Lajos, *Az izmusok története* [*L'Histoire des ismes*], Budapest, Magvető, 1972.
— KASSÁK Lajos, *Képzőművészetünk Nagybányától napjainkig* [*Nos beaux-arts, de Nagybánya à nos jours*], Budapest, Magyar Műkiadó, 1947.
— KIESELBACH Tamás (sous la direction de), *Modern Hungarian Painting 1892-1919*, édition de, Budapest, Kieselbach Galéria, 2003.
— KIESELBACH Tamás, *Hungarian Art and Music*, Budapest, Corvina, 2007.
— KNOLL Hans (sous la direction de), *Die Zweite Öffentlichkeit. Kunst in Ungarn im 20. Jahrhundert*, Dresde, Verlag der Kunst, 1999.
— KOLOZSVÁRY Marianna (sous la direction de), *Magyar művészet 1900-1950 : Radnai-Gyűjtemény, Győr* [*Art hongrois 1900-1950 : la collection Radnai, Győr*], Budapest, Kieselbach Galéria, 2005.
— KÖRNER Éva, « Künstler der Ungarischen Räterepublik. Zum Andenken der vierzigjährigen Wiederkehr der Räterepublik », *Acta Historiae Artium*, vol. 6, 1959, p. 169-191.

— NÉMETH Lajos, *Modern Hungarian Art*, Budapest, Corvina, 1972.
— PASSUTH Krisztina, *Les Avant-gardes de l'Europe centrale. 1907-1927*, Paris, Flammarion, 1988.
— PASSUTH Krisztina, « Les Huit en Hongrie et en Bohème », *Cahiers du Musée national d'Art moderne*, n° 3, 1980, p. 116-121.
— PASSUTH Krisztina, « Hungarian Fauves, Fauve Hungarians in Paris », in *French Cultural Studies*, octobre 2000.
— PASSUTH Krisztina, « The Eight and the European Avant-garde », *The Hungarian Quarterly*, vol. 51, n° 199, 2010, p. 114-124.
— PASSUTH Krisztina, *Tihanyi Lajos. A Bohème Painter in Budapest, Berlin and Paris*, Budapest, Kovács Gábor Művészeti Alapítvány, 2012.
— PASSUTH Krisztina, *Treffpunkte der Avantgarden Ostmitteleuropa 1907-1930*, Dresde, Verla der Kunst, 2003.
— ROCKENBAUER Zoltán, « Márffy Ödön tanulóévei. A párizsi ösztöndíj (1902-1906) » [« Ödön Márffy Studienjahre. Das Pariser Stipendium (1902-1906) »], *Ars hungarica*, n° 33, 2005, p. 109-140.
— ROCKENBAUER Zoltán, *Márffy. Életműkatalógus / Catalogue raisonné / Complete work*, Budapest, Makláry Artworks, 2006.
— RUBIN William (sous la direction de), *Primitivism in 20th Century Art.*, 2 vol., New York, The Museum of Modem Art, 1984. (*Le Primitisme dans l'art du xxe siècle*, Paris, Flammarion, 1986).
— STEVEN A. Mansbach, *Modern Art in Eastern Europe. From the Baltic to the Balkans, 1890-1939*, Cambridge, Cambridge University Press, 1999.
— SZABADI Judit (sous la direction de), *Kieselbach gyűjtemény. Magyar festészet 1900-1945 [La Collection Kieselbach. Peinture hongroise 1900-1945]*, Budapest, Kieselbach Galéria, 1996.
— SZABÓ Júlia, « European Art Centers and Hungarian Art (1890-1919) », *Hungarian Studies*, vol. 9, 1994, p. 41-64.
— SZÉKELY Miklós, « Rebuilding History. The Political Meaning of the Hungarian Historical Pavilion at the 1900 Paris Universal Exhibition », *Cultural Diplomacy and Cultural Imperialism*, Francfort-sur-le-Main, Peter Lang, 2012, p. 51-66.
— SZÍJ Béla, « La vie de Róbert Berény, de son enfance à son émigration à Berlin », *Bulletin de la Galerie nationale hongroise*, n° 4, 1963, p. 5-30.
— SZÜCS György, « The Hungarian Barbizon: István Réti and the Nagybánya Painters », *The Hungarian Quarterly*, vol. XLII, n° 164 (hiver), 2001.
— SZÜCS György (sous la direction de), *Hungarian Modernism 1900-1950. Selection from the Kieselbach Collection*, Budapest, Kieselbach Galéria, 1999.
— ZWICKL András, « Commercial Activities and Cultural Mission – The Budapest « Művészház » [Artists' House] 1909-1914 », *Artwork Through the Market. The Past and the Present*, Bratislava, VEDA, 2004. p. 191-206.

CATALOGUES D'EXPOSITIONS

— *Czóbel*, cat. exp., Paris, galerie Zak, 1959.
— *Czóbel*, cat. exp., Paris, galerie Zak, 1962.
— *Pariser Begegnungen 1904-1914*, cat. exp., Duisburg, Wilhelm-Lehmbruck-Museum, 16 octobre-28 novembre 1965.
— *Kunst in Ungarn 1900-1950*, cat. exp., Luzern, Kunstmuseum, 13 juillet-9 septembre 1975.
— *The Hungarian Avant-Garde: The Eight and the Activists*, cat. exp., Londres, Hayward Gallery, 27 février-7 avril 1980.
— *L'Art en Hongrie 1905-1930. Art et révolution*, cat. exp., Saint-Étienne, musée d'Art et d'Industrie, 4 janvier-4 février 1980, Paris, musée d'Art moderne de la Ville de Paris, 22 octobre 1980-4 janvier 1981.
— *L'Avant-garde en Hongrie 1910-1930*, cat. exp., Quimper, Galerie Arts et Civilisations, 1er juin-31 juillet 1984.
— *80 Jahre ungarische Malerei von der Romantik bis zum Surrealismus aus den Sammlungen der Ungarischen Nationalgalerie Budapest*, cat. exp., Mannheim, Kunsthalle, 26 août-8 octobre 1989.
— *The Fauve Landscape*, cat. exp., Los Angeles, Los Angeles County Museum of Art, 4 octobre-30 décembre 1990, New York, The Metropolitan Museum of Art, 19 février-5 mai 1991, Londres, Royal Academy of Arts, 10 juin-1er septembre 1991.
— *Standing in the Tempest. Painters of the Hungarian Avant-Garde 1908-1930*, cat. exp., Santa Barbara, Museum of Art, 16 mars-11 mai 1991, Kansas City, Nelson Atkins Museum, 14 juillet-8 septembre 1991, Champaign, Krannert Art Museum, 18 janvier-1er mars 1992
— *Pleinair-Malerei in Ungarn: impressionistische Tendenzen, 1870-1910*, cat. exp., Osnabrück, Kulturgeschichtliches Museum, 18 septembre-30 octobre 1994.
— *Budapest 1869-1914. Modernité hongroise et peinture européenne*, cat. exp., Dijon, musée des Beaux-Arts, 2 juillet-8 octobre 1995.
— *A Golden Age: Art and Society in Hungary 1896-1914*, cat. exp., Londres, Barbican Art Gallery, 25 octobre 1989-14 janvier 1990, Miami, Center for the Fine Arts, 16 mars-27 mai 1990, San Diego, Museum of Art, 10 novembre 1990-5 janvier 1991.
— *Nagybánya művészete. Kiállítás a nagybányai művésztelep alapításának 100. évfordulója alkalmából [L'art de Nagybánya. Exposition pour le centenaire de la fondation de la colonie d'artistes de Nagybánya]*, cat. exp., Budapest, Magyar Nemzeti Galéria, 14 mars-20 octobre 1996.
— *Centrul artistic Baia Mare 1896-1996 [Le Centre artistique de Baia Mare]*, cat. exp., Baia Mare, Muzeul Județean Maramureș, 1996.
— *Rippl-Rónai József gyűjteményes kiállítása [József Rippl-Rónai's Collected Works]*, cat. exp., Budapest, Magyar Nemzeti Galéria, 12 mars-6 septembre 1998.
— *József Rippl-Rónai (1861-1927). Le Nabi hongrois*, cat. exp., Saint-Germain-en-Laye, musée départemental Maurice-Denis « Le Prieuré », 14 novembre 1998-24 janvier 1999, Bruxelles, Hôtel de ville, Namur, Musée Félicien-Rops, 10 février-11 avril 1999.
— *Le Fauvisme ou « l'épreuve du feu ». Éruption de la modernité en Europe*, cat. exp., Paris, musée d'Art moderne de la Ville de Paris, 29 octobre 1999-27 février 2000.
— *Seele und Farbe. Nagybánya: Eine Kunstlerkolonie am Rande der Monarchie*,

cat. exp., Vienne, Collegium Hungaricum, 26 mars-21 mai 1999.
— *L'École de Paris 1904-1929, la part de l'Autre*, cat. exp., Paris, musée d'Art moderne de la Ville de Paris, 30 novembre 2000-11 mars 2001.
— *Mattis Teutsch and der Blaue Reiter*, cat. exp., Budapest, Magyar Nemzeti Galéria, 14 mars-24 juin 2001, Munich, Haus der Kunst, 5 juillet-7 octobre 2001.
— *Künstlerkolonien in Europa. Im Zeichen der Ebene und des Himmels*, cat. exp., Nuremberg, Germanisches Nationalmuseum, 15 novembre 2001-17 février 2002.
— *Lumières magyares. Les tendances coloristes de la peinture hongroise entre 1870 et 1914*, cat. exp., Paris, salle Saint-Jean, Hôtel de Ville, 11 octobre 2001-13 janvier 2002.
— *Béla Czóbel. Peintre hongrois (1883-1976)*, cat. exp., Paris, salle d'exposition du Vieux-Colombier, mairie du 6e arrondissement, 11 septembre-13 octobre 2001.
— *Quelque chose de plus que la couleur. Le dessin fauve 1900-1908*, cat. exp., Marseille, musée Cantini, 22 juin-29 septembre 2002.
— *Archives Béla Bartók de Belgique. Fonds Denijs Dille*, cat. exp., Bruxelles, Bibliothèque royale de Belgique, 3 août-14 septembre 2002.
— *A magyar festészet rejtőzködő csodái: Válogatás magyar magángyűjteményekből* [*The Hidden Treasures of Hungarian Painting: Selection from Hungarian Private Collections*], cat. exp., Budapest, Mű-Terem Galéria, 16 octobre-13 novembre 2004.
—*A modell. Női akt a 19. századi magyar mivészetben* (*The Model Female Nude Imagery in 19th Century Hungarian Art*), cat. exp., Budapest, Magyar Nemzeti Galéria, 14 octobre 2004-6 février 2005.
— *Technical Detours: The Early Work of Moholy-Nagy Reconsidered*, cat. exp., New York, Art Gallery of the Graduate Center, 1er mars-22 avril 2006, New Brunswick, The Jane Vorhees Zimmerli Art Museum Rutgers, 1er septembre-31 octobre 2006.
— *Hungarian Fauves from Paris to Nagybánya, 1904-1914*, cat. exp., Budapest, Magyar Nemzeti Galéria, 21 mars-30 juillet 2006.
— *Magyarországi művésztelepek* [*Les Colonies d'artistes de Hongrie*], cat. exp., Szentendre, Szentendre Művészetért Alapítvány (MűvészetMalom), 2007.
— *Czóbel Béla*, cat. exp., Budapest, Kálmán Makláry Fine Arts Gallery, 17 mars-21 avril 2007.
— *Fauves hongrois 1904-1914*, cat. exp., Céret, musée d'Art moderne, 21 juin-12 octobre 2008, Le Cateau-Cambrésis, musée départemental Matisse, 25 octobre 2008-22 février 2009, Dijon, musée des Beaux-Arts, 13 mars-15 juin 2009.
— *The Eight*, cat. exp., Pécs, Janus Pannonius Múzeum, 10 décembre 2010-27 mars 2011.
— *Dialogues de Fauves. Hungarian fauvism (1904-1914)*, cat. exp., Bruxelles, Hôtel de Ville, 1er décembre 2010-20 mars 2011.
— *The Paintings of Ödön Márffy between the First and Second World War*, cat. exp., Balatonfüred, Vaszary Villa, 20 novembre 2010-24 avril 2011.
— *1912 Mission Moderne. Die Jahrhundertschau des Sonderbundes*, cat. exp., Cologne, Wallraf-Richartz-Museum, 31 août-30 décembre, 2012.
— *Die Acht – A Nyolcak. Ungarns Highway in die Moderne*, cat. exp., Vienne, Bank Austria Kunstforum, 12 septembre-2 décembre 2012.
— *Bohèmes: de Léonard de Vinci à Picasso*, Paris, Grand Palais, 26 septembre 2012-14 janvier 2013, Madrid, Fundación MAPFRE, 6 février-5 mai 2013.

INDEX

CRÉDITS

— ALLEMAGNE
Berlin
Ministère des Affaires étrangères de Hongrie
© Tibor Mester : cat. 69

— AUTRICHE
Vienne
Albertina Museum
© Albertina, Vienna : cat. 134

— FRANCE
Échirolle
Musée Géo-Charles
© Collections du musée Géo-Charles, Échirolle : cat. 123.

Paris
Musée d'Art moderne de la Ville de Paris
© Musée d'Art Moderne / Roger-Viollet : cat. 89, 96.

Musée national d'Art moderne – Centre Georges Pompidou
© Centre Pompidou, MNAM-CCI, dist. RMN-Grand Palais / Droits réservés : cat. 138 ; © Centre Pompidou, MNAM-CCI, dist. RMN-Grand Palais / Philippe Migeat : cat. 102 ; © Centre Pompidou, MNAM-CCI, dist. RMN-Grand Palais / Jean-Claude Planchet : cat. 54 ; © Centre Pompidou – Mnam – Bibliothèque Kandinsky : Ill. 25.

Musée d'Orsay
© Musée d'Orsay / Patrice Schmidt : cat. 87, 103 ;
© RMN-Grand Palais (musée d'Orsay) / Hervé Lewandowski : cat. 43.

— HONGRIE
Budapest
Archives Bartók, Institut de musicologie, Centre de recherche en sciences humaines de l'Académie des sciences de Hongrie
© Archives Bartók, Institut de musicologie, Centre de recherche en sciences humaines de l'Académie des sciences de Hongrie : cat. 2, 3, 5, 6, 10, 30, 31, 32, 33, 34, 35, 36, 37, 38, 39.

Ernst Galéria
© Courtesy the Ernst Gallery, Budapest : cat. 64, 67, 82.

Galerie Kieselbach
© Árpád Fákó : cat. 112.

Petőfi Irodalmi Múzeum
© Csaba Gál : cat. 8, 11, 12, 13, 28.

Fondation Milán Füst pour les traducteurs de l'Académie des sciences de Hongrie
© Zoltán Maklάry : cat. 129.

Országos Széchenyi Könyvtar
© Succession de Nándor Guncser : cat. 20 ;
© Succession de Viktor Wollemann : cat. 14 ;
© droits réservés : cat. 7, ill. 22, 26.

Sáránszki Art Solutions, collection particulière
© Árpád Fákó : cat. 9, 71.
© György Darabos : cat. 115.

Szépmüvészeti Múzeum – Galerie nationale de Hongrie
© Galerie nationale hongroise, Budapest : cat. 29, 42, 44, 48, 51, 52, 59, 74, 75, 77, 81, 90, 98, 111, 125, 131, 133, ill. 6, 7, 9, 19.

Kaposvár
Musée Rippl-Rónai
© Horváth Bálint : cat. 46, 55, 84, 86, 93.

Pécs
Musée Janus Pannonius
© István Füzi : cat. 60, 92, 95, 100, 106, 122, 124 ;
© Árpád Fákó : cat. 50, 53, 56.

Salgótarján
Dornyay Béla Múzeum, Salgótarján, Hongrie
© Timor Shah : cat. 126.

Sümeg
Municipalité de la ville de Sümeg, palais épiscopal
© Árpád Fákó : cat. 109.

Szeged, Mora Ferenc Múzeum
© Mihály Dömötör : ill. 15.

Tata
Kuny Domokos Múzeum
© Photo Kuny Domokos Múzeum, Tata : cat. 97.

— NORVÈGE
Oslo
Nasjonalgalleriet : ill. 16.

— PAYS-BAS
Amsterdam
De Nederlandse Opera
© Photo Monika Rittershaus : ill. 1.

— SUISSE
Bâle
Sacher Stiftung Peter Bartok
© Peter Bartók : ill. 12.

Collections particulières
© György Darabos : cat. 1, 58, 72, 78, 80, 85, 101, 110, 117, 118, 127, 128, 137.

Budapest, collection Ferenc Kiss
© Archives Bartók, Institut de musicologie, Centre de recherche en sciences humaines de l'Académie des sciences de Hongrie : cat. 4 ; Droits réservés : cat. 16, 17, 18, 26, 27.

© Árpád Fákó : cat. 15, 19, 21, 49, 79, 99, 108.

Allemagne, collection L. Czell
Droits réservés : cat. 22, 23, 24, 25, 40, 65, 76, 88, 119, 136.

Budapest, collection Júlia Kohonoczki
© Árpád Fákó : cat. 41, 47.

© Droits réservés : cat. 45, 135.

New York, collection Drs Thomas et Shelly Sos
© Christopher Burke, New York : cat. 57 ; © Tibor Mester : cat. 114, 132.

© Collection particulière. Photo Helga Sigvaldadóttir : cat. 61.

Vienne, collection Dr Barbara Czapolai-König
© Tibor Mester : cat. 63.

Collection Tamas Kieselbach
© György Darabos : cat. 66, 68, 91 ; © Helga Sigvaldadóttir : cat. 62 ;
© Kieselbach Galéria, Budapest : cat. 70.

© Courtesy galerie Virág Judit : cat. 73, 104.

Monaco, collection particulière Hajni & László Iván
© György Darabos : cat. 83, 130.

© Courtesy the Ernst Gallery, Budapest : cat. 94.

Chicago, collection particulière
Droits réservés : cat. 105, 107.

Collection Gyula Kemény
Droits réservés : cat. 113.

Palm Beach, collection de Mme l'Ambassadeur Nancy G. Brinker
© György Darabos : cat. 116 ; © Droits réservés : cat. 120.

© Tibor Mester : cat. 121.

© Cliché musée d'Orsay/P. Schmidt : ill. 4.

© Droits réservés : ill. 5.

© Árpád Fákó : ill. 13, 17, 18, 21.

© György Darabos : ill. 14.

© Viola Szobotka : ill. 20.

Allemagne, collection L. Czell
Droits réservés : ill. 23, 24.

© Akg-images : ill. 8.
© 2013, Warner Classics, Warner Music UK Ltd : ill. 2, 3.

Pour les artistes suivants : Sándor Bortnyik, István Csók, Béla Czóbel, Émile Othon Friesz, Albert Marquet, László Moholy-Nagy, Maurice de Vlaminck : © Adagp, Paris, 2013.

Pour Róbert Béreny :
© Róbert Béreny

Pour Vilmos Perlrott-Csaba :
© Vilmos Perlrott-Csaba, avec la permission de la Janka Art Trust détenant d'autres ouvrages et documents relatifs à l'artiste.

Pour Margit Vészi :
© Dans la succession de l'artiste.

Les crédits photographiques et les droits afférents sont soumis à la connaissance des ayants droit. Malgré nos recherches, certains ont pu nous échapper. Que ceux que nous n'aurions pas nommés reçoivent ici nos excuses et se fassent connaître.

Couverture :
János Mattis Teutsch
Paysage, vers 1917

— CATALOGUE

Maquette & Mise en page (Thomas Petitjean, Hugo Anglade, Antoine Stevenot, Florian Pentsch)
Design graphique

David Lestringant
Préparation des textes

Juliette Sanson
Relecture

Jean-François Allain
Traduction du texte anglais

Ibolya Virag
Raoul Weiss
Traduction des textes hongrois

Photogravure
Litho Art New, Turin, Italie

Cet ouvrage est composé en *Fugue* de Radim Peško.